Artes, ciencias y letras en la América colonial

Tomo I

Roberto Casazza - Javier Storti
Lucía Casasbellas Alconada - Gustavo Ignacio Míguez
(Editores)

Artes, ciencias y letras en la América colonial

Investigaciones presentadas en el simposio internacional homónimo realizado en Buenos Aires los días 23, 24 y 25 de noviembre de 2005

Tomo I

TESEO

Artes, ciencias y letras en la América colonial : investigaciones presentadas en el simposio internacional homónimo realizado en Buenos Aires los días 23, 24 y 25 de noviembre de 2005 / coordinado por Roberto Casazza ; Javier Storti ; Lucía Casasbellas Alconada; Gustavo Ignacio Míguez -
1a ed. - Buenos Aires : Teseo: Biblioteca Nacional, 2009.
318 p. : il. ; 152x229 cm. - (Investigaciones de la Biblioteca Nacional)

ISBN 978-987-1354-42-9

1. Historia del Arte Americano. I. Casazza, Roberto, coord. II. Storti, Javier, coord. III. Casasbellas Alconada, Lucía, coord. IV. Míguez, Gustavo Ignacio coord.
CDD 709.80

Buenos Aires, Argentina

ISBN 978-987-1354-42-9

Editorial Teseo

Hecho el depósito que previene la ley 11.723

Para sugerencias o comentarios acerca del contenido de esta obra, escríbanos a:
info@editorialteseo.com

www.editorialteseo.com

Director de la Biblioteca Nacional: Horacio González

Subdirectora de la Biblioteca Nacional: Elsa Barber

Director de Cultura: Ezequiel Grimson

Área de Publicaciones: Sebastián Scolnik

Área de Investigaciones: María Pía López

Diseño Gráfico: Javier Storti

Edición: Roberto Casazza, Javier Storti, Lucía Casasbellas Alconada y Gustavo Ignacio Míguez

Realización: Programa nacional de bibliografía colonial

Supervisión general: Dirección de Cultura

Corrección: Lucía Casasbellas Alconada y Gustavo Ignacio Míguez

Imagen de cubierta (frente): Lomos de las *Quaestiones in primam secundae partem summae Theologiae divi Thomae* de Juan de Aliaga, Salamanca, Imprenta de la Santa Cruz, 1726-1732, Colección del Obispo Manuel Azamor y Ramírez (Sala del Tesoro, Biblioteca Nacional)

Imagen de cubierta (dorso): Lomos de las *Dissertationes theologicae scholastico-dogmaticae et mystico-doctrinales* de Vicente Calatayud, Valencia, 1744-1752, Colección del Obispo Manuel Azamor y Ramírez (Sala del Tesoro, Biblioteca Nacional).
Fotografías de Laura Rosato (Biblioteca Nacional)

Artes, ciencias y letras en la América colonial
Simposio internacional
23,24,25 de noviembre de 2005

Organización del simposio:
Biblioteca Nacional
Universidad de Buenos Aires
Universidad Nacional del Litoral
Universidad Nacional de General San Martín

Instituciones auspiciantes del simposio:
Asociación Argentina de Estudios Clásicos
Asociación Argentina de Musicología
Agencia Nacional de Promoción Científica y Tecnológica
CONICET
Centro Michaels
Instituto de Investigación en Humanidades "Dr. Gerardo H. Pagés"
Universidad de Salamanca
Instituto de Filología Clásica de la Universidad de Buenos Aires

Comisión Asesora:
Dr. Fernando Bahr (UNGS / CONICET)
Dra. Susana Anton Priasco (UBA)
Dra. Marcela Suárez (UBA / CONICET)
Dra. Adriana Gonzalo (UNL)
Dr. José Luis Moure (UBA / CONICET / AAL / BN)
Arq. Raúl Jesús Pano (BN)

Coordinadores Ejecutivos:
Dr. Alfredo Fraschini (UBA)
Lic. Luis Sánchez (UBA)
Prof. Roberto Casazza (UBA /UNR/ BN)
Arq. Javier Storti (BN)

ÍNDICE

ARQUITECTURA Y URBANISMO

ARTES, CIENCIAS Y LETRAS EN LA AMÉRICA COLONIAL

TOMO I

Palabras preliminares

La Biblioteca Nacional se complace en presentar esta obra colectiva, *Artes, ciencias y letras en la América colonial,* que reúne –desplegadas a lo largo de más de seiscientas páginas– múltiples experiencias de investigación sobre un amplio espectro temático, cronológico y geográfico. Las investigaciones compiladas ofrecen una variopinta imagen de nuestro pasado americano desde los albores de la conquista europea hasta la formación de los estados nacionales, y tienden puentes con nuestro presente, permitiéndonos comprender mejor nuestras sociedades, nuestros límites y nuestros problemas.

El trabajo de pre-edición de los volúmenes de *Artes, ciencias y letras en la América colonial* fue realizado por el Programa Nacional de Bibliografía Colonial de la Biblioteca Nacional, cuyo propósito es, precisamente, la puesta en valor de las colecciones de libros de los siglos XV al XVIII existentes en el país, y la producción y socialización de investigaciones históricas (en las diversas ramas del saber) vinculadas a nuestro pasado colonial y a su influencia en el presente. La edición final estuvo a cargo de la Editorial Teseo, que ha supervisado íntegramente la obra y preparado su versión digital, disponible también en la red.

Los dos volúmenes de *Artes, ciencias y letras en la América colonial* se suman al libro digital *El libro en el protopaís* (2005), al *Officium parvum gothicum - Libro de Horas de Guillaume de Montbleru* (2007), y a los cinco números de la revista virtual *Bibliographica americana* (2004-2009), obras que ofrecen estudios que enriquecen al principal proyecto del Programa Nacional de Bibliografía Colonial, a saber, el *Catálogo nacional unificado de obras editadas antes del año 1800 actualmente existentes en la República Argentina* (herramientas, todas ellas, disponibles en el sitio de la Biblioteca Nacional). Todas estas publicaciones se enmarcan en la densa producción editorial –con más de 120 títulos publicados en los últimos cinco años– desarrollada por la Biblioteca Nacional, actividad que se focaliza en la reedición de libros raros y olvidados y en la promoción de autores noveles cuyas relevantes creaciones aportan a la identidad argentina y latinoamericana.

Confiamos, por fin, estimado lector, en que estos volúmenes serán ocasión de aprendizajes múltiples, de socialización de resultados, y de vinculaciones fructíferas para los investigadores que desarrollan estas temáticas en nuestro país y en países vecinos y amigos.

Biblioteca Nacional
Septiembre de 2009

POLÍTICA Y ECONOMÍA

Comerciantes portugueses en el Río de la Plata (1580-1640)

Regina Maria Fonseca Gadelha
Pontificia Universidad Católica de São Paulo
San Pablo, Brasil

Pocos son los estudios sobre las redes de mercaderes en las Américas. Sin embargo, se reconoce que los descubrimientos y las conquistas estuvieron asociados al capital mercantil y a intereses menos nobles que la evangelización. De ahí las tempranas disputas territoriales con España, empezadas por el Rey de Portugal, Joao II, luego de la llegada del almirante Colón a Sevilla y que culminaron en la demarcación del Tratado de Tordesillas.

Jaime Cortesão, al analizar los tratados de Tordesillas (1494) y Zaragoza (1529), afirma haber sido de gran interés para el rey de Portugal el inmediato rechazo del pretendido descubrimiento de las Indias. La finalidad era afirmar la prioridad portuguesa y el reconocimiento de su soberanía sobre las tierras del Oriente y del Extremo Oriente, que se extendían hasta las islas de la Banda o Molucas.[1] El Rey conocía con precisión la ruta hacia las Indias, centro de las riquezas del Oriente, a través de los precisos relatos que recibía de viajeros y navegantes portugueses. De ahí el relativo desinterés en la demarcación de la línea del Atlántico, vagamente indicada por "el meridiano" que divide "de polo a polo" el océano a partir de las islas de Cabo Verde.[2] Seguramente la demarcación de Tordesillas correspondía también a los intereses de los Reyes Católicos, que desconocían la verdadera ruta para las Indias. Sólo algunos años después, Carlos V comprendió el error de sus padres, pues Joao II no solamente se había asegurado la ruta africana sino también los territorios del Índico y del Pacífico, además de las tierras de América del Sur.

Los estudios de Cortesão son relevantes para comprender las iniciativas expansionistas que alentaron a los luso-brasileños en sus incursiones sobre los territorios platinos. Como observó Fernand Braudel, si los españoles dominan y organizan la ruta del Atlántico transversal, de las Antillas a Sevilla, el mar interminable del Atlántico sur era portugués y, a excepción de los corsarios franceses, nadie interrumpió el crecimiento de ese comercio durante el siglo XVI y las primeras décadas del XVII. En el norte, España domina el Atlántico sevillano y, abajo del istmo de Panamá, la antigua ruta de los Incas, de Perú hasta Arica, camino de salida de la plata de Potosí. Pero cuando en 1564 el galeón de Manilla atraviesa el Pacífico, estableciendo comunicación regular entre Acapulco y Filipinas, Portugal ya controla el comercio con las Indias, con factorías en Indonesia, China y Japón. Señores del Atlántico sur, los portugueses organizan y controlan también el comercio de esclavos entre África y América, hasta la destrucción de la escuadra portuguesa durante la aventura filipina de la Invencible Armada (1588).

El crecimiento económico provocado por la unión de las coronas ibéricas (1580-1640) permitió a Braudel hablar del siglo XVI como "el siglo de los grandes mercaderes judíos", de 1590-1600 hasta 1621 o 1650.[3] El gran historiador demostró cómo los hombres de negocio portugueses comandan el comercio por todas partes, del Atlántico al Índico y del Mediterráneo al mar del Norte, constituyendo así una inmensa y compleja red que permitió a Lisboa mantenerse en el mercado de las especias al menos hasta 1620-1630, cuando los holandeses invadieron las ricas capitanías productoras de azúcar en Brasil. Esa extensa red se extendía de Estambul hasta Salónica, pasando por Valona, Vanesa, Sevilla, Lisboa y Amsterdam, con ramificaciones en el Extremo Oriente y en el norte de África, incluyendo las islas del Atlántico.[4] Efectivamente, señala Braudel, el largo siglo XVI se inicia con las navegaciones del siglo XV, cuando los portugueses, a partir de los descubrimientos ultramarinos, crearon las condiciones para el surgimiento de "una generación de hombres nuevos, recién llegados [...] nuevos ricos que nos aparecen animados por un espíritu de libertad y de concurrencia desenfrenadas, con desprecio por la tradición" y " se abandonan con embriaguez à su virtuosidad". La frase, de Lucien Febvre, ilustra el comportamiento de esos portugueses que dominaron, además de los asientos y negocios del azúcar de Brasil, el comercio de mercancías en las provincias del Río de la Plata, Paraguay y Tucumán, Lima, Potosí y Nueva Granada, siendo conocidos por el nombre de peruleros.

La documentación demuestra la presencia temprana de los luso-brasileños de San Vicente en el Paraguay, por medio de los caminos del Guayrá y del puerto de Santa Catarina, región que fue, por largos años, el principal camino de entrada para Asunción. El rey Joao III consideraba el Río de la Plata perteneciente a Portugal, como lo comprueba la correspondencia que mantiene con sus embajadores en Madrid. En noviembre de 1553 escribe a Joao Rodrigues Correia, "Soube agora como em Sevilla era feita uma armada em nome do Imperador meu irmão, e que se dizia ser para o Rio da Prata. A qual estava já em termos de muy em breve poder partir e fazer sua viagem. E porque este Rio da Prata, como sabeis, é de minha conquista e cai debaixo de minha demarcação, parece-me dever logo mandar falar por vós ao Príncipe meu filho. Dar-lhe-eis esta minha carta de crença e dir-lhe-eis de minha parte que agora me foi dito que em Sevilla se fazia uma armada por mando del Imperador meu irmão, para ir ao Rio da Prata, e posto que me fosse muito mais afirmado eu não o pude crer, porque é sabido e deve ser, que o Rio da Prata é de minha demarcação e conquista [...]".[5]

En agosto de 1530, al recibir la carta de Simão Afonso[6] con aviso del regreso de Sebastián Caboto a España y el descubrimiento del río Paranae o de la Plata, la reacción de Joao III fue inmediata. Por cédula del 20 de noviembre de 1530 ordena al capitán mayor de su Armada, Martin Afonso de Souza, realizar el reconocimiento del litoral de Brasil hasta el Río de la Plata y empadronar todas las tierras.[7] En pocos días la Armada partió de Lisboa con destino al Brasil, desembarcando en San Vicente el 22 de enero de 1531. Tan pronto como llegó, Martín Afonso empezó la construcción de la villa y organizó una expedición para el sur, conducida por su lugarteniente, Pero Lopez, con la intención de repetir el camino recorrido por Aleixo Garcia en 1515 o 1516.

Muy temprano, los portugueses iniciaron expediciones que de Cananea recorrían los caminos de la Sierra del Mar y el interior de las tierras del Guayrá hasta los campos del Paraguay, la ruta indígena del Piabiru o Tapé Aviru, después Estrada Real. La documentación es elocuente al indicar la presencia de los luso-brasileños en el Paraguay, así como de españoles en San Vicente. Es que, a pesar de las prohibiciones, la unión de las dos coronas facilitó la penetración de portugueses y paraguayos en ambos territorios. Los paulistas estaban presentes por todo el Guayrá y el Paraguay. Al sur, a través del puerto de Buenos Aires, comerciantes portugueses mantenían corresponsales en las principales ciudades del Paraguay, el Río de la Plata, Tucumán, Perú y Potosí. Todavía el objetivo no era solamente la búsqueda de esclavos indígenas. Las banderas abrían camino para los negociantes y ciertamente el comercio benefició también a los vecinos paraguayos, que estaban lejos de Lima y Potosí. Recordemos la grave crisis que enfrentó aquella gobernación a partir de la segunda mitad del siglo XVI, cuando Felipe II prohibió la apertura del camino directo de Asunción hasta Charcas y el Alto Perú, impidiendo su natural expansión. Los vecinos se consideraron menospreciados por la Corona, pues la prohibición los condenaba al aislamiento y atraso, sujetándolos a los intereses exclusivos de Lima y Sevilla. Cortesão señala que los luso-peruleros fueron el elemento orgánico de todas las ciudades paraguayas, incluso de los Andes, activando la vida económica e instalándose de manera definitiva en el territorio o regresando enriquecidos a Portugal.[8]

Para evitar la presencia de los luso-peruleros, Felipe II ordenó, por RC del 28 de enero de 1594, el despoblamiento del puerto de Buenos Aires, prohibiendo el comercio entre los súbditos españoles y portugueses. Todavía los intereses establecidos eran mayores, pues la subsistencia de los vecinos dependía cada vez más del comercio con Brasil. En 1595, mercaderes portugueses obtuvieron del rey el permiso para introducir navíos sueltos por el puerto de Buenos Aires. A partir de esa información, de comercio más libre, se introducirán grandes cantidades de mercaderías, azúcar, aceite, hierro, tejidos, muebles y mobiliario, armas, negros. Por más caras que fuesen esas mercancías, el viaje por Brasil era menos dispendioso y más rápido que por la ruta oficial de España, vía Cartagena y Puerto Bello a la costa del Pacífico y, desde ahí, a través de la cordillera, caminos lejanos e insalubres que exigían grandes transbordos y gastos de la parte de los viajeros y sus mercancías.

Los historiadores reconocen en el obispo de Tucumán, el portugués Francisco de Victoria, la iniciativa del comercio luso en el Río de la Plata. El emprendedor obispo se aprovecharía de la apertura política para establecer relaciones de comercio con Brasil y enviar, en 1585, una fragata con mercancías del Tucumán. Por carta dirigida al gobernador de Bahía, proponía establecer comunicaciones regulares de comercio, entre las cuales había esclavos negros, considerados la mercancía más atractiva de todo el comercio colonial. Su emisario, el padre Francisco de Salcedo, tendría órdenes para comprar "objetos de la tierra" –hierro, campanas, calderas de cobre para azúcar, esclavos negros, tejidos y géneros comestibles–.

Esa primera expedición proporcionaría al Obispo un beneficio de 150.000 pesos de a ocho, si al regresar su navío no hubiese sido tomado prisionero por corsarios ingleses. A pesar de esa frustración, Victoria perseveró y organizó dos exitosas expediciones, en 1588 y en 1590, antes de ser destituido del Obispado por denuncia de práctica de comercio. Para la expedición de 1588 se asoció al capitán de navío López Vázquez Pestaña. Pero la segunda expedición fue más temeraria, pues se asocia con el portugués Francisco de Barros, propietario de ingenios de azúcar en Bahía y considerado "el hombre más rico de Brasil". Francisco de Barros regresó a Buenos Aires transportando más de 7.000 pesos de mercancías, que pagaron derechos de 995 reales y 16 maravedíes[9].

Gracias a Victoria, antes de cerrarse la década de 1590 los capitalistas portugueses pudieron instalar la mayor y más vasta red de comercio desde las ciudades de Brasil hasta Lima y Potosí, con estrecha comunicación entre Buenos Aires, San Vicente, Río de Janeiro, Bahía y Lisboa. En 1594 Francisco de Barros volvió a Buenos Aires en compañía de Diego López de Lisboa, su primo y futuro corresponsal en Lima y Potosí. La Caja de Buenos Aires registró, en la ocasión, la entrada de más de 14.000 pesos de mercancías en el puerto.[10] De Buenos Aires, Diego López alcanzó Santiago del Estero, de donde pasó a Potosí, ciudad en la que se instaló con casa y negocios. En 1601, la llegada del portugués Diego de Vega a Buenos Aires concretó la formación de la mayor y más exitosa red de comercio del Río de la Plata. Se rompió así el bloqueo del puerto único, contrariando las prohibiciones de Felipe II. No solamente llegaban de Sevilla a Potosí las mercancías introducidas por los buques y galeones de la flota para la América. También de Lisboa partían buques y fragatas de negociantes portugueses, con hombres y mercaderías de Europa, Oriente y África, con destino a los puertos de Brasil y Buenos Aires.[11] A su vez, de Buenos Aires partían embarcaciones con destino a los puertos de Brasil y España. El intercambio de Brasil con destino a Sevilla incluía preciosos árboles tintóreos (el palo brasil), azúcar, cochinilla y otros, además de la plata de Potosí, enviada por medio de corresponsales portugueses. El maravedí era moneda usual en la ciudad de Río de Janeiro.

La importancia de ese comercio fue señalada por F. Braudel en su bella obra sobre el Mediterráneo. Braudel informa que, durante la unión ibérica, los seguros marítimos del Consulado de Burgos fueron menores para las navegaciones en el Atlántico portugués que en el Mediterráneo.[12] Esa prosperidad solamente fue afectada y declinó como consecuencia de la guerra con Holanda, ocasión en la que los holandeses invadieron en 1625 la rica capitanía de Pernambuco, mayor productora colonial de azúcar. A. Canabrava (1944) indica el año 1623 como marco del agotamiento del contrabando de la plata por el puerto de Buenos Aires. Pero Braudel informa que en 1635 también era interrumpido el transporte de los metales preciosos por los galeones de Manilla e indica como causa el aumento de los costos de la explotación de la plata, como consecuencia del ocaso de los indígenas.[13] Sin embargo, la documentación informa que los dos factores –aumento de los costos de producción de la plata e inseguridad del Atlántico sur, por la presencia de las naves holandesas– deben ser considerados entre las causas de la decadencia del comercio portugués en el Río de la Plata.

C. R. Boxer en su estudio sobre el gobernador de Río de Janeiro, Salvador Correia de Sá e Benavides, en el siglo XVII, transcribe la carta del negociante Francisco Soares a su hermano, en 1596. La carta describe los beneficios del comercio luso con Potosí. Soares explica que habiendo empleado 500 ducados de España, el lucro era de 5.000 ducados en cinco meses, pues las minas de Potosí eran las mejores y más ricas de todo el Perú. "Si los mercaderes de España y Portugal –escribe– tuviesen conocimiento de ese comercio no más se aventurarían tanto a enviar sus mercaderías a Cartagena. Porque ese río [de la Plata] es el camino más curto y el más fácil para irse al Perú. Los peruleros, o negociantes del Perú, que aquí residen, vienen del Río de Janeiro à ese puerto trayendo consigo 15 a 20 mil ducados, en reales de plata ó oro, para emplealos aquí en mercaderías; y no teniendo en esa plaza mercancía para comprarse, eses mercaderes del Perú se vean forzados a irse à Bahía ó à Pernambuco para ahí aplicar su dinero".[14]

Sin embargo, hasta la década de 1630 los negocios coloniales del Río de la Plata fueron controlados por portugueses e inútilmente la corona II intentó hacer aplicar las leyes prohibitivas al contrabando. Cuando en 1592 la Audiencia de Charcas decretó la tasación de las mercancías de Brasil por el puerto de Buenos Aires, la resistencia de los vecinos obligó a que las autoridades reconociesen la imposibilidad de su aplicación. La autorización para la entrada anual de un navío de permiso, concedida en 1595 para la introducción de un número limitado de africanos del asiento portugués, abría el precedente deseado. En 1607, el gobernador Hernandarias de Saavedra advertía a Felipe III sobre la necesidad de dividir la gobernación del Paraguay en dos provincias, para que se pudiese ejercer mejor vigilancia sobre el comercio ilícito. Entre tanto el número de negros introducidos por el asiento sevillano era insuficiente para atender las necesidades de las minas del Perú. Eso explica el aumento de las entradas por el puerto de Buenos Aires, puerta para las mercancías del contrabando necesario, que se intensificó después de la organización del tráfico portugués de esclavos del Congo y de Angola, a comienzos del siglo XVII.

Estudios recientes sobre los contratos y asientos, en el período de la unión ibérica, ofrecen nueva dimensión para la historia ríoplatense. A pesar de la vigilancia de la Inquisición, hasta el siglo XV los judíos habían podido gozar de relativa libertad en los reinos ibéricos. Pero la victoria de los Reyes Católicos sobre Granada abrió un largo período de intolerancia, que también afectó a Portugal. En Portugal, todavía, los cristianos nuevos pudieron continuar ejerciendo sus oficios y permanecer con sus asientos al precio de un elevado costo en oro y plata. Según José Gonçalves Salvador, que analizó los contratos portugueses, las áreas africanas vinculadas al tráfico negrero comprendían dos regiones extremas: en el siglo XV y comienzos del XVI, la principal fuente de los esclavos se situaba en África Occidental. A fines del siglo XVI, Angola y Congo entran en el circuito, con las ventajas de la calidad de su "mano de obra" y la proximidad con las capitanías de Brasil.[15]

En 1581, en ocasión de las Cortes de Tomar, los representantes solicitaron a Felipe II suspender los contratos de ultramar. Pero la coyuntura de los negocios se beneficiaba con la unión de las dos coronas, y el Rey se vio obligado a seguir la tradición de los indultos concedidos por los monarcas portugueses a los cristianos nuevos, entre los cuales figura la casa de Jorge Fernández d'Elvas. Esa política de tolerancia en relación con los judíos permitió a su bisnieto, Antonio Fernández, ser desde 1611 hasta su muerte, en 1622, el mayor asentista de esclavos del siglo XVII. En 1615, cuando los contratos de Guinea y Angola caducaron, Fernández se valió de la influencia de su cuñado, D. Hernández Solís, en la Casa de Contratación de Sevilla, para arrebatar los asientos de negros en subasta pública y ampliar los negocios con Brasil y el Río de la Plata.[16] El ascenso de los asientos de la Casa d'Elvas sería interrumpido por la guerra con Holanda, entre 1636 y 1645. Los datos de remesas de esclavos para América indican la cifra anual de 15.000 piezas de Congo y Angola, distribuidas en las siguientes plazas: Pernambuco: 4.400 piezas; Bahía y Río de Janeiro: 4.000 piezas; América española y Antillas: 5.000 piezas; Buenos Aires y Provincia del Río de la Plata: 1.500 piezas.[17] Los datos de Buenos Aires y Río de la Plata son confirmados por las relaciones de esclavos aprehendidos por las autoridades de Buenos Aires entre 1588 y 1627, un total de 9.155 esclavos.[18]

Los contratos revelan la expansión de todos los negocios portugueses y el lucro obtenido, enriqueciendo a muchos judíos sefaradíes que adquirieron títulos y honores en la corte de Madrid. Efectivamente, en 1612 y en 1616 Felipe III ordena a la Mesa de Conciencia y Ordenes que no concediese hábitos nobiliarios a los portugueses, porque cuando estos los recibían luego abandonaban sus contratos y asientos, con evidente perjuicio para la Real Hacienda.[19] Georges Scelle (1906), a su vez, demuestra la entrada anual de 14 a 18 navíos portugueses en Buenos Aires, con una cantidad de mercancías equivalente al volumen de la flota de Tierra Firme. Además de naves portuguesas, el puerto era frecuentado por corsarios ingleses, holandeses, dinamarqueses. En 1611, los libros de Buenos Aires registran la presencia de 15 naves inglesas y holandesas, con valor de mercancías estimadas en un millón de pesos de a ocho.[20] Asistimos entonces al ápice de los negocios y en 1618 y 1619 registran la partida anual de Buenos Aires de 15 a 18 embarcaciones transportando 30 a 40 toneladas de mercaderías con destino al Brasil. Los libros registran el valor de esas mercaderías en cerca de 120.000 pesos de a ocho.[21]

Las violaciones del contrabando de Buenos Aires provenían también de la connivencia de las autoridades. A excepción de Hernandarias, todos los gobernadores y autoridades del Paraguay, Río de la Plata y Tucumán sufrieron denuncia de connivencia y favores a los portugueses. Eso obligaría a la Corona a adoptar providencias más severas contra los lusos, casi todos cristianos nuevos, que no solamente dominaban el comercio de la región sino que también ascendían a los cargos de la propia administración. Sin embargo, la prohibición no sería efectiva sin alcanzar los intereses de los vecinos. Hernandarias fue la autoridad criolla que se dispuso a ejercer la defensa de los intereses de Madrid, contrarios a los comerciantes lusos "entrantes y salientes en la provincias del Perú", como demostró Raúl de Molina en su artículo sobre la persecución hecha contra Diego de Vega & Asociados en 1615.[22]

Según Molina, Diego de Vega llegó a Buenos Aires en 1601, con permiso temporal para el ejercicio del comercio con Brasil y el Río de la Plata. Pero luego empieza a comerciar con el Alto Perú, corresponsal del capitalista Diego López de Lisboa. Después de adquirir título de vecino y morador de la ciudad de Buenos Aires, en 1610 viaja a España, obteniendo del Rey el permiso para traer a su mujer y su hijo de la Madera, a fin de instalarse definitivamente en el puerto. El "gran proceso" contra "el judío" Diego de Vega & Asociados, encarcelados por orden de Hernandarias y acusados de organizar el "contrabando ejemplar", empezó en 1615 y se extendió hasta 1618. Vega fue acusado de haber adquirido su título y su ciudadanía con simulación, ocultando ser de origen "de los prohibidos".[23] Sus socios eran hombres de la mayor influencia en el Río de la Plata: Juan de Vergara, el socio mayor, tesorero del Santo Oficio y alcalde de Buenos Aires; Mateo Leal de Ayala, alguacil mayor, miembro del Cabildo, ex teniente de gobernador; Simão de Valdez, tesorero de la Real Hacienda; Diego de Vergara completa la lista. Molina ofrece la lista de los vecinos procuradores de Vega cuando viaja a Madera y España en 1610: Buenos Aires, Juan de Vergara; Santiago del Estero, Francisco Salcedo, comisario del Santo Oficio, Antonio Ibáñez y Diego Baltasar de los Reyes, futuro suegro y abuelo de sus hijos ilegítimos; Talavera de Madrid, Diogo Lopes Correia y Manuel Rodrigues de Azevedo, portugueses; Córdoba, Pantaleão Marques Correia, portugués, y Francisco Nuñez. Durante el proceso también fueron encarcelados y torturados algunos vecinos de menor influencia. La íntegra del deponente Juan Gomez, sometido a la tortura, es la pieza mayor de la acusación contra Vega y otros cómplices del contrabando por el puerto de Buenos Aires. El texto integral del testimonio, en Molina, permite conocer el nombre de los propietarios de las embarcaciones y sus capitanes. Entre otros nombres ilustres, se encuentran los de Manuel de Frías, cuñado de Hernandarias, y los ex-gobernadores D. Frances de Beaumont y Navarra (1600-1601) y Diego Marín de Negrón (1609-1615).[24]

El proceso fue interrumpido con la llegada del nuevo gobernador, Diego de Góngora, el 17 de noviembre de 1618. El mismo día de su llegada, Góngora ordenó que se liberase a Diego de Vega y los demás prisioneros, y que se cerrasen los procesos contra ellos. También ordenó la detención de Hernandarias, acusado de haber causado la "ruina de la tierra". De esa manera, el Rey atendía a las apelaciones e intereses de sus vasallos, al mismo tiempo que ordenaba que se hiciese la división de la gobernación del Paraguay y creaba la gobernación del Río de la Plata. Esa sugerencia le había sido hecha por el mismo Hernandarias en una carta de 1607.

Los años de 1619 a 1623 fueron de grandes negocios para Vega, que pudo ampliar el consorcio con nuevas y mayores ramificaciones. En 1621, Vega se asocia al asentista Antonio Fernández, y adquiere la exclusividad del comercio de negros.[25] Pero, en 1623, Felipe IV seguía las recomendaciones de Hernandarias creando una Aduana Seca en Córdoba, medida que seguramente fortalecería el exclusivo circuito limeño-sevillano. Efectivamente, si el régimen de la Aduana Seca alcanzaba más precisamente los negocios de Vega, los vecinos del Río de la Plata y Paraguay tuvieron que someterse al pago de una elevada tasación del 50 % para hacer circular sus productos y géneros en Tucumán, pasaje obligatorio del camino a Chile y Perú.

Todavía, si las recomendaciones ejemplares de Hernandarias, contrarias al comercio portugués, adoptadas por la Corona, ayudan a explicar la liquidación de alternativas favorables al desarrollo económico de la región, las consecuencias de la creación de la Aduana no son suficientes para aclarar el colapso sufrido por el comercio del Río de la Plata. Tampoco parece suficiente la aclaración de Magnus Mörner (1948) sobre las actividades de los jesuitas en el Río de la Plata, como explicación para la declinación del comercio portugués. Contrariamente, el cambio de la coyuntura, a partir de los años 1630 y 1640, explica mejor la decadencia del comercio portugués en el Atlántico sur. Es que España no solamente se hará cada vez más dependiente de la plata americana sino que, desde 1630, la baja de la producción de plata amenaza la propia integridad interna del Imperio. Sin embargo, el comercio portugués de Buenos Aires sufrió de inmediato las consecuencias de ese retroceso, comenzando por la larga guerra con Holanda, que había comenzado en 1624 y que provocó la pérdida de muchas fortunas de negociantes portugueses. Entre 1624 y 1636 los ataques de los buques holandeses destruirán más de 545 embarcaciones portuguesas en todo el Atlántico sur. Portugal, unido a la corona de España, se vio alcanzado. La guerra con Holanda provocó la invasión y pérdida de la rica capitanía de Pernambuco, la mayor productora de azúcar, como también de numerosas plazas en África. Razón suficiente para la revolución de 1640, que al final separaría a Portugal de España, el golpe definitivo para la continuidad del comercio portugués en la región platina y toda la América de Castilla.

Notas

1 Cortesão, Jaime (org.), *Pauliceae Lusitana Monumenta Histórica.* (1494-1600). Lisboa, Real Gabinete Português, Rio de Janeiro, 1956, t. 1, vol. 1, pp. XIV-XVI.
2 Cortesão, Jaime (org.), *Pauliceae...*, p. lxvii.
3 Braudel, Fernand, *Mediterrâneo e o Mundo Mediterrânico na época de Felipe II.* Lisboa, Martins Fontes, 1983, vol. 2, p. 184.
4 Braudel, Fernand, *Mediterráneo e...*, vol. 2, pp. 253, 689-94.
5 Cf. Cortesão, Jaime (org), *Pauliceae...*, t. 1, v. 2, pp. 275-6.
6 "1530-Agosto-2. Carta de Sevilla, de Doctor Simão Afonso a D. João III, Regreso de Sebastian Caboto a Sevilla", en Cortesão, Jaime (org.), *Pauliceae...* t. 1, vol. 1, pp. 104-5.
7 "1530-Novembro-20. Carta de poder a Martim Afonso de Souza", *Pauliceae...* pp. 166-8.
8 Cortesão, Jaime, *Raposo Tavares e a formação territorial do Brasil.* Lisboa, Portugália, 1966, vol. 2, pp. 90-2.
9 Gadelha, Regina Maria A. Fonseca, *As missões jesuíticas do Itatim. Estruturas sócio-econômicas coloniais do Paraguai. Séculos XVI e XVII.* Rio de Janeiro, Paz e Terra, 1980, pp. 89, 203, 257.
10 Molina, Raúl de, "El primer banquero de Buenos Aires", en *Revista de Historia Americana y Argentina.* Mendoza, n°s 3-4 (1968-1969), p. 57. Sobre Diego López Lisboa, en Gadelha, "Judeus e cristãos-novos no Rio da Prata. A ação do Governador Hernandarias de Saavedra", en Novinsky, Anita e Carneiro, Maria Luiza T. (org.), *Inquisição: Ensaios sobre Mentalidade, Heresias e Arte.* São Paulo, Expressão e Cultura/EDUSP, 1992, pp. 357-8. Diego López de Lisboa tuvo dos hijos ilustres, Diego de León Pinelo y el Lic. Antonio de León Pinelo. Viudo, ingresó en la carrera eclesiástica.
11 Braudel, Fernand, *Mediterrâneo e...*, vol. 2, p. 253.
12 Idem.
13 Gadelha, Regina M. A. F., "Judeus e...", pp. 355-73.
14 "Carta de Rio de Janeiro, junho 1596". Apud Boxer, C. R. *Salvador de Sá e a luta pelo Brasil e Angola, 1602-1686.* São Paulo, Nacional/EDUSP, 1973, p. 90.
15 Salvador, José Gonçalves, *Os magnatas do tráfico negreiro. Séculos XVI e XVII.* São Paulo, Pioneira/EDUSP, 1981, p. 17.
16 Idem.
17 Boxer, C. R., *Salvador de Sá e a luta pelo Brasil e Angola. 1602-1686.* São Paulo, Nacional/EDUSP, 1973, p. 238.
18 Gadelha, Regina Maria A. F., "Judeus e...", pp. 359-60. Los datos no incluyen el contrabando.
19 Salvador, José G., *Os magnatas...*, p. 11.
20 Boxer, *Salvador de Sá...*, p. 92.
21 Boxer, *Salvador de Sa...*, p. 93.
22 Molina, R. A., "El primer banquero...", pp. 55-123.
23 Molina, R. A., "El primer banquero...", p. 58.
24 "Testimonio de Juan Gomez, 19/11/1616", en Molina, "El primer banquero...", pp. 474-82.
25 Salvador, José G., *Os magnatas...*, p. 127.

Os cenários do conflito e as possibilidades de paz no México do século XVI: as narrativas e os juízos políticos do frei Motolinía

Anderson Roberti dos Reis
Universidade Estadual de Campinas
San Pablo, Brasil

Gostaria de começar essa apresentação com um trecho extraído da obra de Motolinía (frade franciscano espanhol que viveu no México entre os anos de 1524 e 1569 e registrou suas impressões sobre os processos que se desenrolavam nas primeiras décadas de conquista e catequese) onde ele deixa transparecer um pouco da atmosfera da Nova Espanha do século XVI, lugar de muitos conflitos entre os mais diversos grupos e instituições:

> Porque como esta batalla se dio en unos campos rasos, adonde no hay árboles ni montes, fueron vistas lumbres algunas noches, y muy temerosas y espantosas voces como de gente trabada en batalla, que decían: "¡mueran, mueran, mátalos, mátalos, a ellos, a ellos, préndelo, llévale, no le dejes vida!".
>
> Frei Toribio Benavente Motolinía
> *Historia de los indios de la Nueva España*
> Tratado III, Capítulo 11

Trechos como este são freqüentes na obra de Motolinía. O cenário do conflito foi constantemente representado pelo frade que, ao longo do texto, procurou apontar as possibilidades de paz. A Nova Espanha do século XVI foi palco de diversos atritos, sobretudo nas esferas política e religiosa. O processo de colonização e evangelização da América gerou muitos desencontros. Uns no cotidiano dos indígenas e espanhóis, outros no aparelho administrativo colonial. O objetivo deste trabalho é, em primeiro lugar, identificar os conflitos ou situações de guerra destacados por Motolinía em sua Historia de los indios de la Nueva España e, em seguida, discutir como ele narrou esses confrontos e apresentou os caminhos para a negociação. Partirei da hipótese que o frade registrou os diversos episódios de conflito e postulou, como esperança de acordo e paz, os trabalhos missionários (dos franciscanos) e a conversão ao Cristianismo antes mesmo de quaisquer medidas propriamente políticas. Dito isso, vamos aos quatro tipos de conflitos relatados por Motolinía.

Indígenas contra indígenas: a leitura política e moral do frade

Frei Motolinía passou 45 anos trabalhando junto aos indígenas da Nova Espanha. Desde 1524, ano em que chegou, ele apressou-se em aprender as línguas locais, evangelizar e, assim, contribuir com o processo de colonização espanhol. Das incursões pelas culturas indígenas o franciscano registrou os primeiros cenários do conflito: aqueles entre os próprios ameríndios. O autor nos conta que quando os espanhóis chegaram a América encontraram os povos em guerra[1]. Os motivos desses confrontos são apenas esboçados superficialmente pelo frade: "En esta Nueva España siempre había muy continuas y grandes guerras, los de unas provincias con los de otras, adonde morían muchos, así en las peleas, como en los que prendían para sacrificar a sus demonios"[2]. Neste trecho o religioso identifica duas dimensões do conflito entre os indígenas: as peleas, ou os combates físicos e lutas; e as guerras de captura para sacrifícios (ou os combates ritualizados conhecidos como "guerra florida"). As primeiras, Motolinía explica usando argumentos de ordem política, como por exemplo, a disputa por territórios ou pela soberania em determinada região; já o segundo tipo de confronto é descrito pelo frade a partir de sua leitura moral: os sacrifícios são formas de alimentar o demônio; logo esses conflitos são obra do diabo que assolam a Nova Espanha.

Motolinía compreende as guerras entre os nativos a partir de sua perspectiva, seja no âmbito político ou no cosmológico/religioso. A narrativa cria uma tensão e constrói o Novo Mundo a partir da seguinte lógica: falta aos indígenas formas de organização política e, também, o conhecimento do "Deus verdadeiro". Essa leitura não é exclusiva do tema "guerra" e "conflitos", estendendo-se para as noções de idolatria, cerimônias, poligamia, embriaguez e rebeldia presentes ao longo do texto. Assim, torna-se necessária a intervenção externa para que haja um acordo e, por conseguinte, as condições de negociação e convivência entre todos. A possibilidade do acordo tem sua origem na Providência divina e deve ser concretizada nos trabalhos dos religiosos responsáveis pela justiça e paz[3].

Lobos e cordeiros: colonos contra indígenas e a Providência divina

O segundo tipo de conflito sugerido na Historia foi aquele entre os colonos espanhóis e os indígenas. O motivo desses atritos era a cobiça[4], que provocava a exploração dos indígenas e sua contrapartida, a resistência. Aqui a narrativa estrutura-se a partir da oposição "espanhol mau/índio bom". Embora Motolinía não parta sempre desse raciocínio, os conflitos entre uns e outros são compreendidos e descritos nesses termos. Uma exceção a essa regra aparece quando o frade diz que os indígenas reservavam campos estéreis para suas batalhas e que isso só mudou com a chegada e intervenção dos colonos espanhóis.

Havia um ditado e uma crença entre os religiosos que Motolinía registrou com precisão: "el que con los indios es cruel, Dios lo será con él"[5]. Esse refrão é transformado em imagens pelo franciscano, que narra alguns casos de espanhóis que maltrataram os indígenas e, prontamente, foram punidos por Deus. Entre as mais interessantes, encontramos a história de um colono que ia açoitando e gritando com os índios que carregavam grandes pesos. A exploração prosseguiu até que surgiu, do matagal ao lado da estrada, um tigre que pegou o espanhol pela boca e o jogou no monte. Os indígenas foram libertados da "opressão" pela Providência. Nesse relato não importa as suas origens, a questão da "verdade" ou da possibilidade disso ter ocorrido, mas sim o efeito conseguido. Motolinía parte da tensão e do conflito, condena a cobiça e postula a justiça divina. Com isso, sua narrativa (e devemos pensar que esses episódios também circulavam oralmente nas missas e pregações) estabelece um palco onde o temor a justiça de Deus é uma das condições para a paz social.

O conflito sobrenatural entre Deus e o diabo

O terceiro tipo de conflito identificado na Historia é aquele entre "Deus" e "Diabo". Essa "guerra sobrenatural" é representada pelo franciscano nos relatos sobre a conversão e a resistência ao Cristianismo dos indígenas. Assim, quando se percebia que os índios já assistiam a missa, rezavam, faziam o sinal da cruz e sabiam de cor o Credo, Motolinía assinalava a vitória de Deus sobre as forças malignas. Caso verificasse que havia persistência das antigas práticas, ele constatava a resistência diabólica as investidas cristãs. Isso não significava que havia a impossibilidade da conversão ou que o diabo vencera determinadas batalhas, mas, ao contrário, reforçava a necessidade da cristianização e dos trabalhos pastorais cotidianos juntos aos nativos. Aqui estamos estendendo a idéia de conflito: pensamos que a situação conflituosa não se dá somente no momento do contato corporal, das lutas e guerras. Ela dá-se, também, no momento em que se percebe uma disposição que pode levar as vias de fato ou aos embates teóricos. Esse é o cenário que Motolinía constrói: há a constante disposição para os conflitos, sejam eles intelectuais, "sobrenaturais" ou físicos; a possibilidade da negociação está na ação missionária, sobretudo nos domínios dos franciscanos.

Em termos práticos, como o autor da Historia percebia a guerra entre o Bem e o Mal? Esse atrito tomava corpo nas atividades diárias: a destruição dos ídolos representava a primeira vitória cristã. A idolatria era considerada o principal obstáculo a ser superado para que lograsse a conversão ao Cristianismo. Logo os entreveros em torno dos ídolos indígenas são os referenciais para atestar, ou não, o sucesso da evangelização. As destruições dos ícones e dos templos e o avanço na conversão, tarefas levadas a cabo pelos religiosos, resultava na revolta do demônio que investia contra os nativos, só sendo derrotado pela força do nome de Jesus ou pelo apego às cruzes colocadas sobre os escombros dos antigos símbolos. Assim, Motolinía deteve-se nas descrições sobre esse tema e elaborou uma narrativa teatral recheada de tensões entre as forças do Bem e do Mal:

> A muchos se les ha parecido el demonio muy espantoso y diciéndoles con muchas furia: '¿por qué no me servís?, ¿por qué no me llamáis?, ¿por qué no me honráis como solíades?, ¿por qué me habéis dejado?, ¿por qué te has bautizado?'; y éstos llamando y diciendo: 'Jesús, Jesús, Jesús', son librados, y se han escapado de sus manos, y algunos han salido muy maltratados y heridos de sus manos, quedándoles bien qué contar; y así el nombre de Jesús es conhorte y defensa contra todas las astucias de nuestro adversario el demonio"[6].

Para além dos embates sobrenaturais, o conflito "Deus-diabo" evidencia-se nos conflitos físicos entre os neófitos e as antigas elites e autoridades. A estratégia missionária adotada pelos religiosos no início de seus trabalhos foi evangelizar os filhos dos principales da Nova Espanha o que, segundo Motolinía, dava resultados satisfatórios. Em geral esses garotos tinham boa disposição e gana para aprender as coisas de Deus. Desde o início, percebeu-se a resistência das elites indígenas em dar seus filhos, substituindo-os por filhos de seus empregados. Porém quando os padres ultrapassavam esse primeiro obstáculo, o resultado da conversão era positivo. Dessa forma, podemos supor duas possibilidades: a de que os jovens tiveram sucesso e converteram os antigos "sacerdotes do demônio"; ou então, que houve indisposições e uma situação de conflito permanente entre as duas gerações. Motolinía percorre os dois caminhos, porém seu relato ganha intensidade ao tratar das tensões e dos vários martírios entre os recém convertidos.

Em Tlaxcala, os frades ensinavam sobre o "verdadeiro Deus" e Ometochtli rebatia as afirmações e ensinamentos cristãos. Num dia, garotos do convento local foram se banhar no rio e, no caminho, passaram por seguidores e pelo próprio "deus do vinho"[7]. Os meninos afirmaram não ter medo daqueles indivíduos e, para provar, atiraram várias pedras em Ometochtli até matá-lo. Ao fim, comemoraram a "morte do diabo" e causaram grande tristeza entre os súditos daquela deidade que, nesse episódio, perceberam a "falsidade de seu deus"[8].

Ainda em Tlaxcala, onde Motolinía ficou bastante tempo, ocorreu outro caso notável: o dos três meninos que foram mortos enquanto destruíam ídolos em missão evangelizadora. Antonio, Juan e Diego eram garotos recém convertidos ao Cristianismo, porém com muito ânimo para as coisas de Deus. Tanto é que, desde cedo, iam pelos lugares mais distantes onde, segundo Motolinía, escondiam-se muitos ídolos do demônio, e destruíam tudo o que encontrasse das antigas práticas. Durante uma dessas incursões pelos templos eles foram atacados e mortos com violência. Só Antonio não morreu e tirou do silêncio esse caso. Motolinía, em tom dramático, finaliza o relato: Martín de Valência, que havia dado a benção aos garotos antes da partida, recordou da coragem dos meninos ("¿No mataron a San Pedro crucificándole y degollaron a San Pablo y San Bartolomé no fue desollado por Dios? ¿Pues por qué no moriremos nosotros por Él, si Él fuere de ello servido?") e chorou[9]. A possibilidade de paz, aqui, residia no sucesso da conversão a partir da extirpação da idolatria. Os religiosos tinham a missão de levar adiante essa tarefa para acabar com esses desencontros.

As divergências missionárias

O quarto e último conflito que aqui nos ocuparemos é aquele entre os próprios religiosos. Nesse caso não se trata de contatos físicos, mas de disputas políticas, intelectuais e teológicas, das quais dependia o andamento dos trabalhos missionários na Nova Espanha. Dentre algumas situações, as disputas entre franciscanos e dominicanos ganharam destaque, sobretudo nas divergências sobre a administração dos sacramentos aos nativos. Uns e outros registraram essas desavenças e tentaram, cada qual à sua maneira, convencer as autoridades (também destinatárias das crônicas e cartas dos religiosos) da legitimidade de suas práticas. As disputas sobre o batismo, a confissão e o matrimônio foram as mais freqüentes. Em termos gerais, Motolinía acreditava que esses sacramentos eram necessários, independentemente da preparação teórica dos indígenas. Ele postulava a simplicidade nos rituais, ao contrário das propostas e críticas de alguns dominicanos[10]. Para autorizar sua proposta, o autor da Historia narrou (não sem dramaticidade) vários casos, sempre destacando a "vontade" dos nativos para o sacramento e, por vezes, a negligência de religiosos que não cumpriam com sua missão, como no caso das duas viejas que tiveram seu pedido de batismo recusado e responderam:

> ¿A mí que creo en Dios me quieres echar fuera de la Iglesia? Pues si tú me echas de la casa del misericordioso Dios, ¿a dónde iré? No ves de cuán lejos vengo, y si me vuelvo sin bautizar en el camino me moriré? Mira que creo en Dios; no me eches de su iglesia[11].

Neste, como nos demais conflitos registrados por Motolinía, a possibilidade de negociação está na ação dos missionários, em especial, dos franciscanos. A recusa em confessar ou batizar os indígenas impossibilitava a conversão, o que permitia a persistência da atuação demoníaca na Nova Espanha. A Providência divina deveria ser cumprida e as negociações lideradas pelos frades menores transformavam-se, assim, na esperança para a paz, justiça e fraternidade. Se a sociedade novo-hispana assentava-se, inevitavelmente, sobre cenários de conflito, o acordo e a convivência pacífica entre os diversos encontrava saída, segundo Motolinía, na cristianização. Assim, a estabilidade política passava pelo sucesso da conversão e pela ação franciscana para que: os indígenas não representassem ameaças à ordem colonial; o diabo fosse derrotado e lograsse a evangelização; houvesse justiça no trato entre colonos e nativos; existisse simplicidade e efetividade nos trabalhos missionários e assim por diante. Desse modo, Motolinía registrava as tensões e conflitos e, ao mesmo tempo, propunha o trabalho missionário paciente ("patientia necesaria est") pautado no amor e fraternidade cristãos como esperança de se alcançar a paz.

Notas

1 Na *Historia de los indios de la Nueva España*, que aqui estamos nos ocupando, Motolinía limita-se a descrever as guerras, sem maiores considerações ou análises aprofundadas (como na Epístola Proeminal ao Sexto Conde de Benavente e no capítulo XVI do Tratado III). Porém, nos *Memoriales*, ele esboça algumas hipóteses para compreender os motivos pelos quais havia a guerra, inclusive trabalhando com o conceito de "guerra justa" entre os Astecas. Num estudo sobre o tema, Justyna Olko analisa as descrições feitas por alguns missionários sobre os conflitos entre os indígenas. Olko, Justina, "Los mensajeros reales y las negociaciones de paz. El concepto de la guerra justa entre los aztecas", In *Revista Española de Antropología Americana* [versão on-line], Madrid, vol. 34, pp. 125-148.

2 Motolinía, Toribio B., *Historia de los indios de la Nueva España,* Cidade do México, Porrúa, 2001, p. 159.

3 Há um trecho singular a esse respeito, no capítulo V do Tratado III, onde Motolinía encontra em Martín de Valência o símbolo da esperança de conversão dos indígenas sem o recurso às armas ou à guerra. A integração social entre todos deve partir do princípio cristã do amor e da fraternidade. Essa é a vontade e o ponto de partida do franciscano, ainda que ele admita o uso da força, caso seja necessário. Esta ultima hipótese aparece com maior nitidez na "Carta al Emperador", de 1555, escrita por Motolinía e endereçada a Carlos V.

4 A cobiça é, segundo Motolinía, um dos males trazidos pelos espanhóis e que deve ser imediatamente eliminado. Para o religioso, o apego desmedido às coisas materiais é tão pernicioso que causa atritos entre os próprios colonos, que guerreiam pela posse de terras, ouro, indígenas e africanos escravos. Tal é a preocupação de Motolinía que ele enquadra os confrontos entre os espanhóis como a "décima praga" que assolou o Novo Mundo; a solução a esse conflito foi dada por três frades franciscanos que apaziguaram os ânimos. *Cf.* Motolinía, Toribio B., *Historia de los indios...*, pp. 21-22. Porém, a crítica dos religiosos às ações do colonos geraram outro tipo de embate, entre missionários e civis, como percebemos no trecho final do capítulo IV do Tratado III, às páginas 193 e 194.

5 Motolinía, Toribio B., *Historia de los indios...*, p. 157.

6 Motolinía, Toribio B., *Historia de los indios...*, p. 158.

7 Quando Motolinía denomina Ometochtli de "deus do vinho", podemos perceber a transposição de conceitos de sua cultura (o "deus do vinho" - possivelmente a partir dos modelos clássicos de Dionísio e Baco) para "traduzir" a cultura do outro (Ometochtli era o deus da bebida, o *pulque*). Logo temos duas situações: a primeira é a tradução operada pelo frade, buscando a compreensão do outro a partir de conceitos e noções que são exógenos àquela cultura. A segunda é a leitura moral feita pelo religioso: "os indígenas viviam embriagados, influenciados pelo 'demônio' Ometochtli", sem considerar que esse era o costume das celebrações locais e que "estar fora de si" era prática corrente nos rituais. Para uma discussão sobre a alteridade nesses termos, ver: Hartog, François, *O Espelho de Heródoto: Ensaio sobre a Representação do Outro,* Belo Horizonte, Ed. UFMG, 1999.

8 Motolinía, Toribio B., *Historia de los indios...*, pp. 249-250.

9 Motolinía, Toribio B., *Historia de los indios...*, pp. 256-259.

10 Conforme podemos perceber na carta de 1554 do dominicano Andrés Moguer: *"Na maioria dos lugares e em outros lugares, contentam-se em lhes dizer uma missa cada ano; veja V. A. que doutrina poderão dar a estes* [índios]*"*. Carta de Andrés Moguer, enviada ao Conselho das Índias em 10 de dezembro de 1554, In SUESS, Paulo, *Conquista Espiritual da América Espanhola – 200 documentos do século XVI,* Petrópolis, Vozes, 1992, p. 851.

11 Motolinía, Toribio B., *Historia de los indios...*, p. 126. A partir dessa crítica feita por Motolinía, é possível sondar e discutir quais são as concepções dele sobre a conversão do indígena, o que por ora reservaremos a outra pesquisa.

Acción y reacción en los derechos a vaquear: el rol de las mujeres "accioneras" a mediados del seiscientos

Carolina Adad
Universidad Nacional del Sur
Bahía Blanca, Argentina

La posibilidad de tomar a la mujer como eje de estudio en función de sus actividades económicas a mediados del siglo XVII, nos acercará a comprender su realidad fuera del universo doméstico o "privado", a fin de transitar –a partir de sus acciones– escenarios públicos que nos acerquen a la realidad de la época.

El análisis de las Actas del Cabildo que comprenden las peticiones formalmente presentadas por las interesadas desde 1650 a 1700, nos permiten realizar un relevamiento cuali-cuantitativo de las solicitudes a vaquear, y a través de su accionar legal, observar distintas conductas litigiosas las cuales vienen a modificar el ideal de la época.

En este punto nos surge un interrogante ¿podemos hablar de un comportamiento rebelde en las mujeres a partir de la observación de algunos casos, y establecer así la existencia de parámetros generales? Para responder recurrimos a lo propuesto por Carlos Mayo para quién: "La historia será única en su coyuntura, en la identidad de los personajes, en los detalles concretos del delito cometido, pero la situación puede repetirse, por lo tanto rastrear las pautas generalizadas y generalizables".[1] De esta manera adscribimos a que la fuente judicial nos resulta reveladora acerca de los valores que definieron la sociedad porteña. Así, el honor, la fidelidad y la lealtad actúan, al decir de François Guerra, como "nexos de pertenencia" de una clase social que posibilita la identidad y la cohesión del grupo, regidos por la costumbre, por la ley y por sus propias reglas. Sus relaciones deben ser reguladas por acuerdos que definan sus derechos y deberes recíprocos, estableciendo un pacto que regule los privilegios y relaciones entre los grupos.

No obstante, consideramos que a pesar de la imagen imperante del Antiguo Régimen en relación con el comportamiento femenino, éste comienza a cambiar, y si bien estos cambios se perciben más claramente durante el siglo XVIII, tenemos indicios para pensar que sea cual sea su lugar en la sociedad las mujeres concurrían a la justicia para defender sus derechos estuviesen o no equivocadas.[2]

Recordemos que la mujer en su estadio de soltera vivía bajo la dependencia y los requerimientos de su padre o en su ausencia de la de sus hermanos; tutela que luego de casada pasaba al marido, quién era el que tomaba todas las decisiones. Al respecto Ots Capdequí sostiene que "el orden jurídico familiar absorbía de tal modo la personalidad de la mujer que únicamente en circunstancias muy calificadas podía aquélla destacar su individualidad con plena soberanía de sus actos".[3] Por otra parte, destaquemos que el permiso del cónyuge era "substancial requisito" para cualquier acción civil que su mujer debiera realizar.[4]

Sin embargo, no parecería apropiado suponer que el papel de la mujer, en función de lo que se esperaba de ella, había estado limitado a los estrechos confines del universo doméstico. Distinta era su situación cuando enviudaba, ya que pasaba a gozar de cierta libertad. Pero conjuntamente con los derechos adquiridos, surgía la obligación de hacerse responsable ante la ley de sus actos. Así, la mujer definida por el hombre de la época como el "sexo débil", aparece como protagonista e incansable defensora de sus derechos, intereses y reivindicaciones.

Tomando como referencia estas aseveraciones, y a partir del análisis de los testimonios es que podemos detectar no sólo su presencia fuera del ámbito doméstico, sino que es en ese mismo espacio donde la vemos actuar con soltura, utilizando distintos subterfugios que ponen en evidencia que estamos frente a una imagen diferente de mujer que no puede tildarse de excepcional.

Por último, si bien este trabajo forma parte de una investigación más amplia, en esta oportunidad analizaremos a las mujeres accioneras y su actividad en las vaquerías, dejando para más adelante otras cuestiones como la provisión de carne al abasto y actividades afines.

Acerca de la economía de Buenos Aires a mediados del seiscientos

El papel de Buenos Aires dentro de la economía de la Corona era el de intermediaria entre las minas del Alto Perú y los mercados del exterior. La restricción del monopolio español no impidió que sus habitantes se entregaran cada vez más a actividades que bordeaban el límite de lo legal. Quienes ejercían el control de la plaza comercial eran españoles y portugueses en un principio, pero tal como lo advierte De Lafuente Machain, hacia mitad del siglo XVII todos los habitantes del Río de la Plata se dedicaron legal o ilegalmente al comercio.[5]

Hacia mediados del siglo se percibe un importante aumento del comercio, sea por vía legal, es decir, a partir del tráfico de navíos de registro inaugurado el año 1658, o a partir del tráfico clandestino dada la necesidad de los pobladores de proveerse de artículos de primera necesidad. Los mercados compradores de estos cueros son España, Portugal y ganado en pie en el Alto Perú (1624-1650). En este punto debemos rescatar del olvido un hecho coyuntural que viene a modificar el panorama de la época y que intensifica la actividad de las mujeres a partir de mitad del siglo. Nos referimos a la ruptura comercial que se produce con el Brasil en 1640 , lo que obligó a los pobladores de Buenos Aires a buscar otras salidas comerciales e intensifica la actividad de las mujeres.

Se obtenía del animal únicamente los cueros, sebo y cecina. Las recogidas de ganados eran celadas por los gobernadores y los procuradores que desde el Cabildo se ocupaban de conceder las licencias para recoger, faenar y vender. El principal problema era evitar la escasez, mantener un precio de venta razonable y controlar que las recogidas se hicieran en el tiempo estipulado con o sin licencias. La regulación que existía para la extracción de ganado se fundamentaba en la necesidad de garantizar el aprovisionamiento externo e interno, sin embargo, las matanzas excesivas, la dispersión del animal, la extracción ilegal hacia otras zonas, el robo, la sequía y los daños de perros salvajes y carreteros fueron motivos de quejas de los "vecinos", que veían perjudicada su actividad legal.[6] Las peticiones realizadas por mujeres y los argumentos empleados en estas cuestiones son indicios que nos permiten pensar que estamos en presencia de un cambio de mentalidad de la época.

Por otra parte, María Isabel Seoane[7] explica que el derecho a vaquear se transmitía por herencia, donación o venta, provocando muchas veces la confusión entre la propiedad de la tierra con la acción de vaquear. Por lo tanto, era requisito poseer los títulos legítimos que demostraran ser dueños del vacuno y descendientes de antiguos pobladores.[8] Por otra parte, serían castigados aquellos que realizacen esta actividad sin licencia alguna o fuera del tiempo estipulado. Al respecto en nuestro relevamiento encontramos peticiones que se refieren a:

a) aquellas mujeres que solicitan el título de "ser" accionera.
b) las que siendo ya accioneras realizan el pedido para vaquear.

El motivo de estas peticiones podía ser ya sea la necesidad de cubrir las demandas del mercado interno o externo, o en otros casos motivadas por la necesidad de poblar sus estancias.

Nos ocuparemos de acercarnos a esta problemática teniendo como eje de análisis los diversos mecanismos que intervienen en el otorgamiento de estas licencias, profundizando los argumentos esgrimidos por las mujeres para hacer valer su "posición".

Del ámbito doméstico a la acción y reacción pública

Como bien se explicó en un principio, quienes poseían el derecho a vaquear eran los "vecinos" de la ciudad de Buenos Aires, es decir, aquellos descendientes de los primeros pobladores o quienes por derecho de propiedad de bienes, donación o venta podían aspirar a esta "categorización". Para acceder a la vaquería debían realizarse trámites previos, estos consistían en presentar al cabildo los documentos correspondientes que legitimaran su origen:

> Y en este cabildo se vieron dos peticiones y una que dio Ana Hernández y otra Doña Victoria de Alderete sobre la prueba que ofrecen de la justificación de sus acciones y ciertas licencias que piden y constan de lo que se decreto al pie de dichas peticiones.[9]

El cabildo, en consecuencia es el que decide sobre la entrega de estas licencias frente a la presentación de estas "garantías", no obstante es significativa la razón que aduce doña Catalina de Bentancour el 14 de septiembre de 1665, quién plantea un argumento bastante lógico para no presentar sus "credenciales". Éste consiste en remarcar que ya había sido favorecida con este derecho en otras oportunidades.[10] En este sentido, entendemos que una vez presentada la documentación y aprobada la licencia, estos documentos no se volvían a pedir.

En el periodo de tiempo en que realizamos este trabajo contamos con más de 30 peticiones realizadas por mujeres pertenecientes a altos sectores de la sociedad porteña y que se repiten en varias oportunidades. El análisis de este sector nos permite observar la importancia del pacto que regula los privilegios, las relaciones entre los grupos y su pertenencia.

Nos parece importante mencionar que incluso los hombres utilizaban su relación con estos grupos de poder para lograr algún beneficio. Al respecto, Juan Antonio de Arregui expone:

> Siendo yo uno de los vecinos de esta ciudad de muchos años a esta parte con nueve hijos menores que alimentar y siendo mi mujer una de las herederas y accioneras principales y de mayor consecuencia por la acción y derecho de su padre el capitán Juan Gutiérrez de Umanes difunto.[11]

Adviértase cómo el interesado alude a su situación marital para conseguir ese derecho, nombrando a su suegro con nombre y apellido, no así a su mujer. Pudimos establecer que Juan Antonio Arregui se casa el 1° de mayo de 1653 con Juana Gutierrez de Paz, hija del

Capitán antes mencionado.[12] La madre de esta última es doña Ana Paz y Serrano, quien al quedar viuda realiza a partir del año 1668 constantes peticiones al cabildo para salir a vaquear. Sin embargo, su actividad, altamente rentable, encuentra a veces tabúes por parte de otros interesados. Es así como el 17 de julio de 1673 no se le conceden licencias por habérsele otorgado tres permisos ese año.[13]

Las mujeres también incurrieron en faltas y fueron sancionadas al igual que los hombres. En algunos casos el motivo de la sanción aparece expresado en el cabildo y en otros como el de doña Vitoria Alderete, desconocemos los motivos aunque sabemos el monto que se le es embargado y el cual consiste en 500 cueros y carretas.[14]

Se las ve defender con entereza sus derechos, siempre y cuando se cometiera alguna injuria o perjuicio contra su actividad de accionera; así lo demuestra la querella que levantara Ana Paz y Serrano contra Juan Arias Maldonado el 19 de noviembre de 1672 en donde protesta junto con Agustín Cayoso, de las incursiones de Maldonado en su territorio.[15]

Doña Paz y Serrano realizaba negocios considerables, podemos ver que entre los años 1673 y 1678, doña Ana recibe autorizaciones para vaquear hasta 24.000 cabezas de ganados,[16] suma muy importante si la comparamos con las peticiones realizadas para la misma época por otras mujeres, e incluso, lo que es más significativo, con otros hombres. Esta cantidad de ganado y las diversas peticiones que realiza nos permiten aseverar que su actividad no solo tenía como finalidad garantizar su subsistencia y la de sus hijos, sino que sobre todo respondía a un negocio altamente lucrativo y orientado a un comercio exterior. Nos preguntamos en este momento cuáles fueron las estrategias utilizadas por las mujeres para conseguir estas cuantiosas licencias. En este sentido, nos hacemos eco de lo propuesto por José Mariluz Urquijo quien asevera bien cuando dice:

> La mujer, que no ha tenido participación alguna en la redacción de las leyes que le conciernen, trata de extraerles el máximo provecho y cuando lo juzga conveniente sigue el juego de quienes que por suponerla débil y falta de luces, la han estimado merecedora de una especial protección.[17]

Es decir, que recurrir al argumento de la viudez resaltando la fragilidad del género era algo muy frecuente, y si unimos esto a los diversos testimonios o presentaciones de quejas realizadas por ellas mismas, surge la ambivalencia entre lo ideal y lo real.

Con la viudez aparecen también nuevas obligaciones y responsabilidades. El análisis de los distintos documentos nos permiten observar cómo las mujeres utilizaban distintas estrategias para lograr la gracia de las autoridades. Significativo es el caso que encontramos en el tomo

III de la "Correspondencia de la ciudad de Buenos Aires con los reyes de España",[18] en donde hacia el año 1674 se presenta al cabildo la necesidad de cumplir con el repartimiento de 40.000 cueros, repartidos en tres navíos propiedad de don Miguel Gomez de Rivero. La distribución de la mercadería se hace entre 351 familias: "Regulada según la posible necesidad y estado que tienen con la república con la acción de ganados".[19] En realidad, en este pedido aparecen en total 150 nombres, entre mujeres y hombres, quienes serían los favorecidos. De un total de 40.000 cueros, a las accioneras les corresponde, en cantidades desiguales, 10.400 cueros, es decir, un 26 % de la totalidad del embarco. Suma considerablemente importante si tenemos en cuenta que de un total de 150 nombres que aparecen, 40 de ellos pertenecen a mujeres, es decir que participan de un 26,67 % del negocio total, cifra importante si consideramos lo restringido del universo femenino para la época.

La cantidad de cueros que cada uno de los beneficiados podía colocar iba desde un máximo de 800 cueros a un mínimo de 50. Sin embargo, esta "arbitraria" distribución provoca quejas, incluso en las mujeres, quienes solicitan al gobernador y capitán general don Andrés de Robles, tenga a bien considerarlas dentro de este repartimiento, a fin de paliar su situación de extrema necesidad por ser pobres y viudas. En este sentido, son destacables los argumentos utilizados; ya que reclaman y hacen valer sus derechos, o incluso exigen "aclaraciones" cuando consideran que se ha cometido una injusticia. Este es el caso de doña Potensiana de Añasco viuda del capitán Juan de Abendaño, quien se presenta como "una pobre viuda cargada de obligaciones con tres hijos ya hombres".

Ella reconoce que no tiene título de accionera pero que debido al estado en que se encuentra, sus parientes acuden en su auxilio y le ofrecen el título de accionera para que proceda con esta actividad. No obstante, esta petición es rechazada. Interesantes son los argumentos empleados por esta mujer que ante una situación de injusticia reconoce que hay otras personas a las cuales se les ha otorgado el permiso de corambre sin ser accioneros, al respecto dice:

> Sin reparar en otros que no las tienen y los han puesto con cantidades de cueros.[20]

Doña Potensiana nos revela de esta manera una práctica muy común en torno a la distribución de estos negocios en el cabildo. Situación que también es señalada por el maestre de campo don Joseph Martinez de Salazar el 12 de enero de 1674 en donde advierte la práctica frecuente de cazar sin licencias o un número superior al permitido; insinuando la existencia de prácticas deshonestas donde muchos de los accioneros son capitulares o a veces parientes o dependientes de ellos.[21] No obstante, a principios del año siguiente, en enero de 1674, por auto del gobernador se prohíbe la matanza de ganado a fin de permitir su reproducción, ya que este recurso empezaba a escasear.[22]

Por otra parte, las diversas sumas que se piden para vaquear y su relación con el mercado de consumo, nos permite pensar que muchas de estas vaquerías y los productos obtenidos estaban orientadas a vender esos cueros, sebo o cecina al exterior. Al decir de Catherine Lugar, estas mujeres forman parte del gran comercio o comercio al por mayor con destino al mercado externo, por lo que colaborarían en la constitución de una incipiente burguesía mercantil.

Otro caso particular es el doña Isabel Frias Martel quien se convierte en la segunda esposa de Juan Tapia de Vargas, hija del maestre de campo y gobernador Manuel de Frias y de doña Leonor Martel de Guzmán. Si bien sabemos que pertenece a una de las familias más importantes de la sociedad colonial, las peticiones que realiza esta mujer al cabildo no van acompañadas del número de ganado a vaquear. Es decir que la cuantificación se complica tanto en razón de que en muchas peticiones no se declaran las cantidades a vaquear o recoger, como por el hecho fundamental de que una petición no equivale a una licencia válida para una única vaquería. También debemos agregar que es unas de las beneficiadas de proveer con 500 cueros a los navíos de don Miguel Gomez de Rivero. Sin embargo, en las escribanías protocolares es donde comprobamos la riqueza que había forjado esta mujer. Entre las propiedades que posee menciona una estancia en el pago de la Matanza lindera con las tierras de doña Melgarejo y con los herederos de Enríquez Enríquez; una estancia en el pago del Río Arrecifes poblada de casas, montes y ganados de crías y mulas, cuya cantidad no recuerda; a lo que agrega otra estancia sobre la barraca del Río Grande poblada en el dicho pago de arrecifes que linda con estancia del contador Agustín de Lavayen.[23]

Conclusión

Hemos dejado de lado cantidad de documentos que harían mucho más extensa esta investigación, sin embargo, tanto en ellos como en los expuestos se observa cómo la mujer se mueve en un espacio público donde peticiona, realiza grandes negocios, se defiende y es defendida, pero también es sancionada y castigada por infligir la ley.

Por otra parte, creemos que es interesante remarcar que la lectura de la documentación nos advierte que no sólo buscaban subsistir o alimentar a sus hijos, sino que perseguían un fin lucrativo como se registra en la cantidad de ganados que solicitan recoger.

La condición legal y el estatus social regían la posición de los habitantes en todos los ámbitos de la vida, incluido el económico. Es decir, que paralelamente a la defensa de sus derechos económicos, las mujeres construyen su identidad social, pues desarrollaron aquellas actividades económicas más propias de su estrato social de pertenencia: actividades ganaderas y sus derivados, comercio a gran escala y manejo de bienes raíces en el caso de las capas medias. En este sentido, podemos afirmar que la presencia de la mujer en el sector económico en la segunda mitad del siglo XVII no puede tildarse de excepcional.

Fuentes documentales

Archivo General de la Nación, *Acuerdos del Extinguido cabildo de Buenos Aires:*
Tomo X años 1646-1655.
Tomo XI años 1656-1663.
Tomo XII años 1664-1667.
Tomo XIII años 1668-1672.
Tomo XIV años 1673-1677.
Tomo XV años 1679-1681.
Tomo XVI años 1682-1686.
Tomo XVII años 1687-1691.
Tomo XVIII años 1692-1700.
Escribanías protocolares, legajo 48-3-8. Isabel Frías Martel.

Bibliografía

FERNÁNDEZ DE BURZACO, Hugo, *Aportes biogenealógicos para un padrón de habitantes del Río de la Plata*, volumen I, A-B; volumen VI, S-Z, Buenos Aires, 1986.

LAFUENTE MACHAIN, R., *Buenos Aires en el siglo XVII*, Instituto Saleciano de Artes Gráficas, Buenos Aires, 1980.

MALLO, Silvia, "Hombres, mujeres y honor. Injurias calumnias y difamación en Buenos Aires (1770-1840). Un aspecto de la mentalidad vigente", en *Estudios de Historia Colonial*, Nº 13, Facultad de Humanidades y Ciencias de la Educación, Universidad Nacional de La Plata, Estudios.

MALLO, Silvia, "La mujer rioplatense a fines del siglo XVIII. Ideales y realidades", en *Anuario del IEHS*, V, Tandil, Buenos Aires, 1990.

MARILUZ URQUIJO, José María, *El horizonte femenino porteño de mediados del setecientos*. Academia Nacional de la Historia, Investigaciones y Ensayos, Nº 36, Julio-Diciembre 1987.

MAYO, Carlos; MALLO, Silvia y BARRENCHE, Osvaldo, "Plebe urbana y justicia colonial: las fuentes judiciales. Notas para su manejo metodológico", en *Frontera, Sociedad y Justicia coloniales*, vol. 1, editado por la Facultad de Humanidades y Ciencias de la Educación, Universidad Nacional de La Plata, Estudios-Investigaciones, 1989.

MOLINA, Raul, *Historia de la Gobernación del Río de la Plata: 1576-1776,* citado en Leviller, Ricardo (dir.), *Historia Argentina*, tomo I, capítulo 13, pp. 840-843.

OTS CAPDEQUI, José María, *Manual de Historia del Derecho Español y del Derecho propiamente Indiano*, Buenos Aires, Losada, 1945.

SÁNCHEZ BELLA, Ismael; HERRERA, Alberto de la y DÍAZ REMENTERIA, Carlos, *Historia del Derecho Indiano*, MAPFRE, Madrid, 1992.

SEOANE, M. I., *Buenos Aires vista por sus procuradores (1580-1821)*, Instituto de Investigaciones del Derecho, Buenos Aires, 1992.

SILVA, H. A., *El Cabildo, el abasto de carne y la ganadería. Buenos Aires en la primera mitad del siglo XVIII.* Academia Nacional de la Historia, Investigaciones y Ensayos, julio-diciembre de 1967.

Notas

1 En Carlos Mayo, Silvia Mallo y Osvaldo Barrenche, "Plebe urbana y justicia colonial: las fuentes judiciales. Notas para su manejo metodológico", en *Frontera, Sociedad y Justicia coloniales*, vol. 1, editado por la Facultad de Humanidades y Ciencias de la Educación. UNLP. Estudios-Investigaciones, 1989, p. 49.

2 Con respecto a esto último, debemos hacer referencia a los trabajos realizados dentro del marco del proyecto de investigación que integro: "Modos y comportamientos en la sociedad colonial: relaciones de solidaridad y antagonismo de la elite capitular porteña (siglos XVII-XIX)"; y los datos aportados por la profesora Hilda Raquel Zapico, me permitieron conocer el caso de María de la Vega, viuda de Pedro de Roxas y Acevedo, quien mantiene para defender sus bienes y de sus hijos. Dicho pleito puede consultarse en: Archivo General de la Nación. Archivo de Tribunales. Pleito Judicial con el Juzgado de Bienes y Difuntos. Tomo I, nº 6. 15-4-6. Año 1661.

3 En Ots Capdequí, José M., *Manual de Historia del Derecho Español y del Derecho propiamente Indiano,* Buenos Aires, Lozada 1945, p. 424. Al respecto, las leyes nos dicen que la mujer amancebada no podía celebrar contratos o desistir de ellos (ley 55 de las de Toro y 11 tít. 1, lib. de la Nov. Recop.), ni tampoco aceptar ni repudiar herencia alguna sin el permiso y licencia del marido (Ley 54 de Toro y 10 tít. 1 lib. 10 de la Nov. Recop.) Cf. p. 93.

4 No obstante, recordemos que en caso de faltar el marido o los hijos, el juez puede otorgar la licencia correspondiente para celebrar los mismos en caso de encontrarlo necesario. En Ots Capdequí, J. M., *op. cit*, p. 93.

5 Lafuente Machain, R., *Buenos Aires en el siglo XVII,* Buenos Aires, 1980.

6 Para un análisis mas profundo de la actividad de las vaquerías en el Río de la Plata, pueden consultase los siguientes autores: Assadourian C., Beato G. y J. Chiaramonte, *Argentina de la Conquista a la Independencia*, Colección Historia Argentina

dirigida por T. Halperin Donghi, Buenos Aires, Paidós, 1972. Molina Raúl, "Historia de la gobernación del Río de la Plata"(1573-1776), en Leviller R, *Historia Argentina,* t. I, cap. XIII. Buenos Aires, 1968, Seoane M.I, *Buenos Aires vista por sus procuradores (1580-1821),* Instituto de Investigaciones de Historia del Derecho, Buenos Aires, 1992; Silva, H. A., "El Cabildo, el abasto de carne y la ganadería; Buenos Aires en la primera mitad del siglo XVIII", en *Academia Nacional de la Historia, Investigaciones y Ensayos,* Julio-Diciembre 1967, entre otros.

[7] Seoane, M. I., *Buenos Aires...*, pp. 49-105.

[8] De acuerdo con Molina en "Historia de la Gobernación del Río de la Plata: 1576-1776", las matanzas deberían realizarse entre los meses de enero y fines de junio. Citado en Leviller, Ricardo (dir.), *Historia Argentina,* tomo I, cap. 13, pp. 840-843.

[9] *Acuerdos del Extinguido Cabildo de Buenos Aires* (en adelante AECBA); Archivo General de la Nación, Tomo XIII, 29 de octubre de 1672, p. 476.

[10] AECBA, tomo XII, 1664-1667, p. 244.

[11] *Correspondencia entre la Ciudad de Buenos Aires y los Reyes de España,* Documentos del Archivo de Indias, Dirigido por R. Leviller, Tomo III, 1660-1700, Madrid, 1918, p. 360.

[12] Fernández de Burzaco, *Aportes biogenealógicos para un padrón de habitantes del Río de la Plata,* Buenos Aires, 1986, vol. I, A-B, p. 163.

[13] AECBA, Tomo XV, Años 1673-1676. 17 de julio de 1673, pp. 42-43.

[14] AECBA, Tomo XIII, Años 1668-1672, p. 487.

[15] AECBA, Tomo XIII, 19 de noviembre de 1672, p. 482.

[16] Véanse los siguientes datos: en febrero de 1673 peticiona 12 mil cabezas, 6 mil en febrero de 1676 y 6 mil en enero de 1678. En AECBA, tomos XIV y XV respectivamente.

[17] Mariluz Urquijo, José M., "El horizonte femenino porteño de mediados del setecientos", en *Investigaciones y Ensayos* N° 36. Julio-Diciembre 1987, p. 8.

[18] *Correspondencia entre...*, pp. 348-369.

[19] *Correspondecia entre...*, p. 354.

[20] *Correspondencia entre...*, p. 356.

[21] AECBA, tomo XIV, 1674-1676, p. 88.

[22] Véase Molina R., *op. cit,* p. 753 y ss.

[23] Legajo 48-3-8, Escribanías Protocolares, folios 32 y ss.

Criminales, fiscales y defensores en la justicia colonial (Buenos Aires, 1776-1810)

María Alejandra Fernández
Universidad de Buenos Aires
Universidad de General San Martín
Buenos Aires, Argentina

Los principales estudios dedicados al funcionamiento del sistema penal castellano en la época moderna consagraron la imagen de una justicia implacable, temible y utilitaria, que apoyándose en la situación de indefensión de los reos castigaba sistemáticamente y con rigor a quienes caían en sus redes.[1] Sin pretender relativizar los rasgos más duros ni los márgenes de arbitrariedad del sistema penal, sobre los cuales abundan evidencias, es importante señalar que esta constatación no debe empañar la acción de la totalidad de los actores que intervenían en aquellos procesos, en los cuales efectivamente se "jugó un destino".[2] En este sentido, la imagen de absoluta indefensión de los acusados sostenida por estas interpretaciones, contrasta con el activo papel desempeñado por los abogados defensores que se desprende del análisis de los procesos judiciales.

Este trabajo es tributario de los últimos avances historiográficos y pretende contribuir a la comprensión de un aspecto del funcionamiento de la justicia: el proceso de construcción de la verdad judicial en Buenos Aires en el período tardocolonial.[3] A partir de un corpus de fuentes conformado por "manuales de justicia"[4] y una muestra de 25 juicios criminales por homicidio,[5] se intentarán analizar las formas de acusación y de defensa, cómo se van influyendo mutuamente, a qué cambios en la retórica se ven obligados como consecuencia de la intervención de la otra parte, las pruebas presentadas, las distintas representaciones de la naturaleza del crimen, del criminal y, por ende, del castigo que debería aplicársele. En la medida de las posibilidades que el documento judicial brinda, también intentará abordarse la estrategia del acusado y la mirada de los testigos.

En forma estimativa, la muestra de 25 juicios representaría aproximadamente un 20-25 % del total de los casos[6] y, si bien cada proceso es particular, por razones de espacio se seleccionó para el análisis detallado uno de los casos, que es representativo de las formas de acusación sostenidas por los fiscales y de las estrategias desarrolladas por los abogados defensores, inspiradas en el abanico de posibilidades que la legislación brindaba.

Averiguando "la verdad del hecho"

La mañana del 30 de noviembre de 1776, Diego Aparicio –conocido como Taco– hizo como era habitual un alto en el trabajo para entrar a tomar unas copas en una pulpería. Allí se encontró con Miguel Moraga y, en forma inesperada, se produjo un intercambio de palabras que terminó con la muerte de Moraga por una puñalada.[7]

El proceso de averiguación de la verdad del hecho[8] lo iniciaba el Alcalde con el auto cabeza de proceso, que daba lugar a la primera fase –la sumaria–, en la que se intentaba obtener toda la información necesaria para el esclarecimiento de las circunstancias que rodeaban al crimen y la búsqueda de los presuntos autores. Esta fase incluía el peritaje médico, las declaraciones de los testigos y la confesión del reo. El procedimiento judicial era inquisitivo en materia penal, se llevaba por escrito y podía iniciarse de tres maneras: por acusación, por denuncia o de oficio. En este caso, el expediente fue iniciado luego de la denuncia de un hijo de la víctima.

El primer requisito para sustanciar la causa criminal era que constara el cuerpo del delito; en los casos por homicidio esta constancia se obtenía a través de un peritaje médico. En segundo lugar, se procedía al interrogatorio de los testigos presenciales.

Compareció en primer lugar Fermín de Gómez, un zapatero que al encontrarse trabajando con vistas a la calle, pudo ver el incidente: "[…] por modo de chanza le dixo Taco a Moraga estas Palabras alla ba Moraga Pura Prosa, y entonzes Moraga le dixo mira que te hede dar de Palos, aque Taco respondio: que abeis de dar, y esto Moraga alzando el Palo que le servia de bordon, le dio á Taco tres garrotasos con bastante fuerza, y con esto sacó Taco un cuchillo, y selo introdujo a Moraga... estaban ebrios de bebida como lo tenian de costumbre [...]". De esta declaración se desprende que tanto Taco como Moraga eran conocidos, estaba familiarizado con ellos por ser vecinos del barrio, conocía el tipo de relación que tenían y algunas de sus costumbres, señalando especialmente las bromas habituales y el excesivo consumo cotidiano de alcohol. Del testimonio de Gómez parece desprenderse cierta sorpresa por el desenlace, dado que consideró que las palabras que iniciaron la pelea fueron dichas en tono de "chanza" y no creyó que

Taco hubiera llegado a herir a Moraga. Los otros dos testimonios -con algunas variaciones menores- son coincidentes.

Luego de la fatal puñalada, Taco se refugió en la Parroquia de Nuestra Señora de la Piedad, por lo que se procedió para extraerlo del Sagrado,[9] trasladarlo a la cárcel e interrogarlo. La confesión era central en el proceso, ya que era considerada la prueba perfecta, tenía tanta importancia que las leyes prohibían imponer la pena de muerte si el reo además de convicto, no estaba confeso, por lo cual se intentaba obtenerla por todos los medios, incluso por el tormento.[10]

Cuando finalmente se lo interrogó, el acusado dijo ser español, de aproximadamente 60 años de edad, soltero, y de oficio pescador. Al ser interrogado, Taco alegó ignorancia acerca del hecho, su estrategia fue aducir que no recordaba nada de lo sucedido dado que estaba completamente ebrio. La decisión de refugiarse en alguna Iglesia era una práctica habitual; en la confesión de Taco esta determinación, en consonancia con la alegada ignorancia de los hechos, aparece tomada no por propia elección, sino como resultado de la insistencia de varias personas diferentes acerca de que le convenía retraerse en la Iglesia, porque la justicia lo andaba buscando por la muerte de Moraga.

Finalizada la sumaria se iniciaba la fase plenaria, en la cual se le trasladaban los autos al fiscal para que formalizara la acusación, y el reo tenía derecho a un abogado defensor para responder a los cargos que se le imputaban. A continuación, se abría el término de prueba, en el cual ambas partes tenían que probar su caso.

El primer escrito del fiscal -Don Antonio Francisco Mutis- era el de acusación, donde fijaba su postura en el litigio y dirigía contra el reo los cargos que se le imputaban. Los puntos más salientes fueron, en primer lugar, la responsabilidad evidente de Taco en la muerte, cuya "plena calificación" claramente la desprendía de los dichos de los testigos de la sumaria. Asimismo, señaló que el reo no tuvo "ningún motivo honesto"; es decir, un homicidio sin justificación posible, por lo que pedía el máximo castigo: la pena de muerte. En segundo lugar, apuntaba a desbaratar la versión del acusado al desestimar el argumento de la embriaguez, dado que lo consideraba exagerado con el objeto de "disculparse" y aliviar su comprometida situación. En este sentido, planteaba que las acciones de Taco desmentían la pérdida total del conocimiento.

Como el acusado se declaró "absolutamente pobre y desamparado", se le asignó para su defensa al defensor general de pobres, don Manuel Rodríguez de la Vega, que en el escrito de contestación rechazó los cargos inculpatorios, pidió que se lo absolviera y se lo dejara libre. El pedido se fundaba en la pérdida de la capacidad de razonar, producto de la ebriedad, que convirtió al acusado en un "involuntario homicida" y no en un criminal a sangre fría. Como primera estrategia de defensa pareciera retomar el argumento primordial de la confesión, apoyándose también en los testimonios de los testigos y, lejos de amilanarse por el ataque del fiscal a la "excusa" de la embriaguez, se encargó de brindar argumentos jurídicos para reforzar su validez. La idea central que articulaba la argumentación no era discutir un hecho evidente –que Taco mató a Moraga– sino centrarse en la falta de deliberación e intencionalidad. No se trataba de si tuvo o no un "motivo honesto", sino de que no tuvo conciencia de sus actos y, por ende, carecía de culpa. Para enfatizar esta estrategia recurrió reiteradamente a las comparaciones, equiparando al ebrio con un "demente", un "loco" o un "insensato". De este escrito se desprende la idea de que el "arrojo" del que acusa al fiscal por pedir la pena de muerte, residía en la falta de dolo y, por lo tanto, el castigo pedido era considerado improcedente.

En el segundo escrito el fiscal mantuvo firme la acusación, el eje pasaba por desestimar el punto central de la defensa a través de dos caminos. En primer lugar, planteaba que la embriaguez por sí misma no eximía del castigo, descartando la validez del pedido de absolución. En segundo lugar, señalaba la necesidad de discriminar los grados de ebriedad, rechazando que el de Taco llegase a privarlo de la conciencia, como sostuvo el defensor.

A lo largo de la causa el fiscal fue siempre el mismo, mientras que el defensor de pobres cambió tres veces. Rodríguez de la Vega fue reemplazado por Francisco de Escalada, autor del segundo escrito. Como la acusación y el pedido del castigo se mantenían firmes, ya no era viable pedir la libertad, de modo que la apuesta sería salvarlo de la aplicación de la pena ordinaria de muerte y lograr un castigo más moderado, a través de la imposición de una pena extraordinaria. Dado que la sola insistencia en el tema de la embriaguez no presentaba perspectivas favorables, el nuevo defensor la mantuvo –pero en un plano secundario– y recurrió a una segunda estrategia: la legítima defensa frente a los garrotazos de Moraga. En consonancia con este giro, ya no se refería a un homicidio involuntario como el anterior, sino que su definición parecería aún más cauta: fue una "desgracia impensada". Se deslizaba también, aunque todavía sin poner demasiado énfasis, la idea de la posible responsabilidad de la víctima por su "precipitación y altivez".

Una vez que las partes habían dejado fijada su postura se abría el término de prueba. El sistema probatorio establecía que hacían plena prueba la confesión judicial, los dichos contestes de dos o más testigos hábiles y los instrumentos o documentos públicos; tenían el valor de prueba semiplena: el instrumento privado, la confesión extrajudicial, el cotejo de letras, los dichos de un único testigo, la fuga del reo y la fama.[11]

El fiscal pidió que se ratificaran los testigos de la sumaria en sus declaraciones y el reo en su confesión. El defensor decidió presentar cuatro testigos para que fueran examinados de acuerdo con una serie de preguntas tendientes a contrastar las reputaciones de los dos involucrados. Es evidente que la tercera estrategia apuntaba a desarrollar la línea apenas esbozada en su segundo escrito. Por un lado, se profundizaba en el carácter de Moraga, dado que no sólo manifestó un "genio altivo" en ocasión del hecho que se estaba juzgando, sino que era su comportamiento habitual y tenía una reputación de hombre "mui ocassionado apendenzias, y reenzilias, ó camorras" y que "aqualesquiera cosa se alterava prorrumpiendo en expresiones injuriosas, y amenazas, demodo que luego procedia adar de Palos y otras demostraciones deesta naturaleza". Por otro lado, se agregaba un argumento nuevo: contraponerle el carácter pacífico y tranquilo del acusado, buscando probar a través de la fama pública de ambos que Taco, sólo al verse provocado y sin otro recurso, pudo llegar a responder como lo hizo. Las declaraciones de los testigos abundan en detalles acerca de la fama "camorrera" y problemática de Moraga, contraponiendo el rechazo y la condena que generaban estas conductas reiteradas de la víctima con el carácter pacífico y tranquilo del acusado, que jamás se involucraba en riñas ni generaba molestias en las pulperías ni en las calles.

La tercera estrategia del defensor apuntaba a operar un deslizamiento: en definitiva, el acusado había sido una víctima y la víctima terminaba acusada de ser, en buena parte, responsable.

Después del período de prueba, las partes hacían un balance del proceso y concluían definitivamente con sus respectivas posturas. En el escrito final el fiscal sostuvo el pedido del máximo castigo, buscando remarcar el carácter de homicida voluntario de Taco. El eje consistió en desmontar todas las estrategias de la defensa y el trabajo que se tomó al hacerlo muestra que éstas habían sido consideradas importantes, al punto de reconocerles la capacidad de llegar a sembrar alguna duda.

Respecto de la cuestión del comienzo del altercado, el fiscal responsabilizaba a Taco del insulto inicial al tratar a Moraga de charlatán, punto interesante dado que sostenía que los testigos declararon sobre este punto pero en realidad estaba forzando testimonios que no le daban el carácter de insulto sino más bien de chanza. Es evidente que estaba apelando a poner las cosas nuevamente en "su" lugar: Taco era plenamente culpable y Moraga era su víctima. El reo fue responsabilizado también de la provocación posterior que habría llevado a Moraga a consumar la amenaza de los golpes, con el objetivo explícito de irritarlo y herirlo. El sentido de esta descripción de los hechos apuntaba a reinstalar la idea de intencionalidad y alevosía, intentando desbaratar la imagen de "homicida involuntario" o de individuo pacífico provocado hasta una desgracia no premeditada por un personaje de fama pendenciera. En paralelo, Moraga era presentado como un "infeliz".

El argumento de la legítima defensa fue refutado apelando a la autoridad de Santo Tomás y remarcando la reacción desmedida que no se correspondía con la moderación necesaria para una defensa justa, ya que responder "ael golpe de un palo con un cuchillo y dar la puñalada en parte en donde no podia menos que originarsele la muerte, es no defensa forsoza, sino arrojo gratuito de... quitar la vida aun infeliz". La invocación de la embriaguez fue discutida con los mismos argumentos que ya había presentado: los actos de Taco durante y después del homicidio, incluso la decisión de refugiarse en la Iglesia, probaban que no estaba privado de los sentidos y que ésta era un invento posterior.

Por último, cuestionaba la estrategia de la contraposición de la fama y del carácter de la víctima y del acusado, restando validez a las pruebas ofrecidas de las líneas de conducta diferentes manifestadas por años, sosteniendo que éstas no se observaron durante el episodio que culminó en el homicidio.

En su último escrito, el defensor apuntó a reforzar las razones ya presentadas y contradecir los argumentos nuevos señalados por el fiscal. Primero insistió en sostener lo que sería un "motivo honesto", la provocación definitivamente insultante de los golpes de Moraga, que sumado al carácter de éste, no dejaba margen de retorno. Es interesante contraponer los distintos puntos de partida de la descripción de los hechos: para Mutis, el insulto de Taco al tratar a Moraga de charlatán sería la provocación inicial que utilizó un criminal a conciencia para despertar la cólera y el enfrentamiento que terminaría quitándole la vida a un "infeliz". Para Escalada no había ningún insulto de índole importante, la brutal provocación era en realidad la de Moraga, con la amenaza consumada de emprenderla a garrotazos contra el "pobre Diego", sin dejarle otra posibilidad que, en forma legítima, "defenderse ofendiendo". Escalada apeló también, una vez más, a la embriaguez señalada no sólo por el acusado sino por todos los testigos, aunque le fuera imposible establecer el grado.

A esta altura, el pleito se consideraba listo para la sentencia.[12] En este caso, el fallo se produjo catorce meses después del homicidio y, aunque no se aplicó la pena de muerte, la sentencia fue muy dura ya que se decidió condenarlo a destierro perpetuo al Presidio de las Islas Malvinas, sirviendo en las obras públicas a ración y sin sueldo.[13]

Consideraciones finales

Las interpretaciones predominantes del sistema judicial español tienden a subrayar el objetivo primordial del control social y el carácter extremadamente represivo y arbitrario del proceso penal.[14] Esta dureza y arbitrariedad obedecen a que todo el sistema estaba claramente encaminado a la consecución de la condena desde las fases iniciales del proceso, dado que en la práctica la sumaria se orientaba esencialmente a la búsqueda de datos inculpatorios contra el reo, con el afán de confirmar la presunción de culpabilidad que pesaba sobre él desde el primer momento. A este objetivo se llegaba en las fases siguientes a través de la orientación del sistema de pruebas tendiente a conseguir la confesión a cualquier costo, incluso por medio del tormento, y debido también el excesivo margen de arbitrio judicial. La evidente falta de imparcialidad de los jueces, también se relacionaría con el interés económico derivado de su participación en las penas pecuniarias y con la corrupción vinculada a cohechos y sobornos. Debido a estas razones, el proceso penal es definido como "ofensivo", en tanto funcionaba como un ataque directo contra el reo, dado que toda la "maquinaria judicial" se ponía en movimiento en su contra, quedando el acusado en una posición claramente inferior, marcada por la "inseguridad jurídica" y la "falta de garantías". La imagen de absoluta indefensión de los acusados es tal, que ni siquiera se considera el papel de los abogados defensores.

Al trasladarse el derecho y el sistema penal castellano a las colonias, parte de estas características también fueron señaladas para la justicia criminal colonial.[15] Los trabajos que abordaron esta problemática han apuntado una serie de cuestiones centrales que no difieren demasiado de los análisis sobre España. En este sentido, se ha destacado la importancia del control de las fases iniciales de las causas por parte de los alcaldes, que incluían opiniones personales adversas sobre el acusado en el auto cabeza de proceso y que luego influían negativamente en la evolución del caso.[16] Por otra parte, la confesión no dejaba mucho margen al reo para defenderse y era más bien otra instancia que los alcaldes utilizaban para confirmar sus firmes sospechas acerca de la culpabilidad del detenido.[17] Contando con los reportes de los alcaldes y los testimonios de la "gente decente", se ha sugerido que los fiscales podían acusar sin contar con demasiadas evidencias, ya que el arbitrio judicial –vinculado al convencimiento del juez acerca de la culpabilidad del detenido– tenía un peso más contundente que las pruebas para definir la sentencia.[18] En relación con el rol desempeñado por los abogados defensores, se ha señalado que no insistían demasiado en la falta de evidencias y que tendían a sostener más frecuentemente que los acusados –ya sea por estar ebrios o por ser de "pocas entendederas"– no habían comprendido la criminalidad del acto cometido, utilizando también –a favor de sus defendidos– las opiniones negativas de los alcaldes acerca de su dudosa moralidad o capacidad intelectual.[19]

El análisis de las causas por homicidio que conforman la muestra de este trabajo, pretende ser una contribución al problema de las formas de acusación y de defensa en la justicia penal colonial. En este sentido, es posible sugerir algunas conclusiones que aporten al avance de esta temática y que, sin pretender discutir la dureza ni los márgenes de arbitrariedad del sistema penal –claramente articulado en torno de la presunción de culpabilidad y la búsqueda de la condena–, permiten precisar algunas cuestiones vinculadas al papel desempeñado por fiscales y defensores.

Los fiscales, por el lugar que ocupaban en el sistema judicial, efectivamente tendían a pedir los más duros castigos y un escarmiento ejemplar, buscando desestimar a lo largo del proceso todos los argumentos o factores atenuantes presentados por la defensa. En las causas por homicidio, para lograr la imposición de la máxima pena, sostenían una postura que giraba en torno de la atrocidad de un crimen cometido con alevosía y sin ninguna justificación, explicado únicamente por la maldad y la inclinación perversa y sanguinaria del acusado. Es evidente que ésta no era una definición simplemente retórica, sino que tenía precisas consecuencias jurídicas que se plasmaban claramente en las penas que podían pedirse. Cuando formalizaban la acusación, solían invocar como fundamentos legales aquellos que el sistema probatorio establecía como plena prueba, la confesión y/o los testimonios coincidentes de dos o más testigos presenciales hábiles. Precisamente, por la necesidad de sostener la postura acusatoria en estos puntos, es que necesitaban la ratificación de los testigos en la fase plenaria, aunque en algunos casos no se los encontrara y se demorase el proceso; y por esta misma razón, se buscaba insistentemente la confesión del reo para conseguir la "prueba perfecta", recurriendo incluso ocasionalmente a pretender arrancarle "esa verdad" que se negaba a confesar, por medio de la tortura.

Por otro lado, es importante destacar el papel de los defensores de oficio, que formaban parte también –en definitiva– de la justicia estatal y trabajaban para aquellos destinados en forma primordial a la vigilancia y la represión. Los defensores de pobres desplegaron varios argumentos diferentes de defensa asentados en las razones legales que el sistema permitía invocar, recurriendo a distintas estrategias que se iban ampliando, combinando y modificando a medida que el fiscal pretendía desestimarlas. En la mayoría de los casos intentaban definir el hecho que se estaba juzgando como un homicidio casual o involuntario, buscando presentar una imagen del crimen y del criminal alternativa a la del fiscal, centrada en la falta de intencionalidad y en la incomprensión de la gravedad del acto cometido para rebatir la idea de premeditación. Generalmente solían invocar la ebriedad; la rusticidad o incapacidad cuando los acusados eran indígenas; la contraposición de los rasgos de carácter del agresor y la víctima, enmarcando el funesto desenlace como el resultado de una provocación, o situándolo en medio de una riña que les permitiera invocar el uso de la legítima defensa; o señalaban que la muerte se había producido por otras razones -como una complicación por alguna enfermedad- y no a causa de la herida. Con menor frecuencia, también apelaban a la falta de pruebas, señalando que el reo no había confesado, cuestionando a los testigos, o planteando que sólo había indicios o presunciones débiles y que no se podía condenar por conjeturas.

Si bien inicialmente tendían a pedir la absolución, la apuesta central fue evitarles a sus defendidos la aplicación de la pena de muerte, argumentando a favor de la imposición de castigos más moderados. En este sentido, es interesante ver que intentaban recurrir al arbitrio judicial, entendiéndolo no solamente como expresión del margen de "arbitrariedad" del juez, sino como la posibilidad de obtener penas extraordinarias, menores a la legal. Con posterioridad a la sentencia, interpusieron recursos de apelación y de súplica, y en las apelaciones a los tribunales superiores deslizaban críticas a las sentencias de los inferiores, siendo éste en definitiva uno de los sentidos de la apelación, al margen de la clara intención de dilatar la aplicación de la sentencia en caso de que no lograran modificarla.

Notas

1 Véase Tomás y Valiente, F., *El derecho penal de la Monarquía Absoluta (siglos XVI-XVII-XVIII)*, Madrid, Tecnos, 1969 y Alonso Romero, M. P., *El proceso penal en Castilla (siglos XIII-XVIII)*, Salamanca, Ediciones de la Universidad de Salamanca, 1982. Para una crítica a estos trabajos clásicos, ver: Alloza, A. *La vara quebrada de la justicia. Un estudio histórico sobre la delincuencia madrileña entre los siglos XVI y XVIII*, Madrid, Catarata, 2000.

2 Farge, A., *La atracción del Archivo*, Valencia, Edicions Alfons El Magnánim, 1991, p. 26.

3 Véase especialmente Barreneche, O., *Dentro de la Ley, Todo*, La Plata, Al Margen, 2001.

4 de Elizondo, F. A., *Práctica Universal Forense de los Tribunales Superiores de España y de las Indias*, 8 tomos, Madrid. Tomo 1: 1774, tomo 3: 1783, tomo 4: 1784.

5 Conservados en el Archivo General de la Nación y Archivo Histórico de la Provincia de Buenos Aires.

[6] Tomando como referencia el estudio de Mayo, C., "'A sólo quitarte la vida vengo': Homicidio y Administración de Justicia en Buenos Aires, 1784-1810", en C. Mayo (coord.), *Estudios de Historia Colonial rioplatense*, La Plata, UNLP, s/f, pp. 7-39.

[7] AGN, Criminales - Legajo A nº 1 (1755-1849) - Expediente 8.

[8] Para la legislación y el funcionamiento del sistema judicial ver: Barreneche, O., *Dentro de la Ley*.... cap. II y III. Mayo, C., "A sólo quitarte...". Levaggi, A., *Manual de Historia del Derecho argentino*, 2 tomos, Buenos Aires, Ediciones Depalma, 1998.

[9] Véase Barreneche, O., *Dentro de la ley*..., p. 51.

[10] Véase Levaggi, A., *Manual*..., p. 69.

[11] Levaggi, A., *Manual*..., p. 66.

[12] Para las penas ver Levaggi, A., *Manual*..., pp. 291-303.

[13] Pronunció la sentencia haciendo Audiencia pública en la ciudad Don Salas y Corvalán, de las Reales Audiencias de Lima y Chile.

[14] Tomás y Valiente, F., *El derecho*... y Alonso Romero, M. P., *El proceso*.... Los términos que aparecen entre comillas son tomados de Alonso Romero.

[15] Véase Mayo, C., "A sólo quitarte..." y Barreneche, O., *Dentro de la ley*...

[16] Barreneche, O., *Dentro de la ley*...., p. 62-63 y Mayo, C., "A sólo quitarte...", p. 20.

[17] Barreneche, O., *Dentro de la ley*...., p. 63-67 y Mayo, C., "A sólo quitarte...", p. 24.

[18] Barreneche, O., *Dentro de la ley*..., p. 69.

[19] Barreneche, O., *Dentro de la ley*..., p. 67-68. Mayo en "A sólo quitarte...", agrega otros argumentos, como la agonía prolongada de la víctima y la existencia de indicios insuficientes, pero señala que los defensores tenían en claro su pertenencia al sistema penal-judicial, por lo que a pesar de que en los homicidios efectuaban un seguimiento mayor de las sumarias, no había cuestionamientos a los encargados de dictar sentencia, quienes regulaban las costas del juicio, que también los incluía.

ESTUDIOS CULTURALES

Fiestas y celebraciones religiosas en las pampas (Buenos Aires a fines del período colonial)

María Elena Barral
Universidad Nacional de Luján
Consejo Nacional de Investigaciones Científicas y Técnicas (CONICET)
Luján, Argentina

Introducción

En las remotas áreas rurales de Buenos Aires –como en el resto de Hispanoamérica– Estado e Iglesia dirigían su acción al logro de una feligresía atenta a sus obligaciones religiosas. Mientras los virreyes, gobernadores y regidores de los cabildos construían una densa normativa destinada a disciplinar las manifestaciones festivas, los obispos hacían lo propio alrededor de los tiempos fuertes del calendario litúrgico y del cumplimiento de los preceptos más importantes que indicaba la doctrina.

Esta ponencia considera el calendario litúrgico –en algunos de sus tiempos más fuertes, como la Cuaresma, Semana Santa y Pascua– y algunas de las festividades más relevantes para las comunidades rurales como lo fueron las fiestas patronales.[1] También se aproxima al modo particular en que esta población rural celebraba la "hora suprema" a través de los velorios y funerales que seguían a la muerte.

El examen de estos casos permite un acercamiento a otro problema que reviste una importancia decisiva para comprender este recorte del mundo católico iberoamericano: la intervención de la población rural en la conformación de una religiosidad local. Una religiosidad que resultaría precisamente –como lo señala William Christian–[2] de la negociación entre una religión prescrita y una religión observada. Una religión en tanto práctica, que atendía unos calendarios también locales y unas ceremonias peculiares, ubicados no necesariamente en correspondencia con las prácticas del catolicismo de la Iglesia universal. En este contexto, las prácticas devocionales adquirían una autonomía que alarmaba a las autoridades.

Estas miradas críticas –de autoridades, viajeros o párrocos– abrieron una ventana para aprehender las formas de *ser cristiano* y las tonalidades que coloreaban esta sociedad católica en su versión pampeana. Asimismo, el espacio de las celebraciones religiosas también se ha mirado como "escaparate social", como una oportunidad, para quienes detentaban el poder, de exhibir posiciones sociales y de medir fuerzas frente a una sociedad que reconocía esas posiciones y aprendía a situarse en relación con ellas.

Parroquias, religión, clero, cofradías y fiestas. No hace mucho han empezado a sonar estas preocupaciones en el mundo historiográfico referido a las áreas rurales de Buenos Aires. Y casi nada se ha dicho sobre las fiestas en el mundo rural.[3] Si hasta hace pocos años la campaña bonaerense era percibida como un "desierto social",[4] prácticamente vacío de personas y de ideas, los lugares para las creencias y las devociones eran casi invisibles. Pese a esta imagen, se trata de una región compleja desde el punto de vista social y productivo,[5] receptora de migrantes de distintas zonas del virreinato del Río de la Plata y de una migración que se organizó individual y familiarmente. Estos migrantes arribaban a distintas zonas de la campaña, establecían distinto tipo de vínculos –el compadrazgo resalta entre ellos como forma de integración a las redes locales–[6] y conservaban y recreaban tradiciones, creencias y prácticas de sus lugares de origen. Por su parte, los párrocos fueron de los primeros agentes de un poder institucional que intentaron controlar ese "desierto" y confesionalizar a sus pobladores.

En este mundo rural, como en otras sociedades agrarias, el calendario religioso podía unirse y fundirse con el calendario productivo. ¿Cómo podía operarse esta convergencia en la campaña bonaerense? Desde comienzos de diciembre y, según los años, hasta mediados de febrero se llevaba a cabo una de las actividades centrales del calendario agrario: la cosecha de trigo.[7] Las festividades religiosas asociadas a la Pura y Limpia Concepción a principios del mes de diciembre ofrecían, a menudo, oportunidades para inaugurar este tiempo de agotadoras faenas.

Al abrirse cada una de las estaciones del año, la Iglesia prescribía un tiempo de ayuno, oración y penitencia –las témporas– que abarcaba tres días de la semana.[8] A través de esta práctica litúrgica se reconocía y adoraba la Divina Providencia en una acción de gracias por las cosechas recibidas, se ofrecían las primicias y se pedía la bendición sobre las venideras. En la campaña bonaerense, el tiempo de las témporas puede haber cobrado un significado particular debido a que las primicias que los labradores entregaban tuvieron una permanencia mayor que los diezmos.

Por su parte, hacia mediados de año tenían lugar la parición de las vacas y la yerra.[9] Estas faenas se desarrollaron frecuentemente en forma colectiva y en un marco festivo. En las "yerras de convite",[10] capataces y peones eran agasajados con abundante bebida y tabaco, y las estancias eclesiásticas integraron esta tradición. Las "mingas" rioplatenses contenían relaciones de ayuda recíproca e incluían una plegaria ritual de acción de gracias, asado, vino y aguardiente para brindar por las futuras cosechas.

De modo más amplio, en el campo tenían vigencia las disposiciones que regían en la ciudad respecto de días de precepto, obligación de oír misa y no trabajar. Difícilmente fueran cumplidas por la mayor parte de la población a juzgar por las quejas de autoridades eclesiásticas y las reiteradas disposiciones de las autoridades civiles ordenando el cierre de pulperías los días de fiesta[11] o penalizando a los dueños de canchas que permitieran el juego y la bebida durante la misa mayor.[12]

Más allá de los rituales vinculados al ciclo agrario, se pueden identificar algunas celebraciones religiosas donde los pobladores rurales eran apelados de modo intenso en tanto feligreses por parte de las autoridades civiles y eclesiásticas. Esto sucedía de modo particularmente intenso durante el ciclo de la Cuaresma/Semana Santa/Pascua y en ocasión de las fiestas patronales.

Los tiempos del calendario litúrgico: el carnaval, la cuaresma y la pascua

Hacia fines de febrero, los días inmediatamente anteriores al miércoles de ceniza, tenía lugar el carnaval. En ellos, como puede suponerse, se multiplicaban los bailes de máscaras, las comparsas, los juegos de cancha y los típicos entretenimientos donde los porteños se arrojaban agua, harina, afrecho o huevos. Los bandos reiteraban cada año las penas que les corresponderían a quienes se encontraran en estas "diversiones ilícitas y deshonestas" que impedían a "las gentes cuerdas y recatadas" el cumplimiento de sus obligaciones para con Dios y el Estado.[13]

Luego de los "excesos" del carnaval, la cuaresma imponía un tiempo de recogimiento, de ayuno y abstinencia. Todo debía confluir en la preparación para la Pascua de Resurrección. Pese al escepticismo de las autoridades esta población rural parece haber acatado algunas de las normas preceptivas de la Iglesia para este tiempo: ayuno de carne y abstinencia sexual. El acatamiento del primer precepto parece bastante acentuado si se considera la demanda de carne en el mercado de abasto en estos cuarenta días. En cuanto la interdicción de la actividad sexual también parece haber tenido una observancia según algunos trabajos que han estudiado la natalidad y nupcialidad en algunas localidades bonaerenses: las concepciones bajaban durante estas semanas.[14]

En la cuaresma se imponía el cumplimiento del precepto pascual: la confesión y comunión. Lograr el cumplimiento del precepto pascual era una de las obligaciones centrales de los párrocos, quienes debían informar detalladamente –al obispo y la feligresía– por medio de tablillas colocadas en las puertas de las iglesias acerca de los inobedientes, sobre los que pesaba la amenaza de la excomunión o de la cárcel pública.

En este tiempo penitencial eran frecuentes las procesiones de sangre. En ellas hombres vestidos de blanco con la cara descubierta y las espaldas desnudas se clavaban puntas de vidrio o frenos de caballo para mortificar la carne. Las autoridades prohibían estas flagelaciones penitenciales[15] como también las disciplinas de sangre.[16]

Sin embargo, no todo era penitencia en este tiempo. También las autoridades intentaban regular la diversión –en particular durante los días de fiesta y precepto– a través de una legislación zigzagueante, determinando los juegos autorizados y los prohibidos, y las horas, los lugares y los días reservados para el recreo y el entretenimiento. Por ejemplo, durante la semana santa la normativa ordenaba cerrar tiendas y pulperías[17] o prohibía los fuegos artificiales –cohetes, castillos u hogueras– que quisieran realizarse "con título de festejos de santos regocijo ni otro".[18]

En uno de los pueblos de la frontera sur de Buenos Aires –Chascomús– el capellán exhortaba a los feligreses en su sermón dominical a que "cesaran en las diversiones profanas en que se entretenían públicamente", como los fandangos, y que consideraba impropias del tiempo santo de la cuaresma.[19]

La Pascua de Resurrección era uno de los momentos del año litúrgico más celebrado en la campaña, y durante este tiempo las tareas rurales no exigían demasiada atención, más allá de la doma de potros que se realizaba entre febrero y abril.[20] Los paisanos rurales acudían a las funciones de semana santa y, para las celebraciones de estos días, llegaban músicos desde la ciudad, se iluminaba la iglesia con faroles en las funciones nocturnas y durante toda la semana se recaudaba limosna en la puerta de la iglesia. No faltaban los estruendos y prácticas menos oficiales como la "Quema del Judas"[21] el sábado santo y los bailes en las tabernas. Los feligreses consumían menos carne durante la cuaresma, arreglaban y preparaban templos e imágenes y hacían fandangos. Esta población iba incorporando algunas de los preceptos a cumplir a través de una confesionalización contingente, no siempre sistemática y llevada a cabo por sacerdotes en algunos de sus rasgos tan rústicos como sus feligreses. Estos hombres y mujeres recibían los preceptos y los adaptaban creativamente a su modo de vivir.

Las fiestas patronales

Desde fines del siglo XVIII, cada una de las parroquias rurales organizó su fiesta patronal y la historia "oficial" de algunas de ellas comenzaba precisamente el día del santo patrono. Estos acontecimientos eran acompañados por bailes, carreras de parejas, riña de gallos, juego de pato y corridas de toros.

La fiesta patronal en Luján, sin lugar a dudas el centro devocional más importante de la campaña,[22] convocaba a feligreses de otras parroquias y eclesiásticos regulares y seculares. La fiesta tenía lugar el 8 de diciembre, aunque se iniciaba el día anterior, con el paseo del Real Estandarte que incluía la participación del cabildo local.[23] El alférez costeaba parte de la fiesta, el ayuntamiento se hacía cargo de una parte de la iluminación y sus miembros debían asistir por la mañana y la tarde a los oficios divinos.

Las tres noches del 7, 8 y 9 de diciembre al toque de la oración, los vecinos, por orden del cabildo, debían iluminar sus casas y nadie podía –a partir del Ave María– transitar a caballo dentro de la villa. Estos mismos días se desarrollaba el triduo[24] de las XL horas. El día principal se celebraba la misa cantada "con convite que hará el capellán de cuatro a seis sacerdotes para oficiarla y del cura vicario de este partido o de otra persona para cantarla".[25] Se indicaba que para tocar rosarios, medidas u otras cosas de devoción se guardara toda solemnidad y se autorizaba también a descubrir y tocar el velo de la Virgen.[26] Las "medidas de la virgen" eran cintas celestes y blancas representando el manto y la túnica de la Pura y Limpia Concepción cortadas de la altura de la imagen, a través de las cuales se tomaba gracia y se colocaban entre la ropa. Las llevaron los milicianos que resistían las invasiones inglesas, quienes además colocaron sus armas bajo la protección de la virgen de Luján.[27]

El Cabildo de Luján intentó disciplinar algunas de las expresiones festivas que tenían lugar alrededor de estas fiestas ordenando el cierre de las pulperías durante la misa, prohibiendo los juegos como el pato y la portación de armas de fuego. Sin embargo, con motivo de la fiesta patronal la gente se divertía y jugaba. Durante tres días había corridas de toros, autorizadas y promovidas por el cabildo, y en las barracas –construidas con tablas y techos de paja e iluminadas con velas– los pulperos vendían bebidas y cohetes. Unos jugaban al monte o a los bolos, otros cenaban, o reunidos en grupo cantaban, tocaban la guitarra o escuchaban de pie el canto y la música. Tampoco faltaban los payadores quienes improvisaban coplas de tres o cuatro versos. En las barracas y en las casas, hombres y mujeres bailaban. Mientras las "señoras" reprobaban el concurso de mujeres que acudían a la fiesta "haciendo granjerías", el cabildo intentaba suprimir las barracas en las plazoletas de la villa por sus abusos.[28]

La fiesta patronal en Luján fue una de las ocasiones de mayor concurrencia de devotos que llegaban desde distintos puntos de la campaña y también de la ciudad de Buenos Aires. Éstos eran días de cumplimiento de promesas,[29] romerías, juegos y bailes, la oportunidad de ingresos adicionales para pulperos y la ocasión para exhibir conflictos entre las autoridades de la comunidad.

En 1798 podemos apreciar uno de ellos. Esta vez entre el Cabildo y las autoridades religiosas de la parroquia de Luján. Mientras el Cabildo consideraba un agravio público no haber sido debidamente convocado y esperado en esta ceremonia, los curas hacían referencia a otras oportunidades donde el Cabildo no había asistido. Estos enfrentamientos no eran nuevos: cinco años antes se había desatado un conflicto en la misma festividad cuando, según los cabildantes, el cura los había privado de la ceremonia de la paz. Quienes protagonizaron estos hechos sabían de la gravedad que estos gestos implicaban y lo expresaron en un tono similar. Estos conflictos de etiquetas o de ceremonial que tenían lugar durante las celebraciones públicas, expresaban los momentos de desequilibrio de ese orden social.[30]

La fiesta patronal seguramente se tradujo en ingresos suplementarios para la parroquia, para los eclesiásticos y tal vez para la villa en su conjunto, que recibía en estos días a muchos peregrinos, romeros y devotos. Sin duda para muchos tuvo un sentido religioso, al ofrecer la oportunidad para cumplimiento de promesas y su exhibición a través de exvotos. La fiesta de la virgen, que cada vez pretendía ser más y más controlada y financiada por el ayuntamiento local, pudo haberse transformado un espacio y un tiempo de integración de la comunidad y haber contribuido asimismo a la conformación de una identidad "lujanense". En el mismo momento pudo cumplir todas estas funciones y a su vez la de "escaparate social", de exhibición y reforzamiento de posiciones sociales y de manifestación de los conflictos políticos.

Celebrar la muerte

La muerte y los rituales que la acompañaban y celebraban –en particular los velorios de párvulos, práctica que subsiste todavía en distintas regiones de Iberoamérica–, se volvieron una obsesión en los mandatos de los obispos. Para los prelados se trataba de un grave desarreglo, una especie de idolatría.[31] Estos "velorios de angelitos", como se denominaba popularmente la práctica, se anunciaban con repiques de campanas y cohete, y los niños eran vestidos como pastores, ángeles, cautivos, santos e incluso como diablos, con alhajas y raso.[32]

De modo más general, era muy antigua la costumbre de ofrecer comida y bebida durante los funerales. Los testamentos y sucesiones incluían a menudo disposiciones para garantizar esta práctica. Algunas sucesiones detallan entre los gastos de los entierros junto a misas de cuerpo presente, mortaja, posas, novenarios, cera, paños y pañuelos negros, alquiler del ataúd, sepultura, dobles de campanas, otros gastos menos ortodoxos, pero tan importantes en este ritual de paso como los que la Iglesia administraba. Muy a menudo, se contrataban cantores, organistas y músicos para vigilia, a quienes les reservaban bebida fresca durante todo el tiempo que duraran las celebraciones. En los funerales se repartían cigarros de hoja, licor de quina, leche, pan, bizcochos caña, bizcochos, yerba, azúcar, chocolate, café, mantequilla, dulces.[33] Los convites durante los funerales sobrevivían a pesar de las insistentes prohibiciones.

La atención a los difuntos ocupaba un lugar primordial a través de la preocupación por el buen morir. Las Cofradías de Ánimas Benditas del Purgatorio -presentes en muchas de las parroquias rurales– intentaron sistematizar un ritual que regulase las relaciones entre vivos y difuntos.[34] La muerte requería un ceremonial religioso con momentos, pautas y aranceles dispuestos por la normativa eclesiástica. Pero igualmente importantes eran los ritos sociales. Entre ellos sobresalen las celebraciones comensales, conocidas también como caridades.[35] Ofrecer comida y bebida, y compartirla en el momento de la muerte era un modo de agradecer a los asistentes que acompañaban el cortejo fúnebre. Pero este comensalismo colectivo y festivo -tan condenado como vigente a lo largo de todo el siglo XIX– excedía las celebraciones de la muerte y se presentaba como una de las maneras más habituales de confraternización y de integración simbólica de la comunidad o de parte de ella.

A modo de cierre

La religión estaba presente en la vida de estos hombres, mujeres y familias. Pero a su modo. Según su carácter local, que no sería otra cosa que el rasgo universal del catolicismo, según Christian.[36] Así, la religión era motivo de fiestas y celebraciones, pero de ninguna manera todas sus manifestaciones eran supervisadas por el clero parroquial. A la Iglesia se le escapaba el control absoluto del tiempo religioso festivo.

Estas celebraciones en torno a los tiempos fuertes del año litúrgico y las iniciativas que los paisanos rurales organizaban de manera más o menos autónoma, iban conformando una suerte de "calendario emocional" paralelo.[37] En él, el intercambio entre los vivos y los muertos, los fieles y Dios, y en ocasiones lo sagrado y lo profano, era más que fluido. Una sensibilidad barroca resistía los denodados esfuerzos por introducir una nueva piedad, más austera y menos ostentosa.

Los pueblos rurales celebraron a sus santos patronos. La fiesta patronal fue un espacio cargado de diferentes significados e intencionalidades. Bailes, borracheras, romerías, ferias y mercados formaban parte de la fiesta. Las luminarias, fuegos de artificio y los juegos completaban los elementos de la típica fiesta colonial hispanoamericana.[38]

Sin embargo, no todo era diversión y algunos preceptos se cumplían. Los esfuerzos de confesionalización de esta población no eran muy antiguos ni persistentes. Pese a ello parte de la feligresía acudía a las XL horas y los triduos, se conmemoraba la octava de las fiestas más importantes y los novenarios precedían las principales fiestas de las comunidades. Por su parte, trabajos específicos para algunas localidades bonaerenses han comprobado un considerable acatamiento del ayuno de carnes y la abstinencia sexual durante la cuaresma. Al mismo tiempo, la parte más activa de la feligresía patrocinaba funciones religiosas y fiestas, y rezaba por las almas de sus hermanos difuntos en su paso por el Purgatorio.

La participación de la población rural en las diversas prácticas religiosas y en las instituciones eclesiásticas, que los convertían en depositarios de la gestión religiosa, también constituía para ellos herramientas de inserción social, política y económica en un contexto que excedía el ámbito religioso y eclesiástico. Estos momentos y acontecimientos resultaron ser un espacio festivo sólo parcialmente controlado por las autoridades civiles y eclesiásticas.

Notas

1 Una versión ampliada de esta comunicación fue presentada como ponencia en el II Simposio Internacional Interdisciplinario de Colonialistas de las Américas CASO (Colonial Americas Studies Organization) Pontificia Universidad Javeriana, Bogotá, agosto de 2005. Agradezco los comentarios recibidos en esa oportunidad.

2 Christian, Williams, *Religiosidad local en la España de Felipe II*, Madrid, Nerea, 1991.

3 Algunos de los trabajos más importantes para la región son: Mayo, Carlos, *Los Betlemitas en Buenos Aires. Convento, economía y sociedad. 1748-1822*, Sevilla, Publicaciones de la Excma. Diputación Provincial de Sevilla, 1991; Fogelman, Patricia, Tesis de Licenciatura, *Alrededor de una imagen. Los vecinos y el santuario de Luján, 1630-1822*, Universidad Nacional de Luján, 1996; Mallo, Silvia, "Sacerdotes y feligreses en el Río de la Plata. La transición del Siglo XVIII al XIX", en *Estudios-Investigaciones*, N° 22 (1995), pp. 19-35 e "Iglesia, valores cristianos y comportamientos: el Río de la

Plata a fines del período colonial", en *Trabajos y comunicaciones,* N° 26-27 (2000-2001), pp. 93-113; Barral, María Elena, *Sociedad, Iglesia y Religión en el mundo rural bonaerense, 1770-1810,* Tesis doctoral, Universidad Pablo de Olavide, Sevilla, 2001. Di Stefano, Roberto, *El púlpito y la plaza,* Buenos Aires, Siglo XXI editores Argentina, 2004.

4 Garavaglia, Juan Carlos, "Introducción: notas para una historia rural pampeana un poco menos mítica", en Bjerg, María y Reguera, Andrea (comps.), *Problemas de la historia agraria. Nuevos debates y perspectivas de investigación,* Tandil, IEHS, 1995, pp. 11-31.

5 Puede verse un balance historiográfico en: Garavaglia, Juan Carlos y Gelman, Jorge, "Mucha tierra y poca gente: un nuevo balance historiográfico de la historia rural platense (1750-1850)", en *Historia Agraria,* N° 15 (1998), pp. 29-50.

6 Garavaglia, Juan C., "De *mingas* y *convites.* la reciprocidad campesina entre los paisanos rioplatenses", *Anuario del IEHS,* N° 12 (1997), pp. 131-139 y "Migraciones, estructuras familiares y vida campesina: Areco arriba en 1815", en Garavaglia, Juan Carlos y Moreno, José Luis, *Población, sociedad, familia y migraciones en el espacio rioplatense. Siglos XVIII y XIX,* Buenos Aires, Cántaro, 1993, pp. 149-187. Mateo, José, *Población, parentesco y red social en la frontera. Lobos (provincia de Buenos Aires) en el siglo XIX,* Mar del Plata, GIHRR-UNMdP, 2001.

7 Garavaglia, Juan Carlos, *Pastores y labradores de Buenos Aires,* Buenos Aires, Ediciones de la Flor-IEHS-Universidad Pablo de Olavide, 1999, p. 184.

8 Righetti, Mario, *Historia de la Liturgia,* Madrid, Biblioteca de Autores Cristianos, 1955, tomo I, pp. 669-675 y Azcárate, Andrés, *La Flor de la Liturgia,* Buenos Aires, Editorial Litúrgica Argentina, 1932, pp. 585-586.

9 Garavaglia, Juan Carlos, *Pastores y labradores...* pp. 209-211.

10 Garavaglia, Juan Carlos, "De *mingas...*".

11 Archivo General de la Nación (en delante AGN), IX-8-10-2. Bando del 23 de marzo de 1761.

12 Perri, Gladys, "El trabajo libre en la sociedad rural colonial. El caso de la chacarita de los colegiales (1798-1806)", en *Quinto Sol. Revista de historia regional,* N° 2 (1998), pp. 83-110. AGN, IX-8-10-5. Bando del 9 de agosto de 1790.

13 Archivo General de la Nación (en adelante AGN), IX-10-8-5, Bandos de 20 de febrero de 1784, 4 de febrero de 1785, 25 de febrero de 1786, 17 de febrero de 1787, 29 de enero de 1788, 13 de febrero de 1790, 4 de marzo de 1791, 17 de febrero de 1792, 8 de febrero de 1793, 1 de marzo de 1794, 13 de febrero de 1795, 5 de febrero de 1796, 23 de febrero de 1797. AGN, IX-8-10-8, Bandos del 24 de febrero y 21 de julio de 1800, 14 de julio de 1803, 9 de agosto de 1804.

14 Garavaglia, Juan Carlos, "De la carne al cuero. Los mercados para los productos pecuarios (Buenos Aires y su campaña, 1700-1825)", en *Anuario del IEHS,* N° 9 (1994), pp. 61-98; Mateo, José, *Población, parentesco...*; Moreno, José Luis y Mateo, José, "El 'redescubrimiento' de la demografía histórica en la historia económica y social", en *Anuario del IEHS,* N° 12 (1997), pp. 35-56.

15 Se llamaban así los miembros de algunas cofradías del siglo XVI, quienes usaban vestiduras oscuras y a veces se autoflagelaban en las procesiones. Véase Royston Pike, *Diccionario de religiones,* México, FCE, 1986, p. 370.

16 La disciplina era un pequeño látigo con mango y varias colas usada en la autoflagelación, Royston Pike, *Diccionario...,* p. 155.

17 AGN, IX-8-10-1, f. 351 y Bando del 28 de marzo de 1752.

18 AGN, IX-8-10-3, f. 377.

[19] Archivo Histórico de la Provincia de Buenos Aires (en adelante AHPBA), Real Audiencia, 5-5-65-25.

[20] Garavaglia, Juan Carlos, *Pastores y labradores...*, p. 210.

[21] Sobre esta práctica puede verse: Fradkin, Raúl y otros, "Historia, memoria y tradición: la fiesta de la quema del Judas en Luján" (coord. Raúl Fradkin), en *Cuadernos de Trabajo*, N° 17 (2000), pp. 13-153.

[22] Se trataba de una devoción de origen local y hacia fines del período colonial acumulaba un milagro bastante más de un siglo y la devoción extendida de los feligreses. Sobre el surgimiento de esta devoción puede verse Fogelman, Patricia, "Reconsideraciones sobre los orígenes del culto a la virgen de Luján", *Entrepasados,* N° 23 (2003), pp. 123-148.

[23] En Luján el Corpus Christi se celebraba los días de esta fiesta patronal.

[24] Los triduos eran ejercicios devocionales que duraban tres días.

[25] Mandatos de la visita canónica de 1737, en Presas, Juan Antonio, *Nuestra Señora de Luján y Sumampa. Estudio Crítico-histórico, 1630-1730*, Buenos Aires, Ediciones Autores Asociados Morón, 1974, p. 371.

[26] Otras fiestas donde se podía tocar el velo de la virgen eran: la Purificación, la Anunciación, la Visitación, la Asunción, Navidad, Presentación, Desposorios y Expectación. Mandatos de la visita canónica de 1737, en Presas, Juan Antonio, *Nuestra Señora de Luján...*, p. 371.

[27] Presas, Juan Antonio, *Anales de Nuestra Señora de Luján*, Morón, Talleres del ISAG, 1980, pp. 134-135.

[28] Estrada, Santiago, *El hogar en la pampa,* Buenos Aires, Imprenta del siglo, 1866.

[29] Sobre la práctica de la limosna y el cumplimiento de promesas puede verse: Barral, María Elena, "*Limosneros de la virgen, cuestores y cuestaciones:* la recolección de la limosna en la campaña rioplatense, siglos XVIII y principios del XIX", en *Boletín del Instituto de Historia Argentina y Americana "Dr. Emilio Ravignani"*, N° 18 (1998), pp. 7-33.

[30] Algunos de estos conflictos –la entrada del virrey, las conmemoraciones en ocasión de las muertes, nacimientos y entronizaciones de la familia real, las fiestas y los acontecimientos judiciales– han sido estudiados poniendo de relieve cómo el lenguaje político estaba impregnado de referencias religiosas. Puede verse: Garavaglia, Juan Carlos, "El teatro del poder: ceremonias, tensiones y conflictos en el estado colonial", en *Boletín del Instituto de Historia Argentina y Americana "Dr. Emilio Ravignani"*, N° 14 (1996), pp. 7-30 y Urquiza, Fernando, "Etiquetas y conflictos: El Obispo, el virrey y el Cabildo en el Río de la Plata en la segunda mitad del Siglo XVIII", en *Anuario de Estudios Americanos,* tomo L, N° 1 (1993), pp. 55-100.

[31] Salvaire, Jorge M., *Historia de Nuestra Señora de Luján: su origen, su santuario, su villa, sus milagros y su culto,* Buenos Aires, ed. Pablo Coni, 1885, p. 179.

[32] Sánchez, Mariquita [Prólogo y notas de Liniers de Estrada], *Recuerdos del Buenos Aires virreinal,* Buenos Aires, Ene Editorial, 1953.

[33] AGN, Sucesión 7779, Luisa Tadea Martínez (Chascomús) 1820; sucesión 3478, Andrés Aguilar (Navarro) 1825; sucesión 8414, Antonio Salomón, Cañada de la Paja (Morón), 1786.

[34] Puede verse Barral, María Elena, "Iglesia, poder y parentesco en el mundo rural colonial. La cofradía de Animas Benditas del Purgatorio, Pilar. 1774", en *Cuadernos de Trabajo,* N° 10 (1998), pp. 15-56 y "¿Voces vagas e infundadas? Los vecinos de Pilar y el ejercicio del ministerio parroquial, a fines del siglo XVIII", en *Sociedad y Religión,* N° 20-21 (2000), pp. 71-106.

[35] Mantecón Movellán, Tomás Antonio, *Contrarreforma y religiosidad popular en Cantabria*, Santander, Universidad de Cantabria, 1990.

[36] Christian, William, *Religiosidad local...*, p. 12.

[37] Thompson, E. P., *Tradición, revuelta y conciencia de clase*, Barcelona, Crítica, 1989.

[38] Pueden verse entre otros: López Ocantos, Ángel, *Juegos, fiestas y diversiones en la América Española*, Madrid, Mapfre, 1992; Marzal, Manuel, "La vida cotidiana de la Iglesia en América Latina (siglo XVII y primera mitad del XVIII)", en Dussel, Enrique (ed.), *Resistencia y esperanza. Historia del pueblo cristiano en América Latina y el Caribe*, San José de Costa Rica, CEHILA, 1995, pp. 111-123.

Estado e ostentação: a cultura barroca nas vilas açucareiras da América portuguesa através das cerimônias públicas. O caso da Câmara de Olinda (séc. XVII-XVIII)

Kalina Vanderlei Silva
Universidade de Pernambuco
Grupo de estudos história sócio-cultural
da América Latina (GEHSCAL)
Pernambuco, Brasil

Introdução

Neste trabalho buscamos analisar o sistema de valores e o imaginário dominante nas vilas açucareiras da América portuguesa entre o século XVII e XVIII, através da observação das cerimônias públicas promovidas pela Câmara de Olinda. Entendemos esse sistema de valores como barroco mestiço e as celebrações públicas como fenômenos privilegiados para a análise da estrutura sócio-cultural da sociedade açucareira.

Considerando essa pesquisa um trabalho de História Cultural da Sociedade, onde as estruturas e relações sociais são observadas a partir das influências exercidas por sistema de valores e imaginário, nossas principais bases teóricas são autores como Georges Duby e Peter Burke. Já para a observação do barroco enquanto estrutura sócio-cultural, seguimos as teses de José Antonio Maravall e Eduardo D'Oliveira França, e utilizamos o trabalho de Serge Gruzinski para uma abordagem revisionista do conceito de mestiçagem. As noções de status, valor, estamento, e outras correlatas partem da obra de Max Weber e embasam todo esse trabalho. Essas reflexões teóricas auxiliam a compressão das fontes documentais que se constituem principalmente de correspondência administrativa manuscrita da Câmara de Olinda com a Coroa portuguesa, entre a segunda metade do século XVII e a segunda metade do século XVIII, pertencente hoje aos acervos do Arquivo Público Estadual Jordão Emerenciano (APEJE) no Recife-PE, e do Arquivo Histórico Ultramarino de Lisboa (AHU) com cópias no Laboratório de Pesquisa e Ensino de História (LAPEH) da Universidade Federal de Pernambuco, também no Recife. Por último, consideramos a dimensão simbólica do espaço das celebrações, visto que as hierarquias sociais eram reproduzidas na estrutura dos festejos públicos a partir do estudo de Emílio Rodrigues para o Rio de Janeiro entre 1808 e 1822.

Estrutura sócio-cultural barroco mestiça

Nosso cenário é Olinda, núcleo urbano sede da Capitania de Pernambuco entre os séculos XVII e XVIII, e um dos principais pólos políticos da zona açucareira da América portuguesa nesse período.

Desde o início do Seiscentos a influência cultural do barroco ibérico era bastante sensível nas cidades do açúcar da América portuguesa, marcando as condições de vida d–e todas as camadas sociais, desde os senhores de engenho e ricos comerciantes aos escravos passando pelos pobres livres urbanos. Nessa sociedade as condições sócio-econômicas estavam intrinsecamente vinculadas ao status que cada grupo possuía na estrutura social estratificada com base no modelo ibérico. Uma estrutura transplantada para a colônia e reinterpretada a partir da fusão com a escravidão.

As cerimônias públicas encenadas pela elite das cidades de Olinda e Recife, cabeças da capitania de Pernambuco, ilustram o fausto e ostentação que permeavam os costumes e imaginário nas cidades canavieiras da América portuguesa desde as últimas décadas do séc. XVI. O fausto dos costumes pode ser percebido no comportamento dos senhores de engenho dentro das cidades. Já o fausto das cerimônias públicas transparece em eventos como as posses dos governadores, as procissões de caráter cívico ou religioso, as celebrações de acontecimentos políticos. Nessas cerimônias a ostentação era visível na utilização das luminárias, salvas de artilharia e repiques de sinos, assim como na exigência da pompa das autoridades assistentes. A documentação que nos fala dessas questões é composta pelas descrições dos cronistas contemporâneos e pela correspondência administrativa dos Senados das Câmaras.

Fausto e ostentação eram costumes que alicerçavam o imaginário da elite açucareira, constituído este a partir de elementos da cultura barroca ibérica em interação com elementos culturais de origem africana e indígena, reinterpretados a partir das condições sócio-econômicas próprias da colônia. Ao sistema de valores hegemônico nesses núcleos urbanos, nascido da mistura cultural, mas com predomínio dos valores da fidalguia ibérica, denominamos barroco mestiço[1].

Se a transposição de elementos culturais barrocos gestou discursos e representações da elite que se impuseram sobre outros de origem africana e indígena, a mestiçagem, por outro lado, permeou mesmo o discurso dominante, criando assim um imaginário mestiço.

Dessa forma, a cultura colonial açucareira, apesar de herdar os valores culturais ibéricos, não foi uma cópia exata destes, pois a influência dos africanos e seus descendentes se fez sentir no próprio imaginário barroco colonial. Isso porque o universo cultural nas vilas açucareiras era um todo dinâmico, onde os diferentes grupos sociais influíram uns sobre os outros, ainda que um grupo dominasse e prevalecesse. Esse dinamismo gerou tanto um hibridismo cultural quanto uma coexistência de heranças diversas. Assim, as mestiçagens culturais predominantes em toda a América a partir do século XVII, permitiram, na sociedade açucareira do Brasil, que os atores coloniais criassem interpretações culturais que fugissem dos padrões ibéricos, mas que também dissolveriam as identidades africanas e indígenas em favor de construções novas.

Na colônia a escravidão aprofundou o imaginário hierárquico ibérico onde os antigos valores da nobreza guerreira se chocavam com a ascendente burguesia. Na península, a cultura da nobreza se fortalecia no culto à fidalguia, levando a burguesia a tentar se inserir nesse sistema de valores para ascender. As condições de vida coloniais, por sua vez, forneceram novos elementos para a desqualificação social, como a cor, e intensificaram o desprezo pelo trabalho mecânico. Parte importante do imaginário barroco na colônia açucareira foi o desprezo pelo trabalho manual e a busca dos oficiais mecânicos por ascenderem socialmente. Situação que vemos freqüentemente no conflito entre as Câmaras de Olinda e Recife, como retratado pelas disputas em torno da procissão de Corpus Christi no primeiro quartel do século XVIII.

Nessa situação, o papel de cada ator social na cultura estamental barroca colonial dependia, entre outras coisas, do grau de ócio que poderia ostentar. As chamadas *pessoas de maior qualidade*, as elites fundiárias principalmente, visto sus posição elevada na estrutura social, deveriam ostentar não apenas ócio, mas luxo.

Mas não apenas as elites deveriam ostentar, também a Igreja e o Estado utilizavam um mecanismo semelhante onde aparentar era ser. A ostentação de luxuosa e ritualística pompa nas cerimônias públicas tinha por função comover a massa, e criar empatia entre o povo transformado em espectador e o agente encomendador da obra, fosse ela plástica ou teatral. Tais aspectos do imaginário barroco são perceptíveis na zona açucareira da América portuguesa desde o final do século XVI, tanto na construção monumental de igrejas como nas muitas cerimônias públicas promovidas pela Igreja, pelos representes da Coroa e pelas Câmaras de Olinda e Recife.

Importante destacar ainda a geografia política das festas. Uma primeira questão relativa a essa geografia política, é a posição de Olinda como pólo realizador de celebrações públicas na Capitania, inclusive chegando a tentar impedir que essas celebrações acontecessem no Recife. Em segundo lugar, dentro dos próprios núcleos urbanos, cada celebração possuía sua hierarquização de espaços, onde os espaços das procissões e cerimônias eram ocupados por ordem de importância social, por ordem decrescente de prestígio: bispo, governador, oficiais do senado, sendo o povo apenas espectador nesses episódios, uma característica que Maravall atribui à estrutura sócio-cultural do barroco ibérico.

Determinadas imagens e símbolos ajudavam a significar a hierarquia dos espaços: o pendão da Câmara, a imagem do rei, o pálio. Esses símbolos eram associados ao prestígio e à honra no imaginário barroco mestiço, e em uma cerimônia representavam, respectivamente, o prestígio social da Câmara, a presença da Monarquia Absoluta em todo o Império, e o poder da Igreja. A compreensão da importância política desses símbolos por parte da população espectadora é sinal de que a mesma compartilhava do imaginário da elite açucareira. Ou seja, o imaginário barroco mestiço dos senhores de engenho residentes nos núcleos urbanos como Olinda, chegava aos grupos sociais urbanos. Mas, como vemos através da presença do pálio nas cerimônias da Irmandade de Nossa Senhora dos Pretos em Recife, tais símbolos eram reinterpretados pelos diferentes grupos sociais.

A cultura açucareira colonial queria ser espelho de Portugal. Lá, a fidalguia dominava a cena, na América portuguesa, por sua vez, os senhores de engenho e ricos proprietários tomavam para si os encargos de patrocinarem a arte e a ostentação que caracterizavam os fidalgos ibéricos. O povo, alvo das tentativas persuasórias barrocas, assimilava traços dessa cultura. Situação que pode ser percebida, por exemplo, nas irmandades leigas abundantes nas vilas açucareiras a partir do século XVII.

A cultura barroca mestiça era nitidamente urbana, e a sociedade açucareira, no século XVII, possuía um número significativo de núcleos urbanos onde tal estrutura sócio-cultural poderia se desenvolver. Nesse período, a zona canavieira representava a principal área de colonização da América portuguesa, estendendo-se, ao sul, do Recôncavo baiano até Natal, ao norte, ocupando uma extensão de faixa litorânea de largura variável. Os principais pólos políticos e econômicos dessa região eram as capitanias da Bahia, capital da colônia, e Pernambuco. A principal atividade econômica desse espaço era a *plantation* canavieira, que ocupava toda a região de forma hegemônica. Mas os núcleos urbanos, tímidos no século XVI, cresceram em número e população durante o XVII, gerando uma cultura urbana dinâmica.

Celebrações e festas: as cerimônias públicas em Olinda

A Capitania de Pernambuco é um espaço privilegiado para estudar a cultura e sociedade colonial, devido à influência política que exercia sobre todas as capitanias do norte do Brasil, com exceção da Bahia com quem disputava jurisdição. Parte dessa influencia política vem da importância econômica da Capitania, mas parte se deve ao poderia conquistado por sua elite junto à Coroa, ao resgatar a zona canavieira do controle da WIC, a Companhia das Índias Ocidentais, em 1654. A partir desse momento, a elite açucareira de Pernambuco, tornou-se, até a ascensão da região mineradora no século XVIII, uma das mais influentes elites da América portuguesa, disputando poder apenas com a elite baiana e os governadores portugueses.

Olinda, capital de Pernambuco, era a sede dessa elite. Apesar de, depois de 1654, ter perdido em tamanho e influência econômica para Recife, cidade-gêmea que iniciou amplo crescimento urbano e comercial no período holandês, a importância política e cultural de Olinda se manteve até fins do século XVIII, graças à elite açucareira que abrigava. Uma elite que tinha na Câmara de Olinda seu principal órgão representativo.

A Câmara de Olinda, assim como seus muitos conventos e Igrejas, foi responsável pelo desenvolvimento de um cerimonialismo barroco mestiço na capitania, depois copiado por outros núcleos urbanos de importância. Para melhor conhecermos o imaginário dominante propagando por essa elite, procuramos identificar os tipos de cerimônias promovidas pela Câmara. Alguns dos tipos principais eram as cerimônias políticas, que podemos identificar como as cerimônias de posse de governadores, as celebrações régias, de nascimento, casamento e morte na família real portuguesa, festejos de ação de graças por conquistas militares, e além destas, as festas religiosas patrocinadas pela Câmara.

Nesse item, é preciso diferenciar as procissões e festas religiosas realizadas pelas irmandades leigas, muitas ao longo do ano, e as procissões que ficavam a cargo da Câmara. Essas últimas, em geral, apesar de religiosas, possuíam importantes significados políticos, como a festa de Corpus Christi, que em todo o império português estava associada ao poder da Monarquia[2].

Uma tipologia baseada na freqüência das celebrações organiza todas as cerimônias como festas regulares ou como festas extraordinárias. No primeiro caso, estão os festejos incluídos no calendário anual. No segundo, as cerimônias realizadas esporadicamente, na maioria dos casos por ordem da Coroa. Essa tipologia já pode ser encontrada nas cartas regias e petições do século XVII.

As festas regulares, em Olinda, incluíam as procissões religiosas patrocinadas pela Câmara, como Corpus Christi, festa de São Sebastião e do Anjo Custódio do Reino, e as celebrações de caráter político, como a festa de ação de graças pela Restauração da Capitania de Pernambuco contra os holandeses, uma festa local. Já entre as festas extraordinárias, encontramos ordens régias para comemoração em todo o Império de nascimentos e casamentos reais, tratados de paz com potências rivais, e uma festa local, a celebração pela conquista do Quilombo Palmares, em Pernambuco[3].

Todas essas cerimônias eram momentos privilegiados para que as elites demarcassem seu status social perante o povo, que atuava apenas como espectador. Todas reproduziam a rígida estratificação da sociedade colonial, demarcando o exato lugar de cada participante, de acordo com sua posição social, tornando o status social de cada um visível ao povo.

Mas apresentar ao povo as autoridades e '*pessoas da nobreza*' não era a única função dessas cerimônias. Assegurar à Coroa fidelidade e vassalagem era também uma função das mais importantes, como podemos perceber ao analisarmos a correspondência entre a Câmara de Olinda e a Coroa portuguesa.

A documentação analisada aborda principalmente as disputas políticas em torno do ritual das cerimônias públicas. Disputas entre a elite açucareira, representada pela Câmara de Olinda, e outras instâncias de poder na colônia, como o bispo ou o governador que em geral representava o poder da Coroa. Tais querelas aparecem como brigas pelo espaço a ser ocupado por cada um na cerimônia. Cada um deles desejando o espaço mais visível ou simbolicamente mais importante, perto do pálio, por exemplo.

Em 1677 ocorreu uma disputa entre a Câmara de Olinda e o governador de Pernambuco em torno do lugar que o pendão símbolo da Câmara deveria ocupar nas procissões que contassem também com a presença do pálio. O pálio era o símbolo do sagrado, só podendo ser ocupado pelo Santíssimo Sacramento, representando Cristo.

Enquanto os oficiais da Câmara defendiam que o pendão deveria ir junto ao pálio, e o vigário defendia que o mesmo deveria ir à frente dos ditos oficiais no corpo da procissão, que iam atrás do pálio, o governador de Pernambuco propôs que naquelas procissões nas quais fosse o pálio o pendão não fosse permitindo.

Os oficiais da Câmara de Olinda então reclamaram dessa decisão ao rei, que respondeu que o pendão deveria estar presente na procissão, a não ser que o próprio rei estivesse na mesma. Para ele o pendão representava a Câmara que representava também a monarquia. Mas deu razão ao vigário, e determinou que o referido símbolo não fosse junto ao pálio[4].

Um outro episódio, este datando de 1729, reflete a geografia política das festas entre dois núcleos urbanos, Olinda, sede da capitania, e Recife, que nesse período começava a ultrapassar a outra em poderio econômico. O motivo da disputa foi a festa religiosa de Corpus Christi, uma das festas mais importantes do Império português, celebrada em todas as vilas do império. Por isso mesmo, o núcleo urbano do Recife, recém elevado de povoação à vila, via em sua celebração um importante momento de afirmação de sua independência política perante Olinda. As elites de Olinda, por sua vez, acreditavam que a realização da festa no Recife, no mesmo dia da sua, diminuiria seu prestígio, ao diminuir a pompa da festa, que contaria com menos personagens importantes[5].

A partir da documentação referente às cerimônias da Câmara de Olinda, estabelecemos uma outra tipologia das cerimônias, além daquela sobre a freqüência de festas em extraordinárias e regulares, e além da divisão mais simples em religiosas e cívicas: identificamos as cerimônias impostas pela Coroa a todo o Império, incluindo nessas as festas religiosas e as cerimônias organizadas especificamente pela Câmara de Olinda, e que possuíam assim uma especificidade local. Entre essas estavam a festa de ação de graças pela restauração da Capitania de Pernambuco contra os holandeses, a mais importante de todas e que celebrava os feitos da própria elite açucareira de Olinda, e a comemoração da conquista do Quilombo dos Palmares.

Enquanto a festa de Restauração era uma data celebrada pela elite açucareira e praticamente só encontrada em Olinda, ela se constitui como um fenômeno importante para estudar o imaginário dessa elite e seus valores políticos. Temos registro de que ela estava entre as principais festas da câmara já desde 1690. Nesse ano as festas patrocinadas pela câmara de Olinda foram a festa de São Sebastião, a festa de ação de graças pela Restauração, a festa de Corpus Christi, todas essas anuais, além de uma festa extraordinária, a celebração pelo nascimento do Príncipe[6].

No entanto, em 1725, a correspondência entre a Câmara de Olinda, mostra os problemas que a elite encontrava nesse período para organizar a festa, com a povoação de Recife já independente. Nesse momento, a Câmara de Olinda reclamou ao rei que as autoridades como o Governador e os ministros, além dos terços burocráticos, não estavam comparecendo à festa como de costume. O governador respondeu que naquele ano, ele , os ministros de justiça e fazenda e o terço de Olinda estavam presentes, e que se o terço do Recife não estava, era porque esse não era o costume. Segundo a câmara, a festa se fazia todo ano, por ordem régia, com o Santíssimo Sacramento exposto e sermão na Igreja da Sé. Nesta cerimônia, que deveria ser assistida pelos oficiais do senado de Olinda, o governador da Capitania e os referidos ministros, deveriam marchar os terços de Olinda e Recife[7].

A ausência de algum ou todos esses elementos na festa aponta o enfraquecimento do prestígio da Câmara de Olinda.

A festa de ação de graças comemorava a vitória dos senhores de engenho pernambucanos e seus aliados contra a WIC, a Companhia holandesa das Índias Ocidentais, em 1654, e a reinclusão da capitania de Pernambuco e seus territórios anexos no Império português. A comemoração dessa data em Olinda reafirmava a importância política desses senhores de engenho perante a região e perante a Coroa portuguesa. Mas vemos que no século XVIII os problemas começam pois a Câmara do Recife é composta por comerciantes pouco ligados aos feitos da elite açucareira e recém saídos de um conflito com Olinda por autonomia municipal.

A Câmara de Olinda usava as celebrações públicas para sustentar seu poderio político. Todas essas festas tinham caráter impositivo, como de costume no Império português. A obrigatoriedade de comparecimento era alicerçada por multas para os faltosos. A pompa de uma cerimônia era confirmada pelo intrincado do cerimonial, com os soldados marchando e salvas de artilharia, e pelo número de pessoas de 'maior qualidade', ou seja, oficiais do governo e senhores afidalgados presentes. A ausência desses personagens acarreta diminuição a pompa, e logo diminuição do prestígio dos organizadores. E representa a própria diminuição do poder político destes.

Um dos valores centrais, assim, da elite açucareira, ligado às celebrações públicas, era o prestígio social. E era função desses festejos demarcar e estabelecer os níveis de prestígio da elite, perante ela própria, perante a Coroa, e perante o povo. Tal prestígio estava ligado ao poder político, e assim, no caso da elite de Olinda, o enfraquecimento do poder político terminou por representar um enfraquecimento do prestígio das cerimônias.

Para que as celebrações públicas trouxessem prestígio a seus patrocinadores, elas deveriam, em primeiro lugar, demarcar a importância de seus realizadores a partir dos espaços pré-determinados ocupados na procissão ou nos sermões na Igreja. Os observadores reconheciam o status de cada pessoa na cerimônia a partir de sua proximidade com os símbolos, como o pálio, o pendão da Câmara, ou o Santíssimo Sacramento. Em segundo lugar, os detalhes do cerimonial também asseguram esse prestígio: em uma sociedade onde aparentar era ser, o luxo e a ostentação das celebrações era requisito para assegurar a importância dos patrocinadores.

Nas celebrações patrocinadas pela Câmara de Olinda encontramos repiques de sinos, salvas de artilharia e montagem de luminárias pela cidade durante vários dias. Algumas celebrações, como a de Corpus Christi, incluíam também procissões que terminavam com sermões na Igreja da Sé, com o Santíssimo Sacramento exposto. A exposição do Santíssimo, por sua vez, exigia um ritual especial, onde o espaço físico da Igreja era resignificado perante o sagrado, e assim, por exemplo, a posição dos assentos para as autoridades, diante do Santíssimo, ou longe dele, era outro motivo de disputas[8].

Importante também frisar a presença da marcha de soldados em algumas dessas cerimônias, e a obrigatoriedade do comparecimento do governador, autoridade máxima da capitania, em outras. Esses personagens, com suas vestimentas específicas, e seus rituais apropriados, deveriam corroborar o poderio da Câmara, e logo da elite açucareira, com sua presença.

Conclusão

Ao procurarmos concluir essas reflexões, percebemos que algumas questões se destacam, a partir da análise da documentação trabalhada:

Em primeiro lugar, as cerimônias patrocinadas pela Câmara de Olinda estabeleciam uma geografia simbólica onde os espaços eram ocupados pelos personagens principais desse drama barroco. Essa geografia simbólica reproduzia a rígida hierarquia social e se mostrava tanto dentro das próprias celebrações,quanto na competição entre diferentes vilas pelas celebrações.

Em segundo lugar, percebemos que as cerimônias da Câmara de Olinda podem ser tomadas como episódios para a observação do imaginário dominante nesse meio sócio-cultural. Isso fica patente no fato de que, apesar do intrincado das cerimônias, da participação restrita apenas às elites, o povo, como espectador, deveria entender os códigos ali representados, sendo essa uma condição para assegurar o poder político da elite sobre essa população. Os espectadores compartilhavam com os organizadores do conhecimento da importância que cada espaço nas cerimônias conferia. Sem essa compreensão por parte do povo, as disputas entre governador, oficiais da Câmara e representantes da Igreja por determinados espaços de poder e prestígio, tornava-se fútil.

Por último, as cerimônias nos mostram elementos simbólicos do imaginário dominante nessa sociedade: símbolos como o pálio, as luminárias, o repique de sinos, passaram a constituir as representações do sagrado e do honrado nessa sociedade para outros grupos que não apenas a elite açucareira. O pálio, por exemplo, foi re-significado pelos pretos libertos e escravos em sua celebração do rei do Congo. Situação que ilustra a partilha do imaginário dominante, construído pela elite açucareira, com os diversos grupos sociais urbanos das vilas açucareiras da América portuguesa.

Bibliografía

BURKE, Peter, *História e Teoria Social*, São Paulo, Unesp, 2002.

DUBY, Georges, "História Social e Ideologias das Sociedades" en Le Goff, Jacques e Nora, Piérre (dir.). *História: Novos Problemas*, Coleção Ciências Sociais, Rio de Janeiro, Livraria Francisco Alves, 1976.

FRANÇA, Eduardo D'Oliveria, *Portugal na Época da Restauração*. São Paulo, Hucitec, 1997.

GRUZINSKI, Serge, *O Pensamento Mestiço*. São Paulo, Companhia das Letras. 2001.

JANCSÓ, István; KANTOR, Iris (org). *Festa - Cultura e Sociabilidade na América Portuguesa*, 2 vols, São Paulo: Hucitec/Edusp/Fapesp/Imprensa Oficial, 2001,

LOPES, Emílio Carlos Rodrigues, *Festas Públicas, Memória e Representação – Um Estudo sobre Manifestações Políticas na Corte do Rio de Janiero, 1808-1822*, São Paulo, Humanitas Universidade do São Paulo, 2004.

MARAVALL, José Antonio, *A Cultura do Barroco – Análise de Uma Estrutura Histórica*, São Paulo, Edusp Imprensa Oficial, 1997.

MENEZES, José Luis da Mota, *O Barroco no País do Açúcar*, Recife, 2000, (Mimeografado).

SANTIAGO, Camila Fernanda Guimarães, *A Vila em Ricas Festas – Celebrações Promovidas pela Câmara de Vila Rica - 1711-1744*, Belo Horizonte, C/Arte/Fumec/Face, 2003.

SANTOS, Beatriz Catão Cruz, *O Corpo de Deus na América – A Festa de Corpus Christi nas Cidades da América Portuguesa – Século XVIII*, São Paulo, Annablume, 2005.

SILVA, Kalina Vanderlei, *'Nas Solidões Vastas e Assustadoras' – Os Pobres do Açúcar na Conquista do Sertão de Pernambuco nos Séculos XVII e XVIII*, Tese de Doutorado em História, Recife, Programa de Pós-Graduação em História da UFPE, 2003, *O Barroco Mestiço: Sistema de Valores da Sociedade Açucareira da América Portuguesa nos Séculos XVII e XVIII*, *Mneme – Revista de Humanidades*, Caicó-RN, v.07, n.16, 2005,

TEIXEIRA, Carla Costa, *Honra Moderna e Política em Max Weber*, *Revista Mana*, Vol. 15, n.1, Rio de Janeiro, 1999.

WEBER, Maximo, *Economia Y Sociedad – Esbozo de Sociología Comprensiva*, México-DF, Fondo de Cultura Económica, 2002.

Fontes primárias

Carta aos Oficiais da Câmara do Recife ao rei d João V sobre se realizar a procissão do Corpo de Deus no Recife devido à isenção de seu povo e clero de comparecerem a de Olinda, AHU-ACL-CU-015, cx, 39, D 3499, 20/07/1729.

Carta do governador de Pernambuco ao Rei sobre a ordem para que todos os ministros,oficiais de justiça e fazenda, governador, senado e todos os terços de Recife e Olinda participem dos festejos da Restauração, AHU-ACL-CU-015, cx, 31, D 2849, 18/07/1725, Pernambuco.

Carta do Governador de Pernambuco Caetano de Mello e Castro, de 18 de fevereiro de 1694, sobre a gloriosa restauração dos Palmares, In Ennes, Ernesto, As Guerras dos Palmares - Subsídios para Sua História, 1° volume, São Paulo, Cia, Editora Nacional, 1938, p, 194-195.

Carta dos oficiais da Câmara de Olinda ao rei d, Pedro II, pedindo para que seja provida as despesas das festas de ano bem como das festas extraordinárias de casamento ou nascimento, AHU, 1690, julho, 20, Olinda.

Carta dos oficiais da Câmara de Olinda ao Rei [dom João V], sobre a ordem para que na festa de ação de graças de 27 de janeiro, marchem os terços e compareçam o governador, ministros e oficiais, AHU - Arquivo Histórico Ultramarino, Lisboa, 1725, agosto, 20, Olinda, Projeto Ultramar, www.liber.ufpe.br/ultramar, Projeto Virtus - UFPE.

Carta dos oficiais da Câmara de Olinda ao Rei d João V sobre a pretensão da Câmara do Recife de fazer a procissão do Corpo de Deus no mesmo dia em que se faz em Olinda, AHU-ACL-CU-015, cx, 63, D 5386, 02/05/1746.

Carta dos oficiais da Câmara de Olinda ao rei, D João V, pedindo um aumento nas verbas concedidas às despesas com as festas de São Sebastião, da Restauração frente aos holandeses e do Anjo Custódio do Reino, AHU-ACL-CU-015, cx, 52, D 4537, 05/04/1728, Pernambuco.

Pereira, Gregório Varela de Berredo, 'Breve Compêndio do que vai Obrando Neste Governo de Pernambuco o Senhor Antonio Luís Gonçalves da Câmara Coutinho' apud Mello, José Antônio Gonçalves de, Pernambuco Ao Tempo Do Governador Câmara Coutinho (1689-1690), *Revista do Instituto Arqueológico, Histórico E Geográfico Pernambucano*, Vol, LI, Recife, 1979, pp, 257-300.

Registro da Carta de Sua Majestade escrita aos oficiais da Câmara de Olinda, sobre ir ou não o Pendão da Câmara nas procissões, 18 de julho de 1677, APEJE, Livro de registro de Cartas, Provisões e Ordens Régias da Câmara de Olinda, livro 1°, fl. 95.

Registro da carta de Sua Majestade para a Câmara de agradecimento pelas festas que fizeram no nascimento da Infanta, Escrita em 12 de outubro de 1699, APEJE, Livro de registro de Cartas, Provisões e Ordens Régias da Câmara de Olinda, livro 1°, fl. 95.

Requerimento do Bispo de Pernambuco ao Rei, pedindo se remeta ao Desembargador do Paço a representação dos conflitos com o governador de Pernambuco sobre o cerimonial romano e o lugar que deve ocupar o assento do governador na Igreja, AHU-ACL-CU-015, cx, 16, D 1636, 21/01/1694, Pernambuco.

Requerimento do Tesoureiro Geral da Câmara de Olinda, Cap, Feliciano de Mello da Silva, aos oficiais dela, pedindo para que se passasse mandado de despesas das festas religiosa que o senado mandou fazer este ano, AHU, 1690, dez, 30, Olinda.

Requerimento do Tesoureiro Geral da Câmara de Olinda, Feliciano de Melo da Silva, aos oficiais dela, pedindo que se passe mandado de pagamento das propinas feitas nas festividades de nascimento do príncipe, AHU, 1690, dezembro, 16, Olinda.

Notas

1 Para o conceito de barroco mestiço, Cf. Silva, Kalina Vanderlei, *O Barroco Mestiço: Sistema de Valores da Sociedade Açucareira da América Portuguesa nos Séculos XVII e XVIII*, Mneme, Caicó-RN, v.07, n.16, 2005.

2 Existe uma vasta produção sobre as festas de Corpus Christi na América Portuguesa, Para citar uma obra recente, destacamos Santos, Beatriz Catão Cruz, *O Corpo de Deus na América – A Festa de Corpus Christi nas Cidades da América Portuguesa – Século XVIII*, São Paulo, Annablume, 2005; e Santiago, Camila Fernanda Guimarães, *A Vila em Ricas Festas – Celebrações Promovidas pela Câmara de Vila Rica – 1711-1744*, Belo Horizonte, C/Arte/Fumec/Face, 2003.

3 Ver, por exemplo: Carta dos oficiais da Câmara de Olinda ao rei, D João V, pedindo um aumento nas verbas concedidas às despesas com as festas de São Sebastião, da Restauração frente aos holandeses e do Anjo Custódio do Reino, AHU-ACL-CU-015, cx, 52, D 4537, 05/04/1728, Pernambuco, E *Carta do Governador de Pernambuco Caetano de Mello e Castro, de 18 de fevereiro de 1694, sobre a gloriosa restauração dos Palmares*, in Ennes, Ernesto, *As Guerras dos Palmares – Subsídios para Sua História*, 1° volume, São Paulo, Cia, Editora Nacional, 1938, pp. 194-195.

4 Ver *Registro da Carta de Sua Majestade escrita aos oficiais da Câmara de Olinda, sobre ir ou não o Pendão da Câmara nas procissões*, 18 de julho de 1677, APEJE, Livro de registro de Cartas, Provisões e Ordens Régias da Câmara de Olinda, livro 1°, fl. 95.

5 Ver Carta aos Oficiais da Câmara do Recife ao rei d João V sobre se realizar a procissão do Corpo de Deus no Recife devido à isenção de seu povo e clero de comparecerem a de Olinda, AHU-ACL-CU-015, cx, 39, D 3499, 20/07/1729, Também Carta dos oficiais

da Câmara de Olinda ao Rei d João V sobre a pretensão da Câmara do Recife de fazer a procissão do Corpo de Deus no mesmo dia em que se faz em Olinda, AHU-ACL-CU-015, cx, 63, D 5386, 02/05/1746.

[6] Ver Requerimento do Tesoureiro Geral da Câmara de Olinda, Cap, Feliciano de Mello da Silva, aos oficiais dela, pedindo para que se passasse mandado de despesas das festas religiosa que o senado mandou fazer este ano, AHU, 1690, dez, 30, Olinda, E também Carta dos oficiais da Câmara de Olinda ao rei d, Pedro II, pedindo para que seja provida as despesas das festas de ano bem como das festas extraordinárias de casamento ou nascimento, AHU, 1690, julho, 20, Olinda.

[7] Ver Carta aos Oficiais da Câmara do Recife ao rei d João V sobre se realizar a procissão do Corpo de Deus no Recife devido à isenção de seu povo e clero de comparecerem a de Olinda, AHU-ACL-CU-015, cx, 39, D 3499, 20/07/1729, e também Carta do governador de Pernambuco ao Rei sobre a ordem para que todos os ministros,oficiais de justiça e fazenda, governador, senado e todos os terços de Recife e Olinda participem dos festejos da Restauração, AHU-ACL-CU-015, cx, 31, D 2849, 18/07/1725, Pernambuco.

[8] Exemplo dessas disputas foi a querela entre o governador de Pernambuco e o Bispo de Pernambuco sobre o lugar onde o governador deveria sentar, quando estivesse em cerimônia com o Santíssimo Sacramento exposto, O governador queria assento com espaldar e o bispo negava a fornecer tal assento. Ver sobre isso Requerimento do Bispo de Pernambuco ao Rei pedindo se remeta ao Desembargador do Paço a representação dos conflitos com o governador de Pernambuco sobre o cerimonial romano e o lugar que deve ocupar o assento do governador na Igreja, AHU-ACL-CU-015, cx, 16, D 1636, 21/01/1694, Pernambuco.

El embrujo del Damián: un aporte al estudio de la religiosidad afro en el Buenos Aires virreinal

Marcela Andruchow - Daniel Sánchez - Silvina Cordero
Departamento de Artes del Movimiento "María Ruanova"
Instituto Universitario Nacional de Arte
Buenos Aires, Argentina

Introducción

Este trabajo tiene como objetivo presentar una prueba documental de la vigencia del pensamiento mítico africano en el Buenos Aires virreinal, testimonio de la existencia de un imaginario afro-porteño que convivía con los imaginarios propios de la sociedad colonial hispanoamericana blanca, y ofrece la posibilidad de su indagación a partir de fuentes primarias históricas que complementan los registros arqueológicos.

Este material aporta la posibilidad de ahondar en el estudio de la construcción identitaria de poblaciones sojuzgadas o en situación de pérdida de libertad y derechos individuales, como es el caso de los afro-porteños.

Si bien ya existe una tradición académica referida al estudio de los afro-porteños (Andrews 1989, Mallo 1991, 1997, 1999, Goldberg 1995, 1997, 1998, 2000, Rosal 1982, 1988, 1996, Saguier 1985, 2004) que supera en sus análisis la mirada folklorista de comienzos del siglo XX (Lanuza 1946, Rossi 1926), está referida en general a aspectos de la cultura afro que no incluyen la dimensión imaginaria. En el caso de los estudios de Schávelzon (1999, 2003) existe un registro arqueológico que se interpreta desde la hipótesis según la cual los restos materiales que lo conforman estarían vinculados a esa dimensión. Este autor refiere: "[...] Durante las excavaciones arqueológicas en Buenos Aires se hallaron en varias oportunidades pequeñas piedras redondeadas, perfectamente pulidas, a veces ovaladas o aplanadas, y al menos en dos casos pintadas de rojo, con evidencias de haber sido rodadas y usadas intensamente [...] Sólo ubicándolas en el contexto afro pudimos abrir una nueva hipótesis: se trataría de piedras usadas en rituales de adivinación, tan comunes en el cercano Brasil hasta la fecha [...]" (Schávelzon, 2003:145-146).

En el caso a presentar se explicita claramente la propiedad y el uso de éstos y otros objetos, como así también la vigencia en la dimensión imaginaria de la creencia que sostiene ese uso. Este dato acrecienta la interpretación de la presencia de elementos del pensamiento mítico africano arraigados en la sociedad porteña y su posible intervención en la construcción de la identidad argentina, que no se tuvo en cuenta desde la mirada del blanco. Desde esta mirada, tales prácticas, propias del pensamiento mítico africano, fueron estigmatizadas, tanto en su contemporaneidad como en épocas posteriores, como superchería, entendidas como producto de la ignorancia de un grupo social en posición subalterna, más que como manifestación de una creencia arraigada ancestralmente en su propia cultura. Se ponen en evidencia aquí todos los prejuzgamientos con que la sociedad colonial, tanto en lo consuetudinario como en el derecho, encasilló a los afros forzadamente inmigrados a la América hispana.

Del protagonista de nuestra historia sólo sabemos que, procedente de Benguela llegó a Río Grande (Brasil), donde fue comprado como esclavo por el Obispo de Guamanga a su venida de España, quien a su vez lo vendió a Don Juan Fernández y éste a su actual amo. Luego de pasar por tres amos diferentes, a los veinte años, soltero y trabajando como cochero del oidor, quiso, aparentemente, a través de prácticas mágicas, seducir a una negra esclava y atontar un poco a su amo para salir a pasear sin ser castigado. La historia de Damián, hombre negro que a través del registro judicial conocemos como esclavo del oidor don Alonso Gonzalez Pérez, constituye la prueba documental que sintetizaremos a continuación.

El caso

El 18 de diciembre de 1785 se levanta una sumaria para la averiguación del daño que intentó hacer un esclavo llamado Damián en la persona de su dueño, el oidor don Alonso González Pérez. El caso se sustenta por haberle sido encontrado –debajo de su almohada– por otro esclavo de la casa, el negro Joaquín, un papel con el siguiente contenido: pólvora, azufre, lana, pelos, cuero de vigüela, alambre torcido, una pluma y una pata de ave acuática con una cortecita de bizcocho. Según cita en el folio 1 de esa actuación: "[...] siendo de dicho señor, tenía indicantes de alguna superstición, o en el todo, circunstancia que arruinase a la salud o adormeciese los sentidos para lograr algún fin depravado para quitar la vida a dicho señor (D. Alonso González Pérez) hallándose en estos justos recelos, tuvo por conveniente tratar en el tribunal este asunto para que procediese, si le parezca oportuno a la averiguación de los cómplices [...]".[1]

Al parecer, Damián era afecto a utilizar artilugios para obtener favores. Según cuenta la negra Isabel, también esclava de don Alonso González Pérez, a fojas 2 de la actuación de marras, el 17 de diciembre de 1785, a la hora de la siesta, "[...] se llevó el negro Damián al testigo (la negra Isabel) y la [*sic*] que tenía que comunicarla [*sic*] y habiéndole dicho que quería, respondió el negro: Ya puedes saber lo que quiere un hombre de una mujer y abochornada con la expresión se salió a la puerta de la calle, a hacer tiempo para poner las luminarias. En este intermedio la [*sic*] volvió a preguntar si había agua en el fuego para tomar mate y si quería que trajese la caldera a la puerta de la calle para que allí lo tomase, que respondió que no, que ella iría a la cocina, como en efecto lo verificó y advirtió antes de echar el agua, que en el fondo había pelos con polvos colorados [...]".[2] Ante esto la negra Isabel lo llama al negro Damián y le dice: "[...] ¡Perro brujo! ¿A qué fin has echado esto en el mate? [...]".[3] A lo que Damián responde: "[...] ¿Sabes tu si es para ti o para mi? [...]".[4] A lo que replicó la negra Isabel: "[...] ¿Para quién a de ser sino para mi?[...]".[5] En los siguientes párrafos de la declaración, la negra Isabel relata que tuvo un fuerte dolor de cabeza durante tres días que no la dejaba dormir y que: "[...] al día siguiente, echando de menos un pañuelo, recombino por él a dicho Damián y después de algunas alteraciones le sacó de la faltriquera y a este mismo tiempo se le cayó un papel que tenía los mismos polvos colorados que advirtió la noche antes de los pelos del mate [...]".[6] Según cita la declaración, la negra Isabel amenazó con dar parte al amo, ante lo cual el negro Damián "[...] suplicó que no lo hiciese, que no usaría de ellos, que los quemaría y que lo perdonase [...]".[7] Y ante esta súplica la negra Isabel lo perdonó, a efectos de que el amo don Alonso González Pérez no lo castigara. Ella guardó los pelos y frente al hallazgo del negro Joaquín en la almohada de Damián se los dio al amo para que los aportara como prueba.

Según consta en fojas 4 y 5 de la actuación, en la declaratoria del negro Joaquín, esclavo también del señor oidor don Alonso González Pérez, Damián había requerido de esos elementos de conjuro al mulato portugués llamado Andrés, esclavo de un portugués platero llamado Manuel Ignacio Ferreira que vive en la calle de Arco, esquina de Dn Antonio Rodríguez Figueredo.

Según el relato del negro Joaquín, algunos días antes del hallazgo de los elementos en la almohada, él había escuchado una conversación entre el negro Damián y el mulato Andrés, en donde el mulato Andrés le ofrecía esos elementos a Damián para que se los pusiera al mate o en cualquier cosa que comiera o bebiera el amo don Alonso González Pérez, a fin de que lo "asonsaran" y se pudiera "[...] pasear sin recelo a que te pegue [...]".[8] Tal sería la confianza que Andrés tenía en su conjuro, que le dijo a Damián, según el relato del negro Joaquín, que le pagara sólo después que "[...] veas el buen efecto que causan [...] porque yo tengo experiencia de lo que hago, me sale bien, pues mi amo en algún tiempo era bravo, y ya me deja pasear y andar por la calle y no me dice nada, ni castiga [...]".[9]

No sería ésta la única vez que Damián habría consultado a Andrés acerca de estas prácticas. En el mismo relato de Joaquín transcripto a fojas 5 de la actuación, se enuncia que "[...] el dicho Damián le contó que en otra ocasión antes de estar el declarante en casa, le dio el referido mulato Andrés, unos polvos colorados, para que se los diese al amo en vino, y haciendo antes de la experiencia en un vaso con vino, carbón frío, empezó a hervir y reventó el vaso, saltando los pedazos, de que infirió que si se los daba en alguna bebida a su señor moriría y por eso no lo hizo por segunda vez como quería Andrés [...]".[10]

La causa continuó en los días subsiguientes, con una serie de careos entre los implicados, donde surgió el nombre del negro Felipe Saldina, a quien Andrés había denunciado como proveedor de los elementos que habían sido encontrados envueltos en papel en la almohada de Damián por parte de Joaquín y que había derivado en este caso. Según la declaración de Andrés, Damián llamaba a Saldina "padre".

El 21 de diciembre de 1785 comparece el negro Saldina, quien manifiesta no conocer a Damián y es desafectado de la causa. Asimismo el mismo día don Sebastián Velasco del Consejo de su Majestad, su oidor y alcalde de Corte de la Real Audiencia convoca a don Miguel Gorman, protomédico de la ciudad de Buenos Aires.

El 22 de diciembre de 1785 don Miguel Gorman informa, según consta a fojas 12 de la actuación que luego de analizar los elementos secuestrados: "[...] que habiéndoles reconocido específicamente he hallado no ser alguno de ellos en particular deliterio, y que del conjunto sólo podría, tomado interiormente causar algunas náuseas, alteración de la machina y perjudicar las funciones naturales de que pudiera resultar daño a la salud, hallándose unos de esta calidad como la pólvora, el azufre crudo y pelos; pero los demás son inútiles para causar efectos nocivos, y que no parecen agregados sino para hacer un compromiso supersticioso, que es lo que según mi juicio comprendo del conjunto que contiene el papel que se ha entregado y devuelvo [...]".[11]

A igual juicio parece haber llegado la instancia eclesiástica representada en el cura párroco que se menciona en este expediente. Así es que, en su segunda declaración, el negro Damián aseguró que "aunque no tuvo ánimo de decir a su amo lo que le pasaba con (el mulato

Andrés) por tenerle miedo, tomó el arbitrio de irse a confesar, y el Padre le aconsejó que quemara las especies que tenía y le había dado el mulato".[12]

Finalmente, el 25 de febrero de 1786, luego del proceso de nuevas declaratorias y confesiones, el oidor que hace de fiscal declara a fojas 21 de la actuación de marras que: "[...] reconocidos los presentes autos, no se encuentra en ellos motivos suficientes para que estos reos se les imponga la pena correspondiente respecto a que los expresados polvos no estaban confeccionados con especie de tocigo, sino con algunas que vulgarmente llaman maleficio o hechizo, que en propios términos son abusar de gentilicios. Pues aún el Protomédico de la ciudad asegura que en el caso de haberlos tomado no hubieran causado otro efecto que el de alguna alteración de las funciones naturales, de la que no se seguiría consecuencia, o síntomas fatales: En este supuesto, y con consideración a lo que ministran los presentes autos, parece al fiscal que podrá V.A. mandar se sobreseen en la formal sustanciación de la causa y ordenar al negro Damián se le entregue a su amo Señor Don Alonso para que lo castigue y disponga de él como le pareciese y graduare su delito, y por lo que respecta al mulato Andrés por haber sido el instigador y autor principal del exceso, a efecto de que en lo sucesivo se abstenga y escarmiente en dar crédito a semejantes hechicerías causando escándalo al Público y seduciendo a otros esclavos se le den cien azotes para satisfacer la dignidad Pública, y se precise a su Amo a que sin excusa ni réplica lo venda a fuera de la ciudad: sobre todo la superior justificación de V.A. resolverá lo que fuese en justicia y conforme a su agrado [...]. Administrando Justicia: se condena a Andrés Ferreira, esclavo de Manuel Ignacio Ferreira y a Damián, esclavo del señor Dn Alonso González Pérez a destierro de esta ciudad, a distancia de cien leguas y en veinte y cinco azotes a cuyo efecto, se entregará Damián a su Amo, y el mulato Andrés se pondrá en una Panadería con grillos, ínterin se proporciona su remisión, que deberá verificarse en el preciso término de dos meses: dándose cuenta de esta Real Audiencia, con apercibimiento de que se tomara la providencia que corresponda, demorándose, su salida o venta [...]".[13] Firma el señor Regente Velasco.

A fojas 23 del expediente se encuentra trascripta una denegatoria a don Manuel Ignacio Ferreira, amo del mulato Andrés, de tenerlo en su poder hasta lograr venderlo a un amo que lo remita a más de 100 leguas, y a fojas 25 consta el acto de traslado del mulato Andrés a la ciudad de Córdoba.

Observaciones

Presentado el caso se hace evidente la existencia en el Buenos Aires colonial de creencias arraigadas en las costumbres africanas ancestrales vinculadas al pensamiento mágico, y se infiere la posibilidad de que también existieran prácticas vinculadas al pensamiento mítico.[14] [15] Los hallazgos arqueológicos obtenidos a partir de los trabajos que viene llevando a cabo Daniel Schávelson darían prueba material a esta afirmación. Estas evidencias comenzaron a registrarse en Buenos Aires en los pozos de basura o en rellenos excavados en donde aparecían grupos de pequeños objetos, a veces enteros, a veces rotos, formando grupos sugerentes, que muestran que en los patios del fondo de las casas excavadas, aunque estuvieran en pleno centro urbano, se hacían actividades religiosas que hubieran asustado e indignado al amo de la propiedad. Por ejemplo, en el pozo de basura que perteneció a la Iglesia de Santo Domingo, que tuvo una ranchería muy importante, se hallaron entre miles de fragmentos de vajilla y huesos de animales, cuatro objetos de pequeñas dimensiones hechos de hueso y apelotonados como si hubieran sido arrojados todos juntos envueltos en algo que luego, con el tiempo y las condiciones de depósito, se destruyó, podría ser tela, cuero o ¿papel, como en nuestro caso?[16]

A fines del siglo XVIII, tales creencias eran catalogadas como parte de las supersticiones, maleficios o hechizos propios de los hábitos del pueblo bajo. Esta catalogación puede inferirse que se enmarca en el contexto de las reformas borbónicas llevadas a cabo en la América hispana y que presentan su materialización en la ciudad de Buenos Aires con la creación del Virreinato del Río de La Plata y demás instituciones generadas a partir de las reformas. Entre esas instituciones se encuentra el Protomedicato, que en el caso analizado actúa como testificador determinante del valor de la prueba con alta influencia en el fallo final.

El hecho de dimensionar desde el marco de la prueba experimental fáctica la capacidad de daño o no de los elementos hallados, muestra la influencia del pensamiento ilustrado en el ámbito de las instituciones coloniales a fines del siglo XVIII.

Además, estos prejuzgamientos tienen una visión marcada, que es la de considerar al negro fundamentalmente como un sujeto potencialmente rebelde a quien es necesario controlar de manera permanente.

La influencia del pensamiento ilustrado, presente a partir de la instauración del Virreinato del Río de La Plata y de las instituciones que se generan (por ejemplo el Protomedicato), no cambió la visión policíaca respecto del negro. Esta visión tendrá continuidad a lo largo del siglo XIX con la organización en naciones de la población afro, que remitirán directamente a la comisaría. Esta hipótesis se sustenta, por ejemplo, en las características del fallo:

El peritaje médico que habla del valor de la razón científica como fundamento de verdad.

El tipo de sanción, que castiga físicamente pero bajo la responsabilidad del amo a Damián y castiga físicamente, genera aislamiento y destierro bajo la responsabilidad estatal a Andrés.

A través de tales definiciones se evidencia cómo es más importante para el Estado la pragmática de la seguridad que lo peligroso del pensamiento mágico-religioso, postura acompañada por la Iglesia y verificada en el consejo que el padre confesor da a Damián.

Para la sociedad colonial, como después lo será para la sociedad blanca del siglo XIX, el negro es un sujeto factible de intercambio y trabajo y, fundamentalmente, merece control y sojuzgamiento, sin ser considerado en otras facetas que lo integren como actor de la sociedad, más allá de su rol en el denominado pueblo bajo.

Bibliografía

Andrews, G. R., *Los afroargentinos de Buenos Aires*, Buenos Aires, Ed. de la Flor, 1989.

Goldberg, M., "Los negros de Buenos Aires. Presencia africana en Sudamérica", en *CONACULTA*, 1995, pp. 529-608.

Goldberg, M., "Negras y mulatas de Buenos Aires 1759-1880", en *Actas de XI Congreso Nacional de Arqueología*, vol. I, 1997, pp. 415-420.

Goldberg, M., "Las afroporteñas 1750-1880", en *Revista de Historia Bonaerense*, N° 16, 1998, pp. 4-17.

Goldberg, M., "Las afroargentinas 1720-1880", en *Historia de las mujeres en la Argentina*, vol. I, pp. 67-86, Buenos Aires, Taurus, 2000.

Lanuza, J. L., *Morenada*, Buenos Aires, Emecé, 1946.

Mallo, S., "La libertad en el discurso del estado, de amos y esclavos", en *Revista de Historia de América*, vol. 112 (1991), pp. 121-146, México.

Mallo, S., "Los afroporteños del peculio al patrimonio y la propiedad", en *XI Congreso Nacional de Arqueología argentina*, v. I (1997), pp. 434-439.

Mallo, S., *La estructura familiar en la colonia*, Buenos Aires, Academia Nacional de la Historia, 1999.

Ortiz Oderigo, N., *Aspectos de la Cultura Africana en el Río de La Plata,* Buenos Aires, Plus Ultra, 1974.

ROSAL, M., "Algunas consideraciones sobre las creencias religiosas de los africanos porteños 1750-1820", en *Investigaciones y Ensayos*, v. 31, 1982, pp. 369-382.

ROSAL, M., "El tráfico esclavista y el estado sanitario de la ciudad de Buenos Aires 1750-1810", en *II Jornadas de Historia de la Ciudad de Buenos Aires*, 1988, pp. 231-240.

ROSAL, M., "Diversos aspectos relacionados con la esclavitud en el Río de la Plata a través del estudio de testamentos de afroporteños", en *Revista de Indias*, N° LVI, (1996), pp. 219-235.

ROSSI, V., *Cosas de negros*, Buenos Aires, Hachette, 1926.

SAGUIER, E., "La naturaleza estipendiaria de la esclavitud urbana colonial. El caso de Buenos Aires en el siglo XVIII", en *Revista paraguaya de Sociología*, N° 74, 1985, pp. 45-55.

SAGUIER, E., "El campo familiar como espacio de lucha. El nepotismo y las incompatibilidades de sangre en la Argentina moderna", en *Todo es Historia*, vol. IX. Nº 291, 2004, pp. 4-19.

SCHÁVELZON, D., *Arqueología histórica de Buenos Aires*, Buenos Aires, Corregidor, 1999.

SCHÁVELZON, D., *Buenos Aires Negra. Arqueología histórica de una ciudad silenciada*, Buenos Aires, Emecé, 2003.

Notas

1 Archivo de la Provincia de Buenos Aires "Ricardo Levene", 1785. Real Audiencia. 5.5.78.21.

2 Archivo de la Provincia..., 1785. Real Audiencia. 5.5.78.21.

3 Archivo de la Provincia..., 1785. Real Audiencia. 5.5.78.21.

4 Archivo de la Provincia..., 1785. Real Audiencia. 5.5.78.21

5 Archivo de la Provincia..., 1785. Real Audiencia. 5.5.78.21.

6 Archivo de la Provincia..., 1785. Real Audiencia. 5.5.78.21.

7 Archivo de la Provincia..., 1785. Real Audiencia. 5.5.78.21.

8 Archivo de la Provincia..., 1785. Real Audiencia. 5.5.78.21.

9 Archivo de la Provincia..., 1785. Real Audiencia. 5.5.78.21.

10 Archivo de la Provincia..., 1785. Real Audiencia. 5.5.78.21.

11 Archivo de la Provincia..., 1785. Real Audiencia. 5.5.78.21.

12 Archivo de la Provincia..., 1785. Real Audiencia. 5.5.78.21.

13 Archivo de la Provincia..., 1785. Real Audiencia. 5.5.78.21.

14 Según afirma Néstor Ortiz Oderigo: "Merced a las cardinales aportaciones que nos han suministrado algunos informantes de abolengo africano ... y gracias a los estudios e investigaciones comparados que hemos efectuado y, desde luego, a amplias y detenidas pesquisas en archivos y bibliotecas públicos de la Argentina y del exterior, [...] nos ha sido posible obtener datos y comprobaciones del más encumbrado interés en el ámbito de la etnografía, y reconstruir ceremonias y cultos mágico-religiosos afroargentinos de empinada magnitud, a los cuales [...] no se había

prestado la menor atención entre nosotros". Cf. *Aspectos de la Cultura Africana en el Río de La Plata*, pp. 25-26.

15 "Fue así como, en el Río de La Plata, brujos y agoreros, magos y hechiceros, 'tatas viejos' o 'brujos doctores' [...] de origen africano, no dejaron de asomar sus perfiles dentro del marco de una sociedad en que también se conocía la brujería por influjo de los pueblos amerindios, y aun por virtud del transplante de las fronteras europeas". Cf. *Aspectos de la Cultura Africana en el Río de La Plata*, pp. 29-30.

16 "Por cierto que no faltaban en estos rituales (macumbas, candombles, xangós y vodú) los caracoles, las cuentas, los carozos, las piedrecillas, los cacharros con comidas, las botellas de bebidas [...] , los collares y rosarios africanos, distintos 'amuletos' y demás parafernalia característica del África y de sus rituales mágico-litúrgicos." Cf. *Aspectos de la Cultura Africana en el Río de La Plata*.

Fiestas y poder en el siglo XVIII: la Palestra Ingeniosa, un certamen literario

Ana Mónica González
Universidad Nacional del Sur
Bahía Blanca, Argentina

La Orden de la Hospitalidad de San Juan de Dios fue otra de las órdenes hispánicas que se trasladó al Nuevo Mundo.* Reconocida como tal en el año 1571 a instancias del papa Pío V, debió su origen a Juan de Ciudad y Duarte, más tarde Juan de Dios.

Juan de Ciudad, aunque de origen portugués, vivió toda su vida en España y gran parte de ella en la ciudad de Granada, cuna de su ministerio. Nacido en 1495 tuvo una vida marcada por contrastes. Quien en su juventud fuera soldado y vendedor de libros religiosos, terminaría sus días alistado en el ejército de los servidores de Cristo, luchando contra la enfermedad, y distribuyendo gratuitamente consuelo y auxilio físico y espiritual.

Levantó un hospital en la ciudad de Granada que era sostenido por las limosnas y donaciones de la comunidad. Pronto sus acciones contagiaron a otros, todos ellos andaluces, quienes convertidos con su prédica muda consintieron en abrazar tan noble empresa.

Sus seguidores aplicaron a su vida diaria las normas dadas por su maestro que se resumían en ésta: vivir sirviendo con solicitud a Dios y a los pobres. Comprometidos con un cuarto voto, el más importante y el que daba verdadera dimensión al ministerio emprendido, el de la hospitalidad, los juaninos fundaron otros centros asistenciales en España y luego en toda Europa.

Consolidada la Orden en España, sus religiosos fueron pronto requeridos para pasar a tierras americanas. Con el fin de levantar hospitales llegaron, a principios de siglo XVII, a tierras indianas donde se organizaron en provincias. La del Espíritu Santo abarcaba todo el virreinato de Nueva España, incluyendo Filipinas. Si bien además de los juaninos llegaron otras órdenes hospitalarias a ese territorio, como betlemitas e hipólitos, ésta fue la de mayor importancia y extensión.

Instalados en la ciudad de México en 1604, iniciaron desde allí su labor hacia el poniente fundando primeramente un hospital en la ciudad de Colima y luego otro en Guadalajara, capital del extenso reino de Nueva Galicia. Dos años después, en 1608, fue requerida su presencia en la populosa y rica ciudad minera llamada Nuestra Señora de los Zacatecas, fundada unos cincuenta años antes.

El hospital no recibía renta fija sino que subsistía de los censos, capellanías, donaciones y limosnas que se recolectaban en la ciudad y sus alrededores, las que estaban, a su vez, en estrecha relación con los movimientos de avance y retroceso de la minería en la región. Con ellos podían mantener y alimentar a los enfermos y religiosos, y pagar los salarios de los médicos, cirujanos, lavanderas, cocineras, etc.

A poco más de un siglo de construido su claustro y hospital debió reedificarse y ampliarse, hecho que culminó en el año 1718, y que fue alegremente festejado. Como parte de los actos ceremoniales se realizó un concurso de poesía, del cual nos ocuparemos en este trabajo.

Piscina Zacatecana es el título del libro escrito para esa ocasión. El libro está dedicado a los señores capitanes don Joseph de Urquiola, quien fuera alcalde ordinario de la ciudad, y a su hijo don Joseph de Rivera Bernárdez, principales benefactores de la obra. Su autor, el presbítero zacatecano[1] Juan de Santa María Maraver describe con delicada y minuciosa pluma los antecedentes de la reconstrucción y la solemne dedicación de ésta, convirtiendo este ejemplar en uno de los señeros de la historiografía zacatecana.

El libro contiene una introducción escrita por fray Antonio Rodríguez Lupercio, prior del hospital; los pareceres, aprobaciones y licencias que permitieron al libro salir a la luz; un prólogo al lector; la descripción breve de la ciudad de Zacatecas; el certamen literario realizado para esa ocasión; tres sermones pronunciados durante las festividades y una loa final.

Fray Antonio Rodríguez Lupercio tomó posesión de su cargo en 1712 y el edificio estaba en tal estado que vio necesario su total reparación.

Y fue a fray Antonio quien escribió la primera página de la obra en cuestión. En ella agradece a los señores Conde de la Laguna los donativos y socorros recibidos por el hospital y sus enfermos: "Pues es constante los medios puestos por vuestras mercedes y sus dádivas para [...] los pobres que de sus minas se sustentan; los que en nuestras enfermerías se tapan con sus ropas, pues éstas se vistieron, como es público, a costa de ustedes [...]".[2] Nominados como los bienhechores singulares del hospital ruega a Dios que cuide de sus personas y sus bienes.

A continuación encontramos los pareceres de fray Juan Ignacio de Uribe, de la Compañía de Jesús, catedrático de Sagrada Escritura en el colegio de San Pedro y San Pablo en la ciudad de México y del reverendo padre Thomás de Fuentes, prior del convento de Santo Domingo de la misma ciudad.

Se imprimió luego la *summa de licencias* en la que el virrey, vistas las anteriores opiniones, concedió la licencia para que se publicase el manuscrito, e hizo lo propio el ordinario del Santo Oficio de la Inquisición.

Cumplidos los requisitos anteriores, nos adentramos propiamente a la redacción del padre Maraver. Luego de un corto prólogo, se inicia la "Descripción breve de la Ciudad de Zacatecas"[3] en la que el autor retrata la ciudad y enfatiza la labor hospitalaria, la acción de sus hombres ilustres y detalla los festejos llevados a cabo con motivo de la inauguración del nuevo edificio.

Allí se explica que al edificio se le construyeron una nueva portería, dos salas de atención de enfermos, una para hombres y otra para mujeres, con sus respectivas celdas para enfermeros y una capilla que comunicaba ambas enfermerías, la que permitiría al paciente escuchar misa desde el lecho. En el piso superior se encontraba el claustro y la sacristía, totalmente reconstruidos.

Los actos de inauguración de este nuevo edificio fueron magníficos. Hubo una procesión que salió desde la iglesia de San Juan de Dios, y que estaba dispuesta de la siguiente manera: por delante, una mascarada a la que seguían veinticuatro niños –seguramente uno por cada cama– muy bien vestidos, hijos de los nobles de la ciudad y con velas en las manos.

Luego desfilaron las órdenes religiosas, en este orden: la compañía de Jesús, a quienes presidía San Rafael; le seguían los religiosos de la Merced y los Agustinos que llevaban un ángel con las almohadas. Acompañaba al tercer ángel que traía las sábanas la comunidad franciscana; el cuarto ángel, representado en ademán de desenvolver una colcha, era escoltado por los religiosos dominicos. Los ricos adornos y vestimenta de los ángeles habían corrido por cuenta de las señoras notables de la ciudad. El adorno del arcángel San Rafael fue pagado por doña Nicolasa Servando de Arenas. El de los religiosos de la Merced estuvo a cargo de la señora Rosa Martínez, rica hacendada, hermana del capitán Domingo Francisco de la Calera, vecino que en dos ocasiones ocupó el cargo de alcalde ordinario. El tercer ángel fue adornado por la condesa de Santa Rosa y el cuarto por doña Catalina de Santa María Maraver Lama y Espinosa, hermana del autor de esta obra.

A las órdenes religiosas le siguió en el desfile el clero secular, que portaban la imagen de San Juan de Dios, las autoridades civiles y, finalmente, la multitud. La entrada del convento, estaba engalanada con un arco que tenía dieciséis varas de alto por diez de ancho y profusión de flores y ramas. Allí se inició la fiesta con una graciosa y colorida representación en la que un niño vestido de dios Apolo recitó una loa.[4]

En la enfermería se cantó un *Te deum* y por la noche hubo fuegos de artificio y música que duraron hasta la mañana siguiente. Los días que continuaron a esta fiesta fueron muy animados. Por la mañana se predicaban diversos sermones en la iglesia y por la tarde había comedias y fuegos artificiales.

También se describe la máscara que se realizó con motivo de la inauguración. Como para la sociedad novohispana todo era susceptible de convertirse en espectáculo y diversión, las máscaras animaban múltiples celebraciones. Éste era uno de los instrumentos de crítica social a los que recurrió el barroco. La sociedad de esta época utilizó ese recurso a manera de espejo invertido; como si a través de ella pretendiera devolver a la estructura social aparente su imagen verdadera. La burla era la manera en que se intentaba romper aquello que se les antojaba que era una imagen artificial del mundo y entrever, aunque tan sólo fuera por un instante, su verdadero rostro.[5]

El desfile que plasmó con su pluma Maraver, intentó ser una mordaz y cruda visión de la enfermedad y del dolor: hombres deformes, feos, monstruosos, y detrás de ellos, en un carro triunfal, constituyendo la apoteosis del vencedor, San Juan de Dios. Éste, emulando a San Jorge o al mismo Cristo, llevaba atada a su víctima a quien había matado con una lanza: la enfermedad había sido destruida y los enfermos quedarían libres de su pesado yugo.

Como parte de los festejos –relata Maraver en su descripción– se dispuso celebrar el tradicional certamen de poesía. Los certámenes literarios o "justas poéticas" fueron uno de los espectáculos que despertaron mayor interés en la población novohispana. Convocados para celebrar algún acontecimiento social, civil o religioso, sirvieron para el disfrute intelectual de las clases privilegiadas. Los certámenes daban el incentivo poderoso de un auditorio presente e, incluso, la posibilidad de ser publicados en volúmenes de homenaje, como sucedió en esta ocasión. Los poetas así reconocidos alcanzaban un lugar de distinción en la comunidad.

En la Nueva España la poesía cumplió, en un crecido porcentaje, una cierta función de servicio, como fue la de difundir los dogmas y convicciones oficiales, y la de colaborar en la exterior magnificencia de una sociedad que cifraba su máxima ambición en ser una copia fiel de la española peninsular.[6]

En cuanto a la organización y conducción de este certamen, el padre Maraver fue muy cuidadoso en la redacción, y gracias a ello podemos conocer en detalle el carácter espectacular de éste. El concurso fue promovido con la debida antelación, y en un esmerado y barroquísimo cartel se anunciaba el motivo del mismo, el nombre de los jueces y las leyes a que debían ajustarse los participantes.[7]

El jurado estaba integrado por el mismo Joseph de Urquiola, como presidente; José de Rivera Bernárdez y José Gato de Mendoza, comisario de la Santa Cruzada, que serían los fiscales; y el Bachiller Lucas de Lascano, sacristán mayor de la iglesia parroquial, el secretario.[8]

Durante los días que seguían a la proclamación de la competencia, el secretario recibía un alud de manuscritos cerrados, según las leyes dadas para ésta:

> Que el día 12 de febrero estuvieran las poesías en el convento del hospital de Nuestro Padre San Juan de Dios, o en manos del secretario del certamen.
>
> Que debían .entregarse en dos papeles cerrados y numerados, el primero sin firma y el segundo firmado por su autor, "para que busque el premio el nombre, no el nombre el premio".

El certamen estuvo previsto para el día 25 de febrero a las cuatro de la tarde. Lo más notable y exaltado de esta fiesta fue la parte en que se pregonaba formalmente el torneo poético y su tema. Un bastonero, el hijo pequeño de don Manuel Sánchez de Santa Ana y Santa María, tuvo el codiciado privilegio de llevar, en un caballo lujosamente enjaezado, el pregón y de convocar a los poetas a la palestra. La comitiva que seguía al niño se congregó en el hospital y allí se colocó el cartel, "puesta mesa, tintero, plumas y papel, con lo demás necesario, para que copiasen los lidiadores".[9] Luego, como era costumbre, pasaron todos a la casa del secretario, "quien les regaló con dulces y aguas y los divirtió con variedad de instrumentos músicos".[10] Finalizado el escrutinio, se dieron a conocer los nombres de los premiados. Hasta aquí la información suministrada en la descripción del padre Maraver.

Se inicia luego otra parte del mismo libro llamada *Palestra Ingeniosa, que a la dedicación del Convento Hospital de N. P. S. Juan de Dios celebraron los ingenios zacatecanos en el día 25 de febrero del año 1718.*

Comienza con la presentación hecha por el secretario del torneo, que, como dijéramos, era uno de los agentes principales en la organización. Sobre éste caía la responsabilidad de ser maestro de ceremonias, por lo tanto, debía poseer dotes de elegante retórica e ingenio. Comienza diciendo Lascano:

> Confiesa desde luego mi cortedad (muy ilustre auditorio, eruditísimos Jueces, eruditísimo Liceo) ardua empresa a la que mi ignorancia se arroja en la ocasión presente, y en ella más para desempeño de mi obediencia, que para la ostentación de mi pequeñez, deseara tener de mi parte más a la felicidad que influya, que a mi corto talento que dicte, que en las literales empresas, suele ayudar más lo afortunado, que lo ingenioso[11].

Ineludiblemente en cada discurso que se pronunciara, su autor debía de partir de un asunto mitológico y hacerlo coincidir con el motivo de la celebración. Siguiendo este modelo, el bachiller Lascano elaboró su presentación, agradeciendo, en primer lugar, que lo hubieran elegido secretario de la justa literaria, como parte del "Parnaso zacatecano". Con incomparable gracia asemeja al cerro de la Bufa con aquel mitológico monte donde convivían los poetas, y a la fuente de su inspiración con la fantástica Castalia, profundizando aún más las imágenes al aludir a los argentados colores de sus aguas, invitando a los desenvueltos "cisnes" zacatecanos a mojar su plumaje en dicho manantial. Pondera las cualidades de la Bufa que simboliza, de alguna manera, el trabajo a que se dedican sus habitantes, así como aquel Parnaso podía representar, igualmente, las fatigas y desvelos de las ingeniosas mentes zacatecanas. La ciudad de cantera y plata se convirtió así en la "Docta Zacatecana Minerva".

El ingenio del secretario se manifiesta sobradamente cuando asimila la labor del poeta a la del minero, que descubre y trabaja de manera paciente y cuidadosa su veta. Unos pocos versos nos sirven de ejemplo:

Los Zacatecanos Cisnes
a Caliope componen,
agostando a la Hipocrene
los cristalinos licores

Finaliza su prolongado exordio con otra singular poesía, esta vez dedicada al patriarca de los pobres y fundador de la orden. En sus últimos versos puede hacerse comprensible para el lector contemporáneo el curioso título de este libro:

quitase con tal medicina
en esta sacra piscina
la vida a la enfermedad[12]

La sacra piscina zacatecana representa, ni más ni menos, que el hospital de la orden juanina.[13]

Dejando de lado estas consideraciones previas, nos interesa ahora presentar el mecanismo literario del certamen, su planteamiento y ejecución.

Hicimos referencia al cartel donde se explicaba con claridad el tema que convocó el encuentro, puntualizando que en él se daban a conocer los asuntos y formas métricas concretas, y las relaciones que entre una y otra habrían de establecerse y desarrollarse. Mencionamos, igualmente, el discurso preliminar con que se inició la fiesta de distribución de premios y lectura de los poemas triunfantes, en la cual el secretario expuso la íntima trama del certamen. Se pedía, por ejemplo, que los concursantes desarrollaran su poesía en una glosa de la copla siguientes:

Construye la caridad
enfermería en que curando
los achaques va quitando
la vida a la enfermedad.

Forzados en el asunto y en la forma, los versos que los poetas enviaron a concurso tuvieron que resultar muy similares entre sí. La originalidad en cada uno radicaba en su retórica y en su ingenio. Sus autores buscaban renombre y un premio material (cajas, bandejas y hebillas de plata, paños de valor, cadenitas de oro, sortijas, candeleros, etc.).[14] En esta oportunidad, consistieron en manzanas y bollos de plata.

Los poemas de este certamen se elaboraron sobre cuatro asuntos. El primero fue la glosa. En ella, usualmente, los versos de un cuarteto tomados en su orden servían de última línea a cada una de las cuatro décimas sucesivas. En la *Palestra ingeniosa* zacatecana, se publicaron 4 glosas. Una de ellas no recibió premio ya que, como hemos comentado, perteneció al mismo secretario que respondió de esa manera un vejamen[15] del cual fue el destinatario. El Convento de Nuestra Señora de la Merced obtuvo el primer premio recibiendo, por ello, seis bollos[16] de plata.

El segundo asunto consistió en perifrasear en una silva libre[17] de cinco estancias. Las palabras indicadas de antemano eran: solio, trono, piscina, altar y palacio. En esta lid obtuvo el primer premio don José de Aguirre y Villar, quien recibió por ello cuatro bollos de plata, y el consabido vejamen con que el secretario regalaba a todos los premiados. El segundo correspondió a Joaquín de Valderas, junto con cuatro bollos del preciado mineral. El tercer lugar fue para don Nicolás de Arteaga.

Otras de las modalidades de poesías escritas para esta oportunidad fueron los romances con asonantes de U y O. El tópico dado para la construcción de las mismas era el de hablar de las dolencias y malestares que causa una enfermedad, pero del bien que de ella obtenía quien la padeciera, pues podía recibir el consuelo de su curación en las caritativas enfermerías. Las poesías no debían de exceder las doce coplas. Los premiados fueron don Francisco Romero con seis bollos de mineral; Cayetano de la Plata que recibió cuatro, y don Basilio Gómez que acreditó tres manzanas de plata.

El cuarto y último entretenimiento métrico consistió en pintar en doce quintillas 'seriojocosas' la actitud de aquellos que pudiendo y aun ofreciendo limosna para las salas médicas, no cumplían con su palabra. En esto fueron galardonados: don José Mayorga y Maya quien obtuvo ocho bollos de plata, don Francisco Romero premiado con tres manzanas de plata y, nuevamente, don Cayetano de la Plata distinguido con cuatro bollos.

A su vez, el humor ingenioso del secretario fue recompensado con dos candelabros. También participaron con sus poesías, pero fuera del concurso, el capitán don José de Rivera Bernárdez y el mismo padre Antonio Rodríguez Lupercio.

Finaliza de este modo la *Palestra ingeniosa* que contiene, como se ha dicho, la introducción del secretario, las doce poesías premiadas, los vejámenes y comentarios del bachiller Lascano, y las participaciones del capitán Bernárdez y de fray Antonio.

Por último se agradeció de manera especial a los nobles contribuyentes de la sociedad minera y comercial zacatecana. Una larga loa pondera la actuación solidaria de los nobles de la ciudad: don Fernando de la Campa y Cos, el conde de Santa Rosa, don José Urquiola, el conde de Bernárdez, don Ignacio de la Arrañaga, don Francisco Muñoz de Villalón, don Agustín Díaz, el capitán don Diego de Ledesma y don Javier de Ayala. Entre las señoras encontramos a doña María de Mendoza, esposa del alcalde de la ciudad; a la condesa de Santa Rosa, doña María Antonia Niño de Rivadeneira; a doña Juana Altamirano de Castilla, madre del conde de Santa Rosa y a doña Nicolasa Cervando de Arenas. Ellas dispusieron el chocolate y la cena, se sentaron en las camas junto a los enfermos, y los reconfortaron y distribuyeron las almohadas, frazadas y cobertores que habían mandado confeccionar para la ocasión.

Conclusión

A mediados del siglo XVI se levantó en el centro-norte del territorio mexicano la ciudad de Nuestra Señora de los Zacatecas, espacio minero que cobró gran importancia.

Allí la orden hospitalaria de San Juan de Dios abrió un centro de atención destinado a socorrer a los necesitados. A poco de iniciado el siglo XVIII el edificio debió ser refaccionado y ampliado. Con motivo de la inauguración se realizaron varios actos, entre ellos, un certamen literario. Lo que hemos querido rescatar no son en sí mismas las rimas y poesías, cuyo valor poético no evaluamos, sino la manera en que los grupos de poder de la ciudad actuaron en la ocasión, hecho que quedó plasmado en la obra *Piscina Zacatecana*. Entendemos que su presencia y colaboración sirvió, además, como elemento de cohesión grupal, como una manera de reforzar su posición socioeconómica.

Notas

* Este trabajo se inscribe dentro del marco del proyecto "Poder y poderes urbanos: Gobierno y Sociedad en el espacio urbano porteño (siglos XVII-XIX)", dirigido por la profesora Hilda Zapico y financiado con Fondos de la Secretaría de Ciencia y Tecnología de la Universidad Nacional del Sur.

1 Beristain de Souza, José María, *Biblioteca Hispano Americana Septentrional, o catálogo y noticias de los literatos*, Vol. III, México, Fuente Cultural, 1947, p. 192.

2 *Piscina Zacatecana, convento hospital de N. P. S.Juan de Dios reedificado. Dedicación solemne, que se celebró el día 2 de febrero de este año de 1718, siendo prior el R.P.Fr. Antonio Rodríguez Lupercio, quien lo dedica a los sres. Capps. D. Joseph de Urquiola, Alcalde Ordinario, que fue de dicha ciudad, y diputado de su minería: y a D. Joseph de Rivera Bernardez, su hijo. Escribela el Br. D. Juan de Santa María Maraver, clérigo presbytero, capellán de dicho Convento Hospital. Con licencia de los superiores.* En México : Por los herederos de la Viuda de Francisco Rodríguez Lupercio, en Puente de Palacio, Año de 1720.

3 Salinas de la Torre, Gabriel, *Testimonios de Zacatecas,* Zacatecas, Histórico Ayuntamiento de la ciudad de Zacatecas, 1989-1992, pp. 33-65.

4 Salinas de la Torre, *Testimonios*, pp. 20-23. El autor seleccionó esa sección del libro *Piscina Zacatecana* para incluirla en el suyo.

5 Osorio Romero, Ignacio, "Máscara y víctor", en *El sueño criollo. José Antonio de Villerías y Roeles (1695-1728),* México, UNAM, 1991, pp. 29-44.

6 Buxó, José Pascual (ed. y prol.), "Arco y certamen de la poesía mexicana colonial (siglo XVII)", en *Cuadernos de la Facultad de Filosofía y Letras*, v. 2, Xalapa, Universidad Veracruzana, p. 21.

7 *Piscina Zacatecana*, pp. 24-25.

8 Ibidem.

9 *Piscina Zacatecana,* p. 18.

10 Ibidem.

11 *Palestra ingeniosa, que a la dedicación de el Convento Hospital de N.P.S. Juan de Dios celebraron los ingenios Zacatecanos en el día 25 de febrero de el año de 1718. Segundo de la Fiesta: dixolo como Secretario el B. D. Juan Lascano: Clerigo Presbytero, Sacristan Maior y Beneficiado por su magestad de esta Santa Iglesia Parrochial, Examinador Synodal de este Obispado de la Galicia*, p. 27.

12 *Palestra Ingeniosa*, p. 33.

13 Sin duda se hace referencia al estanque milagroso de Betesda en cuyos pórticos, según el relato de San Juan capítulo 5, multitud de enfermos yacían a la espera de ser sanados. De tiempo en tiempo un ángel, que la tradición ha asimilado con San Rafael, descendía y movía las aguas, y el primer enfermo en tomar contacto con el vital elemento quedaba curado de cualquier dolencia que padeciese.

14 Buxó, José Pascual, "Arco y certamen", p. 40.

15 Los vejámenes eran bromas que frecuentemente expresaba jocosamente lo que los envidiosos decían de sus rivales. En este caso, Lascano fue víctima de un vejamen hecho por uno de los poetas y responde con la glosa primera.

16 Recibían este nombre: el de bollo y manzana de plata, los pedazos de barras de plata que se extraían de las minas y se depuraban por fundición.

17 Combinación métrica muy libre, en la que alternan los versos endecasílabos y heptasílabos.

Las fiestas de carnaval en el Buenos Aires virreinal frente a los modelos coercitivos eclesiástico e ilustrado

Marcela Andruchow - María Eugenia Costa - Gisella Milazzo
Instituto de Historia del Arte Argentino y Americano
Facultad de Bellas Artes - Universidad Nacional de La Plata
La Plata, Argentina

El objetivo de este trabajo es, en primer lugar, analizar los discursos normativos en torno a los carnavales porteños virreinales, vinculados tanto al nuevo proyecto del "despotismo ilustrado" característico de la reforma borbónica en España, como a la mentalidad católica barroca postridentina preexistente. En segundo lugar, el trabajo se propone indagar, en cada caso, los fundamentos de "racionalidad" y "civilidad" política, y los argumentos moralizantes en los que se basó su respectiva retórica discursiva. Estos modelos formadores de conductas sociales, orientaron la legitimación de diversos mecanismos de control, castigo e incluso prohibición por parte de las autoridades civiles y religiosas. Este aspecto será abordado utilizando los conceptos de "gubernamentalidad" en relación con el poder disciplinario planteados por Michel Foucault.[1]

En cada uno de estos modelos subyacen fundamentos ideológicos diversos que generaron dos tipos de censura. A su vez, la aplicación de medidas coercitivas a los distintos aspectos del carnaval (bailes de disfraces, uso de máscaras, desfiles callejeros, danzas de negros y castas, correrías con caballos, juegos de agua y harina) pone en evidencia el enfrentamiento entre los poderes corporativos: civil y eclesiástico (fundamentalmente el clero regular). Esto acarreó la defensa de sus respectivos intereses, en un contexto histórico de progresiva secularización social y consolidación del régimen borbónico como difusor de ideas vinculadas al pensamiento de la Ilustración.

Los diversos tipos de juicios condenatorios, nacidos de una mentalidad ajena al festejo carnavalesco, se repitieron sucesivamente en los bandos y memorias de los virreyes, en los acuerdos del Cabildo, en las resultas de las visitas canónicas y en algunos relatos de viajeros ilustrados que se estudiarán a lo largo del trabajo.

Conceptualizaciones en torno a las fiestas de carnaval

A nivel conceptual, las carnestolendas pueden considerarse como un triunfo transitorio sobre las formas de dominación imperantes, una "lógica del revés" que posibilita renovar y mantener la rígida estructura social existente. En este período de "autoindulgencia" y diversión previos a la Cuaresma, los diferentes actores sociales se dan permiso para operar con lo habitualmente prohibido. Existe una conciencia de la transitoriedad del carnaval y, por ende, de su permisividad, ya que se necesita todo un año de observancia ritual para que se goce de esta "trasgresión autorizada".

Si bien en el carnaval, como en cualquier otro ritual o fiesta, se reproducen o reflejan ciertos aspectos de la sociedad urbana que lo festeja, éste a su vez establece sus modos particulares de significación y sentido. Durante su celebración se trastoca la idea de "orden": se subvierten algunas normas y códigos; se transmutan ciertos valores morales; se suprimen las jerarquías sociales; se diluyen las fronteras interétnicas; se reafirman ciertas identidades culturales y se cancelan temporariamente los conflictos (aunque en la realidad éstos sigan existiendo). Los diversos grupos o estamentos sociales, comúnmente irreconciliables, se presentan juntos en el "desorden" durante el lapso en el que trascurre la fiesta carnavalesca, despreocupados de los designios del "deber ser".

Pero no se puede entender el fenómeno polisémico del carnaval como una mera inversión simbólica o trasgresión explícita de las estructuras sociales. Se debe atender también a la situación de confusión, a la usurpación de roles a través de la máscara y del disfraz, a la apropiación de los espacios públicos y a la consiguiente imposibilidad de ejercer un estricto control social sobre el festejo. En ese sentido, a pesar de que los festejos carnavalescos sufrieron durante la colonia diversos intentos de sujeción al sistema de poder vigente a través de distintos mecanismos, mantuvieron su carácter espontáneo de expresión popular multiétnica.

En efecto, la capacidad de la fiesta carnavalesca de quitarle legitimidad a los poderes establecidos, de construir un espacio utópico y de suspender el tiempo ordinario de la vida social, suscitó diversas reacciones de las autoridades virreinales borbónicas, de las dignidades eclesiásticas y de los miembros del clero regular. Todos ellos combatieron las formas tradicionales del carnaval, ya sea en nombre del orden social y político, de las "buenas costumbres" o de la devoción y moral cristianas.

Cultura laica y eclesiástica en el Buenos Aires virreinal

La organización en 1776 del Virreinato del Río de la Plata fue parte de las políticas impulsadas por la Corona española para reafirmar un control político y económico más eficaz sobre sus dominios. Los borbones españoles adoptaron diversas reformas tendientes a la centralización del poder estatal, a la burocratización de la administración, a la reducción de la autonomía de los cabildos y a la "ilustración" progresiva de la población. Este nuevo ordenamiento político-administrativo y económico de corte "ilustrado", se instaló por sobre un orden social preexistente de tipo "barroco". Durante la última etapa del período colonial estos dos proyectos ideológicos, con sus respectivos modelos culturales subyacentes, no sólo coexistieron en la sociedad porteña sino que también generaron diversos conflictos en su pugna por la hegemonía. Tulio Halperín Donghi afirma que Buenos Aires durante el período virreinal estaba menos influenciado, de lo que cabría esperar, por los impulsos renovadores de la ilustración en el plano sociocultural, que por los cambios que se daban en la economía. La sociedad porteña adhería a un estilo de vida que seguía siendo fundamentalmente barroco.[2]

Para Carlos Chiaramonte uno de los principales conflictos que caracterizó la vida cultural porteña surgió del choque del impulso innovador de la intelectualidad ilustrada rioplatense con los fundamentos religiosos de la cultura hispanocolonial. Según este autor, se planteó la imposibilidad de suprimir el conflicto entre ambos modos culturales, porque ninguno de los términos que lo integraban podía eludirse. La apertura al nuevo proyecto ilustrado implicaba algunos desafíos para la vigencia de una fe y una piedad religiosas que la sociedad porteña no quería abandonar. Las fuentes analizadas por el autor muestran posturas ambivalentes por parte de sectores de la elite, los cuales habían adoptado, superficial y limitadamente, algunas pautas del pensamiento europeo ilustrado, pero seguían apegados a las formas de culto tradicionales. Esta adhesión –ya sea porque participaban activamente en las celebraciones o porque las consideraban indispensables para controlar las tensiones sociales– revelan una complejidad particular a la hora de confrontar la cultura laica y eclesiástica en el Río de la Plata. Para Chiaramonte se plantea entonces la existencia de una corriente "cristiana ilustrada modernista" que "sin abandonar el sustrato tradicional se abrió a las nuevas ideas para recibir los elementos que consideraba vivificantes".[3]

Por otra parte, se constata la existencia de algunas corrientes más tolerantes hacia las innovaciones intelectuales en el seno mismo de la Iglesia Católica. Sin embargo, prevalece en la institución el temor a los efectos sociales disruptivos que pudieran seguir a la difusión de ciertos conocimientos que afectaran la religión el estado, o de ciertas teorías que pudieran poner en tela de juicio el orden social vigente.[4] Estas corrientes, que podemos llamar de piedad "ilustrada", se preocuparon también por "desmalezar" el catolicismo de lo que juzgaban supersticiones idolátricas, que oscurecían o tergiversaban el verdadero culto y la verdadera fe.[5] Las influencias racionalistas provocaron ciertos cambios en la Iglesia, en el sentido de una doble política que interesó por un lado a los sacerdotes y, por el otro, a los feligreses. En el caso de los miembros del clero, y en conjunción con la política borbónica, se buscó hacer de ellos unos eficaces colaboradores de la Corona; en tanto a los feligreses se trató de educarlos en una piedad menos exterior y más sobria, más cerebral, más recatada, que implicó la renuncia a las tradiciones populares supervivientes.[6] Por otra parte, en el interior de la Iglesia española comenzaron a debatirse diversas posturas en cuestiones teológicas y morales.

En lo que concierne a la posición que asumió la realeza española respecto de la institución eclesiástica, los Borbones afianzaron las tendencias regalistas e intentaron limitar la función censora de la Iglesia. Esto se tradujo en una restricción de la independencia de la Iglesia y a su vez demostró el empeño de los reyes por hacer desaparecer todo lo que se opusiese a la soberanía del orden civil.[7] Igualmente, a pesar de la primacía en derecho de la autoridad real, del declive del poder de la Inquisición y de la existencia de una mayor libertad de expresión, la censura eclesiástica continuó existiendo en la medida que tenía un peso tradicional lo suficientemente grande sobre el común de la población.[8]

Este nuevo proyecto ideológico de la corona española, que apareció en Buenos Aires hacia la segunda mitad del siglo XVIII y se vincula fundamentalmente a las reformas realizadas en el aspecto político-administrativo, económico y cultural, puede ser interpretado desde la noción de "gubernamentalidad" elaborada por el filósofo francés Michael Foucault. El autor la define como la línea-fuerza o tendencia que, en todo Occidente, lleva a la preeminencia del poder del gobierno y que implica, por un lado, la elaboración de aparatos o dispositivos específicos de disciplina o control, y por el otro, el desarrollo de una serie de saberes (políticos, económicos, etc.). Foulcault sostiene que el fenómeno de la "gubernamentalidad" es a la vez interior y exterior a la organización estatal, puesto que son las mismas estrategias de gobierno las que permiten distinguir, en cada momento histórico, lo que es público de lo que es privado, lo que le concierne al Estado de lo que no le incumbe.

Estos dispositivos de control darán a los funcionarios de la Corona borbónica la posibilidad de una injerencia estatal en ámbitos de incumbencia antes manejados casi con exclusividad por la Iglesia o concernientes al ámbito de lo privado, como por ejemplo el festejo carnavalesco.

Los "saraos" y los "bayles públicos en máscaras"

José Torre Revello plantea que antiguamente los términos "danzar" y "bailar" eran correlativos pero no sinónimos. Según este autor, en el siglo XVIII las danzas correspondían a movimientos más mesurados en los que sólo se utilizaban los miembros inferiores, mientras que los bailes admitían gestos más libres de brazos y piernas.[9] Las danzas aristocráticas que se bailaban en los salones de España se trasladaron al continente americano. Aquellas reuniones nocturnas que nucleaban a "las personas de estimación y jerarquía, para festejarse con instrumentos y bailes cortesanos" fueron denominados saraos.[10]

Los saraos rioplatenses se realizaban también en oportunidad de los festejos de carnaval, dando origen a lo que Torre Revello denomina "bailes aristocráticos de máscaras". En un primer momento estas "mascaradas" estaban prohibidas por la Corona y se llevaban a cabo en casas particulares de la ciudad o en viviendas de los suburbios y arrabales alquiladas para tal fin, lo que las situaba fuera del radio de control gubernamental

En 1771, el entonces gobernador de Buenos Aires, Juan José de Vértiz y Salcedo, permitió la realización de bailes durante el período de carnaval, pero sólo en ciertos ámbitos cerrados, con el objetivo de "contener algunos desórdenes de estos mismos días".[11] Estos espacios cerrados permitían establecer una vigilancia preventiva y un disciplinamiento de los modales de la "gente decente" por parte de la autoridad política.

Para la realización de bailes públicos el gobernador arrendó el galpón de la Ranchería en dos mil pesos fuertes, ubicado en el patio que fuera alojamiento de los esclavos de la Compañía de Jesús.[12] Esta actitud implicó una medida tendiente a regular y tener bajo su órbita los festejos de carácter privado. Argumentaba Vértiz que alquiló este local,

> sugetando así las diversiones en casas particulares, y de muchas familias, q.e se retiraban al campo á un punto de vista de todos los jueses y cavos militares encargados bajo de determinadas reglas y precauciones, de asegurar decente y honesto uso, y de ocurrir con prontitud á qualesquiera desarreglo[13].

A pesar de su sentido del decoro, esta decisión de permitir los bailes nocturnos de disfraces fue cuestionada desde el púlpito por el franciscano Fray José de Acosta, quien argumentó que esa "lasciva y pecaminosa danza" conllevaba la "condenación eterna" de todos los concurrentes. El fraile aludía fundamentalmente a la moralidad femenina cuando sostenía:

> ¡Hermanas mías... no, ya no sois mis hermanas! ¡Estáis impuras!...Os advertí como a la sombra del Gran Omnipotente era gran culpa buscar las ocasiones de pecar y habéis insistido en ir... ¡Señor! ¡Señor! ¿Qué endemoniada sierpe se ha apoderado de estos pobres corazones que sólo a ti pertenecían? ¡Cómo se han marchitado con la lasciva danza las cándidas flores que te daban a porfía! En ese lugar de liviandad y locura se han perdido las almas... Por eso lo fulminaste tú, Señor, con el fuego, y en él perecerán las pecadoras[14].

Según Enrique Puccia, en este sermón fray Acosta se refería a un incendio en ese local provocado por un cohete volador, lo que le sirvió de motivo al religioso para invocar un supuesto castigo divino por los "pecaminosos" bailes que se llevaban a cabo en la Ranchería.

El hecho de que un miembro del clero regular cuestionara no sólo la moralidad de los saraos sino que también desautorizara (aunque fuiera en forma indirecta) la decisión de permitirlos, enfureció al gobernador. Éste exigió a la orden de los franciscanos que Acosta fuera enviado a otro convento y que se hiciera un sermón de desagravio público desde el púlpito el domingo siguiente. En efecto, Vértiz dirigió un oficio al padre Roque González, superior de la Orden, en el que le hace notar no sólo la falta de respeto hacia la autoridad real (representada en su persona) sino la intromisión eclesiástica en la jurisdicción de la Corona. Paralelamente, González, por vía secreta, mandó un informe al confesor del rey poniéndolo al tanto de su versión de los incidentes.

A raíz de este episodio se expidieron desde la Corona dos Reales Ordenes Circulares, de 7 y 14 de enero de 1774, en las que se reitera la prohibición de los bailes en máscaras y se le requiere al gobernador que arbitre medidas para contener los desarreglos de costumbres en la ciudad.

Vértiz le respondió al rey el 26 de abril de 1774 manifestando las razones que lo indujeron a permitir los bailes en casas particulares de familia. Argumentó que

> después de haverme advertido por otra anterior (q.e no he recibido) no haver sido aprobado el uso de máscaras en esta ciudad sin que pudiese servirme de regla p.a esta tolerancia el que en la Corte y resto del Reyno se practicasen, pasa á prevenirme que prohivido por S. M. la continuación de ella con absoluta Gral. Orn., deveré hacer observar en toda la Prov.a de mi mando esta justísima Prov.a [...] Si bien, que no tanto aquella Gral. practica de todo el Reyno (q.e efectivam.te pido ratificarme en el concepto de ser tales vayles, á lo menos indiferentes) quanto el contener algunos desórdenes de estos mismos dias, me indujo á permitirlos en el determinado tpo. de Carnaval.[15]

Finalmente cuando Vértiz, al terminar su mandato como virrey del Río de la Plata, realiza sus memorias de gobierno, en el capítulo "Estado Eclesiástico", parece referirse a este episodio:

> alguna otra vez he tenido que contener en los relijiosos franciscanos, la indiscreta libertad ó las espresiones poco meditadas con que han declamado en los púlpitos en odio de las providencias del Gobierno, sin penetrar su verdadero espíritu, [...], viniendo así á ser su predicación, no de paz, como la enseña Cristo en su Evanjelio, sino de sedicion.[16]

Se puede observar en estos documentos la disputa entre el poder laico y el eclesiástico, que responde a un criterio diferenciado del ejercicio de la tolerancia y el control moral que es característico de cada uno de ellos. A su vez se plantea la necesidad de afirmar el peso de la ley, la que debe cumplirse para hacer efectivo el ejercicio del poder real en el Virreinato. No se concebía la posibilidad de subvertir el orden bajo ningún aspecto.

Por otra parte, la Iglesia, en tanto reguladora de las costumbres y custodia de la moral, llegó incluso a amenazar con la excomunión a quienes participaran de los festejos carnavalescos. Antes del período virreinal, el obispo de Buenos Aires, José de Peralta Barnuevo y Rocha, había prohibido los bailes y danzas que se efectuaban en domicilios privados. El dominico había proclamado el 30 de julio de 1746 un edicto contra toda "persona alguna de cualquier dignidad, grado, carácter, calidad y condición que se pueda concurrir a semejantes danzas en casas particulares, bajo pena de excomunión". El obispo argumentaba que en los bailes la gente bailaba

> mirando un sexo a otro no de paso sino muy a propósito", siguiendo así "las complacencias de la indómita juventud, teniendo a la vista el adorno de las doncellas y casadas con artificiosos movimientos del cuerpo, y al oído versos y dichos provocativos que encienden el ardor de la concupiscencia afianzándose su precipicio con el ningún recato de darse unos a otros las manos, deteniéndose en tan peligroso ademán todo el tiempo que quieren.[17]

Las imprecaciones en contra del contacto corporal en los bailes fueron frecuentes en la retórica clerical contra las manifestaciones festivas. En efecto, el obispo Cayetano Marsellano y Agramont, quien promovía también la pena de excomunión, escribió al Rey el 20 de agosto de 1753 una carta diciendo que "se advertían y experimentavan en este Puerto, con ocasión de dhos bayles, en concurso de hombres y mugeres en el acto de las danzas". Agregaba que en estos bailes se originaban desórdenes "por ser mucha la gente, que a su más leve rumor se juntava, por interesarse en tan licencioso entretenimiento".[18]

El Cabildo, a su vez, presentó una queja ante el Consejo de Indias por considerar excesivo el castigo impuesto por el obispo. El fiscal del Consejo se expidió el 13 de febrero de 1755 argumentando que el "Obispo no pudo lícitamente prohibir los bayles, que se estilaban en Buenos Aires, ni fulminar por consiguiente la pena de excomunión contra los Seglares, que se ejercitasen en ellos".[19]

No obstante lo expuesto, ninguno de estos poderes condenaba de la misma manera los bailes o mascaradas a los que concurría la "gente decente" que a los denominados "fandangos", organizados por los sectores populares.

Los "fandangos"

Existen variadas teorías sobre el origen del fandango: las que le atribuyen una procedencia morisca, aragonesa, romana, fronteriza, portuguesa y las que lo emparientan con la jota, entre otras. Sin embargo, la relación de Andalucía occidental con la empresa indiana, el carácter tonal con que se acompaña el cante por fandango y la denominación de indiano con que se define este género a principios del siglo XVIII aportan datos suficientes para emparentar este género con un tipo de canción bailable que se realizaba en las colonias americanas. Así es como en el "Diccionario de autoridades" de 1735 se define al fandango como el "baile introducido por los que han estado en los reinos de las Indias, que se hace al son de un tañido muy alegre y festivo".[20] Por ampliación del término se lo toma como "qualquiera función de banquete, festejo u holgura a que concurren muchas personas".[21] Según Corominas el fandango puede derivar del mandinga "fanda", que significa "convite".[22]

Sus características coreográficas escandalizaron a la sociedad de la época. El viajero Casanova las describió de la siguiente manera:

> El hombre y la dama de cada pareja … jamás mueven más de tres pasos, mientras hacen sonar las castañuelas al compás de la orquesta. Adoptan mil actitudes, hacen mil gestos, que son de lascivia tal que nada puede compararseles. Este baile es manifestación del amor, desde el principio hasta el fin, desde la mirada del deseo hasta el éxtasis del gozo. Me parecía imposible que después de haber bailado una danza tal, pudiera la joven negar cosa alguna de las que pidiera su compañero.[23]

Las formas españolas del fandango –herencia de la tradición pagana–, una vez llegadas a Hispanoamérica, se remodelaron paulatinamente: recibieron aportes coreográficos de la población esclava de origen africano, enfatizaron su carácter erótico con nuevos zapateos, palmoteos, contornos e insinuaciones pantomímicas de recreación local. El fandango conllevaba la abierta sensualidad de los bailes eróticos del bacunao, o golpe de pelvis, cuyas raíces y reminiscencias son africanas.

En el Río de La Plata, los bailes de los negros y castas al son del tambor fueron denominados por los españoles con el término genérico de "fandangos" (en analogía con los picarescos y movidos bailes peninsulares). Estos bailes fueron censurados y penalizados con castigos corporales por considerarlos escandalosos, desenfrenados, groseros o ridículos. Los fandangos solían realizarse en los "tambos", pero también en casas particulares en las afueras de Buenos Aires. Para contener los desórdenes morales del carnaval, Vértiz decretó la prohibición de los "Bayles indecentes que al toque de su tambor acostumbran los negros". En bando del 20 de setiembre de 1770 argumentaba que:

> no se permitan los fandangos que en los días señalados suelen formarse en casas q.e se alquilan p.a este fin por los Arrabales de esta Ciudad, por resultar fatales consecuencias de heridas, y muerte: penas si fuese Español, dos años á las obras del Rey en Malvinas; y si negro, Mulato, mestizo ó Indio, de doscientos azotes.[24]

Por su parte, el Gobernador Pedro de Cevallos dictaminó en el bando del 6 de mayo de 1766

> que no se permitan los bailes indecentes que acostumbran tener los negros, ni juntas de ellos ni con mulatos, indios o mestizos, ni tampoco los juegos que se usan en cuadrillas en el bajo del río, ni extramuros ni en otra parte alguna.[25]

Se advierte en Cevallos la intención de corregir aquellas costumbres populares "indecorosas" y la obligación de la autoridad civil de velar por la paz y el orden social.

Entre las fuentes relevadas se encuentra un informe del síndico procurador del Cabildo donde también se prohíbe el baile del fandango.

> Se origina en estos mismos Bayles una manifiesta ruina de almas con las muchas, y graves ofensas, que hazen a Dios, porque otra cosa son estos bayles, sino unos verdaderos Lupanares donde la concupiscencia tiene el principal lugar haze todo lo agradable de ellos con los indecentes y obcenos movimientos que se executan sin que de otro modo lo puedan hazer, pues para ello contribuye el mismo son de los instrumentos que es el mayor alicitivo para alterar el espíritu haciendo concupiscible y poniendo en movimiento y disposición de practicar las mismas obcenidades: De aquí también se sigue el escándalo y el mal exemplo que se da a todos los concurrentes, principalmente a las niñas y gentes inocentes porque abriendo los ojos, y entrando la malicia [por] ellos, se anticipan a aprehender lo que por modo alguno devían saber, ni sus padres permitirles fuesen a semejantes bailes y diversiones.[26]

César Romeo sostiene que la prohibición del fandango no obedeció tanto a una cuestión de clase social sino a una cuestión étnicocultural por los desórdenes morales que promovían.[27] En este sentido, se reitera el dispositivo de control y disciplinamiento social, pero esta vez orientado a mantener el orden estamentario.

> Los juegos con agua, huevos y otras inmundicias.
> Las correrías de caballos.

Durante el período virreinal, también se reglamentaron los horarios o directamente se prohibieron los "incivilizados" juegos con agua y harina u otras "inmundicias", que eran la parte festiva más característica del carnaval porteño. En otro de sus bandos del 28 de febrero de 1778[28] don Pedro de Cevallos expresaba:

> El desorden que en el tpo. de Carnavales se Experimenta poco mas, o menos en otros lugares ha tomado de pocos años a esta parte tal incremento en esta Ciudad, que especialmente los Tres ultimos días llamados de Carnestolendas, se haze fastidiosa su abitacion; porque en ellos se apura la Groseria de echarse agua y afrecho, y aun muchas inmundicias, unos a otros, sin distincion de estados, ni sexos, llegando a tanto el desenfreno, que ni aun en su propia casa está el mas recogido, ni la S.ra mas Honesta a cubierto de su insulto por que suelen introducirse Cuadrillas de Hombres y Mujeres disfrazadas, y mui proveídas de Huebos y otras menudencias arrojadizas, con que en tono de Grasejo mui despreciable, acometen a las Personas mas retiradas y el concurso de jente ruin que acompaña a estas Cuadrillas, roban, y rompen los muebles, después de dejar muy maltratadas y tal vez Heridas las Personas de los Dueños: todo lo qual, con otras funestas resultas que se omiten sobre ser apenas de la civilidad, son unos escandalosos Desafueros.

En estos juegos de agua y harina se producían contactos corporales entre los sexos y entre las diversas etnias, inadmisibles fuera de los códigos del carnaval. El 13 de febrero de 1795 el virrey Arredondo promulgó otro bando volviendo a prohibir *"los juegos de agua, harina, huevos y otras cosas"*.[29] En 1800 el virrey José de Avilés reiteró la prohibición so pena de multa o de trabajar en el empedrado de la ciudad.[30]

El 18 de septiembre de 1809 el Virrey Baltasar Hidalgo de Cisneros promulgó un Auto General de Buen Gobierno donde argumentó que el rey Fernando VII le delegó el poder para

> que se cumplan inviolablemente las disposiciones que siguen. Siendo la base fundamental sobre las que deben estribar todas las operaciones de los católicos la observancia de Las Divinas Leyes que forman nuestra Sagrada Religión, mando se cumplan en todos los actos públicos de ella según corresponde, con especialidad en los templos que todo debe respirar moderación y respeto, prohibiendo en las calles y plazas las acciones torpes y canciones deshonestas, quedando a mi autoridad señalar la pena que considerase correspondiente al que fuese acusado de cualquiera de aquellas faltas[31].

Es interesante observar la forma discursiva presente en este documento: en él se apela a los preceptos y moralidad católica como sostén en la justificación de las conductas a seguir respecto de los festejos callejeros, que suponen la inclusión de los festejos carnavalescos.

Otras de las actividades que se prohibían realizar en la ciudad en todo tiempo y, en particular durante las fiestas de carnaval, eran las correrías de caballos. Por bando del 20 de septiembre de 1770 del gobernador Vertiz prohíbe expresamente:

> Que ninguna persona corra a Cavallo por las Calles [...]; y que en su camino no alteren el paso regular, para evitar las desgracias que se han experimentado.[32]

La pena que se aplicaba a la persona que hiciera correr su cabalgadura dentro de la ciudad era de:

> perdimiento de su cabalgadura que llevare con todo su aparejo aplicado á la persona que la aprehendiese por primera vez; y por la segunda á más de la referida, veinte y cinco pes.s de multa aplicados para las obras públicas, y si fuese negro, mulato ó persona que no tenga ecepsión, pena de cien azotes en el rollo.[33]

Sin embargo, a pesar de las prohibiciones y penas elevadas, los habitantes de la ciudad reincidían en actuar de modo ilícito, viéndose obligados a suplicar la clemencia del señor virrey, según aparece en la solicitud de varios vecinos. Uno de ellos expresa:

> Exmo Sor Virrey
> Policarpo Upre, hijo de Franco vecinos de esta Capital ante V. E. expone que el martes ultimo día de Carnes tolendas, paso a Cavallo quieto y sosegado pr el barrio de las Monjas; y encontrando gran disturbio pr causa de la abundancia de aguas y otras materias de que se valen para divertirse en los tres días pasados, pico el caballo para no ser blanco de la diversión molesta, que en el país se acostumbra pero incontinenti salio indemi, aquietó el caballo y aproximandose Dn Manuel Serrato con la partida de su cargo llevo el cavallo al foso [del Fuerte] y el recado lo deposito en el piquete de Sn Martin [en la Plaza Mayor]; Por lo tanto A V. E. suplica rendidamte se digne mandar por lo expuesto entregar el cavallo y recado de cuio favor quedara agradecido. Buenos Ayres Febrero 26 de 1789.[34]

En la solicitud que el sargento mayor de la Plaza eleva al virrey acompañada de su informe, se afirma:

> Que no debe ignorar [el vecino] qe por Vando de buen Gobierno con fecha 20 de septiembre de mil setecientos setenta, en los capítulos quatro, y doce, imponen la pena al que corra a caballo de perdición de la cabalgadura, con todo su aparejo, y este aplicado a la Persona que lo aprendiese: en todos los tiempos a los qe por las calles, se han prendido corriendo a Caballo, en Carnes Tolendas les ha sucedido igual.[35]

Y agrega más abajo:

> Este indibiduo, [...] sabia que voluntariamente saldría arrecibir el agua que le arrojasen por las calles, las personas de ambos sexos, y el lo aría tirandoles

huebos, y reparo que expone en su dho memorial haver picado el caballo para no ser el blanco de la diversión, excusa que no es de ningun valor.[36]

La lectura de estos documentos permite interpretar que los habitantes de la ciudad contribuían voluntariamente al "escandaloso desarreglo de costumbres" que acontecía en los carnavales. A su vez, participaban eufóricamente de los juegos con agua y otros materiales arrojadizos con la decidida intención de divertirse, aunque esto les costara una elevada pena material. También resulta elocuente y clara la presencia en las calles de la ciudad del efectivo control policial, el cual estaba encargado de reprimir a los transgresores, cumpliendo con las reglamentaciones establecidas por el gobierno.

Reflexiones finales: el carnaval entre la vigilancia y el castigo

Los diversos festejos fueron el foco de atención de los distintos actores de la escena del poder en esos días de carnestolendas. Por un lado, se convirtieron en un objeto de interés en la puja por el poder entre la Corona española y el clero; por otro lado, se transformaron en un ámbito de disciplinamiento de las almas y de los cuerpos.

Si bien ambos criterios de censura condenan los desórdenes carnavalescos, éstos no son ideológicamente homogéneos ni tienen los mismos propósitos. La institución eclesiástica veía en el baile de máscaras un síntoma de la merma de la espiritualidad y la devoción cristianas, ya que, en su visión, el anonimato de las máscaras permitía la liberación de conductas indecentes. Así, mientras en el plano religioso se plantean estigmas étnicos y anatematizaciones morales, en el político-ilustrado se condenan los elementos bárbaros e irracionales, contrarios a la "civilidad" y "urbanidad".

Los festejos de carnaval también evidenciaron los problemas que su celebración presentaba a esos poderes públicos y a la concepción que tenían del orden social. En efecto, los dos modelos aplicados pusieron en evidencia las tensiones y enfrentamientos existentes entre los dos poderes de la ciudad. La administración borbónica, cada vez más regalista en lo referente a los derechos de patronato, puso límites a la autoridad eclesiástica como principal reguladora de las costumbres y la moral públicas, la cual pasaba a manos del poder político civil. La reacción contra el regalismo borbónico fue muy fuerte por parte de los obispos coloniales, los cuales pugnaban por el disciplinamiento social.[37] Los enfrentamientos antedichos opondrán al Estado virreinal con la Iglesia colonial, la cual había sido más permisiva en lo que respecta a las manifestaciones culturales populares en el período anterior.

Finalmente la recurrencia de los reglamentos, muestra que a pesar de las censuras y prohibiciones, los sectores populares urbanos se empeñaron en estas celebraciones carnavalescas, condenadas por el discurso oficial gubernamental y eclesiástico, haciendo parte de su festejo el hecho de desobedecer y contrariar los mandatos.

En efecto, las reformas borbónicas llevadas a cabo en Buenos Aires a partir de la segunda mitad del siglo XVIII y la llegada con ellas del pensamiento de la ilustración no modificaron en general los hábitos de vida de los habitantes de Buenos Aires, en particular los relativos a los festejos del carnaval. Sus transformaciones sólo quedaron circunscriptas al plano institucional o a la aplicación de determinados aspectos técnicos y administrativos.

Bibliografía

CARBIA, R. D., *Historia eclesiástica del Río de La Plata.* Tomo II (1673-1819). Buennos Aires, Alfa y Omega, 1914.

CASARES RODIGIO, E. (dir.), *Diccionario de la Música Española e Hispoamericana,*. Madrid, Sociedad general de Autores y editores, 1999

COROMINAS, J. Y PASCUAL, A., *Diccionario crítico Etimológico Castellano e Hispánico,* Madrid, Gredos, 1989.

CHIARAMONTE, J. C., *La ilustración en el Río de la Plata. Cultura eclesiástica y cultura laica durante el Virreinato,* Buenos Aires, Puntosur, 1989

DI STEFANO, R. Y ZANATTA, L., *Historia de la Iglesia Argentina.* Buenos Aires. Grijalbo Mondadori, 2000.

FOUCAULT, M., "La gubernamentalidad", traducción del curso del *Collège de France,* "Seguridad, territorio y población", 4° lección, 1° de febrero de 1978, *Aut-Aut,* N° 167-168, septiembre-diciembre de 1978, pp. 12-29.

FOUCAULT, M., *Vigilar y Castigar,* Buenos Aires, Siglo XXI, 1991.

FOUCAULT, M., *Microfísica del Poder*, Madrid, La Piqueta, 1980.

FURLONG, G., *Historia Social y Cultural del Río de la Plata 1536-1810. El transplante social,* Buenos Aires, Tea, 1969.

HALPERÍN DONGHI, T., *Reforma y disolución de los imperios ibéricos 1750-1850,* Madrid, Alianza, 1985.

LAFUENTE MACHAIN, R., *Buenos Aires en el Siglo XVIII,* [Emecé, 1944[1]], Colección IV Centenario, Buenos Aires, Secretaría de Cultura de la Municipalidad de Buenos Aires, 1980.

MOLINER, M., *Diccionario de uso del español,* Madrid, Gredos, 1966.

PUCCIA, E. H., *Historia del carnaval porteño,* Buenos Aires, Academia Porteña del Lunfardo, 2000.

Real Academia Española, *Diccionario de autoridades* [1732[1]], Madrid, Gredos, edición facsimilar, 1963.

ROMEO, C., *El carnaval de Buenos Aires (1770-1850). El bastión sitiado*, Buenos Aires, Ed. de las Ciencias, 2005.

SACHS, C., *Historia universal de la danza,* Buenos Aires, Ediciones Centurión, 1944.

TORRE REVELO, J., *Crónicas del Buenos Aires colonial,* Buenos Aires, Taurus, 2004.

Fuentes éditas

Concolorcorvo (seudónimo de Alonso Carrió de la Vandera), *El lazarrillo de ciegos caminantes desde Buenos Aires hasta Lima con sus itinerarios según la más puntual observación con algunas noticias útiles a los nuevos comerciantes que tratan con mulas; y otras históricas [1772]*, Buenos Aires, Solar, 1942.

Facultad de Filosofía y Letras, *Documentos para la Historia del Virreinato del Río de La Plata,* Buenos Aires, Compañía Sud-Americana de Billetes de Banco, 1912.

Maillié, A. E. (comp.), "La Revolución de Mayo a través de los Impresos de la Época", Recopilación facsimilar de ensayos constitucionales, estatutos, leyes, decretos, bandos, proclamas y disposiciones de gobierno, etc., Primera Serie, Tomo I, 1809-1811, Buenos Aires, Comisión Nacional Ejecutiva del 150° Aniversario de la Revolución de Mayo, 1965.

Peña, E., "Oficios, Obras Públicas, Casa Capitular y Cárcel, Régimen Policial", en *Documentos y planos relativos al período edilicio colonial de la Ciudad de Buenos Aires,* Tomo II, Municipalidad de la Capital, Buenos Aires, Peuser, 1910.

Vértiz y Salcedo, J. J., "Memoria del Virrey Don Juan José de Vertiz y Salcedo (12/03/1784)", en Radaelli, S. A. (comp.), *Memorias de los virreyes del Río de la Plata,* Buenos Aires, Bajel, 1945, pp. 25-197.

Fuentes manuscritas

Bando del gobernador Juan José de Vértiz del 20 de septiembre de 1770, Archivo General de la Nación, Departamento Documentos Escritos, Sala IX; 8-10-3, folios 173-174.

Bando del Gobernador Pedro Cevallos del 6 de mayo de 1766, Archivo General de la Nación, Departamento Documentos Escritos, Sala IX; 8-10-3, folios 77-82.

Bando del virrey Nicolás de Arredondo del 13 de febrero de 1795, Archivo General de la Nación, Departamento Documentos Escritos, Sala IX; 8-10-7, folios 189-190.

Bando del virrey Marquéz de Avilés del 24 de febrero de 1800, Archivo General de la Nación, Departamento Documentos Escritos, Sala IX; 8-10-8, folios 34-35.

Solicitudes Civiles, Archivo General de la Nación, Departamento Documentos Escritos Sala IX; 12-9-10: Tomo S-Z, pp. 222 a 227.

Notas

1 *Cf.* Foucault, M., "La gubernamentalidad", traducción del curso del *Collège de France,* "Seguridad, territorio y población", 4° lección, 1 de febrero de 1978, *Aut-Aut,* n° 167-168, septiembre-diciembre 1978, pp. 12-29; Foucault, M., *Vigilar y Castigar.* México, Siglo XXI, 1991 y Foucault, M., *Microfísica del Poder.* Madrid, La Piqueta, 1980.

2 *Cf.* Halperín Donghi, Tulio, *Reforma y disolución de los imperios ibéricos 1750-1850,* Madrid, Alianza, 1985.

3 Chiaramonte, J. C., *La ilustración en el Río de la Plata. Cultura eclesiástica y cultura laica durante el Virreinato,* Buenos Aires, Puntosur, 1989, pp. 67-68.

4 Chiaramonte, *La ilustración...*, pp. 33-37.

5 Di Stefano, R. y Zanatta, L. *Historia de la Iglesia Argentina.* Buenos Aires. Grijalbo Mondadori, 2000, p. 164.

6 Di Stefano y Zanatta, *Historia de la Iglesia*, pp. 181-182.

7 Carbia, R. D., *Historia eclesiástica del Río de La Plata.* Tomo II (1673-1819). Buenos Aires, Alfa y Omega, 1914.

8 Chiaramonte, *La ilustración...* p. 29.

9 *Cf.* Torre Revelo, José. *Crónicas del Buenos Aires colonial.* Buenos Aires, Taurus, 2004.

10 *Cf.* Real Academia Española, *Diccionario de autoridades* [1732][1], Madrid, Gredos, edición facsimilar, 1963. A su vez, este vocablo, deriva del gallego *serao* (del latín *sero*) que significa anochecer o atardecer (*Cf.* Moliner, M., *Diccionario de uso del español,* Madrid, Gredos, 1966).

11 "El Gov.^{or} de B.^{s} Ay.^{s} contesta á la R.^{l} Orn. De 7 de En.°...", en Facultad de Filosofía y Letras, *Documentos para la Historia del Virreinato del Río de La Plata,* Buenos Aires, Compañía Sud-Americana de Billetes de Banco, 1912, Tomo I, p. 7.

12 *Cf.* Lafuente Machain, R., *Buenos Aires en el Siglo XVIII,* [Emecé, 1944[1]], Colección IV Centenario, Buenos Aires, Secretaría de Cultura de la Municipalidad de Buenos Aires, 1980.

13 Facultad de Filosofía y Letras, *Documentos para la Historia* ... p. 7.

14 Puccia, E. H., *Historia del carnaval porteño,* Buenos Aires, Academia Porteña del Lunfardo, 2000, p. 63.

[15] Peña, E., "Oficios, Obras Públicas, Casa Capitular y Cárcel, Régimen Policial", en *Documentos y planos relativos al período edilicio colonial de la Ciudad de Buenos Aires,* Tomo II, Municipalidad de la Capital, Buenos Aires, Peuser, 1910, p. 69.

[16] Vértiz y Salcedo, Juan José de, "Memoria del Virrey Don Juan José de Vertiz y Salcedo (12/03/1784)", en Radaelli, Sigfrido A. (comp.), *Memorias de los virreyes del Río de la Plata*, Buenos Aires, Bajel, 1945, p. 29.

[17] *Cf.* Torre Revello, *Crónicas del Buenos Aires...* p. 230 y Furlong, G., *Historia Social y Cultural del Río de la Plata 1536-1810. El transplante social*, Buenos Aires, Tea, 1969, p. 156.

[18] Torre Revello, *Crónicas del Buenos Aires...*, p. 230.

[19] Torre Revello, *Crónicas del Buenos Aires...*, p. 230.

[20] *Cf.* Casares Rodigio, E. (dir.), *Diccionario de la Música Española e Hispoamericana*,. Madrid, Sociedad general de Autores y editores, 1999, pp. 923-924.

[21] *Cf.* Real Academia Española, *Diccionario de autoridades...*

[22] Corominas, J. y Pascual, A., *Diccionario crítico Etimológico Castellano e Hispánico,* Madrid, Gredos S. A., 1989.

[23] *Cf.* Sachs, C., *Historia universal de la danza,* Buenos Aires, Ediciones Centurión, 1944, p. 111.

[24] Archivo General de la Nación, Departamento Documentos Escritos, Sala IX (en adelante AGN, D.E., S IX); 8-10-3, folios: 173-174.

[25] AGN, D.E., S IX: 8-10-3, folios 77-82.

[26] Lafuente Machain, *Buenos Aires en el Siglo...*, p. 207.

[27] Romeo, C., *El carnaval de Buenos Aires (1770-1850) El bastión sitiado*, Buenos Aires, Ed. de las Ciencias, 2005, p. 66.

[28] Facultad de Filosofía y Letras, *Documentos para la Historia...* pp. 227-228.

[29] AGN, D.E., S IX, 8-10-7, folios 189-190.

[30] AGN, D.E., S IX,: 8-10-8, folios 34-35.

[31] Auto General de Gobierno" del Virrey Baltazar Hidalgo de Cisneros, por mandado de S.E. D. José Ramón Basavilbaso, en Maillié, A. E. (comp.), "La Revolución de Mayo a través de los Impresos de la Época", recopilación facsimilar de ensayos constitucionales, estatutos, leyes, decretos, bandos, proclamas y disposiciones de gobierno, etc., Primera Serie, Tomo I, 1809-1811, Buenos Aires, Comisión Nacional Ejecutiva del 150° Aniversario de la Revolución de Mayo, 1965.

[32] Bando del gobernador Juan José de Vértiz del 20 de septiembre de 1770, AGN, D.E., S IX; 8-10-3, folios: 173-174, *It.* 12.

[33] Bando del gobernador Juan José de Vértiz del 20 de septiembre de 1770, AGN, D.E., S IX; 8-10-3, folios: 173-174, *It.* 12.

[34] AGN, D.E., S IX; 12-9-10: solicitudes civiles, Tomo S-Z, p. 226.

[35] AGN, D.E., S IX; 12-9-10: solicitudes civiles, Tomo S-Z, p. 226.

Perspectivas metodológicas en torno al tema de la Dote en Buenos Aires: Siglos XVII-XVIII

Nora Siegrist
Consejo Nacional de Investigaciones Científicas y Técnicas (CONICET)
Buenos Aires, Argentina

I. Aproximaciones metodológicas y hermenéuticas

Los avances en torno al tema de la dote de la mujer en Latinoamérica durante los siglos XVII-XVIII reúnen cada vez más una interdisciplina de ciencias en donde convergen los análisis de la historia social con la económica; el derecho, la genealogía con las filiaciones que quedaron asentadas luego de las protocolizaciones efectuadas; la psicología; la literatura, etc. Los fondos de consulta en archivos y el material édito constituyen un material invalorable de conocimiento.[1] Los juicios de divorcio en el período hispánico representan un complemento para los estudios de la constitución de la familia;[2] los problemas derivados de la convivencia de las personas, las ideas y las mentalidades mantenidas en determinados lugares y épocas del asentamiento español en América.

En esta ponencia se exponen, desde el punto de vista histórico, las que se consideran las más altas dotes obtenidas por las novias radicadas en la ciudad de Buenos Aires entre los siglos XVII y XVIII. Esta información fue posible gracias a la conformación seriada de los montos en pesos recibidos por las novias, de sus progenitores, familiares y amigos. Una masa documental respalda estas aproximaciones ricas en confrontaciones con otros espacios y procedimientos de cesión de las que contrajeron matrimonios y gozaron de dote. No obstante, cabe la aclaración que, en ocasiones, éstas fueron traspasadas después y no antes del acto sacramental consagrado por la Iglesia Católica.

En los últimos años, los aportes de investigaciones en Latinoamérica y en Europa facilitan un marco interesante sobre las dotes en los diferentes territorios dependientes de la Corona española.[3]

II. El nivel monetario de las dotes

En Buenos Aires en las centurias del diecisiete y dieciocho hubo distintos montos de dotes.[4] De hecho, miles fueron las dotes que existieron en la ciudad, alcanzando desde las cuantías más sobresalientes que no tuvieron que envidiar las dotes de algunas de las mujeres de la elite mexicana o peruana, hasta las verdaderamente *"simbólicas"*, de aproximadamente 100 pesos o menos. En algunos testamentos se encuentra la aclaración de que al contraer nupcias habían llegado solamente con lo puesto y *"la decencia de la persona"*. También se observan las expresiones paternas, expresando –por otro lado– que dotan a parte de sus descendientes mujeres por *"la honra de la persona y linaje de la dicha mi hija por ser doncella"*. Otro tanto ocurre con los novios al otorgar arras que alaban la *"limpieza de la persona"* de sus futuras mujeres, tal lo señalado por Domingo de Basavilbaso al otorgar arras por $1.000 a María Ignacia de Urtubía. Ésta llegó al matrimonio con una dote de $11.373 y 2 reales de plata más otros bienes.[5]

En el siglo XVII hubo dotes magníficas, así los que sobrepasaron $100.000, de las cuales sólo hemos podido encontrar dos, y las menores, pero de gran riqueza, que estuvieron por arriba de los $50.000. Entre las primeras, una de $180.745 del año 1661 de Isabel de Pasos,[6] la que contrajo matrimonio el 6 de octubre de ese mismo año con Manuel Ferreira de Aguiar. La otra, de un monto también altamente significativo, de $120.000 en 1663 cuya beneficiaria fue la porteña Paula de Remón, viuda de Pedro de Giles, que casó con Juan Arias de Saavedra, quien había revestido el cargo de teniente de gobernador de Santa Fe, Corrientes y Buenos Aires.[7]

La recopilación de las dotes presenta algunos inconvenientes, desde que la transcripción y su cuantía demanda lentos relevamientos. Otro tanto ocurre con algunos errores de transcripción –involuntarios– que han podido observarse en ediciones y publicaciones en Argentina. Fue el caso de la dote de la que con el tiempo se convirtió en la primera virreina criolla, Anita de Azcuénaga, al casar el 2 de junio de 1788 con el entonces brigadier general Antonio Olaguer Feliú. Esta dote apareció citada equivocadamente –seguramente por error de transcripción– en la suma de $80.000,[8] cuando se trató en realidad de una dote de aproximadamente $35.000, lo que consta en documentación de archivos de España. En este apartado, es de señalar que esa suma prácticamente igualaba las de sus hermanas Flora,[9] casada con Gaspar de Santa Coloma, y la de María Eugenia, vinculada por matrimonio con Agustín de Erezcano, lo que no podía ser de otra forma, en orden al reparto igualitario que a las herederas les correspondía. Ello excluye –no obstante– los inconvenientes que dichos maridos tuvieron para hacer efectivas las entregas reales de las dotes.

Antes de seguir con las dotes del siglo XVII puede decirse que en el XVIII hubo varias mayores a los $30.000 y hasta los $49.000,[10] que fueron las de Rosa de Basavilbaso,[11] que se casó con Vicente de Azcuénaga que sumó $46.050 en 1752 (los que llegaron a conformar una de las familias de mayor prestigio de la elite porteña).[12] Otra dote más fue la recibida por Antonio Gallegos, por $43.992 el 8 de agosto de 1721,[13] que contrajo enlace con Sabina de Rámila; también la ofrecida a Martín de Alzaga, al enlazar con María Magdalena de las Carreras en 1780 por $39.771.[14] Por supuesto que en orden a montos menores, entre $15.000 a $29.000, se ha podido categorizar varias dotes, en una franja de la población femenina cuyos padres tenían un muy buen pasar y pertenecían, sin duda, al sector socio-económico alto de la sociedad porteña. Puede mencionarse la recibida por el teniente coronel Rafael Marqués de Sobremonte (futuro virrey del Río de la Plata entre 1804-1807), casado el 25 de abril de 1782, con la nieta del portugalujo Antonio de Larrazábal, Juana María de Larrazábal y Quintana. Las capitulaciones matrimoniales que celebraron sus padres con el que llevaba un título de Castilla (lo que lo ubicaba en un escalón de reconocimiento de estatus altamente solicitado),[15] estipularon la suma de $19.178. En esta dote se conoce que diversos problemas se produjeron en su entrega y formalización,[16] lo que representa un aspecto más de lo ocurrido en Buenos Aires. Es de aclarar que por debajo de los $14.000 y hasta unos $10.000, las dotes siguieron siendo elevadas dado el nivel económico de la ciudad, ya que no cualquier poblador podía ceder una importante participación de sus capitales a sus descendientes, mucho menos si había tenido una familia de féminas numerosa. Éste fue el motivo por el que ciertas mujeres debieron entrar a conventos en donde las dotes de ingreso eran de un tope de $3.000 o directamente no existían.[17]

En la franja señalada y hasta los $14.000, pueden considerarse la del año 1617 otorgada a Francisca de Trigueros, quien se casó con Tomás de Rosende, por $11.324, más arras de su prometido en el orden de $1.200; una estancia, esclavos, chacra y platería[18] la de la familia de Leonor Enríquez de Mendoza, quien dotó a su hija con $10.000 en 1638, previo a su casamiento con Jacinto de Vela e Hinojosa;[19] el monto dotal recibido por Juana de Herrera y Labayén de sus padres: Juan de Herrera y Hurtado y María Labayén, quienes le cedieron de su haber $9.805 y 6 reales en 1697,[20] que se casó con Francisco de Bazurco; la dote otorgada a Francisca de Pozo y Garro de $13.000 el 22 de agosto de 1689 al plantear su unión con Gregorio Matos;[21] la obtenida por Francisco de Arroyo y Artega en su tercer matrimonio en 1699 por $14.000;[22] la de Juana de Tapia Rangel al aceptar por esposo a Agustín de Labayén en 1646, quien recibió $14.000;[23] la de $11.609 recibida por José de Narriondo en 1699;[24] la brindada a Lucía Velásquez Meléndez en 1657 de $10.000 en plata acuñada más otros bienes en su matrimonio con Martín de Segura y Gastelú;[25] la de María de Aldunate y Aguilar y Salvatierra, que cerca del final del siglo XVII obtuvo $11.529 en bienes al aceptar en matrimonio a Juan de Azcué e Insauste,[26] por señalar algunas de las más representativas.

En cuanto a dotes, el siglo XVIII contó con una mayor cantidad de ellas debido al aumento de la población y a una migración española que permanentemente arribaba al Río de la Plata, estableciéndose parte de ella en Buenos Aires. Los casos fueron múltiples, según hemos recogido en otros trabajos, pero es imposible en este espacio referirse a todos ellos. Valga destacar las dotes de Rosa de Avendaño de 1717 por $26.000; la de Isabel Rosa González Marín por $21.508 y 4 reales en 1775; la de María Josefa Rodríguez de Vida de 1766 por $21.000; la de María Eugenia de Azcuénaga de 1778 por $20.000 (recibió del contrayente Agustín de Erezcano arras por $1.105); la de María J. Ruiz de Gaona de 1790 por $20.000; la de María D. de Segurola por $25.481; la de María de las Nieves Reyna de 1788 por $36.147 y 6 reales; la que probablemente fuera la cedida a Ana Ortega Carvajal de 1756 por $24.236 [no está claro su nombre]; la de Elena de Alquiza y Peñaranda del año 1736 por $ 17.530 y 4 reales; la de Juana Camilo y Ochoa por $21.000 de 1781; la de María J.N. Lezica y Ortega de 1783 por $30.000 y 6 reales; la de Leocadia Torres Gaete de 1709 por $21.467 y 6 reales (recibió en arras: $10.000); la de María J. R. de Alvarado de 1712 por $24.247 y 2 reales; la de María Elena de Alquiza de 1767 por $21.309; la de Margarita de Armaza y Arregui por valor de $23.514 y 6 reales; la de María J. B. de Lezica y Alquiza de 1771 por $20.000, que también recibió arras por $3.000; la de Manuela Sánchez de Cueto de 1768 por $30.000; etc.[27]

Es decir, se efectuó esta larga enumeración que no incluye todas las dotes por tratarse de una franja social femenina de la elite en donde se observa la similitud de las cesiones por cifras cercanas a una media de $25.000-$26.000. El total de las últimas 19 dotes con una suma cercana a los $500.000 presenta en Buenos Aires un dinero en circulación de enorme importancia en la centuria tratada.

Por debajo de las cifras señaladas, los ejemplos son mayoritarios lo que limita su comentario. Vale sin embargo precisar que los montos no siempre estuvieron en relación con la calidad social del individuo, que podía llegar a ser hasta un hidalgo sin fortuna, imposibilitado de brindar dote a sus hijas. Pero también bueno es agregar que muchos de los que pertenecieron a la más alta posición del Buenos Aires "estratificado" socialmente, entre los siglos XVII y XVIII, competían por otorgar la más alta dote a sus hijas mujeres como un símbolo de prestigio y poder ante los demás. De hecho, las dotes cuantiosas se convertían en un verdadero corrillo de la elite, que comentaba la mayor o menor fortuna con que se favorecía a sus iguales.

Una manera de determinar si esas dotes fueron significativas surgió de evaluar otras existentes en Hispanoamérica, tarea que aún está en pleno desarrollo. La bibliografía permite siquiera una aproximación debido a que las investigaciones se encuentran en marcha.[28]

Es evidente que después de lo expresado queda un enorme caudal traspasado, fundamentalmente por los padres que buscaban salvaguardar sus patrimonios fomentando las nupcias de sus hijas con otros miembros de las mismas familias (primos, tíos, etc.). Es que el haber paterno-materno podía quedar descolocado ante las erogaciones al tratar de ubicar a las descendientes. Una buena dote brindó –a lo largo de la historia y sin excepción del ámbito geográfico investigado– la posibilidad de un mejor candidato nupcial. Sin embargo, es conocido que una cuantiosa suma no otorgaba la seguridad de la felicidad y lo que prometía desenvolverse sobre las ruedas de una armoniosa nueva familia terminó –a veces– en un desastre de desunión y disolución conyugal. Los ejemplos en tal sentido abundan entre los matrimonios porteños y en otros de diversas secciones del territorio como los ocurridos en la gobernación de Córdoba del Tucumán, Corrientes, etc.[29]

Es cierto que a algunos de los contrayentes varones les convenía más obtener dinero que bienes muebles, porque el primero siempre tenía fácil circulación (si bien se recuerda que la dote debía ser preservada por los maridos, teniendo el libre uso de los intereses que ésta producía, a favor de las "cargas de la familia"). Pero no siempre esta aceptación fue a rajatabla. Los que estaban vinculados al comercio aceptaron en ocasiones mercaderías a cuenta de las dotes; también viviendas de "morada", que les otorgaba prestigio o un lugar donde vivir, aparte de razones imposibles de explicitar en este espacio; campos y terrenos cedidos en cientos o miles de hectáreas; alhajas de familia; esclavos, ropa suntuosa, etc. Estos últimos constituían una porción de la dote "momentánea" desde que la vida pasaba y lo que era un esclavo joven valuado en $300-$400 como importante, podía dejar de serlo en un instante por muerte o incapacidad. Los que vivían una vida normal (máximo de 40 años y, después, el desgaste físico producía un valor mucho menor). Por su lado, hubo problemas con otros bienes, como las joyas, las que podían ser robadas; también las mercaderías ya que algunas se apolillaban o el tiempo las destruía. En el mundo de cesión por el que atravesaban las dotes, las casas y viviendas, y los patrimonios inmuebles eran bastante bien vistos. A pesar de ello, la transferencia de dinero puesto a interés aportaba el más interesante elemento de dote al que un hombre podía aspirar. Lo demás era considerado como bienes a los que se les otorgaba un sentimiento afectivo, como los importantes cuadros que algunas dotes tuvieron, que eran cedidos de generación en generación. Ni qué decir de algunas condecoraciones militares que como digno signo de estatus había correspondido a distintos antecesores. Más allá de todos estos razonamientos los novios aceptaban lo que los futuros suegros podían brindar.

A pesar de lo expresado, frecuentemente los otorgamientos de inmuebles terminaban mal. Esto se produjo debido a que algunos pobladores enviudaban y volvían a casarse. Lo que había constituido una casa cedida en dote a una hija que luego fallecía –con herederos legítimos– podía provocar un verdadero problema. Fue el caso, de Florentina Farfán de los Godos, casada con el Capitán Antonio de Andrada, que había recibido de sus padres como dote la casa de su morada. Viudo de aquella, Andrada volvió a casarse con otra viuda porteña María de los Reyes Castro o Valero, pasando a vivir en igual residencia. Al fallecer éste, María buscó que la ley le reconociera como propio el lugar que habitaba y en la que –aseguró– había colocado dinero para su mantenimiento y arreglo. Después de un juicio que duró años, en donde los descendientes de Florentina se opusieron, se los decretó como los legítimos propietarios del bien dotal de su progenitora con la salvedad del reparto igualitario.[30] Otro pleito más, valga el caso, fue el de la demanda iniciada en cuanto a un solar que Antonia de Rojas poseía en su dote, inmueble objetado por José del Rubio a fines del siglo XVII aduciendo que no tenía derechos sobre él.[31]

Los problemas de los juicios por dotes fueron cuestiones de la vida cotidiana del Buenos Aires hispánico; los que terminaban en discusiones extremas dentro de las mismas familias, que producían que toda la sociedad y sus chismes se mantuvieran pendientes de las resoluciones. Es decir, a mayor cantidad de dinero en juego, mayores posibilidades de diferencias entre los litigantes.

Igualmente, hubo casos donde las cuestiones "quedaron en familia". Bernardino de Mora y Melgarejo debía a Juan Nieto de Humanes y Frías de Salvatierra (su cuñado) $9.000 de la dote de su mujer, Leonor de Melgarejo y Mora con la que estaba casado desde 1635.[32]

Otro aspecto es el de que de acuerdo a la ley las hijas naturales o extramatrimoniales también podían ser dotadas (se conoce que las hijas legítimas no podían ser desheredadas. Pero los hijos fuera del matrimonio podían recibir la sexta parte de la herencia o beneficiarse con la quinta parte del haber sucesorio por disposición de su progenitor). Varios son los ejemplos en este orden, así las menciones que se ubican de Ana de Velasco, hija bastarda del gobernador Alonso de Herrera y Guzmán. La futura contrayente recibió $2.634, dote que si no fue de las mayores, pronosticaba un buen pasar como ayuda de las cargas del matrimonio que concertó en 1662 con Alonso de Medina Ocampo.[33] Asimismo, la obtenida por una hija adoptada por Ana de Matos, María de Matos, a quien la primera crió como hija natural suya. Ésta se casó con Pedro de Rojas y Acevedo a quien le fue entregado $12.000, "*de los cuales siete mil dio ella y cinco mil por dávida graciosa que se le hizo siendo niña una persona aficionada a ella*" en calidad de dote que, al parecer, provenía de Tomás de Rojas en el siglo XVII.[34] Otro ejemplo más, una dote que alcanzó los $6.000 de plata sellada, con más $1.000 de arras fue la de Tomasa de Acassuso, hija natural de Domingo de Acassuso, un poblador rico que murió sin sucesión legítima. La novia se casó con Martín Rivas que igualmente recibió otros complementos dotales: marcos de plata labrada, cuadros religiosos, etc.[35]

La novia también podía ser dotada por el novio con las arras, lo que por práctica constituía el 10% del capital del próximo a contraer matrimonio. Las arras pasaban a constituir, asimismo, el haber patrimonial de la mujer. Sobresalió en la época por su importe, las que cedió Juan Arias de Saavedra en 1663 por valor de $34.644, la mayor cantidad de dinero –en este concepto– ubicada en todo el período analizado. En este sentido, se comentó cuál fue el monto de la dote que llevó Paula Remón al matrimonio, más que significativo por cierto, lo que estuvo en relación con las arras y el candidato nupcial.

La novia podía ser beneficiada con dote por parientes o amigos; fue el caso de Gregoria de Rosales a quien Gregoria de Silveyra y Gouvea la dotó en $1.000 al casarse en 1720 con Ignacio Justo González;[36] o el de Catalina del Casal que para casarse con José Tomás Seco recibió de sus tías Ana del Casal y Sabina de la Rámila la destacada y generosa cantidad de $8.500.[37] Pero, posiblemente, el caso más representativo de dote fue el de Ana de Sosa, quien contrajo matrimonio con Fernán Rodríguez Terra en 1626, la que recibió de Diego de Vega, a quien supuestamente no la unía un parentesco, la suma de $4.000. No obstante, ello se efectuó con la aclaración tácita de que en caso de que el matrimonio muriese sin dejar hijos, se le habrían de volver $3.000, quedando $1.000 para su propia esposa y herederos.[38] Es interesante aclarar que Rodríguez Terra dejaba otra hija –natural– habida con una esclava de nombre Isabel "*negra horra*", a quien le dejó $500 para el momento en que tomase estado.[39]

Uno de los problemas de las cesiones monetarias tratadas fue su parcial o ninguna entrega final al contrayente. Encontramos el caso de Juan Antonio Quijano, que contrajo matrimonio en 1710 con Ana Fernández Castro, beneficiada en la importante cantidad de $21.000, "*no se le había entregado la dote por estar embargada, para que quedara expreso el derecho de sus hijos, porque su mujer era difunta*".[40] También las protestas que elevaron varios miembros del clan Basavilbaso-Azcuénaga, al expresar que no se les había entregado la totalidad de lo prometido. Domingo de Urien, casado con María Victoria Basavilbaso adujo haber reclamado al respecto al albacea –Manuel Basavilbaso– hijo de su suegro Domingo de igual apellido, difunto, "*pero no le pagó*". Otro tanto le pasó a Agustín de Erezcano casado con María Eugenia Azcuénaga, pero el albacea –Gaspar de Santa Coloma– de la testamentería del padre de ésta, Vicente de Azcuénaga, tampoco integró la totalidad dotal prometida. En este grupo familiar el propio Santa Coloma, que había quedado a cargo de los asuntos derivados de la sucesión de Vicente de Azcuénaga, su suegro, debió suplir de su propio peculio $14.000 para integrar la dote prometida a Ana de Azcuénaga –su hermana política– cuando formalizó el contrato nupcial en Madrid con el que fue el futuro virrey del Río de la Plata, Antonio Olaguer Feliú.[41]

Conclusiones

Cabe destacar que la dote tuvo un papel de suma trascendencia en los enlaces que los pobladores porteños concertaron. Sin dote no había posibilidad de que las parejas recién casadas tuvieran un tipo de vida parecido al que habían gozado. En especial, si las novias pertenecían a familias pudientes se entendía que se enlazara con un hombre de parecido nivel social y económico. La dote de algunas niñas bonaerenses fue concertada expresamente para mantener la jerarquía de la propia familia –en su continuidad–. Muchas de ellas se casaron con parientes, primos, tíos, hasta cuñados, lo que produjo que el haber patrimonial quedara siempre en las manos familiares. Cuando el candidato no pertenecía a este entorno y venía de España, se examinaban sus raíces de filiación y su posibilidad de abrirse paso económicamente. La cuestión de una dote podía llegar a soslayarse si la novia pertenecía a una familia descendiente de los conquistadores o primeros pobladores, lo que representaba de por sí la mejor dote para el hombre para ingresar al vedado escalón de elite de la sociedad porteña.

En el siglo XVIII hubo casos en que se entablaron juicios para marcar la no conveniencia de un acto matrimonial "desigual". La dote estuvo estrictamente legalizada, pero alrededor de la misma ley se tejieron diversas disputas que surgían de causas no previstas, de disoluciones matrimoniales, de conflictos de adulterio, de mala administración de los bienes dotales, etc. Cientos son los casos que pueden observarse en la documentación del Archivo General de la Nación, R. A., brindando un marco de indagación de valor.

El presente análisis de dotes comprende una parte de los bienes que las novias recibieron en su legítima herencia. En este aporte no se agregan –por lo común– los comentarios a las importantes escrituras en donde aparecen inmuebles y terrenos, etc. Ello se debe a que en la mayoría de estos ítems no hay una apreciación real del inmueble cedido. Además, en este espacio, sólo se mencionan las dotes que se estipularon dentro de la población blanca, porque el tema de las mujeres negras con dote representa un campo de investigación prácticamente desconocido, a pesar de que sus progenitores blancos (la mayoría de las veces) por el afecto que tuvieron a algunas niñas hijas de sus esclavas, dispusieron dotarlas.

Por último, puede agregarse que obtener una media de la cuantía de las dotes resulta imposible si se toman todas las Series de Dotes de los Siglos XVII-XVIII. Ello se debe a que dotes muy altas como las señaladas de $180.734 o la de $120.000 de esa primera centuria, modificaría el resultado real de la estimación ya que no fueron cantidades normales de cesión. Otro tanto ocurre para las dotes del dieciocho como la de $70.000 o dos o tres más que superaron $35.000. De lo expuesto puede afirmarse que en Buenos Aires no hubo dotes como las alcanzadas en México o en Perú, viejos lugares virreinales de la Corona española, en donde vivieron -a diferencia de Buenos Aires- cientos de pobladores con títulos de Castilla y Cruzados en las Órdenes Militares. Éstos, la mayoría de las veces, dotaron a sus hijas con bienes patrimoniales y monetarios que poseían heredados de sus propias familias y los que habían logrado a través de sus vidas.

En síntesis, a partir de los elementos investigados hoy se conoce el estado de la cuestión en cuanto que, en Buenos Aires en el período hispánico, existieron dotes importantes pero no en la magnitud de algunas otras regiones hispanoamericanas, en donde las dotes estuvieron en directa relación con las luchas internas de los grupos sociales de españoles y criollos, y con las especulaciones en torno a las redes de poder y a los más óptimos candidatos nupciales.

Notas

1 Desde el punto de vista del Derecho, ver: Seoane, María Isabel, *Historia de la dote en el Derecho Argentino*, Buenos Aires, Instituto de Investigaciones de Historia del Derecho, 1982; Kluger, Viviana, *Escenas de la vida conyugal. Los conflictos matrimoniales en la sociedad colonial rioplatense*, Buenos Aires, Univ. Museo Social Argentino, Quórum, 2003. Desde el área de la Historia: Siegrist, Nora "Riqueza en las dotes de las descendientes de vascos en el Buenos Aires colonial", en *Euskonews &Media: http://www.euskosare.org/komunitateak/ikertzaileak/ehmg_2_mintegia/txostenak/status_femenino#_ftn53;* Idem, "El status femenino: dotes y arras de vascos y navarros y sus descendientes en territorios rioplatenses en épocas del Antiguo Régimen", *en II Seminario Internacional "Euskal Herria Mugaz Gaindi. El País vasco más allá de sus fronteras"*, Alava, 3-6 de mayo de 2005; Ídem, "Dotes y Redes Familiares y Políticas en Antiguas Familias Porteñas", Universidad de Passo Fundo, *Mesa de Dotes y Redes coordinada por Dras. Nora Siegrist-Edda Samudio, Brasil,* ver cita N° 41. En lo que respecta a los temas genealógicos, véase *Revista y Boletines del Instituto Argentino de Ciencias Genealógicas.*

2 Cf. Molina, Raúl A., *La familia porteña en los siglos XVII y XVIII. Historia de los divorcios en el período hispánico,* Buenos Aires, Fuentes Históricas y Genealógicas Argentinas, 1991.

[3] Rizo-Patrón Boylan, Paul, *Linaje, dote y poder. La nobleza de Lima de 1700 a 1850*, Perú, Pontificia Universidad Católica de Lima, 2000; Idem, "La familia noble en la Lima borbónica: patrones matrimoniales y dotales", en *Boletín del Instituto Riva Agüero Nª 16,* Lima (1989), pp. 265-302; Lavrin, Asunción y Couturier, Edith, "Dowries and Wills: a view of Women Socioeconomic role in Colonial Guadalajara and Puebla, 1640-1790", en *H.A.R.R., Nº 59* (1979), 2, pp. 280-304.

[4] Bibliografía con mención de dotes: Fernández de Burzaco, Hugo, *Aportes Biogenealógicos para un Padrón de Habitantes del Río de la Plata*, Buenos Aires, 1986, 6 tomos; Molina, Raúl A., *Diccionario Biográfico Colonial Argentino*, Buenos Aires, Academia Nacional de la Historia, 2000; Frías, Susana R.; García Belsunce, César A., *De Navarra a Buenos Aires*, Buenos Aires, Instituto Americano de Estudios Vascos, 1996. Igualmente las publicaciones de la Fundación Argentina Juan de Garay sobre familias de vascos son ricas en menciones de dotes; Jijena, Lucrecia, "La Tercera Orden Dominicana en Buenos Aires: 1726-1810. Identidad de sus miembros y protagonismo en la Sociedad Porteña del Siglo XVIII", *Tesis de Licenciatura Universidad Nacional de Luján, 2005*, trae 21 dotes (inédita); Socolow, Susan, *Los mercaderes del Buenos Aires virreinal: familia y comercio,* Buenos Aires, Edit. de La Flor, 1991, etc.

[5] Archivo General de la Nación. Argentina (en adelante A.G.N.), *Carta dotal a favor de María Ignacia Urtubía. 1731.* Legajo 4310, f. 2.

[6] Molina, R. A., *Diccionario,* p. 654.

[7] Molina, R. A., *Diccionario,* p. 68. Se refiere a que la dote era de 48.894 marcos de plata torneada, más ciento cincuenta y dos marcos de plata labrada llana; y dos libras y media de oro, etc. Representó la suma de $120.000, citada.

[8] Socolow, S., *Los mercaderes,* p. 164, expresó que la dote de Ana de Azcuénaga fue de $30.000 y $50.000 en muebles, y suntuario. La dote correcta es la mencionada por D'Aloia Criado, Walter, *Ana de Azcuénaga, la primera virreina criolla*, Buenos Aires, Ed. Armerías, 2003, p. 17, cita 9, se refiere a algunas adjudicaciones que se le dieron en muebles. En p. 38 señala que además quedó con plata labrada "*de primera clase*"; etc. El autor encontró la dote en documentos de Madrid, España.

[9] Seoane, María Isabel, "Un chispazo de tradición colonial: el testamento de Flora de Azcuénaga", en *Revista del Instituto de Historia del Derecho Derecho Ricardo Levene Nº 33*, Buenos Aires (1997), pp. 375-387, quien transcribe la dote de Flora Azcuénaga como excepcional.

[10] Los montos de estas dotes fueron excepcionales.

[11] Fernández de Burzaco, H. de, *Aportes,* Buenos Aires, 1986, Tº I, pp. 244-245, trae la conformación de esta familia.

[12] Cf. A.G.N., *Testamento de Vicente de Azcuénaga, Registro 3, 1781-1782*, fjs. 72 v.- Fernández de Burzaco, H. de, *Aportes,* Tº I, cit., p. 201, expresa el monto de la dote.

[13] Fernández de Burzaco, H., *Aportes*, Buenos Aires, 1988, Tº III, p. 114.

[14] A.G.N., *Sucesión Martín de Alzaga, leg. 3472.* Año 1812. Copia de la carta dotal de María Magdalena de las Carreras, 11-9-1780, en donde consta que la madre Josefa Inda, viuda de Francisco Carrera, concertó la dote que estaba formada por varias alhajas, joyas, plata sellada, dependencias *"que deben personas"*, y un largo etcétera. De hecho la suma en dinero efectivo que aportó en 1780 fue de $20.665 porque no consiguió que varios de los deudores le abonaran lo que debían. Alzaga finalmente llegó a cobrar sólo $16.590.

[15] Siegrist, Nora, "Jerarquía social y ocupación del espacio por parte de algunos vecinos de Buenos Aires: Siglo XVIII", en Hilda Zapico (coord.), *De prácticas, comportamientos y formas de representación social en Buenos Aires (S. SVII-XVIII),* Bahía Blanca, Universidad Nacional

del Sur, en prensa, refiere la lucha por el espacio y el estatus desplegado por ciertos vecinos.

[16] Seoane, M. I., *Historia de la dote...*, pp. 69-72.

[17] Cf. Fraschina, Alicia, "La dote canónica en el Buenos Aires tardo-colonial: monasterios Santa Catalina de Sena y Nuestra Señora del Pilar, 1745-1810", en *Colonial Latin American Historical Review (CLAHR), T° 9, N° 1*, Winter (2000), N° 1.

[18] Molina, R. A., *Diccionario*, p. 667.

[19] Molina, R. A., *Diccionario*, p. 764.

[20] Frías, Susana R. (dir.) y otros, "Los vascos en Buenos Aires: 1580-1713" en Fundación Vasco Argentina Juan de Garay, *Investigación sobre asentamientos vascos en el territorio argentino siglos XVI-XIX*, Buenos Aires, 1999, T° IV, p. 142.

[21] Molina, R. A., Diccionario, p. 467.

[22] Fernández de Burzaco, H., *Aportes*, T° I, p. 170.

[23] Fernández de Burzaco, H., *Aportes*, T° IV, pp. 94-95.

[24] Fernández de Burzaco, H., *Aportes*, T° V, pp. 12-13.

[25] El matrimonio finalmente se divorció. Cf. Molina, R. A., *La familia*, pp. 347-357. En p. 355 se restituyó la dote a la mujer.

[26] Molina, R. A., *Diccionario*, p. 40.

[27] Siegrist, Nora, "El status femenino: dotes y arras de vascos y navarros y sus descendientes en territorios rioplatenses en épocas del Antiguo Régimen", en *II Seminario Internacional "Euskal Herria Mugaz Gaindi. El País vasco más allá de sus fronteras"*, Alava, 3-6 de mayo de 2005, trae la mayor parte de estas dotes con comentarios anexos.

[28] Cf. Gonzalbo Aizpuru, Pilar y Rabell Romero, Cecilia (ed.), "Las cargas del matrimonio. Dotes y vida familiar en la Nueva España", en *Familia y Vida privada en la Historia de Iberoamérica*, México, El Colegio de México y Universidad Nacional Autónoma de México, 1996, pp. 207-226; e *Ibidem*, "Las dotes en manos limeñas" en *Familia y vida privada en la Historia de Iberoamérica*; México, El Colegio de México y Universidad Autónoma de México, 1996, pp. 255-287; Hunefeldt, Christine, "Las dotes en manos limeñas", en Gonzalbo Aizpuru y Rabell Romero (eds.), *Familia*, pp. 255-287; Martínez Ruiz, Emilia, "Dotes y arras en Huéscar en el siglo XVI. Muestras documentales", en *Initium, Revista Catalana d'Historia del Pret N° 4*, Barcelona (1999).

[29] Molina, R. A., *La familia*, pp. 361-369; pp. 340-343, etc.

[30] A.G.N. Argentina, *Sucesión de Antonio de Andrada*, Leg. 3857.

[31] Molina, R. A., *Diccionario*, p. 738.

[32] Molina, R. A., *Diccionario*, p. 520.

[33] Molina, R. A., *Diccionario*, p. 345.

[34] Molina, R. A., *Diccionario*, p. 708.

[35] Molina, R. A., *Diccionario*, p. 620.

[36] Molina, R. A., *Diccionario*, p. 784.

[37] Molina, R. A., *Diccionario*, p. 704.

[38] Molina, R. A., *Diccionario*, p. 655.

[39] Molina, R. A., *Diccionario*, p. 655.

[40] Molina, R. A., *Diccionario*, p. 592.

[41] Siegrist, Nora, *Dotes y Redes Familiares*, Passo Fundo, Brasil, 2005, en Nora Siegrist; Edda Samudio A., *Redes de Poder y Dotes en Hispanoamérica en épocas del Antiguo Regimen*, Mérida, Talleres Gráficos de la Universidad de Los Andes, 2006, p. 416.

El clasicismo ilustrado en los epígonos del orden hispánico (el "Caso Rioplatense")

Hilda Raquel Zapico - Rubén Darío Salas
Universidad Nacional del Sur
Bahía Blanca, Argentina

Prólogo

La razón de este trabajo es trazar el marco epistémico dentro del cual el área atlántica del Imperio hispánico marcha hacia su momento final.

Nuestra hipótesis básica dice que la conmoción hispanoamericana se escribe con registro clasicista dentro del cual las notas de Modernidad constituyen un motivo libre.

Todo acontecimiento específicamente humano es un nudo dentro de una "red de significados"; lo anecdótico (actores y acaeceres) es signo denotativo del suelo epistémico en el cual se mueve. Michel Foucault denomina "episteme" a ese suelo ("red de significados") por el que desfilan actores y acciones.

En este trabajo nos importa rescatar algunos vectores de significación; nos importa caminar por el dominio lingüístico de una época, pues éste nos acerca un retazo de las razones que conmovieron el espíritu de los humanos en un tiempo doblemente crítico; en un sentido, porque comenzaban a oscilar los presupuestos epistémicos clásicos y, específicamente, en el área hispanoamericana, porque la accidentalidad histórica la enfrentaba a una realidad no querida. Un caso-testigo[1] (expresión de una época hablada en términos de crisis) nos permitirá cruzar el umbral de un suelo epistémico especialmente rico por las metas que lo definen. Época que quiere ser definida en clave lingüística, pues se identifica con la "filosofía del signo".[2] Ello nos decidió a transitarla a través de un método de carácter retórico y hermenéutico,[3] lo cual dice relevamiento del "juego de lenguaje",[4] que en nuestro trabajo lo será a la vez del nivel gramatical y de significación de la discursividad.

Resulta válido esbozar un esquema epistémico partiendo del examen de una sola muestra, en tanto la selección devino de un amplio relevamiento, pero efectivamente porque discurso alguno escapa a las reglas generales de su época y de su "episteme".

El método retórico y hermenéutico nos autoriza a leer como texto aquello que desde otra dimensión historiográfica sólo resultaría mero registro arqueológico.

Desarrollo

En el imponente cuadro que Michel Foucault traza del orden del saber occidental en su obra *Las palabras y las cosas,* denomina "clásico" a aquel comprendido entre los siglos XVII y XVIII y, "moderno", al saber reinante a partir del siglo XIX. En rigor, nos habla de "episteme" clásica y moderna.

Nos ubicamos, pues, en suelo epistémico clásico, en el momento final de la oscilación que conducirá desde el orden universal de las identidades y diferencias, de la conciliación de los opuestos, del sentir a-histórico, a esa otra dimensión puramente accidental, humano-histórica.[5]

Todo orden del saber se define por vectores de significación, por una sintaxis que aprisiona en su "juego de lenguaje" regularidades específicas. Perfilar el recuadro de esas regularidades epistémicas es nuestra intención; de lado quedan en nuestro discurso (= texto) las diferencias de la *mundanidad,*[6] tanto aquellas que hacen al dato estrictamente anecdótico como las que refieren a incipientes pinceladas de Modernidad.

El vector de significación del Clasicismo (v. gr., ilustrado) es el lenguaje entendido en su dimensión lógica y ontológica; el propio de la Modernidad es la historia.

Comprender el sentir (que es el pensar) clásico es entrar en los dominios de la *teoría de la representación*, aquella que dice que imagen es idea; aquella para la cual la palabra es espejo del pensamiento y, en consecuencia, espejo de la regularidad, de la armonía, del deber ser. Expresión ético-estética; fluido temporal donde conviven todos los tiempos, pues el orden clásico se concibe en gerundio, *siendo.*

El suelo revolucionario iberoamericano se construye en clave proposicional (argumentativa) clásica. Este momento epigonal del mundo hispánico ofrece un "obstáculo epistemológico" vigoroso frente a las notas modernas, necesitados sus actores de operar de cara a la instancia agónica del desmembramiento imperial con herramientas conceptuales conocidas. Para que los signos modernos resulten denotados (reconocidos) habrá que aguardar a la tercera década del siglo XIX, cuando una nueva subjetividad defina antropológicamente sus prácticas discursivas.

Clasicismo: discurso del tiempo eterno, escrito en términos de Naturaleza y de Derecho Natural; discurso vertebrado como acción y movimiento en el sentir y pensar subjuntivo, en la modalidad condicional, infinitiva (con tonalidad imperativa) e imperativa en sentido explícito. Discurso, en fin, de la solicitud cordial en el sentir y en el pensar, elegante, del imperativo categórico (*êthos*), aristocracia del pensar que es el decir y el actuar.[7]

Discurso que envuelve toda indicación (todo carácter reforzador) con la humildad mitigadora: sentido de la simetría discursiva. Lugar de la variable atmósfera del *si*, partícula canónica de orden condicional-causal con la que se vinculan, en el orden lógico relacional, otras del tipo "a condición de que", "con tal (que)", "en caso de (que)".

Al decir de los lógicos y gramáticos de Port Royal, todo pensamiento (actitud mental condicional, causal y teleológica) está siempre escrito (explícita o implícitamente) en términos del verbo "ser" y de las partículas "que" y "si", partículas que se suponen e interpenetran.[8]

Interrogación directa o indirecta, tensión trágica del discurso, fusión ético-estética, en esta dimensión se define el ser del Clasicismo, cuyo sentir interrogativo define su "episteme"; "episteme" que es suelo compartido de especies y géneros, conciliador de opuestos.

Ética del "deber ser moral absoluto", estética de la belleza, intención última de toda la discursividad clasicista donde el *êthos* apolíneo tiene como meta domeñar el *páthos* dionisíaco.

> Corramos, Señor, un velo a meditaciones que anegan el corazón en amargura [...] y preguntemos a los enemigos [del libre comercio con Gran Bretaña]: ¿será justo que se envilezcan y pierdan nuestros preciosos frutos [...] ¿Será justo que las abundantes producciones del país permanezcan estancadas? [...] ¿Será justo que rogándosenos por los frutos estancados que ya no puede el país soportar, se decrete su ruina? (*Representación* ..., § 63, p. 137).

Recorrer un orden gramatical es adentrarse en una forma de vida: el orden discursivo del clasicismo nos permite encontrarnos con la intencionalidad que lo animó; nunca nos será dable atrapar su ontología, pero a través de la atenta lectura de sus códigos podremos reconocer las líneas directrices de su entramado cultural. Discursividad ("red de significados"): ella apresa (en estricto sentido) el todo de una cultura; pues en la dimensión textual queda de manera singularísima atrapada una época, de la que da cuenta también, pero de manera menos saturada, la semiología de las artes plásticas, de la música, en tanto se nos ocultan para siempre la gestualidad, los ritmos de la escritura, los matices del decir, de los silencios. De la "cosa-en-sí" nada podremos conocer, sólo nos será dable saborear algo del mundo de lo fenoménico.

La estructura retórica del discurso clasicista ilustrado se destaca por su intento de reproducir los lineamientos latinos de la oratoria ciceroniana. Recorre, por lo tanto, los estilos *tenue*, *medio* y *elevado*, según se trate del auditorio al que el narrador se dirija. Retórica que, si bien no difiere estructuralmente respecto de su antecesora barroca, adquiere mayor claridad y complejidad en la disposición lógica de sus argumentos. El desafío retórico se encuentra en plasmar el apotegma cartesiano de claridad y distinción, de suyo, huir de cualquier ornamentación afectada.

Atenderemos aquí a las notas que identifican el "estilo elevado" del discurso clasicista, o sea, a aquel dirigido a un auditorio altamente jerarquizado. En palabras de Cicerón, se tratará de aquel discurso cuyo narrador será capaz de hablar con "tranquilidad, suavidad, introduciendo clasificaciones, definiciones y distinciones, todo con encanto".[9]

El "caso rioplatense"

El rigor léxico

La *Representación de los hacendados* de pluma de Mariano Moreno, alegato ante el virrey en defensa de los labradores y del libre comercio con Gran Bretaña contra los intereses monopolistas, resulta una "alocución-tipo" de estilo elevado.

Un texto (=discurso) es siempre más expresión de su época que de su narrador ocasional; de allí que responda a códigos que son específicos de su "episteme" y que, a veces, no encuentren su equivalente léxico-semántico fuera de ella.

Tal ocurre en este texto con el empleo de la voz "riqueza" que resulta el eje del discurso. Suele constituirse en axioma, llevados algunos historiógrafos por el ímpetu del reduccionismo semántico, decodificar "riqueza" por "economía", disolviendo una voz en la otra. Podría afirmarse, con ligereza post-moderna, que finalmente se trata de una mera cuestión de palabras. Pero ocurre que, si bien en el texto Moreno refiere a la "economía política" como parte del nuevo sistema imperante, resulta sólo una señal identificadora de su gestor (el filósofo Adam Smith), pues le importa aludir a su autoridad para atender los sustanciales aportes por éste desarrollados en *La riqueza de las naciones.*

Un error (consecuencia de operar reductivamente) consiste en olvidar que no pocas palabras resisten el ser absorbidas por otras. Eso acontece respecto de *riqueza* y *economía.* En tal sentido, al afirmar cierta historiografía que *Representación* es una muestra de cómo los cambios económicos se imponen al poder político[10] comete a la vez un error de observación y de juicio. Esto es así porque para el clásico "en el orden del saber no existe la producción",[11] no hay lugar en él para aquello que nosotros denominamos economía. Por otra parte, si bien Adam

Smith enuncia la teoría de la producción, el planteo general de su obra aún no abandona los fundamentos de la "episteme" en que se inscribe, de lo cual da cuenta su obra. Obra cuyas líneas innovadoras deberán esperar a la segunda década del siglo XIX para comenzar a ser descifradas en su patria de origen, allí donde había nacido una nueva realidad material.[12]

En suma, "este dominio, suelo y objeto de la 'economía' durante la época clásica, es el de la riqueza".[13]

Plantear que el orden de lo económico impone sus reglas al Estado, resulta una afirmación que atenta contra el orden de la sana razón, pues supondría afirmar que lo inferior gobierna sobre lo superior, y para que esto suceda con fervorosa convicción habrá que esperar al doblar del siglo XX.

Una hermenéutica histórica pone a resguardo de estos anacronismos y evita desviar el sentido que el narrador imprime al texto.

Por lo tanto, puede afirmarse que *Representación* recoge las impresiones de una singular coyuntura histórica, en la cual el poder político yace en extremo debilitado, pero cuya recuperación (por imperativo de la ley natural) emergerá del mismo dominio de lo político-institucional (no de otro), pues no se concibe la existencia de otra alternativa. La evocación del filósofo británico (tomada además de las reflexiones sobre la ley agraria explanadas por "Jovellanos") apuntaba a subrayar que el rol "de los gobiernos en las providencias dirigidas al bien general, deben limitarse a remover los obstáculos" (v. *infra*).

La teoría de la riqueza se mide en términos de *escasez / abundancia*. A lo largo de la época clásica "es la necesidad la que mide las equivalencias. Es el alimento el que valora los precios, dando a la producción agrícola, el privilegio que todos le han reconocido".[14] Éste es, en síntesis, el argumento central en la *Representación* de Moreno: nada de Modernidad la recorre.

Como lo quiere el pensamiento clásico, la medida de cambio es una medida interna, reconocible, se basa en la fertilidad de la tierra y en las posibilidades de intercambio mercantil; estrictamente en ese orden. Circulación y cambio son los emblemas de la riqueza; riqueza que se concibe como circulación dentro del *continuum* temporal.

> [la] naturaleza [...] nos ha destinado al cultivo de sus fértiles campañas, y nos ha negado toda riqueza que no se adquiera por este preciso canal. Si V.E. desea obrar nuestro bien, es muy sencilla la ruta que conduce a él; la razón y el célebre Adam Smith [...] apóstol de la economía política, hacen ver que los gobiernos en las providencias dirigidas al bien general, deben limitarse a remover los obstáculos: éste es el eje principal sobre el que el señor Jovellanos fundó el luminoso edificio de su discurso económico sobre la ley agraria, y

los principios de estos grandes hombres nunca serán desmentidos [...] (Representación..., § 56, 134-s.).

La filosofía del signo

La moneda como signo

Como la palabra en el lenguaje, la moneda es signo denotativo de la riqueza. Signo convencional, que vale no por la preciosidad que pueda encerrar (tal como ocurrió hasta el siglo XVI), sino por *representar* el valor de las mercancías que coloca en circulación. Dentro del sistema de cambios, dentro del sistema que permite "a cada una de las partes de la riqueza el significar las otras o el ser significada por ellas", el valor *representado* en la moneda "es a la vez *verbo* y *sustantivo*, poder de ligar y principio de análisis y atribución".[15]

En el orden clásico, la moneda, como la palabra, *representa*, es un doble; medida de identidades y diferencias. El valor de la riqueza se significa en la moneda, así como el valor de la economía moderna se significa en el costo de producción, en el costo del trabajo, que asumen el rol de medida de valor. La economía se vierte en la *historia*; la riqueza en el orden de la *representación* que el humano expresa como sentir comunitario. La *representación* es medida lógica y ontológica; la *historia* es medida específica de lo accidental humano.

La *escasez* o la *abundancia* se miden en términos de perjuicio o de beneficio para la comunidad, no para el individuo aislado.

> [...] la plata es un fruto igual a los demás, está sujeto a las mismas variaciones, y la alteración de su valor proporcionalmente a su escasez o abundancia, sostiene en ambos casos la reciprocidad de los cambios [...] (*Representación*, § 102, p. 156).

> La plata no es riqueza, pues es compatible con los males y apuros de una extremada miseria; ella no es más que un signo de convención con que se representan todas las especies comerciables, y sujeta a todas las vicisitudes del giro, sube o baja de precio en el mercado según su escasez o abundancia, siempre que por otra parte no crezcan o disminuyan las demás especies, que son representadas por ella (*ibíd.*, § 104, p. 156).

> Vosotros, comerciantes [monopolistas] [...] ¿Miráis en vuestras operaciones el bien del estado? No; el oro es vuestro dios y el objeto de vuestras diligencias, como lo prueba el que siempre os he visto contentos de la escasez y pesarosos de la abundancia (*ibíd.*, § 93, p. 152).

La palabra como signo

Morada del ser; expresión del pensamiento (Descartes) o su artífice (Condillac), la palabra encontró en la centuria ilustrada el sitial de honor. Por eso para el discurso ilustrado los acontecimientos (lo histórico), ocupan siempre un lugar secundario frente al orden proposicional en el que se insertan; es en la argumentación (en el juicio) donde reside el verdadero sentido del decir, y es en ese suelo que el *discurso elevado* expresa absolutamente: topos donde se resuelven los hilos de la trama. Leemos en la *Representación*:

> "Sí, Señor, la justicia pide en el día que gocemos un comercio igual al de los demás pueblos que forman la monarquía española que integramos" (§ 52, p. 132).

Claridad y distinción son las claves discursivas que se concretan en rigurosas leyes causales cuando refieren al orden de la naturaleza, leyes que todo humano está conminado a obedecer (v. *supra* § 56).

Representación es un texto judicial canónico requerido de esmerado rigor retórico, pero cuya estrategia discursiva (mental) se encuentra explícita o implícita en todo texto de cepa ilustrada: tejido definido como señorío del "yo ontológico". La discursividad clásica se ofrece como proyección del ser del lenguaje; de un yo que se apropia de la palabra y que, como tal, no pertenece a "yo empírico" alguno. Apunta Moreno en el exordio: "Exmo. Señor: El apoderado de los labradores y hacendados [...] dice: Que [...]". Tercera persona que resulta la formalidad obligada que apenas oculta al "yo" enunciado, detrás del cual, como quiere Algirdas Greimas, se encuentra siempre un "Yo digo que" disuelto en el mismo momento de la enunciación.[16] Este recurso mental articula el discurso clásico, de manera específica al estilo elevado. Estructura que marca todo el texto. Que reaparecerá necesariamente, pues expresa una disposición de ánimo atravesada por el sentir trágico, en un discurso donde, al decir de Martín Heidegger, al "ser le va este mismo".[17] Retórica discursiva que, como tal, es dimensión gramatical y figurada, o sea, "arte de persuasión".

La figura que define el orden clásico es la *simetría (antítesis)*, aquella que había encontrado en Blaise Pascal el referente emblemático.[18] Leemos en *Representación*:

> "Un negociante a quien la suerte de sus asuntos prepara un gran quebranto [...] es justo se le dispense todo género de consideraciones, como no se comprometa el bien general [...]" (subrayada la simetría; § 99, p. 154).

Un recurso cognitivo importante como efecto de simetría resulta la forma condicional con paradigma "si":

> [...] se clama que el comercio con los ingleses producirá una entera extracción de nuestra moneda [...]; pero si se medita bien este punto se conocerán los vanos temores en que se funda tan errado pronóstico [...]" (§ 101, p. 155).

El efecto simétrico logrado por alternancia de formas mitigadoras y reforzadoras es consustancial al discurso clásico, requerido como se encuentra de dotar de equilibrio homeostático a su figura de mundo, más aún cuando se trata de abordar cuestiones controvertidas donde lo pasional puede escalar hasta niveles difíciles de encausar. Tal el caso que nos ocupa, pues se trata de confrontar argumentos del todo opuestos (libre comercio versus monopolio).

En la muestra puede observarse (v. *infra*) que el sintagma, "meditando en la calma...", enlaza analíticamente con su opuesto simétrico de carácter reforzador ("se ha engañado..."), mitigado a su vez bajo la forma de lítote ("raras veces").

> Así se explica un filósofo que, meditando en la calma de las pasiones los principios y costumbres de los estados, se ha engañado raras veces [...] (*Representación*, § 45, p. 130).

"Instruir" y "conmover" al auditorio (en *Representación* se trata de persuadir al virrey), constituye una premisa de la retórica clásica que, a veces, articulada con el "deleite",[19] resulta de rigor en el discurso elevado. Figuras retóricas apropiadas por su efecto percutor lo constituyen la *repetición* ("¿será justo...?", v. *supra*, p. 3) y la *gradación* (secuencia de palabras en orden creciente):

> La parte más útil de la sociedad, la más noble, la más distinguida eleva sus clamores [...] (Representación, § 74, p. 142) [...] y V.E. se desengañará, aunque tarde, que sus verdaderas ideas [de los comerciantes] son que siga el contrabando, que el erario continúe aniquilado, que los hacendados perezcan en la miseria [...] (*Representación* § 27, p. 123).

El empleo del *discurso directo* resulta una figura de retórica de la que echa mano la narrativa clásica, de manera recurrente en nuestro "caso testigo". Se trata de un efecto polifónico pues el narrador cede su lugar a la entrada de otra voz (no siempre identificada) que se convierte en cita de autoridad. Supone la interrupción del ritmo del discurso, conformando una estructura reforzadora, generalmente transcripta entre comillas.

El tiempo del discurso. Tiempo eleático, tiempo inmóvil, eterno, continuo. Nada de cronologías materiales, mensurables, de recurrentes cambios de progreso evolutivo. En realidad, dialéctica de tiempos que fluyen, expresión de un humano que se define como *siendo*, cuyo progreso menta regreso incesante pues, sus avances, están significados por restauraciones (como si se tratara de las revoluciones del Universo); modalidad reformista que será la nota distintiva de las revoluciones hispanoamericanas, desplegadas en el cuadro de la *mathesis universalis*.

Revolución es voz que entra tarde en el campo político desde su prístino enclave en la astronomía[20] (lento movimiento de un astro en todo el curso de su órbita). Para verla circular con semántica revulsiva (en términos de cambio) en el mundo de lo accidental, habrá que esperar a la conmoción que arreció en Francia luego de 1789. "La teoría del gobierno revolucionario, informa Maximiliano Robespierre, es tan nueva como la revolución que le ha dado vida".[21] El tiempo de la historia (el tiempo cronológico del hombre) comenzará lentamente su marcha hasta convertirse en expresión discontinua de un suelo epistémico en el cual los seres vivos ya no se reconocen conviviendo, puesto que se desplazan hacia distintas regiones empíricas. Cuando este movimiento alcance plenitud se podrá hablar en riguroso sentido de Modernidad.

En el orden de lo político-institucional, los rasgos eminentemente clásicos del *modo revolucionario* (su tiempo lento) asoman en más de un trayecto discursivo de la pieza de Moreno. Se desliza a través de la genealogía de la legitimidad (del Derecho Natural) que comienza a perder fuerza frente al concepto de legalidad (al Derecho positivo[22]). La conciencia de legitimidad empieza a fracturarse en el "mundo hispánico" "cuando los últimos sucesos variaron el ser político de España" (§ 51, p. 132). Se observa la deriva en las precisas reconvenciones de Moreno al virrey: "No confirió el Soberano a V. E. la alta dignidad de virrey [...] para velar sobre la suerte de los comerciantes de Cádiz, sino sobre la nuestra [...] (§ 79, p. 146). Igualmente el quiebre de la legitimidad monárquica surge de las evocaciones que (marcadas con figuras de repetición y gradación) recuerdan a Cisneros los justos derechos de las provincias indianas. En suma, *Representación* circula en un ámbito agitado por conflictos externos e internos, de los que el alegato del narrador da cuenta en más de un pasaje:

> Uno de los rasgos más justos, más magnánimos, más políticos [de España], fue la declaración de que las Américas no eran una colonia o factoría [...], que ellas formaban una parte esencial e integrante de la monarquía española y en consecuencia de este nuevo ser [...] (*Representación*, § 53, p. 133).

El humano del Clasicismo es, por definición, desgarro temporal. En el sentir clásico (que es expresión de lo universal) nada se concibe vinculado a un concreto espacio y tiempo. La modalidad indicativa de un preciso "aquí" y "ahora" (o de alguna referencia pretérita) es simple marca contingente desde donde parte el narrador para diseñar el futuro, lugar de efectiva solución de sus aspiraciones.

Sólo si aceptamos las premisas de su discursividad, de su retórica de raíz ontológica y lógica, nos es dable cruzar el umbral que conduce al sentido de la trama. En suma, en el planteo lógico argumentativo está la clave de esta especie discursiva, de la cual *Representación* es expresión empírica.

Sólo respetando las premisas lógicas no se verán como "rellenos" las descripciones y el carácter analítico del texto, pues nos dicen efectivamente sobre toda la "red de significados": allí habla la cultura clásica.

Inserta la *Representación* dentro del género judicial, Moreno se presenta como narrador omnisciente, adoptando la extensa argumentación (consta de 163 parágrafos) un ritmo elevado de carácter imperativo, bajo formas aspectuales subjuntivas, condicionales y potenciales. Se trata de modalidades que enuncian la acción del verbo como pendiente del elemento subjetivo y, por lo tanto, resultan potentes tiempos relativos. Destáquese que en el orden clásico el concepto de *persona verbal* no se encuentra aún escindido del de persona real:[23] la dicotomía subjetivo / objetivo planteada por Immanuel Kant, sólo será epistémicamente reconocida (aunque modificando muchos de sus presupuestos) en terreno positivista. Clásicamente, el objeto ("realidad-en-sí") es *representación*, imagen o idea del sujeto: se define desde su identidad.

Para el discurso clásico, el eje subjuntivo sólo ocasionalmente puede significar irrealidad. Contrariamente, el paradigma o "visión del mundo" clásico es auténtica (efectiva) *fuerza subjuntiva.*

> Los mercaderes que contradicen nuestro beneficio [...] sufran ahora el castigo que se les habría impuesto si no hubiesen conseguido burlar la vigilancia del gobierno; y avergüéncense de implorar ante la respetable autoridad de V.E. que se sacrifique el pueblo para que ellos gocen [...] el fruto de sus delitos (*Representación*, § 99, pp.154 y ss.)

Se trata en la muestra arriba citada del modelo de interacción natural del discurso clásico elevado: el tono imperativo (específico de este período) se articula con formas de potencial compuesto, presente y pretérito pluscuamperfecto del Modo Subjuntivo y en formas variadas de infinitivo. El juego marcado por el movimiento verbal plantea el sentido trágico, de tensa expectativa, que recorre el período y define la alocución en su conjunto.

Rasgo denotativo de esta discursividad es la expresión del ser como entidad moral. Se trata de la forma canónica "poder / deber + Infinitivo".

Poder es posibilidad de ser, perífrasis que dice de la posibilidad del "yo empírico" de apropiarse del saber. *Poder* y *deber* suponen, en todos los casos, el verbo ser, pues, como quiere el Clasicismo, todos los verbos residen en el verbo "ser".

> Solamente debe mirarse con horror el vacío de los mejores trabajos productivos del país [...], el vacío en el conocimiento de los verdaderos principios de la economía política (*Representación*, § 113, p. 160).

> Estos son los vacíos que debieran temer nuestros mercaderes, y no el de un dinero [...] que bajo el sistema prohibitivo nunca podrá influir en la verdadera riqueza de la Provincia (*Representación*, § 114, p. 160).

Deber ser, ontológicamente, tiene su paralelo lingüístico en el llamado lenguaje prescriptivo.[24] Frente a la Modernidad que entiende el deber ligado lógicamente con el ser, el Clasicismo lo entiende como expresión ontológica. No opera por afuera del humano, sino que se encuentra entramado en el ser del hombre.

Este trabajo pretendió acercarse a una trama histórica para dejar ver algunas notas de la "episteme" que la contiene. Nos interesó asomarnos al espíritu de una centuria en la que los humanos advirtieron que la única fortaleza que los resguardaría de los rigores del acaso era la palabra. En ella, pues, depositaron su futuro.

Notas

1 Moreno, Mariano, "Representación a nombre del apoderado de los hacendados de las campañas del Río de la Plata dirigida al Excmo. Señor Virrey Don Baltasar Hidalgo de Cisneros en el expediente promovido sobre proporcionar ingresos al erario por medio de un franco comercio con la Nación inglesa (Buenos Aires, 30 de septiembre de 1809)", en Ídem, *Escritos políticos y económicos*. Prólogo de Norberto Piñero. Buenos Aires, "La Cultura Argentina", 1915, pp. 111-179.

2 Foucault, Michel, *Las palabras y las cosas. Una arqueología de las ciencias humanas*, Buenos Aires, Siglo XXI, 1968, p. 72.

3 Cf. Salas, Rubén D., *El discurso histórico-jurídico y político-institucional en clave retórico-hermenéutica. Del Clasicismo ilustrado a la Post-Modernidad*, Buenos Aires, Instituto de Investigaciones de Historia del Derecho, 2004, pp. 13-51. También: Beuchot, Mauricio, *La retórica como pragmática y hermenéutica*, Barcelona, Anthropos, 1998, pp. 116-146; Ricoeur, Paul, *Tiempo y Narración (I). Configuración del tiempo en el relato histórico* [1985]. México, Siglo XXI, 1995, pp. 9-29.

4 Cf. Wittgenstein, Ludwig, *Investigaciones filosóficas* (1945). Barcelona, Altaya ("Grandes Obras del Pensamiento Contemporáneo"), 1998, "Parte I" (§ 7), p. 25.

5 Cf. Foucault, Michel, *Las palabras*..., pp. 213-217.

6 Cf. Heidegger, Martín, *El ser y el tiempo* (1927). Barcelona, Biblioteca de los Grandes Pensadores, 2002, ("cap. III, La mundanidad del mundo..."), pp. 66-74.

7 Cf. Cassirer, Ernst, *Filosofía de las formas simbólicas. El lenguaje* (1964). México, Fondo de Cultura Económica, 1998, v. I, pp. 232-233.

8 Donzé, Roland, *La gramática general y razonada de Port-Royal. Contribución a la historia de las ideas gramaticales en Francia*, Buenos Aires, Editorial Universitaria de Buenos Aires, 1967, pp. 12, 54, 152 y ss.

9 Cicerón, *El orador* (46 a. C.). introducción y notas de E. Sánchez Salor. Madrid, Alianza, 1997, § 99, p. 77.

10 Cf. en tal sentido: Halperín Donghi, Tulio, *Tradición política española e ideología revolucionaria de mayo*, Buenos Aires, Centro Editor de América Latina, 1985, p. 91 y

ss.; José L. Romero, *Las ideas políticas en Argentina*, Buenos Aires, Fondo de Cultura Económica, 1975, p. 61.

[11] Foucault, Michel, *Las palabras*..., p. 164.

[12] Cf. Dobb, Maurice, *Teorias do valor e distribuição desde Adam Smith*, Lisboa, Presença (Biblioteca de Textos Universitários), 1977, pp. 87-89.

[13] Foucault, Michel, *Las palabras*..., p. 164.

[14] Foucault, Michel, *Las palabras*..., p. 218.

[15] Foucault, Michel, *Las palabras*..., p. 199.

[16] Cf. Greimas, Algirdas J., *La enunciación. Una postura epistemológica*, México, Universidad Autónoma de Puebla, Instituto de Ciencias Sociales y Humanidades (Cuaderno de Trabajo 21), pp. 7-14.

[17] Heidegger, Martín, *El ser*... (§ 41. El ser del "ser ahí"), p. 177.

[18] Cf. Beuchot, Michel, *La retórica*..., pp. 87-100.

[19] Cf. Reboul, Olivier, *Introdução à Retórica*, São Paulo, Martins Fontes, 1998, pp. XVII-XVIII.

[20] Cf. Lasky, Melvin J., *Utopía y Revolución*, México, Fondo de Cultura Económica, 1985, pp. 311-315.

[21] Robespierre, Maximilien, "Sobre los principios del gobierno revolucionario" (25 de diciembre de 1793), en *Ídem*, *La Revolución jacobina*.

[22] Cf. Trusso, Francisco E., *De la legitimidad revolucionaria a la legitimidad constitucional*, Buenos Aires, Editorial Universitaria de Buenos Aires, 1968, pp. 1-3.

[23] Donzé, Roland, *La gramática*..., p. 96.

[24] Cf. Salas, Rubén D., *El discurso histórico-jurídico*..., pp. 345-347.

El libro de "cargo y data" de la Biblioteca Pública de Buenos Aires: una breve descripción de las prácticas de gestión bibliotecaria (1810-1818)*

Alejandro Parada
Instituto de Investigaciones Bibliotecológicas
Facultad de Filosofía y Letras
Universidad de Buenos Aires
Buenos Aires, Argentina

Esta contribución tiene como propósito el estudio de un documento administrativo, propio de la microhistoria e inmerso en la cotidianidad de la Biblioteca Pública de Buenos Aires a principios del siglo XIX: el *Libro de cargo y data o de cuenta corriente de los encargados de los gastos de la Biblioteca Pública, formado por el director de ella Dr. Dn. Luis José Chorroarín en el año de 1812*. El manuscrito, en forma de cuaderno, se encuentra en el Archivo General de la Nación y fue organizado por Chorroarín, aunque redactado por varios bibliotecarios, como forma de control de los gastos de la Biblioteca, en donde se detallaban los ingresos y egresos durante los distintos ejercicios anuales.[1]

El documento, inédito en la mayor parte de su contenido, ya había llamado la atención de varios investigadores, como Ricardo Levene[2] y José Luis Trenti Rocamora.[3] En forma complementaria, recientemente se ha estudiado el proceso del gobierno de la Biblioteca Pública de Buenos Aires durante la gestión de Manuel Moreno, tomando como punto de referencia las "Razones de gastos" de 1824 y 1826.[4] Dentro de la línea de este último aporte, y como continuación del mismo, pero ahora abocado a la década de 1810, el objetivo del trabajo consiste en estudiar los usos y las prácticas administrativas de la Biblioteca en sus inicios, en aras de rescatar la vida cotidiana de este organismo desde el punto de vista de la gestión.[5]

Estas características burocráticas y vivenciales, se pueden analizar a partir de algunos tópicos que se desprenden del *Libro de cargo y data*. Ellos son, en líneas generales, los siguientes: mantenimiento edilicio, obtención de insumos, encuadernación, donaciones de dinero, carpintería y mobiliario, compra y venta de libros, ingresos generales, entre otros.

El edificio de la Biblioteca Pública estaba ubicado en la llamada "Manzana de las Luces", en la ochava formada por las actuales Moreno y Perú,[6] donde funcionaría hasta 1901. En esa casa, luego de varias refracciones, se concretó su inauguración el 16 de marzo de 1812. El estado del edificio, según la documentación existente, siempre fue precario y demandó toda clase de arreglos. Uno de los mayores problemas, además del estado de los techos, fue la falta de cerramientos adecuados. En esta instancia tanto Chorroarín como otros bibliotecarios tuvieron que solucionar la constante falta de vidrios. El primero, por ejemplo, ya en víspera de la apertura, tuvo que erogar más de 106 pesos "en pintura, aceite de linaza, aguardiente para barniz, [y] postura de vidrios" y, dos años después, también debió ocuparse de "poner dos vidrios en una puerta y ventana". El problema de los vidrios, que se planteaba con cierta recurrencia, no era ocioso, pues el frío, la humedad y el viento hacían de la Biblioteca un lugar inhóspito y poco agradable, un sitio inapropiado para los lectores.

Otro de los temas recurrente en las necesidades de la institución fue el problema de la reparación y la protección de las obras. En este contexto es difícil suponer en qué momento se protegieron las obras deterioradas de la Biblioteca Pública de Buenos Aires. No obstante, los requerimientos de una persona que "sepa forrar" fueron frecuentes. A lo largo del tiempo, desde 1810 hasta 1817, estas tareas de "cuidado y uso" estuvieron presentes en toda gestión bibliotecaria. La urgencia por encuadernar llevó a Chorroarín a comprar una importante cantidad "de pieles para forros de libros" por un importe de casi 130 pesos; una suma, sin duda, considerable para la época. Poco después, el propio Chorroarín justifica esa inversión con las "composturas y encuadernaciones" de diversas obras en un monto de alrededor de 310 pesos.

Detrás de estas reparaciones bibliográficas es necesario rescatar el nombre de algún encuadernador, tal el caso de uno varias veces citado: don Juan Nepomuceno Álvarez. Este artesano, entre las numerosas diligencias que realizó, tuvo el honor, casi catalográfico, de encuadernar en pergamino "varios catálogos" de la institución. El "oficio o arte de forrar" nos permite conocer, entonces, la presencia y la realización de los primitivos procesos técnicos en la Biblioteca Pública de Buenos Aires; procesos que en este caso, en forma inequívoca, señalaban la encuadernación en pergamino como una garantía para el bienestar físico de un cuaderno cuyo destino final era la consulta constante.

Por otra parte, las donaciones destinadas a la Biblioteca, tal como lo reflejan los documentos de la época (*La Gaceta de Buenos Aires* y el *Libro de donaciones de la Biblioteca*) fueron de dos tipos: a) legados de libros y otros impresos, y b) donaciones de dinero (aportes pecuniarios). El tema del apoyo ciudadano y popular no es un asunto menor. Las bibliotecas, a lo largo de su historia, siempre constituyeron el reflejo de las sociedades que les dieron su impronta en esa circunstancia histórica;

además, todo proceso de desarrollo bibliotecario también reproduce el estado de la tecnología y de los medios de producción de una época.

La inauguración de la Biblioteca Pública de Buenos Aires no constituyó el establecimiento de una agencia social por medio de una súbita generación espontánea. La participación popular en el incremento de sus fondos impresos respondió a un largo anhelo de los ciudadanos, cuyas raíces se encuentran en el movimiento en pro de las bibliotecas públicas iniciado en Inglaterra y en los Estados Unidos (Nueva Inglaterra) en el siglo XVII y XVIII, y posteriormente fortalecido e impulsado por la Revolución Francesa.[7] A todo esto deben agregarse numerosos antecedentes locales, como el legado de la "librería" de Azamor y Ramírez para su *uso público catedralicio*[8] y la donación de Prieto y Pulido para la apertura de una *biblioteca pública conventual* en el Convento de la Merced en Buenos Aires.[9]

Dentro de este contexto informativo, dejando de lado el estudio social y económico de las personas que brindaron distintas cantidades de dinero y que aparecen mencionadas en *La Gaceta de Buenos Aires*, el *Libro de cargo y data* nos brinda la posibilidad de conocer algunos de los legados pecuniarios, tanto en la identificación de sus donantes como en el monto de sus erogaciones. Un breve detalle de estas contribuciones se esboza a continuación. En el año 1811 se registraron las donaciones siguientes: Francisco de Molina ($206), José Juan Larramendi ($103), Julián de Gregorio Espinosa ($19); durante el período 1812-1813: el obispo de Buenos Aires Benito Lué y Riega ($1.030), Nicolás Anchorena ($51), el presbítero Mateo Blanco ($12), etc. Es importante destacar el compromiso de los distintos bibliotecarios de la institución, pues en numerosas ocasiones legaron parte o la totalidad de sus sueldos, tales los casos de Luis José Chorroarín, Saturnino Segurola y Dámaso Antonio Larrañaga.

La participación del pueblo, pues, fue determinante para la apertura de la Biblioteca Pública de Buenos Aires en marzo de 1812. Sin su activa participación el proyecto hubiera tenido muchas posibilidades de fracasar o de languidecer. Es por ello que el Primer Triunvirato decidió su inmediata apertura, ya que se había transformado, de hecho, en un reclamo generalizado de la sociedad.

Su historia inaugural es apasionante y su conocimiento detallado, un legado bibliotecario. Así pues, luego del edificio y del acervo bibliográfico se imponían, al menos, tres rubros fundamentales: las estanterías, las sillas, y los instrumentos propios de la escritura. La madera, en esta primera etapa de configuración material, a través de la carpintería, fue la actividad que le dio forma "topográfica" al libro. Gracias al *Libro de cargo y data* es posible seguir esta verdadera aventura de ebanistería en la Biblioteca. No se trataba de una tarea menor. La Junta de Mayo, en el famoso artículo titulado "Educación",[10] atribuido a Mariano Moreno, había sostenido que era necesaria una suscripción "para los gastos de estantes y demás costos inevitables". Por lo tanto, una de las prioridades más relevantes, posiblemente debido al valor de la madera, era el conjunto de las estanterías, es decir, el soporte y el contenedor material-visual del libro.

La carpintería se transformó en uno de los emprendimientos de mayor importancia durante los primeros años de la Biblioteca. Resulta imposible detallar la totalidad de esas actividades. Por ejemplo, el año 1810 se consagró, casi exclusivamente, a dotar de estanterías al establecimiento. En esa fecha, Saturnino Segurola libró varios centenares de pesos a favor de Julián Gaistarro, quien suministró una gran cantidad de maderas. Al mismo tiempo contrató a Juan Vicente García para la confección de la mayor parte de los anaqueles. Las "tablas", en la mayoría de los casos, eran las denominadas pino "del Brasil" y, en algunas ocasiones, las maderas se utilizaban para la confección "de tiradores para cajones de estantes".

El ámbito de la carpintería y de los anaqueles constituye un universo relacionado con los libros y, a veces, poco o nada tenido en cuenta. Una obra sólo existe en tanto su facultad de ser usada. La capacidad de manipulación, la mano como un elemento entrañable de la lectura, forma parte del mundo tipográfico. Las obras, en una biblioteca en construcción, dependen, en última instancia, de su ubicación física sobre la madera de un estante. La carpintería y el "topos" de los anaqueles, en sentido lato, construyen al lector y le dan sentido existencial.

Sin embargo, la infraestructura de la Biblioteca Pública de Buenos Aires, concebida también como museo y gabinete, requería una serie de insumos para su correcta actividad. Aunque muchos de estos elementos son objetos "menores", su existencia nos señala el funcionamiento del establecimiento en la cotidianidad.

A modo de ejemplo ilustrativo, mencionaremos algunos de esos elementos propios de la vida diaria, tales como las llaves de la institución, el reloj que determinaba el tiempo de la lectura, los polvos para salvar la tinta, las escobas, los estuches matemáticos, los redondeles, las resmas y, casi inesperadamente, una cuchilla para eliminar el barro de los pies. Los lectores, aunque parezca poco común, suelen estar inmersos en la materialidad de los objetos que "cosifican" y coadyuvan a la lectura.

La gestión bibliotecaria, las autoridades y los ciudadanos, si bien no descartaban la lectura de esparcimiento, en toda ocasión y, por los medios de comunicación existentes (bandos, periódicos, correspondencia, reglamentos internos), no dejaban de manifestar que el nuevo establecimiento estaba destinado a ser un centro educativo para la ilustración pública. Vale decir que la Biblioteca tuvo un nuevo impulso con el Iluminismo y, como tal, su finalidad era, sin duda, práctica y utilitaria. De ahí que la lectura estuviera imbricada con la escritura y sus prácticas materiales. Los concurrentes, entonces, requerían de varios elementos para llevar a cabo lo que "se esperaba de ellos": una lectura que demandaba e imponía atriles, tinteros, reglas, salvaderas, plumas, etc.

El Libro de cargo y data es especialmente rico tanto en la compra como en la venta de libros. El contexto en el cual se gestó la Biblioteca, en el lapso que media entre 1810 y 1812, fue tumultuoso y heterogéneo desde el punto de vista bibliográfico. El 16 de marzo de 1812, fecha de su inauguración, la institución contaba con numerosos duplicados. La presencia de ejemplares repetidos señalaba, en un primer momento, la gran cantidad de títulos que se recibieron en forma indiscriminada; y en segunda instancia, el desorden de las adquisiciones. Este tema no es un tópico menor. Los sucesivos bibliotecarios debieron enfrentarse a dos problemas muy serios: a) la ausencia de títulos importantes, b) la abundancia de libros duplicados. La solución parcial fue incorporar el producto de la venta de los libros repetidos al exiguo presupuesto, como modo de paliar la falta de ciertos títulos. Aunque el gobierno libró significativos montos para adquirir obras en el extranjero, tanto en Londres como en Río de Janeiro, la venta de títulos repetidos constituyó uno de los avales más importantes para mantener los gastos generales de la casa y, eventualmente, como medio para obtener nuevos libros. De modo que una de las políticas principales de la Biblioteca para colmar ciertas lagunas de la colección fue, sin duda, la organización de la venta de sus recursos impresos.

La venta de obras duplicadas significó para la Biblioteca una importante e invalorable fuente de ingresos. El monto del dinero obtenido es elocuente; así en 1812 totalizaron 1.058 pesos y en 1813, alrededor de 1.400; cifras que se repitieron o se superaron en otros ejercicios. Una idea de la magnitud de estos montos nos la brinda el hecho de que el gobierno había entregado a Saturnino Segurola, para los gastos generales del establecimiento en 1810, la suma de $2.315, 4 reales: "Treinta y quatro onzas de oro recibidos de Juan Manuel Luca"; y que las partidas que recibiera en 1811 Luis José Chorroarín sumaban aproximadamente 3.240 pesos. En definitiva, la venta de los ejemplares repetidos implicaba alrededor del 50% de la partida oficial destinada a la Biblioteca.

La magnitud de esta empresa de obras repetidas, requirió una pequeña infraestructura administrativa. Durante el período de 1815 a 1817, un dependiente de la Biblioteca, Santiago Miró, ocasionalmente ayudado por su hermano, fue el encargado de ofrecer las obras y de recaudar las ganancias, que eran liquidadas a principios de cada mes.

En cierto sentido la venta de impresos duplicados operaba como un negocio librero dentro del ámbito de la Biblioteca, señalando la íntima relación entre el libro como bien cultural y como objeto de ganancia económica.

Hay otro aspecto de la Biblioteca que define su importancia para el poder político y estatal: su presupuesto. El dinero librado refleja las posibilidades y, en consecuencia, el alcance económico disponible para que los bibliotecarios llevaran a cabo su tarea. Su interpretación, además de la gestión contable, muestra el grado de compromiso de las autoridades y de los ciudadanos. En líneas generales el clímax de participación popular se dio en el bienio 1810-1812. A partir de esa fecha, las iniciativas tanto gubernamentales como particulares decayeron inexorablemente en un letargo que se extendería por un largo período, y cuyas causas deben ser analizadas, en un estudio de mayor alcance, para intentar comprender el destino de esta agencia social durante el siglo XIX. Una prioridad del *Libro de cargo y data* era, sin duda, asentar el detalle oficial y el origen de los ingresos. El presente cuadro establece los distintos montos recibidos por la Biblioteca entre 1810 y 1818:

1810 – $ 2.424, 1¾ rs.
1811 – $ 4.829, 1.
1812 – $ 6.377, 1½.
1813 – $ 3.057, 4.
1814 – $ 2.793, 2½.
1815 – $ 3.849, 5½.
1816 – $ 2.326, 1½.
1817 – $ 2.831.
1818 – $ 859 (hasta abril).

De modo tal que la Primera Junta y las autoridades que le siguieron trataron, dentro de sus posibilidades y múltiples urgencias, de solventar los gastos de la Biblioteca. Es oportuno destacar que los sueldos de los bibliotecarios eran abonados por el Cabildo de Buenos Aires. Por otro lado, buena parte de las demandas cotidianas, como ya se ha señalado, fueron saldadas por las ventas de libros duplicados, uno de los ingresos más importantes luego de las partidas oficiales.

Conclusiones

En el momento de señalar algunas conclusiones de esta primera lectura provisional del *Libro de cargo y data*, se ha intentado rescatar aquellos aspectos más interesantes para comprender nuestro desarrollo bibliotecario en ese período.

En primer lugar, observar, nuevamente, que la inauguración de la Biblioteca no fue un invento de la Revolución de Mayo sino, por el contrario, el resultado de un largo proceso cuyas raíces se encuentran tanto en la época hispánica como en numerosas influencias extranjeras contemporáneas. Constituyó, además, más que una evolución continua, una necesidad social impostergable. La presencia de una agencia de estas características estaba, inequívocamente, en "el ambiente" de la sociedad de ese período. La novedad que instala la Revolución de Mayo fue, sin duda, la decisión de llevar a cabo una empresa cultural desde el ámbito del gobierno desplazando, de este modo, la preeminencia que hasta el momento había tenido la Iglesia en la organización de las bibliotecas. No obstante, es necesario reparar en que los hombres más idóneos para materializar este "anhelo bibliotecario" provenían de las filas religiosas, tales como Fray Cayetano Rodríguez, Luis José Chorroarín, Saturnino Segurola y Dámaso Antonio Larrañaga. De ahí que el proceso de gestión bibliotecaria deba estudiarse a la luz del pensamiento tradicional hispánico en convivencia (a veces en pugna) con el cambio revolucionario. No debe descartarse, entonces, en los primeros tiempos de la Biblioteca, la existencia de dos mundos: el de la tradición y el del cambio.

En segundo lugar, uno de los aspectos más interesantes de la Biblioteca: el interés mancomunado, tanto de los ciudadanos como de las autoridades, en el momento de su inauguración, despierta admiración. En esta instancia radica una de sus originalidades más significativas. La Biblioteca fue *un fenómeno de participación popular desconocido hasta entonces*. Su concreción se debió, inexorablemente, a la intervención del pueblo con constantes donaciones de libros y dinero.

Finalmente, es importante reparar en la notable importancia de un documento como el *Libro de cargo y data o de cuenta corriente de los encargados de los gastos de la Biblioteca Pública*, ya que este registro original permite conocer en detalle el funcionamiento cotidiano de una agencia cultural creada por la Junta de Mayo; bajo sus escuetas y sobrias páginas contables se encuentra el universo administrativo de la Biblioteca. Gracias, pues, a sus asientos surge una variedad de tópicos de compleja pero apasionante identificación. A todo esto es fundamental agregar un aspecto admirativo y conmovedor: la dedicación, hasta la extenuación, de muchos de sus bibliotecarios, como el caso paradigmático y aleccionador de Luis José Chorroarín.

El *Libro de cargo y data*, en definitiva, dentro de este marco historiográfico, es una herramienta fundamental e imprescindible para reconstruir y conocer, todavía en forma parcial, la variedad de las prácticas bibliotecarias en los comienzos de la Historia de la Bibliotecología en la Argentina.

Notas

* Este trabajo constituye el resumen de una investigación mayor que se lleva a cabo en el Instituto de Investigaciones Bibliotecológicas (INIBI) de la Facultad de Filosofía y Letras (UBA).

1 Archivo General de la Nación (Argentina). Sala III, 37-3-23. Las citas no especificadas, en lo sucesivo, se refieren al presente documento.

2 Levene, R., *El fundador de la Biblioteca Pública de Buenos Aires: estudio histórico sobre la fundación y formación de la Biblioteca Pública en 1810 hasta su apertura en marzo de 1812*, Buenos Aires, 1938 [Documento No. 37], pp. 152-161.

3 Trenti Rocamora, J. L., "La moneda cuando la Revolución de Mayo", en Leiva, A. D. (Coord.), *Los días de Mayo*, 1998, v. 2, pp. 145-153; Trenti Rocamora, J. L., "Primeros libros comprados por la Biblioteca Nacional de Buenos Aires", en *Revista Argentina de Bibliotecología, No.* 1 (1998), pp. 57-64; Trenti Rocamora, J. L., "El negro de la Biblioteca", en *Nuestras Letras: publicación independiente sobre la Biblioteca Nacional"*, No. 1 (1997), p. 1. (también en *Qué hacer con mi libro*, Buenos Aires, 2000[5], pp. 69-73).

4 Parada, A. E., "Gestión, vida cotidiana y prácticas bibliotecarias en la Biblioteca Pública de Buenos Aires: un estudio a partir de las *Razones de gastos* de 1824 y 1826", en *Litterae. Cuadernos sobre Cultura Escrita*, Madrid, No. 3-4 (2003-04), pp. 225-257.

5 Para una bibliografía detallada sobre de la Biblioteca Pública de Buenos Aires son de particular interés las contribuciones siguientes: Acevedo, H., "Reseña histórica de la Biblioteca Nacional de la República Argentina", en *Boletín de la Asociación Española de Archiveros, Bibliotecarios, Museólogos y Documentalistas (ANABAD)*, v. 42, No. 3-4 (1992), pp. 13-35. [2ª edición, Asociación de Bibliotecas Nacionales de Iberoamérica (ABINIA), coords. José G. Moreno de Alba y Elsa M. Ramírez Leyva, *Historia de las bibliotecas nacionales de Iberoamérica: pasado y presente*, México, 1995, pp. 3-24]; Actis, F. C., *Algo de lo que hizo el clero por Mariano Moreno y la Biblioteca Pública de Buenos Aires*, Buenos Aires, [s.f.]; Groussac, P., "Prefacio", en *Catálogo metódico de la Biblioteca Nacional seguido de una tabla alfabética de autores. Tomo primero. Ciencias y artes*, Buenos Aires, 1893, pp. V-XCIX; Lucero, A. L., *Nuestras bibliotecas desde 1810*, Buenos Aires, 1910; Manzo, A. I., "Mayo y los orígenes de la Biblioteca Nacional", en *Algunos aspectos de la cultura literaria de Mayo*, La Plata, 1961, pp. 161-185; Merlo, J. C., "Historia de la Biblioteca Nacional", en *Biblioteca*, v. 1, No. 1-4 (1993-94), pp. 56-59, pp. 72-57, pp. 76-80 y pp. 74-77; Palcos, A., "La cultura pública y los comienzos de la Biblioteca Nacional", en su *La visión de Rivadavia: ensayo sobre Rivadavia y su época hasta la caída del Triunvirato*, Buenos Aires, 1936, pp. 208-212; Parada, A. E., *De la biblioteca particular a la biblioteca pública: libros, lectores y pensamiento bibliotecario en los orígenes de la Biblioteca Pública de Buenos Aires, 1779-1812*, Buenos Aires, 2002; Parada, A. E., "Gestión, vida cotidiana...", pp. 225-257; Piaggio, A., "El clero y la Biblioteca Pública", en su *Influencia del clero en la independencia Argentina (1810-1820)*, Barcelona, 1912, pp. 175-198; Sabor Riera, M. A., "La Biblioteca Pública de Buenos Aires", en su *Contribución al estudio histórico del desarrollo de los servicios bibliotecarios de la Argentina en el siglo XIX*, Resistencia, 1974, v. 1, pp. 26-50; Salas, H., "De libros y bibliotecas", en *Biblioteca Nacional*, Buenos Aires, 1997, pp. 27-87; Sarmiento, N., *Historia del libro y de las bibliotecas argentinas*, Buenos Aires, 1930; Sierra, V. D., *El fundador de la Biblioteca Pública de Buenos Aires*, Buenos Aires, 1939, 48 p.; [Trelles, M. R.], "La Biblioteca de Buenos Aires", en *Revista de la Biblioteca Pública de Buenos Aires*, v. 1 (1879), pp. 458-510; Trenti Rocamora, J. L., "Aportes para la historia de la Biblioteca Nacional de Buenos Aires y para una lista

de sus publicaciones", en *Boletín de la Sociedad de Estudios Bibliográficos Argentinos,* v. 4 (1997), pp. 51-90.

[6] Vilardi, J. A., *La Manzana de las Luces y el Colegio Nacional de Buenos Aires*, Buenos Aires, 1939, p. 34; Torre Revello, J., "Biblioteca Nacional de la República Argentina", en *Revista de la Asociación Cultural de Bibliotécnicos*, Año 2, No. 5 (1943), p. 12.

[7] Shera, J. H., *Foundations of the Public Library: the Origins of the Public Library Movement in New England, 1629-1855*, North Haven, Connecticut, 1965; Riberette, P., *Les bibliotheques francaises pendant la Revolution (1789-1795)*, París, 1970; Parada, A. E., "El reglamento provisional para el régimen económico de la Biblioteca Pública de la capital de las Provincias Unidas del Río de la Plata (1812)", en *Investigaciones y Ensayos*, v. 50 (2000), pp. 413-416.

[8] Rípodas Ardanaz, D., *El obispo Azamor y Ramírez: tradición cristiana y modernidad*, Buenos Aires, 1982, pp. 122-123; Rípodas Ardanaz, D., *La biblioteca del obispo Azamor y Ramírez: 1788-1796*, Buenos Aires, 1994.

[9] Levene, R., "Fundación de una biblioteca pública en el convento de la Merced de Buenos Aires durante la época hispánica en 1794", en *Humanidades*, t. 32 (1950), pp. 27-51; Parada, A. E., *De la biblioteca particular...*, pp. 37-44.

[10] *Gazeta de Buenos Ayres*, 13 de septiembre de 1810.

La biblioteca antigua del Colegio Nacional de Buenos Aires 1511-1810: procedencia y clasificación

José María Estrada Ábalos
CNBA Universidad de Buenos Aires, Departamento de Historia
IIH "Prof. Dr. Gerardo H. Pagés"
Escuela Nacacional de Bibliotecarios, Biblioteca Nacional
Buenos Aires, Argentina

Antigüedad de la Biblioteca del Colegio Nacional de Buenos Aires

El 15 de febrero de 1865, a dos años de la fundación del Colegio, Amadeo Jacques, su segundo y más famoso rector, declaraba oficialmente no contar con otro material didáctico que: "Un compás de madera malo y un grafómetro del tamaño más reducido, así como de la más inferior calidad; he aquí a lo que se limitan nuestros instrumentos. De libros, ni un tomo".[1]

Fallecido en octubre, lo sucedió su amigo y compañero, Alfredo Cosson, quien en el siguiente informe rectoral, de fecha 15 de mayo de 1866, se refirió a: "La biblioteca que hemos empezado a formar desde ha pocos meses, y que ya cuenta más de trescientos volúmenes de obras escogidas". En su rectorado, de casi once años de duración, dejaría tres mil quinientos volúmenes en la Biblioteca propiamente dicha; con más de otros quinientos para apoyo didáctico general.[2]

Importante fue el incremento experimentado en 1885, cuando de la disuelta Biblioteca Central de la Universidad de Buenos Aires recibió cantidad de piezas, asimismo notables por su calidad; que ingresaron con el sello primitivo de su procedencia. También mucho material atesorado por profesores, ex–alumnos u otras personas por diferentes motivos al Colegio vinculadas, ha continuado llegando directamente a su Biblioteca; con la seguridad de que así seguirá prestando a la sociedad el mejor servicio posible.[3]

El fondo antiguo: procedencia

De las tres donaciones de excepción que Domingo Buonocore registrara: "Gran parte de las bibliotecas particulares que fueron de Juan

Canter, José Juan Biedma y Eufemio Uballes";[4] la primera en mención lo es también en importancia.

Empresario porteño, hijo de Domingo Canter, industrial gibraltareño de ascendencia irlandesa fundador de los cigarrillos "Sublime". Había heredado la dirección de "La Sin Bombo", fábrica del rubro en que, sin abandonar la manufactura fina, introdujo el maquinismo. Para impulsar la ganadería donde no era fácil, fundó una cabaña, "Patria", en Neuquén, con bajo precio de venta de sus productos para los pobladores. Mantuvo inalterable amistad con Mitre, a quien acompañó en los conflictos del '80 y del '90; tal amistad, como solía comentar el profesor Osvaldo Giorno, había contribuido en grado sumo a la excelencia de su biblioteca: enterado de cada nueva adquisición del general, enseguida procuraba "empardarlo".

En su casa de Flores reunía a historiadores y numismáticos como Ángel Justiniano Carranza, Enrique Peña, Ernesto Quesada, Alejandro Rosa y el mencionado Biedma, profesor en el Colegio; fundó revistas como *Miniaturas y Cascabeles*, editó la *Revista Nacional*.

Hizo posible el rescate de los restos de la expedición del explorador bilbaino Enrique P. Ibarreta, desaparecida en el Chaco en 1898. Fue presidente del Distrito Escolar XI e interventor y vocal en el VII... cuando, con sus guardapolvos blancos, la República Argentina tenía imagen de plena alfabetización; imagen que, por exagerada que pudiera ser, como intención valía. Dotó laboratorios, donó libros al Colegio, personalmente por lo menos desde 1903, y en 1931, en memoria suya fue cedida al mismo por su esposa la parte de la biblioteca que no conservara el hijo, Juan Canter, reconocido profesor de historia.[5]

A esta donación pertenece el sesenta y uno por ciento de las cerca de cuatrocientas obras que concernientes al tema del simposio hemos observado. Con las que el mismo Juan Canter, personalmente, anticipara, más las provenientes de Biedma (por él mismo entregadas o por la cesión filial de 1934), exceden los dos tercios de todo el material a considerar.

Si lo proveniente de quien fuera profesor en el Colegio Nacional de Buenos Aires y director del Archivo General de la Nación, José Juan Biedma, aparece menor en cantidad, ello se debe, principalmente, a los límites cronológicos marcados para la convocatoria.

Cuatro de estos libros ingresaron en 1947, con la donada biblioteca de Manuel Carlés, personalísimo partícipe de la vida política argentina y profesor en el Colegio a cuya cátedra de moral cívica, disconforme con el gobierno del general José Félix Uriburu, renunció en 1931.

De propiedad de Andrés Lamas contamos tres, llegados a través de Juan María Gutiérrez y la Universidad de Buenos Aires. Ricardo Coll, Alfredo Cónsole, Mariano Larsen y Anibal Ponce participan con dos libros cada uno. Con uno: Juan P. Aguirre, Enrique B. Demaría, Rufino de Elizalde, Enrique François, Alberto Gache, Emilio Gobich, Bartolomé Mitre, Pastor Obligado, Adolfo Peralta, las hijas de Roque Pérez y Rafael Trelles.

Clasificación primaria

De las obras antiguas, se ha contemplado:

a) la presencia de idiomas y la respectiva proporción de los grandes grupos de materias;
b) La de primeras ediciones;
c) la de ejemplares también notables: por el registro de su edición en repertorios de acreditada valoración, por su donación, o por algún otro detalle;
d) la distribución temporal de su producción.

a) Lenguas y temas

En primer lugar la castellana, con cerca de la mitad (45 %) del total de las obras.

El conjunto de historia, biografía y geografía (viajes en especial) tiene la mayor cantidad, que pasa del tercio. Los temas de religión, Iglesia, devoción, etc., se acercan a la cuarta parte; al igual que los de lengua y literatura. En cuarto orden se acercan a la octava las diferentes representaciones de la vida social. Las de ciencia y técnica, más el igual número dedicado a las artes plásticas, no alcanzan al vigésimo. De filosofía, dos textos. Otro se ocupa de antiguos colegios.

Con cerca de la cuarta parte (24 %) del total, al francés corresponde el segundo lugar. Historia, biografía y geografía llegan casi a la mitad. Lengua y literatura se acerca a la quinta parte; al igual que los temas de artes plásticas. Los de ciencia y técnica pasan del décimo, y del vigésimo los de religión. Un volumen de política, otro de derecho; uno de filosofía, y una enciclopedia en varios, completan el sector.

Latina es la tercera lengua (16 %) representada. Historia, biografía y geografía, es también el conjunto mayoritario, pero en menor proporción pues no llega a un tercio y con sólo una obra más que el de lengua y literatura. Siguen el derecho y la religión, ésta con la octava parte justa y un título menos que aquél. Una obra de matemáticas, otra de física otra de biología y otra de medicina; dos de filosofía y dos de plástica.

Cuarto puesto (8 %) ocupan los escritos en italiano. También historia, biografía y geografía en el primero local, pero pasando apenas de su cuarta parte; que es exactamente ocupada por lengua y literatura. Un libro menos aparece en artes plásticas. Pasan del séptimo los de ciencia y técnica. Dos volúmenes de religión y uno acerca de costumbres y leyes.

Pequeña es la participación inglesa (5,5 %). Su mitad exacta, en historia y geografía. De lengua y literatura pasan la cuarta parte. Dos textos de filosofía, dos de plástica, y uno sobre mitología.

Menor la del portugués (1,5 %). Todo vinculado a religión menos un volumen de historia.

Cuatro, pertenecen al único texto holandés: de geografía, de viajes.

En artes plásticas, parcialmente, encontramos escritura alemana.

b) Primeras ediciones.

Condición en que se encuentra casi la tercera parte de todos los títulos, no sin cierta arbitrariedad destacaremos:

- Ludovico di Varthema: *Ludovico patritii romani [...].* Milano, 1511.[6]
- Juan de Mena: *Todas las obras del famosíssimo poeta [...].* Anvers, 1552.
- Alvar Núñez Cabeza de Vaca: *La relación y comentarios del gouernador [...], de los acaescidos en las dos jornadas que hizo a las Indias.* Valladolid, 1555.
- Andrea Palladio: *I qvattro libri dell'architettvra di Andrea Palladio.* Venetia, 1570.
- Juan de Atienza: *Catecismo mayor, para los qve son mas capaces.* Lima, Antonio Ricardo, 1584[7].
- Diego de González Holguín: *Gramatica y arte nveva de la lengva general de todo el Perú, llamada lengua Quichua, o lengua del Inca. [...]. Lima,* 1607.
- Juan de Solórzano Pereyra: *Dispvtationem de indiarvm ivre, [...].* Madrid, 1629-1639[8].
- Philippus Aureolus Paracelsus: *Opera omnia medico-chimico-chirurgica, [...].* Genève, 1658.[9]
- Gaspar van Baerle (Casparus Barlaeus): *Rervm per octennivm in Brasilia & alibi gestarum, [...].* Cleve, 1660[10].
- John Locke: *Histoire de la navigation, [...].* Trad. de l'Anglois, [...]. Paris, 1722.
- R. Academia de la lengua castellana: *Diccionario de la lengua castellana, [...].* Madrid, Francisco del Hierro, 1726-39.[11]
- Silvestre Ferreira da Silva: *Relaçao do sitio que o governador de Buenos Aires, D. Miguel de Salcedo poz no anno de 1735 à Praça da Nova Colonia do Sacramento [...].* Lisboa, 1748.
- Jorge Juan y Santacilia; Alejandro de Ulloa: *Relacion historica del viage a la America meridional [...].* Madrid, Antonio Marin, 1748.[12]
- William Hogarth: *The analysis of beauty.* London, 1753.

- Pedro Lozano: *Historia de la Compañía de Jesús en la provincia del Paraguay,* Madrid, 1754-1755.
- Hernán Cortes: *Historia de Nueva España. [...].* México, 1770.
- James Cook: V*oyage dans l'hémisphère austral, et autour du monde, [...]. Écrit par Jacques Cook. Paris, 1778.*
- Joseph Ignacio de March: *Nociones militares, ó suplemento a los principios de fortificación del Excmo. Señor Don Pedro de Lucuza, escrito para la instrucción de los Caballeros Cadetes del Regimiento de Dragones de Sagunto, por [...],* Barcelona, 1781.[13]
- *Real Ordenanza para el establecimiento é instrucción de Intendentes de exército y provincia en el virreinato de Buenos-Ayres,* Madrid, 1782.
- Gregorio Mayans y Siscar: *Rhetorica de Don Gregorio Mayans i Siscar.* 2a. Ed., Valencia, Josef i Thomas de Orga, 1786.[14]
- Francisco Palou: *Relación histórica de la vida y apostólicas tareas del venerable padre Fray Junípero Serra, [...].* México, 1787.
- Homero: *La Ilíada [...].* Trad. [...] por D. Ignacio Garcia Malo [...], Madrid, 1788.
- Thomas Antonio Sánchez: *Colección de poesías castellanas anteriores al siglo XV* [...], Madrid, Antonio de Sancha, 1779-90.[15]
- Etienne Bonnot de Condillac-: (*Euvres.* Paris, 1798).

c) Otros ejemplares notables.

En número próximo al tercio, mencionaremos:

- Mateo Alemán: *Primera parte de la vida del Pícaro Guzmán de Alfarache [...] dirigida a don Francisco de Rojas, Marqués de Poza, [...].* Tarragona, 1603.[16]
- Publius Virgilius Maro: *Bucolica et Georgica [...],* Lyon, 1619.[17]
- María de Zayas y Sotomayor: *Novelas amorosas, y exemplares: [...] de nuevo enmendadas por su misma Autora,* Zaragoza, 1638.
- Francisco de Sales: *Cartas espirituales del glorioso señor [...],* Madrid, 1671.[18]
- Andrea Pozzo: *Perspectivæ pictorum atque architectorum [...] der Mahler und Baumeister Perspectiv. [...] Format gebracht von Johann Boxbarth [...], Augsburg,* 1719.[19]
- Cayo Salustio Crispo: *La conjuración de Catalina y La guerra de Jugurta, por [...].* Madrid, J. Ibarra, 1772.[20]
- Antoine Joseph Perney: *The history of a voyage to the Malouine (or Falkland) Islands, made in 1763 and 1764, under the Command of M. de Bougainville,* 2. ed. London, 1773.[21]
- Marco Tulio Ciceron; *Los libros de [...]. De los oficios, De la amicicia, de la Senectud; con la Económica* de Genofon, [...] Valencia, Benito Monfort, 1774.[22]
- *Elogi storici di Cristoforo Colombo e di Andrea D'Oria.* – Parma, Stamperia Reale, 1781.[23]

- Josef Antonio de San Alberto: *Carta circular o Edicto de [...].* Buenos Ayres, Real Imprenta de los Niños Expósitos, 1784.[24]
- François Callet: *Tables portatives de logarithmes, contenant les logarithmes des nombres dupuis 1 jusqu'à 108000-; [...].* Paris, Firmin Didot, (1795) An 3°.[25]
- Jean Etienne Montucla: Jérôme de La Lande: *Histoire des mathématiques, Nouvelle édition, considérablement augmentée, et prolonguée jusque vers l'époque actuelle-; [...].* Paris, Henri Agasse, An VII-An X (mai 1802).[26]
- *Vida de J. J. Dessalines, Gefe de los negros de Santo Domingo; [...].* Madrid, Imprenta Real, 1805.
- *Uniformes de las tropas de Buenos Aires en la Defensa de 1807.*-[s.l.], [s.n.], [s.f.].
- Contenido: Andaluces, Arribeños, Artilleros, Catallanes, Correntinos, Gallegos, Granaderos, Húsares de Pueyrredon, Húsares del Virrey, Migueletes, Montañeses, Morenos, Niños agregados a la Artillería, Pardos, Patricios, Sargentos y Cabos, Vizcaínos.

d) Distribución temporal:

Con semejante antigüedad a la conocida obra de Ludovico di Varthema:

- Francesco Mario Grapaldi: *Opus elegantissimum [...].* Paris, 1511. Al siglo XVI pertenece un siete por ciento de lo que, realizado durante el período 1511-1810 inclusive, posee la Biblioteca del Colegio; con la suma de los títulos publicados en el XVII, alcanza el treinta. El sesenta corresponde al siglo de la Ilustración; quedando el restante diez por ciento para la primera década del siglo XIX. Si dos libros comparten el año inicial de esta Colección, en el último del período encontramos:
- Melchior Cesarotti: *Versioni poesie latine e iscrizini [...].* Firenze, 1810.
- William Walton: *Present state of the Spanish colonies including a particular report of Hispaniola, or the spanish part of Santo Domingo; [...].* London, 1810. Y posterior al día 25 de Mayo: un tercero muy especial.
- Jean Jacques Rousseau: *Del Contrato Social o principios del Derecho Político. Obra escrita por el ciudadano de Ginebra Juan Jacobo Rousseau. [...].* Se ha reimpreso en Buenos-Ayres para instrucción de los jóvenes americanos. Real Imprenta de Niños Expósitos, 1810. "Reimpreso" anuncia la portada y reitera el prólogo[27]; "Traducción hecha por el Dr. Mariano Moreno", expresa en nota especial la Biblioteca del Colegio... y así "suele decirse", como se observó al afirmar: "se valió, al reeditarlo en Buenos Aires, de una traducción española que ya circulaba en la Península".[28]

Sin resolver "la identificación del traductor y el descubrimiento de la edición que reimprimió Moreno", varios estudiosos han rechazado le perteneciera, lo que él mismo no pretendió fuera suyo.[29] La generalidad de los textos se atiene a impresión o edición, cuando se refieren a la obra.

Dos coetáneos de tan diferente orientación, general y particular, como Tomás Manuel de Anchorena e Ignacio Núñez, coincidieron en atribuirle el mérito completo.

Al siglo y medio, se modifica en segunda edición el pertinente párrafo de la primera...[30]; *Idem.* 2. ed. (c1964). p. 70. Y resulta curioso hallar sin aclaración alguna:

[...] La Junta autorizó [...] por iniciativa de Mariano Moreno, la [edición] de "El contrato social" de Jean Jacques Rousseau, obra que el deán Gregorio Funes puso en manos de Moreno en octubre de 1810, y que éste no pensó sino en reeditar, [...] se publicó la primera mitad en diciembre, y en los primeros meses de 1811 la segunda [...].[31]

Educación, bibliotecas... historia

Aparte de la tajante declaración del segundo rector del Colegio Nacional de Buenos Aires en 1865, al comienzo recordada; no cabe duda de que nada recibió su Biblioteca de la del Colegio de San Carlos pues ella, con la "librería" particular de su rector, don Luis José de Chorroarín -más "los libros donados por el obispo Azamor", por "don Manuel Belgrano, la señora de Labarden, el doctor Agüero, el protomédico Miguel O'Gorman y algunos otros"-, sí constituyó el primer fondo bibliográfico de la Biblioteca Pública de Buenos Aires, actual Biblioteca Nacional de la República Argentina.[32]

Conocida, pero no divulgada, es la vinculación de esta Biblioteca Nacional con aquel Colegio, antecesor del actual Nacional de Buenos Aires: su misma fundación; indudable acertada expresión de la sentida imperiosa necesidad de intentar suplirlo. Fue bajo el título de: "Educación" que el jueves 13 de setiembre de 1810 la "Junta Provisional Gubernativa de las Provincias del Río de la Plata a nombre del Sr. D. Fernando VII"; en texto de innegable autoría de su secretario de Gobierno y Guerra, anunció:

> [...] ha resuelto la Junta formar una Biblioteca pública, en que se facilite a los amantes de las letras un recurso seguro para aumentar sus conocimientos. [...] la curiosidad incita a los que no han nacido con positiva resistencia a las letras, y la concurrencia de los sabios con los que desean serlo produce una manifestación recíproca de luces y conocimientos que se aumentan con la discusión y se afirman con el registro de los libros, que están a mano

para dirimir las disputas. Estas seguras ventajas hicieron mirar en todos los tiempos las Bibliotecas públicas, como uno de los signos de la ilustración de los pueblos, y el medio más seguro para su conservación y fomento [...]. Las naciones verdaderamente ilustradas se propusieron y lograron frutos muy diferentes de sus Bibliotecas públicas [...], y las que son hoy día tan comunes en los pueblos cultos de Europa son miradas como el mejor apoyo de las luces de nuestro siglo.

Por fortuna tenemos bastantes libros para dar principio a una obra que crecerá en proporción del sucesivo engrandecimiento de este pueblo. La Junta ha resuelto fomentar este establecimiento, y esperando que los buenos patriotas propenderán a que se realice un pensamiento de tanta utilidad, abre una subscripción patriótica, para los gastos de Estantes y demás costos inevitables, la cual se recibirá en la Secretaría de gobierno: nombrado desde ahora por Bibliotecarios a el Dr. D. Saturnino Segurola, y a el Reverendo P. Fr. Cayetano Rodríguez, que se han prestado gustosos a dar esta nueva prueba de su patriotismo, y amor al bien público; y nombra igualmente por Protector de dicha Biblioteca a el Secretario de Gobierno Dr. D. Mariano Moreno, confiriéndole todas las facultades para presidir a dicho establecimiento, y entender en todos los incidentes, que ofreciese.

Tal la disposición, a modo de considerándoos precedida por: Los pueblos compran a precio muy subido la gloria de las armas; y la sangre de los ciudadanos no es el único sacrificio que acompaña los triunfos: asustadas las Musas con el horror de los combates.

Buenos-Aires se halla amenazado de tan terrible suerte; y cuatro años de glorias han minado sordamente la ilustración y virtudes que las produjeron. La necesidad hizo destinar provisionalmente el Colegio de S. Carlos para cuartel de tropas; los jóvenes empezaron a gustar una libertad tanto más peligrosa, cuanto más agradable; [...] Todos han visto con dolor destruirse aquellos establecimientos de que únicamente podía esperarse la educación de nuestros jóvenes, y los buenos patriotas lamentaban en secreto el abandono del gobierno, o más bien su política destructora, que miraba como un mal de peligrosas consecuencias la ilustración de este pueblo.

La Junta se ve reducida a la triste realidad de criarlo todo; y aunque las graves atenciones [...], llamará en su socorro a los hombres sabios y patriotas, que reglando un nuevo establecimiento de estudios adecuado a nuestras circunstancias, formen el plantel que produzca algún día hombres que sean el honor y gloria de su patria. Entretanto que se organiza esta obra, cuyo progreso se irá publicando sucesivamente, ha resuelto la Junta [...][33].

Pues, como cuatro años antes fuera anotado por el Secretario, Bachiller Manuel José Pereda en el *Libro de Asientos y ejercicios literarios públicos de los estudiantes que cursan las aulas de los Rs Estudios de esta Capital*: "Con motivo de la ocupación de esta Capital por los ingleses en este presente año, se disolvió el Colegio de San Carlos, y por lo mismo no hubieron Actos, y Ejercicios literarios públicos según costumbre, ni aún aquellos que sirven de Examen, a pesar q.e continuaron las Aulas, y dieron como consta en los respectivos Libros, sus Exámenes correspondientes, todos los estudiantes. Lo que anoto para que en ningún tiempo se eche de menos esta falta". Buenos Aires, 29 de noviembre de 1806.[34]

El disuelto Colegio fue destinado por cuartel para uno de los elementos militares que ante la muy previsible nueva invasión, ordenara el Cabildo Abierto del 14 de agosto de 1806: precisamente los tres batallones del "Cuerpo de Voluntarios de Infantería Patricios de Buenos Ayres" que desde el lunes 15 de septiembre, y según fuera elegido el sábado 13 por aclamación de sus pares[35], se hallaban al mando de "D. Cornelio de Saavedra, alumno del primer curso de filosofía en el año de 1773"[36].

El 22 de octubre de 1807, después de que la Defensa de Buenos Aires hubiera superado la nueva intentona y cuando el Rector D. Luis José Chorroarin gestionaba y parecía conseguir recuperar recinto y colegio; al ya virrey Liniers elevó Saavedra el reclamo firmado por veintinueve de sus oficiales, y agregaba: Supongo que el restablecimiento del Colegio sea útil; que sea conveniente la enseñanza de la Teología y Filosofía (únicas ciencias que aquí se enseñan) y cuanto quiera suponerse en esta parte. Y por sola esta conveniencia ¿habrá de postergarse otra mayor a la misma sociedad? En nuestras actuales circunstancias ¿puede compararse la ventaja de que este edificio del rey esté ocupado por sus armas y por soldados resueltos a derramar su sangre contra los enemigos?, ¿o por treinta o cuarenta estudiantes y tres clérigos que los cuidan, inútiles absolutamente para este interesante fin? Si V. S. cuando mandó desocupar dicho Colegio para que en él se acuartelase este Cuerpo, hubiera deferido a las representaciones y clamores del Rector para no verificarlo; si consiguiente a esta condescendencia en importante punto de la ciudad hubiese estado sin guarnición y con sólo el Rector y sus Colegiales ¿se hubieran rechazado con argumentos y silogismos los ingleses que lo atacaron? Luego el haber V. S. desatendido aquella y el habernos colocado en dicho edificio, fue lo que salvó y acaso a toda la ciudad, o al menos las vidas de cientos de sus habitantes que se hallarían dominados de los fuegos enemigos en aquel caso.[37]

Si desconsiderado para la enseñanza impartida en su Colegio parece el juicio de Saavedra, puede agregarse el del doctor Manuel Moreno: quien en el examen sobre la vida y escritos de su hermano Mariano, manifiesta que los alumnos llevaban una vida "monástica, según el gusto del que la preside: son educados para frailes y clérigos, y no para ciudadanos", criterio que compartieron Korn, Salvadores, Ravignani y otros estudiosos, afirmando que se perdía mucho tiempo útil y que no existía autonomía académica, pese al variable liberalismo de algunas autoridades y profesores: Maziel, Paso, Chorroarín, etc.[38]

De hecho, el cierre definitivo llegó por decreto de 24 de diciembre de 1807: [...] ordenó el gobierno al rector "pagar los salarios a los

Empleados del Colegio hasta el día último del año, previniéndole que desde este día quedan suspendidos los sueldos, y los empleados libres para disponer de sus personas". [...] a anhelada reposición del Colegio se postergó "ad kalendas graecas". Por los pasillos del claustro, donde durante 23 años habían pululado los muchachos con capa y beca, resonaban ahora los pasos marciales de los mismos muchachos, ya hombres, con uniforme y sable.[39]

El mismo Saavedra, comandante de los Batallones 1 y 2, a que el nuevo virrey, Baltasar Hidalgo de Cisneros, redujera los anteriores tres del cuerpo,[40] avisaba con fecha 25 de noviembre de 1809 haber encontrado abierta "la livreria":

> [...] No noto en los estantes falta de Libros bien que no tengo conocim.to de los que havian o deban existir: La Cerradura no demuestra violencia ni señales de haberse echo fuerza para avrirla, y sin duda si es maliciosa la apertura a sido con ganzúa: Con este motibo he visto que los libros estan en la mayor parte deteriorados por la polilla consiguiente a los años de abandono con que se han tratado. Provisionalm.te he dado aviso al Doctor Dn. Luis Chorroarin que creo será encargado de dicha librería y directam.te lo ago a V. Ex.a a fin de que tome las Prov.as que estime convenientes.[41]

Chorroarín sería, sí, el encargado de "dicha librería" y de las varias más bajo su dirección reunidas; cuando el 16 de marzo de 1812 abrió sus puertas la primera Biblioteca Pública de Buenos Aires. En cuanto a la fundación, cabe advertir cómo Groussac apuntó y Levene detalló haber ocurrido el 7 de setiembre de 1810.[42]

Cada 13 de setiembre, al celebrar el "Día del Bibliotecario" con toda justicia, pues la publicación de los actos de gobierno hace a la esencia del régimen republicano, semejante será la de recordar el dato histórico aclarado. El 7 de setiembre de 1810 era viernes, la *Gazeta de Buenos-Ayres* salía los jueves, y así los números 14 y 15, los jueves 6 y 13, respectivamente. En otros días, por ciertas novedades, podía aparecer la *Gazeta Extraordinaria*; el lunes 10 hubo una que comunicó: La llegada a Baltimore, el 4 de junio, de los "Diputados del Gobierno Provisional de Caracas, cerca de los Estados Unidos". Un "Bando o Proclama" del comandante del puerto de la Guayra.- De fecha 20 de abril de 1810. El "Manifiesto" de "La Provincia de Venezuela". Con la "Gazeta del 10: América española declarada independiente / Declaración de independencia. Supremo Gobierno de Caracas". Noticias recién recibidas por la *Gazeta* de Filadefia del 7 de junio. ¿Alguna local? Única, la última: continuación del listado de "los donativos de caballos [...] para la expedición de unión de las Provincias interiores";[43] es decir, para el primer ejército formado por el nuevo gobierno de Buenos Aires;[44] y así, la Biblioteca debió esperar al número 15; el ordinario del jueves 13. Al rector-fundador de la Escuela Nacional de Bibliotecarios, –y "secreto hacedor" de la Biblioteca Nacional en su actual emplazamiento–[45] hemos escuchado muchas veces exponer ideas tales como las registradas por la colación de grados del 13 de setiembre de 1972: [...] cuando los hombres de mayo constituyen en Buenos Aires la Junta Emancipadora, su decisión más inmediata fue la creación de la Biblioteca Pública, hoy Biblioteca Nacional. Antes de programar un país y de levantar una bandera, se preocuparon por fundar la Casa de los Libros. Tiempo después la Biblioteca fue rodeada de un pueblo y ese pueblo de otras bibliotecas. Fronteras de libros, que hemos compartido con nuestros vecinos americanos. Por ello, luego de contribuir a la instalación de la Biblioteca Pública de la provincia de Mendoza, cuyo sesquicentenario se cumpliera justamente este año, San Martín cruza las nieves empinadas para crear la Biblioteca Nacional de Chile y correrse después a fundar la Biblioteca Nacional del Perú [...].[46] Y al inaugurar ésta, en uno de sus últimos actos como Protector de la Libertad del Perú,[47] concluir, Señores, La Biblioteca es destinada a la ilustración universal, más poderosa que nuestros ejércitos para sostener la independencia. Los cuerpos literarios deben fomentar aquélla, concurriendo sus individuos a la lectura de los libros, para estimular a lo general del pueblo a gustar las delicias del estudio. Yo espero que así sucederá; y que este establecimiento, fruto de los desvelos del gobierno, será frecuentado por los amantes de las letras y de su patria.[48]

Párrafo que, mucho más allá de lo adecuado a la circunstancia, recala en lo hondo del reiterado pensamiento y acción sanmartinianos... en plena consonancia con lo doce años antes expresado por el primer secretario de gobierno y guerra de aquella fundadora Junta Emancipadora de Buenos Aires: En tan críticas circunstancias todo ciudadano está obligado, a comunicar sus luces y sus conocimientos; y el soldado que opone su pecho a las balas de los enemigos exteriores, no hace mayor servicio que el sabio que abandona su retiro, y ataca con frente serena la ambición, la ignorancia, el egoismo, y demás pasiones enemigos interiores del estado y tanto más terribles quanto exercen una guerra oculta, y logran frecuentemente de sus rivales una venganza segura. [...].[49]

Antigua por el material que la constituye, pero no tanto por su pertenencia al Colegio; si posee cierta cantidad de obras correspondientes a los siglos XVI al XIX, y es así valiosa para el estudio de la posible y aún probable cultura colonial hispanoamericana, la inmensa mayoría del material que nos ocupa ingresó hace setenta y cuatro años, por la muy espléndida donación de la señora Antonia Fernández de Canter. Otras varias han contribuido a enriquecer la Biblioteca del Colegio desde que en 1865-1866 fuera comenzada a formar por el tercer rector, profesor Alfredo Cosson. Tanto en razón de la diferente procedencia de sus fondos cuanto por mera acotación temporal, no hay vinculación entre la Biblioteca del Colegio Nacional de Buenos Aires y la de su hispánico antecesor, el Colegio de de San Carlos. Sí la hubo entre este Colegio y la Biblioteca Pública de Buenos Aires, de que la Biblioteca Nacional procede.

Bibliografía

ABAD DE SANTILLÁN, Diego: *Gran enciclopedia argentina [...],* Buenos Aires, Ediar, 1956-1963.

BRUNET, Jacques Charles: *Manuel du libraire et de l'amateur de livres [...].* 5. éd. París, F. Didot frères, fils et Cie, 1860-65.

CUTOLO, Vicente Osvaldo: *Nuevo diccionario biográfico argentino (1750-1930)*, Buenos Aires, Elche, 1971. *Enciclopedia italiana di scienze, lettere ed arti.* Roma, Istituto della Enciclopedia Italiana, 1929-39. *Enciclopedia universal ilustrada europeo-americana.* Barcelona, Espasa, 1905-1933.

FEBVRE, Lucien; MARTIN, J. Henri, *La aparición del libro*, trad. A. Millares, Carlo, México, Uteha, 1962 ("La evolución de la humanidad", 70).

Grand dictionnaire universel du XIXe. siècle français. Paris, Larousse, 1866-1890.

MILLARES, Carlo Agustín, *Introducción a la historia del libro y de las bibliotecas.* México, FCE, (c1971).

ROSARIVO, Raúl M., *Historia general del libro impreso.* Buenos Aires, 1964.

Notas

1 *Memoria presentada por el ministro de estado en el Departamento de Justicia, Culto e Instrucción Pública al Congreso Nacional de 1865*, Buenos Aires, 1865, pp. 81-82.

2 *Memoria [...] de 1866*, Buenos Aires, 1866. p. 14. *Memoria [...] de 1867*, Buenos Aires, 1867, p. 118. *Memoria [...] de 1868*, Buenos Aires, 1868. Anexo C, pp. 3-170; Anexo D, pp. 10, 32, 117-51 (la reimpr. of. de 1900, eliminó el Anexo D, como tal y el Catálogo de la Biblioteca; otros textos los cambió al Anexo C). *Memoria [...] de 1869*, Buenos Aires, 1869, pp. 15-18. *Memoria [...] de 1870*, Buenos Aires, 1870, p. 159. *Memoria [...] de 1873*, Buenos Aires, 1873, pp. 267-68. *Memoria [...] de 1874*, Buenos Aires, 1874, pp. 332-33. *Memoria [...] de 1875*, Buenos Aires, 1875, pp. 418, 421. *Memoria [...] de 1876*, Buenos Aires, 1876, pp. 322-24.

3 Bemaman, Susana Mercedes: "La biblioteca", en *El Colegio Nacional de Buenos Aires*, Buenos Aires, M. Zago, (c1995), pp. 99-100.

4 Buonocore, Domingo, *Elementos de bibliotecología.* 3. ed. reform., Santa Fe (Argentina), Castellví, [1952]. Ap. 3, "Bibliotecas públicas y semi-públicas más importantes de la República Argentina", p. 436.

[5] Cutolo, Vicente Osvaldo, *Nuevo diccionario biográfico argentino (1750-1930)*, Buenos Aires, Elche, 1969, pp. 103-104. Abad de Santillán, Diego, *Gran enciclopedia argentina [...]*, Buenos Aires, Ediar, 1956-1963.

[6] Primera edición latina. Obra de mayor antigüedad, en la Biblioteca del Colegio.

[7] Con traducción quichua y aymara. Primera obra fechada (si no primera impresa) por el introductor de la imprenta en América del Sur. Cf. Febvre, Lucien; Martin, J. Henri, *La aparición del libro*, México, UTEHA, 1962, p. 222.

[8] En Brunet, v. 6, col. 1617: "*Disquisitiones*".

[9] Donado en 1899 por el rector Juan P. Aguirre.

[10] El nombre del lugar, latinizado, aparece defectuoso: "livis".

[11] Conocido por *Diccionario de autoridades*. Para uno de los "notables" de la Oviedo de fines del siglo XIX, que *Clarín* retratara: "el diccionario del Gobierno". Cf. Alas, Leopoldo, *La regenta* [...], cap. 7.

[12] Sello y firma: "Guillermo Straw".

[13] Un sello: "Juan A. Garretón". Coronel, nacido en Concepción de Chile, fue secretario del gobernador Rosas. *Sagunto* era la unidad que en 1829-30 operaría por Andalucía (Sevilla y Córdoba) y en la cual Mérimée hubiera podido ubicar a don José Lizarrabengoa con más acierto que en *Almansa*; entonces llamado *Castilla* y de servicio por Palencia y Logroño. Acaso, cuando escribía *Carmen*, haya preferido el nombre que bien pudo haber conocido con motivo de una de sus primeras obras: *Les espagnols en Danemark* (1825). Cf. Clonard, Serafín María de Soto, conde de, *Historia orgánica de las armas de infantería y caballería españolas*, Madrid, 1851-1859. v. 15, pp. 245-46, 250, 266-69, 279, 430-31; v. 16, p. 362.

[14] Escrito: "Dr. Saturnino Segurola". Donación de Bartolomé Mitre.

[15] Firmado: "Miguel Olaguer y Feliú".

[16] Ciento ochenta años después, en Rodrigo, marqués de Posa, creó Schiller uno de los principales caracteres de su *Don Carlos, Infante de España.*

[17] "A mi muy querido amigo el Dr. D. Juan María Gutiérrez, para la Biblioteca de la Universidad de Buenos Aires. Diciembre 1° 1868". *Andrés Lamas".*

[18] Donación de Anibal Norberto Ponce, ex-alumno del Colegio.

[19] Texto bilingüe latín-alemán.

[20] Brunet, v. 5, col. 91-92. Rosarivo, p. 163, cita: a) "ha sido catalogada por el bibliógrafo Palau, 'como la mejor de las obras impresas en España en todos los tiempos"; b) "Para D. Updike: 'uno de los libros más finamente editados en el mundo durante la centuria antepasada' ".

[21] Obsérvese cómo "Malouine (...) Islands" era preferido en Londres al, entre paréntesis, "Falkland"... y ello cuando aún ocupaban Port Egmont, en la pequeña isla Trinidad. Cf. Caillet-Bois, R. R., *Una tierra argentina. Las islas Malvinas.* Goebel, J., *La pugna por las islas Malvinas; un estudio de historia legal y diplomática.* Cit. por Estrada Ábalos, José María, "Las Malvinas en el tapete diplomático del siglo XVIII", en Muschietti Osinalde, Ulises Mario (dir.), *Conflictos en el Atlántico Sur (siglos XVII-XIX)*, Buenos Aires, Círculo Militar, 1988 (Biblioteca del Oficial, 736), pp. 89-90.

[22] El incunable *De officiis*, registrado en la Biblioteca Nacional con el N° 241.490, está identificado como impreso en Venecia por Jacobo de Paganini el año 1491, de acuerdo con el asiento 5277 de Ludovico Hain. En la antigua Sala de Reservados de la calle México 564, advertí entenderlo erróneo y que por el asiento 6964 del *Gesamtkatalog der Wiegendrucke* (Leipzig, 1925), le correspondería: "Lyon, Gaspar Ortuin, 1494". Expuesto en el Simposio de 2002: "El fondo antiguo del Colegio

Nacional de Buenos Aires". Buenos Aires, Biblioteca Nacional, 2004, 1 CD Rom – (Ensayos & Debates, 2). Parece no haberse notado tal indicación. Será conveniente examinar al respecto y dictaminar en consecuencia.

[23] Imprenta que, de 1768 a 1813, dirigió Giambattista Bodoni.

[24] Escrito: "primer libro impreso en Buenos Aires. Dr. Carranza".

[25] Brunet, v. 1, col. 1477; v. 6, col. 470. "En 1783, il publia son édition des *Tables de Gardiner*, rééditées en 1795 sous le titre de Tables de logarithmes, et portées à une grande correction et à la perfection typographique par le stèreotypage de Firmin Didot". Cf. Larousse, v. 3, p. 157. En Rosarivo, p. 166: "[F. Didot] logra después de múltiples ensayos inventar el sistema *estereotípico*, por medio del que imprime las *Tablas de Logaritmos* de Callet que no muestran una sola errata".

[26] Los vs. 1 y 2, del año VII (22/09/1798-21/09/1799); del X (mayo de 1802), el 3 y el 4. Éste, acabado y publicado por La Lande.

[27] Moreno, M., "El Editor a los habitantes de esta América", en Levene, Ricardo, *El pensamiento vivo de Mariano Moreno [...]*, Buenos Aires, Losada, (c1942), p. 216.

[28] Rojas, Ricardo, *Historia de la literatura argentina [...]. Los coloniales, II.* Buenos Aires, G. Kraft, (c1957), p. 574.

[29] Groussac, Paul, "Escritos de Mariano Moreno", en *La Biblioteca* [...], Buenos Aires, año I, t.1, (1896), p. 139. Gandía, Enrique de, *Las ideas políticas de Mariano Moreno* [...], Buenos Aires, Peuser, 1946, pp. 65, 68-70. Levene, R., *Ensayo histórico sobre la Revolución de Mayo y Mariano Moreno [...]*, 4. ed., Buenos Aires, Peuser, (c1960), v. 2, pp. 320-323.

[30] Levene, R., *Ensayo histórico [...]*, v. 2, pp. 329, 472. Núñez, Ignacio, *Noticias históricas*, prólogo de E. de Gandía, Buenos Aires, La Cultura Argentina, 1952, v. 2, p. 16. García Mellid, Atilio, *Proceso al liberalismo argentino*, Buenos Aires, Theoría, 1957, p. 70; *Idem*, 2. ed. (c1964), p. 70.

[31] Sierra, Vicente D., *Historia de la Argentina. Los primeros gobiernos patrios (1810-1813)*, Buenos Aires, Garriga, (c1962), pp. 209-210.

[32] Groussac, P., *Historia de la Biblioteca Nacional*, Buenos Aires, Biblioteca Nacional, 1967, p. xi.

[33] *Gaceta de Buenos Aires (1810-1821)*. Reimpr. facs. dirigida por la Junta de Historia y Numismática Americana en cumplimiento de la Ley N° 6286 y por resolución de la Comisión Nacional del Centenario de la Revolución de Mayo, Buenos Aires, Compañía Sud-Americana de Billetes de Banco, 1910, v. 1, pp. (384)-(386).

[34] Probst, Juan: *La educación en la República Argentina durante la época colonial* (Intr. al v. 18 de *Documentos para la historia argentina*), Buenos Aires, Tall. J. Peuser, 1924, p. 175.

[35] Muschietti Osinalde, Ulises Mario, "Las unidades veteranas del primer ejército de las Provincias del Río de la Plata –1810– y su continuidad histórica", en *Revista Militar*, Buenos Aires, Círculo Militar, julio-diciembre 1983, N° 711, pp. 55-58.

[36] Probst, J., *op. cit.*, p. 176.

[37] AGN, "Varios Cuerpos, 1789-1809" (IX-28-5-3), en Marfany, Roberto H., *El pronunciamiento de Mayo*, Buenos Aires, Theoría, 1958, pp. 73-75. Probts, J., *op. cit.*, p. 175: Estimó el número de colegiales en setenta.

[38] Sanguinetti, Horacio J., *Breve historia del Colegio Nacional de Buenos Aires*, Buenos Aires, Asociación Cooperadora "Amadeo Jacques", 1963, p. 12.

[39] Probst, J., *op. cit.*, p. 176.

[40] Providencia del 11 de setiembre de 1809: Reemplazó por números las designaciones de origen. Cf. Beverina, Juan, *El virreinato de las Provincias del Río de la Plata [...]*, Buenos Aires, Círculo Militar, 1935 (Biblioteca del Oficial, 204-205), pp. 481-484.

[41] *Documentos para la historia argentina*, Universidad de Buenos Aires, Facultad de Filosofía y Letras, Instituto de Investigaciones Históricas, 1924, v. 18, pp. 444-445.

[42] Groussac, P., *op. cit.*, pp. v, xi-xii. Levene, R., *op. cit.*, v. 2, pp. 329-336.

[43] *Gazeta [...]*, pp. 234-36 (384-86).

[44] La "Expedición Auxiliadora de las Provincias Interiores", después "Ejército Auxiliar del Perú" o aún, simplemente, "Ejército del Perú"... pero no "Ejército del Norte". Nombre, sí, del segundo: el también nacido en 1810, al mando de Belgrano, en setiembre para la "Expedición al Paraguay", luego "Ejército del Norte", "Ejército del Norte y Banda Oriental"; después reducido a "Ejército de la Banda Oriental", etc., hasta que en 1814 rindió Montevideo. Cf. *Documentos del archivo de Belgrano*, Buenos Aires, Museo Mitre, 1913-1916, v. 4, pp. 17, 247, 251. Belgrano, Mario, *Historia de Belgrano*, Buenos Aires, Instituto Nacional Belgraniano, 1994, pp. 102, 115, 119, 121, 125, 146, 151, 168, 218, 273, 277, 311-312, 318, 327-328, 330, 337-338, 345-346, 377-378. En la suya, Mitre escribió (caps. 17, 24 y 28) el nombre de "Ejercito del Perú" con que oportunamente fuera conocido, hasta en la 4ª. y definitiva edición (1887). Inconsecuente, en la *Historia de San Martín* y a partir del mismo año (cap. 4), le atribuyó uno que nunca tuvo: "Ejército del Norte". ¿Concesión a la geografía o supuesta conveniencia pedagógica? Cualquier razón no histórica puede haber originado esta nueva denominación; que ha resultado absolutamente preferida, tanto en niveles de enseñanza y medios de comunicación cuanto en muchos espacios académicos. ¡Si lo dice Mitre!

[45] Vázquez, María Esther, "Instantáneas. La Biblioteca Nacional", en *La Nación*. Buenos Aires, Domingo 12 de marzo de 2000, *Cultura*.

[46] Clemente, José Edmundo, *Descubrimiento de la metáfora*, Caracas, Monte Ávila, (c1977), pp. 64-65.

[47] Fórmula que en ocasiones prefirió para encabezar sus disposiciones, en vez del oficial título de: "Protector del Perú".

[48] El 17 de setiembre de 1822. "Dicho esto se finalizó el acto; [...].". Cf. *San Martín y la cultura*, 4. ed., Buenos Aires, Instituto Nacional Sanmartiniano, 1977, p. 62. Obsérvese cómo escribían "patria", con minúscula, ¡cuándo la hacían!

[49] Moreno, M., *op. cit.*, p. 216.

IGLESIA Y SOCIEDAD

Iglesia y autoridad secular: una disputa de poder en las postrimerías de la colonia. La violación de la inmunidad eclesiástica en la casa cural de Mocorito[1]

Wilfrido Llanes Espinoza
Universidad Autónoma de Sinaloa
Culiacán, Sinaloa, México

Introducción

La problemática que se esboza en este artículo es la de una disputa entre el poder eclesiástico y el secular, teniendo como trasfondo el detrimento de las regalías, del poder de la Iglesia como institución frente a un Estado que se "fortalecía" a raíz, principalmente, de los cambios políticos en la metrópoli.

Es una investigación en la que se trata de poner de manifiesto que no por ser el septentrión novohispano una región alejada del centro de la colonia o "inhóspita", como se le ha llegado a catalogar, quiera decir con ello que las políticas emanadas del centro de reino o de la metrópoli no hubieran surgido efecto en estas latitudes; la tentativa es trazar una argumentación que plantee la disminución del poder de la Iglesia en favor del Estado, que las disputas también se daban en los niveles más bajos de la organización administrativa y en las regiones más "salvajes", ejemplificando esto con un acontecimiento que se produce en el distrito de Mocorito –territorio ubicado en el septentrión novohispano, perteneciente a la provincia de Sonora y Sinaloa– con la violación a la inmunidad local de la casa cural de la jurisdicción, originando con ello la excomunión de las justicias del lugar, el subdelegado, Rafael Ortiz de la Torre y su Teniente Joaquín Pérez Baro, desatándose un largo litigio que ponía de manifiesto el trasfondo político que permeaba el espíritu de la Iglesia.

La temática resulta una experiencia extraordinaria y compleja, a la vez, por el hecho de ser un camino apenas transitado por los hacedores de historia regional de nuestra entidad (Sinaloa, México).

El título en sí –*Iglesia y autoridad secular: una disputa de poder en las postrimerías de la colonia. La violación de la inmunidad eclesiástica en la casa cural de Mocorito*– nos abre el interés por conocer un fragmento de nuestra arrinconada historia provincial. Partiendo de los orígenes esenciales de esa situación entre las dos instituciones más importantes (Iglesia-Estado), la cual surge de las condiciones que se estaban produciendo en la metrópoli, siendo más específico, con el cambio dinástico, momento de transición, ya que los Habsburgo fueron desplazados por los Borbones, quienes llegaban con una mentalidad y política renovada, con respecto de los anteriores gobernantes, definiéndoseles por el espíritu reformador,[2] siendo directamente afectada la Iglesia, lo que trajo como rauda consecuencia el distanciamiento gradual y en progreso de ambas instituciones; y es allí, en lo más crítico de la relación en donde se inserta la trama abordada en esta indagación, ya que, para mediados del siglo XVIII, la relación entre el poder civil y el eclesiástico, en todos sus niveles, se encontraba en la misma situación, en disputa constante.

Dicha afirmación, que se pretende sustentar, tomando como referente el caso de la violación a la inmunidad eclesiástica de la casa cural del pueblo de Mocorito, lo que no indica que haya sido un caso aislado, en una provincia alejada del centro de la colonia, ya que el espíritu reformador de los Borbones se acentuaba hasta el punto de oprimir a su más grande opositor de intereses y, en algún momento, espada gemela en la conquista del "Nuevo Mundo", la Iglesia; siendo la restricción de sus inmunidades[3] el último grado en su intento por someter el poder eclesiástico, disputándole la potestad que ostentaba sobre la base de elementos que los mismos administradores antiregalistas habían formulado.

Tomando como cierto que a cada acción le corresponde una reacción, podemos ver que al utilizar la Corona el recurso de fuerza[4] como arma principal para combatir a la Iglesia, la segunda empleó su arma vital en contra de los fieles, la excomunión. Es precisamente esta cuestión un argumento importante en la indagación ya que en su parte final manifiesta un ejemplo intrínseco, siendo precisamente un recurso de fuerza lo que llevó a que el litigio se alargara por más de ocho años, reclamando la absolución por excomunión del Subdelegado de Sinaloa, junto con su Teniente por haber sacado por la fuerza a una mujer india que se había refugiado en la casa cural de la parroquia de Mocorito.

La temporalidad en la que se puede ubicar la problemática planteada, es en las postrimerías de la colonia –segunda mitad del siglo XVIII y principios del XIX–, ya que es cuando la nueva política reformadora de los Borbones se pone en práctica tangible con sus reformas borbónicas y otras que en conjunto vinieron a traer el detrimento de la administración eclesiástica. El espacio geográfico, el distrito de Mocorito, lugar ubicado en el septentrión novohispano, perteneciente a la provincia de Sonora y Sinaloa[5] (véase anexo I. Mapa).

El divorcio declarado: regalismo en riesgo

La relación entre las dos instituciones existentes más poderosas se había ido menguando con el transcurrir del tiempo y las constantes acusaciones –en ambas direcciones– eran las causantes, las nuevas políticas eran las que originaban esos padeceres, sumándose la centralización de poderes que causaba cada vez más estragos, manifestándose ello en la gran cantidad de litigios que se llevaron a cabo en la cancillería de la corona y en los juzgados eclesiásticos, como se muestra a continuación.

Litigios entre sacerdotes y alcaldes mayores, por décadas, 1700-1819

	Con alcaldes mayores	
Década	Número	Porcentaje
1700-1709	2	2,20
1710-1719	0	-
1720-1729	0	-
1730-1739	3	3,3
1740-1749	3	3,3
1750-1759	3	3,3
1760-1769	10	10,8
1770-1779	16	17,4
1780-1789	19	20,6
1790-1799	18	19,5
1800-1810	15	16,3
1810-1819	3	3,3
Total	92	100

Fuente: William, B. Taylor, *Ministros de lo sagrado: Sacerdotes y feligreses en el México del siglo XVIII*, t. II, Zamora, Michoacán, COLMEX-COLMICH-SEGOB, 1999, p. 589.

Quedaba claro que el poder debía permanecer centralizado en el Estado, que a la Iglesia se le pretendía subordinar a los propios intereses de quien en algún tiempo fue el "padre", el acompañante de la "madre Iglesia", pero, conforme había trascurrido el tiempo y cambiado los intereses, la reciprocidad se había vuelto rancia, ahora, la "madre Iglesia" tenía que sucumbir ante quien detentaba el poder dominante, el Estado.

El divorcio ya estaba declarado y puesto en marcha el regalismo [privilegios] que anteriormente se había otorgado a la Iglesia con la llegada de la nueva dinastía –los Borbones– y, más específicamente, de sus últimos gobernantes, se había deteriorado y casi exterminado por los antinegalistas. Hipólito Villaroel se expresa de la relación entre los dos poderes, diciendo que:

> Ya nos contentaríamos con que este mal régimen se quedase dentro de los límites del desgobierno secular y que no trasciéndase la falta de policía a la jurisdicción eclesiástica; por que aquélla sólo se extiende a perjudicar lo temporal; pero esta otra pasa a vulnerar lo sagrado, lo pío y religioso y sus consecuencias son tanto más perjudiciales, cuanto son diferentes los objetos a que terminan [sic][6].

Quedaba establecido que la relación entre la Iglesia y el Estado había dado un giro garrafal para los primeros, la situación actual –finales del siglo XVIII– no era de dos instituciones con beneficios mutuos, sino de una dominante y otra subordinada, lo que ponía de manifiesto que las jerarquías más altas empezarían con las del Estado, siguiéndole las eclesiásticas, por lo que infiriendo lo antes mencionado y llevándolo a un nivel más amplio, puede quedar claro que la defensa de los derechos retirados a la Iglesia trajo como secuela conflictos propios de una lucha, de un divorcio.

Dentro de los elementos más importantes en el intento por hacer sucumbir a la Iglesia se encontraba el medio más común para que la Corona revisara los casos juzgados por la Iglesia, además de ser una de las armas más eficaces utilizadas por el Estado en la lucha por la supremacía sobre la Iglesia, el recurso de fuerza o queja o vía de fuerza,[7] cuya función era auxiliar a las personas que se consideraran lastimadas por alguna sentencia dictada por la Iglesia o por algún otro acto en su contra, pudiendo ser desagraviado por un tribunal secular, regularmente lo hacía la audiencia local.

La idea profunda de las leyes de indias de 1680, en materia de jurisdicción eclesiástica, reflejaba el intento de la corona por evitar la intromisión de la influencia escolástica en el terreno de lo secular. El miedo a los reales o posibles excesos de las autoridades eclesiásticas tuvo una clara consecuencia, reducir las facultades de competencia de los jueces escolásticos, ahora se les prohibía la intervención en casos civiles o criminales de los infieles que faltaban a los sacramentos.[8]

La política de Carlos III, en este término, se caracterizó por mantener los logros obtenidos anteriormente y fomentar la expansión del poder de la corona, para ello resultó necesario limitar aún más la jurisdicción eclesiástica, el privilegio del fuero fue restringido a los eclesiásticos. El derecho de inmunidad eclesiástica era, a los ojos de los regalistas, totalmente incompatible con la responsabilidad que tenía la Corona de mantener el orden público y asegurar su efectiva administración de la justicia. En suma, su jurisdicción quedaba subordinada a la judicial.

Tras el deseo de la Corona por conseguir la necesaria armonía entre las autoridades y evitar las diferencias jurisdiccionales, ordenando que presentaran el auxilio y favor real a las justicias eclesiásticas,[9] se disimuló un claro intento por supervisar las jurisdicciones de los eclesiásticos. El exponente más característico del interés por someter la competencia eclesiástica a la autoridad política, se observó en la figura del recurso de fuerza. Como se refirió anteriormente, fue a través de esta institución que los enjuiciados que se sintieron agraviados por un acto o una sentencia dictada por algún juez escolástico, gozaron de la posibilidad de acudir a la jurisdicción seglar, entonces la causa pasaba a la audiencia, quedando suspendida la acción del juez eclesiástico hasta su esclarecimiento.

Hago mención de ello porque uno de los obstáculos que tuvo la jurisdicción religiosa para poner orden y detener a los delincuentes, fue el derecho de asilo que gozaba quien se resguardaba en una iglesia o lugar sagrado tras cometer infracciones, aunque éstas no pertenecieran a la potestad eclesiástica. De esta manera, los delincuentes amparados en este derecho salían, sin ningún obstáculo, a delinquir volviendo o cambiando de refugio cada vez que consideraran adecuado.

> Durante el mandato del Virrey de Cruillas, la Corona tomó una serie de providencias para subsanar el problema, facilitar la extracción de los reos de los lugares sagrados. En 1764, el monarca en cargo instaba a recordarles a los jueces seculares su obligación de extraer de los lugares sagrados a todos los delincuentes que cometieran delitos, que por su gravedad estuvieran excluidos del derecho de inmunidad. También consideró necesario agilizar los tramites de extracción, a partir de entonces sería más conveniente que la jurisdicción ordinaria pidiera a los jueces eclesiásticos una licencia por escrito o verbalmente, dependiendo esto de la gravedad y urgencia de cada caso, en la que se declarara únicamente el juramento de no-extorsión al delincuente, hasta que se determinara si podía o no gozar del derecho de inmunidad. Antes de poner en marcha estas medidas, la corona quiso conocer el parecer de la audiencia de México.[10]

Éste era un asunto delicado, ya que suponía un nuevo recorte a las facultades de la jurisdicción eclesiástica, por lo que fue preciso conocer la opinión de quienes serían los afectados, la Iglesia, a lo que el sector eclesiástico, "poniendo las cartas sobre la mesa", manifestaba que el principal temor yacería en los posibles errores que podían cometer los justicias ordinarias a la hora de calificar los delitos. Argüido esto, se determinó en real acuerdo que "antes de proceder a la extracción de algún delincuente del sagrado lugar, un letrado estudiara la calidad del delito para ver si se adecuaba a la exención de inmunidad. En caso de que no hubiese letrado, deberían las dos jurisdicciones ponerse de acuerdo sobre el modo de asegurar al reo hasta que obtuvieran el dictamen de un asesor".[11] De esta manera la Audiencia alteraba substancialmente el deseo de la corona haciéndole gratuitamente una concesión a la Jurisdicción eclesiástica.

El Marqués de Croix, regalista acérrimo, consiguió que por la vía oficial se desaprobara lo resuelto por los ministros de la audiencia. Pocos meses más tarde se ordenó que se cumpliera lo prescrito en la real cédula del 5 de abril de 1764, era el respaldo a lo ejecutado por el virrey. En 1772, Carlos III animó con gran fuerza a que se restringiera el derecho de asilo. Clemente XIV en el breve *Ea Semper* del 12 de septiembre, reiteró las clases de crímenes que no eran merecedores del derecho de inmunidad, al mismo tiempo que redujo a una o dos las iglesias en que podían refugiarse los delincuentes, dependiendo del tamaño del lugar.[12]

Siendo el recurso de fuerza el aparato más común para la revisión de real y una de las armas más eficaces del Estado en la lucha por la supremacía sobre la Iglesia, logró poner en franca alerta las altas jerarquías de la Iglesia, quienes se oponían a la supervisión secular, teniendo como consecuencia una visión de resentimiento en contra de esta interferencia de los funcionarios locales –las justicias– en cuestiones escolásticas.

Como el control secular del sistema judicial eclesiástico no se limitaba a los casos criminales y civiles del fuero, sino que abarcaba también el fuero estrictamente espiritual, la bula de la cena consideraba al recurso de fuerza como la violación secular más flagrante cometida en contra de la jurisdicción eclesiástica, y aunque se podía apelar a un dictamen de excomunión contra un eclesiástico o laico, utilizando un recurso de fuerza, y si la audiencia consideraba que un magistrado eclesiástico había *cometido fuerza* –equivocado en su juicio– al emitir la sanción, el dictamen se declaraba inválido.

Fungiendo, de esta manera, la excomunión de los jueces reales como el arma principal de la Iglesia en las disputas jurisdiccionales que ocurrían con tanta frecuencia. Aunque la ley real prohibía este uso de las censuras eclesiásticas, y la Corona repetidamente anulaba la bula papal en la que se basaban –la de la cena–, pero el recurso de fuerza permitía una defensa más eficaz otorgando al juez secular la voz decisiva al definir la delicada frontera entre la jurisdicción secular y la eclesiástica, era la audiencia la que tenía la última palabra, la que resolvía, por medio del recurso de fuerza, la mayoría de las competencias, y si la audiencia decidía que el juez real excomulgado no había excedido su autoridad, entonces el tribunal eclesiástico estaba obligado a absolverlo.

Los magistrados reales aún temían el deshonor y escándalo que acompañaba a cualquier orden pública de excomunión, pero la eficacia de las censuras canónicas como un arma política contra la supremacía secular la había destruido el recurso de fuerza, ya que una vez que la audiencia había promulgado un auto de fuerza desfavorable para el magistrado eclesiástico, éste no podía hacer gran cosa.[13]

Como medio para despojar a los jueces eclesiásticos de su jurisdicción sobre un acusado el recurso de fuerza se aplicaba inicialmente en los casos alrededor de la inmunidad local. Pero cuando la corona, siguiendo los lineamientos de la política carolina, de restringir la autoridad judicial eclesiástica, impuso límites al privilegio de asilo a mediados del siglo XVIII, se instruyó de esta manera a los fiscales coloniales para que sancionaran y ejecutaran estas leyes con la presentación del recurso de fuerza.[14]

La disputa entre el clero y el poder civil en Mocorito

Transcurría el mes de abril de 1800 en Mocorito, una extraña mujer corría asustada, volteaba desesperada, era claro que huía de algunos temores, hizo un alto repentino al costado de la iglesia, frente a la casa cural[15] del padre José Barrios y sin pensarlo se adentró en el "santo lugar".[16] A poco rato se escucharon los gritos de unos hombres, eran el teniente de justicia de Mocorito don Joaquín Pérez Baro y cuatro acompañantes (don Martín Sánchez, José Antonio Montoya, Francisco Castro y un indio llamado Francisco Xavier Juárez), iban por Serafina, quien momentos antes se había refugiado en la citada casa cural.

Serafina había escapado del Rancho del Malinal, propiedad de don Francisco de la Vega, en donde estaba depositada por los delitos de vivir amancebada y prófuga con un hombre, siendo así castigada por sus excesos y escandalosa vida con pena leve. La fuga fue reportada al subdelegado de la villa de Sinaloa don Rafael Ortiz de la Torre por el citado de la Vega, ordenando, el primero, al teniente Pérez Baro fuera por la mujer india y la repusiera a su depósito. Al buscar cumplir con su cometido el justicia al ir a la casa cural del pueblo de Mocorito le pidió al reverendo Barrios le entregara a la prófuga, negando la petición el segundo, quien respondió que si era para depositarla otra vez en donde se encontraba antes no la entregaba, pero que si la depositaba en otra si aceptaba la petición formulada.

El presbítero Barrios se dirigió hacia la protegida, quien se encontraba en la puerta intermedia de la casa cural, el padre tomó de la mano a la india invitándole a contarle cómo había hecho para escaparse, quien igual de asustada que él contaba que se había escapado de su depósito, porque era muy pesado moler tanto maíz y fregar todos los pisos, además del maltrato de la señora de la casa, quien le gritaba para que se apurara en sus labores.[17]

Luego de contarle Serafina como se había escapado, se recostó en una cama, mientras que don José Barrios intentaba encontrar una pronta solución, para que el problema no creciera y llegara a oídos del gobernador ni del obispo, don fray Francisco Rousset,[18] porque era cuestión de tiempo para que el el teniente de justicia regresara. Visiblemente molesto se habían retirado el teniente y sus acompañantes a consultar a su inmediato superior, el subdelegado de la Torre, quien ordenó se volviera a solicitar a Serafina; pero el párroco insistía en no entregarla, igualmente el subdelegado insistió en su empeño y esta vez le advirtió al teniente "que si reconvenido el cura no quería entregar a la india, pasara a extraerla".

Ante un nuevo intento del teniente de Justicia, el párroco se mantuvo en lo dicho, además, ahora quería que la mandaran pedir por escrito, a lo que respondió el teniente que no era necesario tal requisito ya que no era situación que le compitiera al brazo escolástico".[19] Aparte ante la negativa del párroco, el teniente de Justicia acató y ejecutó el ultimátum ordenado. Intentaron entrar -él y sus auxiliares- por una puerta, pero el padre no lo permitió, se pasaron a la otra y se volvió a resistir, insistiendo en que se lo mandara pedir por oficio. Se fueron para la otra puerta dos de los acompañantes y el cura, quien llegó queriendo cerrarla, y en vista de la resistencia, el teniente alcanzó a jalar al cura para impedir que cerrara completamente las dos hojas y en el nombre del rey, el dicho teniente de justicia mandó entrar a los acompañantes a extraer a la mujer de la cocina en donde se encontraba y así sucedió.

La india fue entregada al subdelegado en presencia de don Francisco de la Vega. Ya con Serafina en su poder, de la Vega le preguntó por qué se había escapado y refugiado en la casa del cura, quien, entre sollozos, dijo que, "por que el reverendo José Barrios le había mandado llamar, diciéndole que se fuera a amparar en el santo lugar, posteriormente el juez subdelegado le reiteró la pregunta, sobre por qué se había fugado de donde estaba judicialmente depositada, ésta respondió que nada tenía que quejarse de su amo, que era muy bueno, pero que la señora (ama) era muy impertinente";[20] a lo que el citado Vega respondió, que de su casa podría quejarse de no tener libertad y de que se le haga trabajar, pero que manifestara si le hacía falta comida y ropa, a lo que la mujer respondió, que nada tenía que decir sobre eso, por lo que mandó el juez subdelegado se fuese con su amo a continuar el servicio, hasta cumplir la pena, advertida de mayores escarmientos si se volvía huir del depósito.[21]

Después de una semana, el teniente de Justicia don Joaquín Pérez Baro se enteró de la terrible noticia de que estaba excomulgado, el sábado en que se dispuso a asistir a misa en el pueblo de Mocorito. De hecho, "viniendo por el camino del Rancho de San Miguel Acatita, un muchacho nombrado Mariano Montoya" le dijo que estaba públicamente excomulgado,[22] sin embargo, el teniente no sentía pena alguna en su conciencia, además de que no se le había hecho saber nada. Don Martín no creyó cierta la noticia dada por el joven, pero viendo que la gente no le hablaba y huía de él, empezó a creer en lo notificado, y atemorizado por la excomunión, aunque sin culpa, se fue para su casa, de donde inmediatamente dio parte al subdelegado, quien se hallaba en la villa de Sinaloa. Éste le contestó que daría cuenta de lo sucedido al señor gobernador y le ordenó que manifestara por oficio, al señor obispo, que no había sido el ánimo de ofender al cura párroco, pero que no obstante pidiera la absolución. Así lo hizo saber el teniente, pero no tuvo respuesta del señor obispo don fray Francisco Rousset, más que la de un simple recibo firmado, no por él, sino por el padre Ibarra de la villa de San Miguel de Culiacán.

Habiendo manifestado el párroco de Mocorito una carta al obispo, en que le decía no poder absolver sin que lo pidiera formalmente por escrito; así lo hizo el justicia, manifestando que la extracción de Serafina la realizó por orden de su superior, el subdelegado, y que en lo sucedido, especialmente en haber contenido al cura, no fue con la intención de ofender al párroco ni violar el estado laico, pero que si por ello había incurrido en alguna culpa, pedía la absolución, porque de otro modo no podía atender sus obligaciones, por estar privado del trato y comunicación con la gente, ya que esa era una de las consecuencias de la excomunión recibida.

Siendo aceptada la petición, el señor obispo Rousset, pidió al presbítero comisionado de Mocorito, absolviera al teniente y le impusiera la penitencia de que hincado de rodillas, ante él y los acompañantes en la extracción de la mujer, pidiera perdón, además de una multa, cuantificada en lo que le pareciera al clérigo, basándose en la estimación de sus bienes, recibiendo además una sanción de 20 pesos y la aclaración de que se le perdonaban los derechos que imputaban las diligencias actuadas por el presbítero de Mocorito y su notario, pero que aún debía satisfacer el pago en la curia episcopal luego de avisado el monto del porciento de sus bienes, que hasta el momento no se determinaba.

El teniente de Justicia quedó absuelto el 25 de junio de 1800. Si bien expresó que nunca sintió culpa, pero si mucho temor, ya que para él, la injusta excomunión le estaba provocando grandes daños, ya que no se le permitía el trato con las demás personas, *so pena* de ser excomulgados quienes lo hicieran, no se le vendían comestibles y antes de experimentar otras penas mayores, que las que ya había experimentado, siendo una de los más fuertes, el haber abortado su mujer una niño de dos meses por la mortificación y sufrimiento de la pena.

En voz de la población era de amplio conocimiento que las excomuniones resultaban injustas y que eran muchas las opiniones a favor de los justicias, pero es de resaltar sobre muchas otras opiniones la del presbítero don José María Urdain, teniente del cura de Mocorito, quien manifestó públicamente que aquellas excomuniones eran injustas y más aún, se le escuchó haciéndole ver al comisionado presbítero del pueblo que si el asunto lo tomaban como era regular a su cargo los jueces reales, tendría el obispo que considerar sobre esas excomuniones y anatemas para el subdelegado; siendo la primera declaración y los continuos desacuerdos con el cura de Mocorito, que se le ordenó salir del pueblo en un plazo no mayor a 24 horas con destino al real de San Xavier.

La situación del subdelegado, con respecto de la del teniente de Justicia, era distinta, aunque ambos habían sido excomulgados, la marcada diferencia era que el teniente solicitó ser absuelto de la fulminación de las censuras, a la que se le dio aceptación por parte del señor obispo de Sonora, no sin antes haberlo humillado en público, con lo que dicho indulto se puede tomar, como un triunfo para la Iglesia, mas no como un gesto de respeto y obediencia a las leyes y determinaciones del regio tribunal; siendo menos temeroso el subdelegado de la Torre que el justicia de Mocorito, interpuso el derecho de recurso de fuerza, por lo que la Iglesia, encarnada por el presbítero Barrios, agravó las penas anatematizándolo en misa de domingo y en las posteriores.[23]

Cuando se le mandaban las provisiones al obispo de Sonora fray Francisco Rousset ordenándosele absolviera de las censuras al subdelegado, éste hizo alusión a que el teniente ya estaba absuelto y se desentendía completamente de lo relativo al caso del subdelegado, situación que no fue esporádica, si no recurrente, ya que habían pasado cinco años y el obispo no accedía a retirar la censura. El referido obispo se resistía a obedecer lo dictaminado en la *Recopilación de las Leyes de Indias* en donde se estipulaba "que los obispos no hagan ni se entremetan en mas de aquello que de derecho le compete",[24] además que "quando suceda por alguna cosa hallarse poner censuras y excomuniones a los nuestros presidentes y oydores de alguna de las audiencias reales de las Indias… encargamos a los dichos prelados que lo escusen y se contenten con dar comision a algun sacerdote para que en su nombre pueda hazer y haga las tales absoluciones" [sic][25] y no tenga que asistir personalmente a pedir la absolución de dichas censuras; además de los reiterados autos declarados en favor de los justicias, a los que siempre respondió que "no podía cumplir las reales provisiones que se le han librado, sin cometer pecado, repite suplicación para ante la real persona, por más que se le ha dicho, y declarado por potestad legítima, que semejante recurso es inadmisible en el caso",[26] lo que denota un obedecimiento figurado, una obstinada resistencia a cumplir con lo ordenado y por si fuera poco la usurpación de los derechos del Estado,[27] fomentándose con esta actitud un mayor distanciamiento entre ambas potestades, ya que el reverendo obispo no reconocía las leyes y por que despreciaba los autos de fuerza y acuerdos de la real audiencia, ultrajando y provocando la jurisdicción real.

Los testigos y la defensa de su verdad

Como elemento de defensa ante la excomunión realizada por la Iglesia en contra de los justicias de Sinaloa, el teniente letrado, comisionado para que llevara cabo los autos de esta competencia entre el poder escolástico y el civil, Lic. don Alonso Tresierra y Cano,[28] dispuso entrevistar a los implicados directamente, los afectados y los testigos directos, los presenciales.

El primero en ser llamado a comparecer fue el subdelegado, don Rafael Ortiz de la Torre, quien mencionó que a mediados del mes de abril del año de 1800, cuando éste se disponía a llegar al pueblo de Mocorito, después de haber entregado los documentos correspondientes al ramo de alcabalas, el cual estaba a cargo del nuevo administrador, don Diego de Martre; en la villa de Sinaloa al siguiente día se presentó don Francisco de la Vega, vecino distinguido de aquella jurisdicción, para avisarle que ya había notificado a su teniente sobre la fugado de su casa de una criada "que por haber llevado una vida fácil y de amancebamiento con un indio"[29] había sido traída al pueblo de Capirato, perteneciente a la jurisdicción de Culiacán para depositarla en su casa. El mismo de la Vega sabía de buena fuente que la mujer india, de nombre Serafina, se hallaba refugiada en la casa cural del pueblo.

A don José Perfecto Gómez, cura intendente, vicario y juez escolástico del partido de Mocorito,[30] a quien ya se le había mandado un recado con un hombre llamado Manuel Ximenez, para que entregara a los justicias la mencionada mujer, el cura se negó a la petición, por lo que Ortiz de la Torre ordenó a su teniente que repitiera la petición, ya que quería entregarla al señor de la Vega. Hasta ese momento así habían quedado las cosas, hasta que transcurridas algunas horas, el teniente que venía de mandar un segundo recado al cura, pidiendo se le entregara a la mujer refugiada, pero la negativa continuaba, ya que decía, que si era para ponerla en donde estaba no la entregaba y que "se la pidiera por un oficio, por lo que dixe al citado teniente era cosa leve, y le ordené fuera por tercera vez personalmente, y le dixera de mi parte me hiciera favor de mandarme la predicha criada, que no era asunto de su jurisdicción [sic]".[31]

Con visión precautoria, el teniente sugirió al subdelegado llevar dos o tres testigos para lo que se ofreciera, idea que le pareció acertada y así lo hizo, dirigiéndose a la citada casa cural, en donde le habló al cura por una primera puerta, respondiendo que entregaría a Serafina si se lo pedían por escrito en un oficio, lo cual no fue satisfecho por el teniente de Justicia, ya que por ser un asunto leve no era necesario, por lo que dos de los testigos que acompañaban al teniente se fueron hacia una segunda puerta. Sin embargo, evitando la entrada, el cura cerró la puerta, aunque rápidamente el teniente justicia abrió una de las dos hojas " y en nombre del rey mandó entrar á los dichos acompañadores á extraer a la mujer de la cocina en donde se encontraba",[32] llevando a la mujer hasta el juzgado del subdelegado y reportando solamente que dos de sus acompañantes se habían quedado afuera en la primera puerta, siendo lo único de lo que se enteró el subdelegado de la Torre, ya que ni los nombres de los testigos conoció, por lo que le cayó de sorpresa que viniendo del real del Rosario se enteró de que el comisionado del obispo, don José Barrios, había publicado en tablillas su excomunión el día 9 del mes de mayo de 1800, por lo que al llegar a la villa empezó a seguir la información con los hombres que habían acompañado al teniente en la extracción de la mujer india, enterándose entonces del hecho de que el teniente había sujetado de los brazos al cura, para que dos de sus acompañantes entraran a extraer a la mujer de la cocina en donde se encontraba.

El segundo en ser llamado a comparecer fue el teniente de Mocorito don Joaquín Pérez Baro, quien dijo que el subdelegado le mandó reconvenir al cura de dicho pueblo de que entregara a Serafina, que la necesitaba para una diligencia judicial, le pedía que la dejara ir al juzgado, en donde ante el juez podría alegar lo que le pareciera, pidiéndole también que no debía mezclarse por no ser asunto escolástico el hecho de que la mujer volviera o no al anterior depósito, a lo que contestó el presbítero, "que se la pidiera por escrito o pasase con sus soldados á matarlo = que el estaba dispuesto á padecer por Dios".[33] Reportando la desafortunada respuesta al subdelegado, él mismo le ordenó que pasara personalmente a la casa cural y que le pidiera verbalmente al cura que entregara a la mujer, por que se le necesitaba para una diligencia judicial y de no querer aceptar el cura que la extrajera, para lo que se hizo acompañar de algunos hombres como testigos; estando en la puerta el cura saludó cortésmente diciéndole el teniente:

> Señor cura, se le han pasado á Vuestra Majestad dos atentos recados para que se sirva dexar hir al juzgado Real á la muger Serafina que tiene Vuestra Majestad en su casa y Vuestra Majestad se ha resistido ha ello: que entonces respondio aquel. Yo no me resisto, pero como esta pobre no tiene otro padre que yo es fuerza ampararla. Que entonces replicó el que declara: Con que Vuestra Majestad no la entrega: y haviendo respondido no señor, el que expone mandó á los quatro vecinos que lo acompañaban entrasen á nombre del Rey á extraerla, lo que repitió por tres ocasiones al cavo de las quales, dos de ellos y el teniente justicia indio que desde el camino havia llamado para que le acompañase igualmente, entraron dentro de la casa y después los dos que se havian quedado en la puerta que lo fueron Don José Antonio Montoya y Don Vicente Inzunza y llendo á entrar por la puerta de la sala que cae al patio el justicia indio le alo (sic) del coton ó camisa con violencia y corage el cura, retrayéndolo con imperio hasta la misma puerta del pasadiso cerrando la que cae á la cosina en donde estava la muger Serafina, y diciendo eso no, eso no: en vista de lo qual el que declara asio del lagarto de los brazos al ecolastico para contenerle sin maltratarle ni empujarlo sino dexandolo naturalmente en el camino parage en que se hallava y con solo el fin de contenerle por que conociendo su genio violento temía alguna tropelía [sic].[34]

Fue entonces, después de contenerlo, cuando ordenó a los acompañantes que extrajeran a la mujer de la casa. Otros testigos fueron don José Antonio de Montoya, vecino del Aguacaliente y don Mariano Sánchez, vecino del rancho de Acatitla, ambos de la jurisdicción de Mocorito. Con declaraciones similares, éste último amplió su declaración con referencia a las censuras que se le aplicaron a los tenientes de justicias, ya que al asistir a misa en varios domingos se pudo percatar de la publicación de las censuras contra el teniente, aunándole las maldiciones desde el púlpito, decía que el cura advertía a la población exclamando que nadie podía

> [...] hablar escribir ni tratar al Subdelegado, y que el que así lo hiciese estava excomulgado, que estava igualmente el que supiera esto y no lo enunciase, que savia que havia que alguno y que no lo denunciaban como debian hacer tambien á el que dixese que el Subdelegado no estaba excomulgado... que hoyo decir al mismo cura en el pulpito que el savia se havia dicho que por esta excomunión seria despojado el ilustrisimo señor obispo del obispado, y arriaba á sus feligreses que ni el Rey podia hacer esto[...].[35]

El último testigo en comparecer fue Francisco Xavier Juárez, indio natural del pueblo de Mocorito, quien declaró poco y repitiendo sin excepción lo declarado por los anteriores testigos.

Consideraciones finales

Esperando no resulte inoperante la siguiente aclaración, ello para el mejor alcance del planteamiento. En retrospectiva, se llamaba la atención en la introducción sobre la regionalidad y centralización de las políticas provenientes de la metrópoli o del centro de la Nueva España, lo que nos puede llevar a pensar o caer en una idea de automatización del funcionamiento de las medidas político-administrativas y de las estructuras políticas y eclesiásticas, cosa que no es así; es por ello que, apelando a una metodología regional, podemos entender que esas medidas conocidas como reformas borbónicas fueron una expresión de absolutismo y de los intereses colonialistas de la monarquía española;[36] pero la cuestión problematizadora es ver qué ocurrió después de que habían sido implantadas diversas e importantes medidas reformistas, como prueba de que la política borbónica no tuvo, a la larga, la eficacia que de ella se había esperado en un principio, el problema reside en establecer por qué y cómo fue esto así.[37]

De esta manera, aclarada la pertinencia regional del estudio, se puede mencionar que el caso desarrollado en este ensayo es una muestra de que a pesar de la no homogeneización de las disposiciones reales, en las regiones se dieron situaciones que se pueden encontrar en todo el territorio novohispano, puesto que la convivencia tradicional entre las autoridades –a cuya crisis de relación hemos asistido–, no se daba en forma aislada y ocurrió en la diversidad de los aconteceres de la sociedad novohispana, pues era una realidad que había venido cumpliendo un proceso lógico –para los Borbones–, después de haber aplicado la nueva política, la que a través de las reformas centralistas pudo construir un cierto control en detrimento del poder de la Iglesia.

Se siguió, pues, una política orientada a fortalecer el poder real y la aplicación de una serie de medidas tendientes a someter a la iglesia a los dictados del Estado monárquico, era una *revolución desde arriba* con el fin de transformar el sistema colonial para sujetarlo a la corona de una manera más eficaz. Ejemplo de ello es que, durante la primera mitad del siglo XVIII, dispersas iniciativas borbónicas apuntaron a reducir los estipendios reales para los sacerdotes y expedir la autoridad ejecutiva y judicial de los funcionarios reales, y la supervisión de los asuntos parroquiales, la tendencia centralizadora del régimen borbónico hubo de manifestarse en el terreno de relaciones entre la monarquía y la iglesia, se le empezaron a recortar las prerrogativas tradicionales del instituto eclesiástico, esto siempre con miras a lograr que el poder de la Iglesia se subordinara cada vez más al Estado.[38] Consecuencia de ello fueron las disposiciones que pretendían impedir que la Iglesia siguiera acumulando bienes, a restringir la inmunidad fiscal y a limitar el derecho de dar asilo a los perseguidos por la justicia.

El precario equilibrio de la Iglesia que mantuvo vigente los privilegios e inmunidades, se dio gracias al arraigo que el clero tenía; pero su relativa autonomía se había mantenido a la sombra de una monarquía protectora de un doble régimen, espiritual (Iglesia) y temporal (Estado), lo que ponía en serio riesgo este regalismo que se socavaba cada vez más.

Era claro y conciso lo que se planteaba, el límite entre una buena relación y una disputa constante entre ambas instituciones resultaba muy frágil, por lo que es en esta parte en donde se examina y proyecta la situación Iglesia-poder secular, encarnada por sus representantes, los curas párrocos y los justicias.[39] Por el interés que ocupa entender las relaciones políticas locales entre ambos poderes, las relaciones personales y los conflictos de poder que se dieron; resultó preciso dar a conocer que se dio una explosión de pleitos en la segunda mitad del siglo XVIII, pero, sin embargo, no es sólo el gran número de pleitos que hubo lo que me llamó la atención, sino preguntarnos cuáles fueron los motivos, la razón por la que se desencadenaron esas disputas.

Lo que mas atrajo la atención fue el hecho de que los derechos fueron en muchos casos igualmente un pretexto como la causa misma de los pleitos, William Taylor lo entendió como "una brecha abierta por la administración colonial que penetró en las más profundas tensiones en lo que concernía al control entre intereses enfrentados y al orden dentro de la comunidad o del territorio local".[40] La realidad era innegable, la balanza de las relaciones estaba más cargada hacia las disputas, siendo el peso de las cordialidades insuficiente para opacar esta palpable situación.

Como igualmente era incuestionable que las concepciones del triángulo de autoridad en la Nueva España habían cambiado, los autores de la primera política local –los Habsburgo– pensaron en la autoridad de una manera más equitativa, por ejemplo, entre los alcaldes mayores y los curas párrocos; como se puede ver en el esquema de la izquierda (A), por lo que en el esquema de la derecha (B) se puede observar el cambio que hubo, ya incorporado el régimen de los Borbones con sus reformas en el período tardío de mandato, restando así autoridad a los curas párrocos quitándoles la inmunidad, por mencionar tan sólo un ejemplo, lo que ponía en franca desventaja a la Iglesia frente al Estado.

Cambio en las relaciones de los dos poderes: eclesiástico y civil

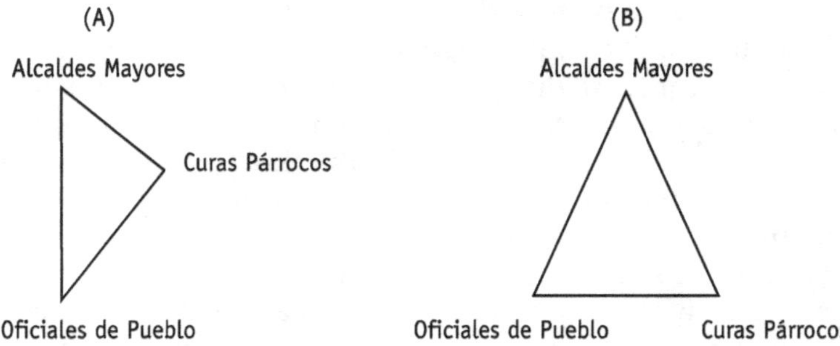

Fuente: Taylor, *Ministros... (t. II), op. cit.*, p. 514.

De acuerdo con Taylor, éstas son las dos concepciones del triángulo de la autoridad política en la Nueva España rural. Los autores originales de la política local, pensaron en términos de una autoridad de manera más o menos equitativa entre alcaldes mayores y curas párrocos. En donde los reformadores borbónicos tardíos desplazaron buena parte de la autoridad hacia los alcaldes mayores, reiterando con esto que hubo una clara pérdida de autoridad local, hablando en términos regionales.

De esta manera, si insistimos en atender el interés del Estado por centralizar su poder, no resultará difícil encontrar enfrentamientos con una frecuencia sorprendente, poniendo de manifiesto que las relaciones iban en retroceso, tanto en las esferas más altas de la organización novohispana, como en las inferiores. Las relaciones entre representantes del gobierno político administrativo y el eclesiástico fueron muy estrechas, por lo que la línea de división de sus jurisdicciones era demasiado delgada, por ello, cuando por alguna razón había un desacuerdo entre los personajes las relaciones se volvieron difíciles y originaron choques en las diversas escalas. Virreyes contra arzobispos, alcaldes mayores contra curas, se enfrentaron en defensa de su jurisdicción cuando consideraban que esta era invadida por el representante del otro poder, ya fuera el temporal o el espiritual, como pudimos percatarnos en el cuerpo de este artículo.

Fuentes Archivísticas

Archivo de la Real Audiencia de Guadalajara (ARAG), Guadalajara, Jalisco.
ARAG, *Ramo Civil.*
ARAG, *Ramo Criminal.*
Archivo Parroquial de Mocorito (APM), Mocorito, Sinaloa.

Sección disciplinar, Gobierno.
Sección disciplinar, Fábrica.

Fuentes bibliográficas

ANDRADES RIVAS, Eduardo, *Historia del derecho* (Anexos-VII), Buenos Aires, Argentina, 1991.

BOUZADA GIL, María Teresa, *La vía de fuerza. La práctica en la Real Audiencia del Reino de Galicia. Siglos XVII-XVIII*, Santiago de Compostela, Cancillería de Cultura, 2001.

DE LEÓN PINELO, Antonio, *Recopilación de las leyes de indias*, t. 1, México, Escuela Libre de Derecho-Gobierno del Estado de Chiapas-Gob. de Morelos-Instituto de Investigaciones Jurídicas, UNAM-Universidad Cristóbal Colón-Universidad de Navarra-Universidad Panamericana-Miguel Ángel Porrúa, Porrúa, 1992.

Diccionario Enciclopédico Abreviado, Madrid, España, Espasa-Calpe, S. A., 1932.

FARRISS, Nancy M., *La corona y el clero en el México colonial 1579-1821. La crisis del privilegio eclesiástico*, México, FCE, 1995.

GERHARD, Peter, *La frontera norte de la Nueva España*, México, UNAM, 1996.

HERNÁNDEZ SÁNCHEZ-BARBA, Mario, *La última expansión española en América* (prólogo y conclusiones), Madrid, Instituto de Estudios Políticos, 1957.

LABASTIDA, Jaime, *Libro registro de la segunda visita de Pedro Tamarón y Romeral, Obispado de Durango*, México, S. XXI, 1997.

MARGADANT, Guillermo F., *La Iglesia ante el derecho mexicano. Esbozo histórico-jurídico*, México, Porrúa, S. A., 1988.

NAKAYAMA ARCE, Antonio, *Sinaloa: El drama y sus actores*, México, INAH-SEP (colección científica 20), 1975.

SARABIA, Atanasio G., *Apuntes para la historia de Nueva Vizcaya*, t. III, México, UNAM, 1993.

TAYLOR, William B., *Ministros de lo sagrado: Sacerdotes y feligreses en el México del siglo XVIII* [2 vols.], t.1, Zamora, Michoacán, COLMEX-COLMICH-SEGOB, 1999. "¿Eran campesinos los indios? El viaje de un norteamericano por la historia colonial mesoamericana", en *Relaciones*, nº 78, primavera, 1999.

VILLAROEL, Hipólito, *Enfermedades políticas que padece la capital de esta Nueva España*, México, CONACULTA, 1994.

Notas

1 Este artículo se desprende de una investigación mayor realizada para obtener el grado de Licenciado en historia, cuyo título es el mismo que lleva el "compactado" que ahora se presenta, a su vez, una primera versión se examinó en el *XXVI Encuentro Nacional de Estudiantes de Historia*, realizado del 11 al 14 de mayo de 2004, en la Universidad Nacional Autónoma de México [UNAM], México DF.

2 Las reformas que la Corona española realizó en el siglo XVIII en sus posesiones americanas están relacionadas con la política reformista general que la dinastía de los Borbones llevó a cabo en todo el ámbito de la monarquía española que se inspiró en la idea de recuperación política de España. Horst, Pietschmann, *Las reformas borbónicas y el sistema de intendencias en Nueva España. Un estudio político administrativo*, México, FCE, 1996, p. 13.

3 Véase *La Nueva Galicia en el ocaso del imperio español. Los papeles de derecho de la Audiencia de la Nueva Galicia del Licenciado Juan José Ruiz Moscoso, su agente fiscal y regidor del Ayuntamiento de Guadalajara, 1780-1810*, V. II [4 V], Estudio y edición, Rafael Diego-Fernández Sotelo y Marina Mantilla Trolle, Zamora Michoacán, El Colegio de Michoacán, Universidad de Guadalajara-Centro Universitario de Ciencias Sociales y Humanidades, 2003, p. 185, 238 y p. 388. [Inmunidad y asilos]. En general, en circunstancias normales, el clero gozaba de inmunidad frente a las autoridades civiles. Esta inmunidad podía también amparar a seglares que se pusieran bajo la protección del clero en lugares consagrados. No solamente las iglesias, sino también los conventos estaban exentos de poder ser irrumpidos por los alguaciles de los tribunales seculares, y los criminales que buscaron asilo en esos lugares quedaban inmunes al arresto, al menos por un corto tiempo, exceptuando casos de flagrante y grave delito. El respeto a todas las formas de inmunidad eclesiástica era reiteradamente ordenado a los jueces seculares. *Recopilación de las leyes de Indias*, I, V, I; VII, 150; II, XXXI, 16.

4 *Ibid.*, p. 182; 290 [Recurso de fuerza], véase nota 7.

5 Para ver la división territorial del virreinato de la Nueva España [Fronteras, jurisdicciones, reinos, provincias, administración provincial y local y administración financiera], véase, Horst, Pietschmann, *op. cit.*, pp. 82-106.

6 Villaroel, Hipólito, *Enfermedades políticas que padece la capital de esta Nueva España*, México, CONACULTA, 1994, p. 156.

7 "El recurso de fuerza es un derecho concedido a quienes se encuentran sometidos a la justicia eclesiástica para provocar la intervención de los tribunales civiles. El recurso se deduce directamente ante los tribunales civiles, alegando que la resolución (sentencia) de los tribunales eclesiásticos se ha dictado con infracción a la ley. Los tribunales civiles pueden ordenar a los eclesiásticos el informarles sobre el asunto. Si, finalmente, aquellos estiman que la resolución de éstos es ilegal lo declaran así resolviendo que la "Resolución recurrida Hace Fuerza" y se le ordena a los mismos tribunales eclesiásticos enmendar la resolución impugnada. No es la justicia civil la que dicta la nueva resolución, sino que la iglesia, obligada por el poder civil (Real)", en Andrades Rivas, Eduardo, *Historia del derecho (Anexos-VII)*, Buenos Aires, Argentina, 1991, p. 106. "El recurso de fuerza (Queja) es el que imponen los tribunales contra la invasión de atribuciones por autoridades administrativas, y en general, el que los interesados promueven ante un tribunal o autoridad superior contra la resistencia de un inferior o admitir una apelación. El que se interpone para pedir a los jueces

que reformen sus resoluciones", *Diccionario Enciclopédico Abreviado*, Madrid, España, Espasa-Calpe, S. A., 1932, p. 178. Para ver un estudio amplísimo y riguroso sobre el recurso de fuerza (vía de fuerza), véase, Bouzada Gil, María Teresa, *La vía de fuerza. La práctica en la Real Audiencia del Reino de Galicia. Siglos XVII-XVIII*, Santiago de Compostela, Cancillería de Cultura, 2001.

8 Parry, John H., *La audiencia de Nueva Galicia en el siglo XVI. Estudio sobre el gobierno colonial español*, Zamora, Michoacán, El Colegio de Michoacán/Fideicomiso Teixidor, 1993. Véase capítulo V [La Audiencia y la Iglesia], pp. 151-177; capítulo VIII [Jurisdicción y procedimiento], pp. 219-239; capítulo IX [Conflictos de Jurisdicción], pp. 241-277.

9 Véase, León Pinelo, Antonio de, *Recopilación de las leyes de indias*, t. I, México, Escuela Libre de Derecho-Gobierno del Estado de Chiapas-Gob. de Morelos-Instituto de Investigaciones Jurídicas, UNAM-Universidad Cristóbal Colón-Universidad de Navarra-Universidad Panamericana-Miguel Ángel Porrúa, Porrúa, 1992. Ley 5, Título 10, Libro 2.

10 Margadant, Guillermo F., *La Iglesia ante el derecho mexicano. Esbozo histórico-jurídico*, México, Porrúa, S. A., 1988, p. 153.

11 *Ibíd*, p. 177.

12 *Ídem.*

13 Farriss, Nancy M., *La corona y el clero en el México colonial 1579-1821. La crisis del privilegio eclesiástico*, México, FCE, 1995, pp. 82-83.

14 Hernández Sánchez-Barba, Mario, *La última expansión española en América*, Madrid, Instituto de Estudios Políticos, 1957, p. 27.

15 Era común que en la región septentrional de la colonia, las construcciones –casas curales– fueran de bajareque, techo de Zacate, compuestas de dos piezas, regularmente eran de adobe; Sarabia, Atanasio G., *Apuntes para la historia de Nueva Vizcaya*, T. III, México, UNAM, 1993, p. 169. La de Mocorito estaba unida a la iglesia, construida de piedra y cal, techo de vigas labradas y ladrillo, con ocho piezas, y en ellas dos puertas; cinco de dos manos, y dos de estas que caen al corral, y las ventanas de una mano con 10 llaves, nueve ventanas, ocho con reglas de bergafon y una sin ella...tres oficinas de adobe con dos puertas que daban al corral sin llave; *Archivo Parroquial de Mocorito,* en adelante APM, Sección disciplinaria, Fabrica, vol. 10, 1736-1943, número 3, Carpeta, inventario Mocorito y San Benito 1825, f/sn; Cf. Labastida, Jaime, *Libro registro de la segunda visita de Pedro Tamarón y Romeral, Obispado de Durango*, México, S. XXI, 1997.

16 Las comillas denotan la mayor de las ironías, ya que dicha casa era usada para jugar suertes, albures, hacer jabón, amancebar, hacer fiestas, por lo que faltaba a la moral que se suponía representaba; así lo manifestaron los testigos del mismo pueblo de Mocorito.

17 Archivo Real Audiencia de Guadalajara, [Biblioteca Pública del Estado de Jalisco], en adelante ARAG, *Ramo Criminal*, C., 16, E., 175, s/nf.

18 Cf., Nakayama Arce, Antonio, *Sinaloa: El drama y sus actores*, México, INAH-SEP (colección científica 20), 1975, pp. 95-97.

19 ARAG, *Ramo Criminal*, C., 16, E., 175, s/nf.

20 ARAG, *Ramo Civil*, C., 224, E., 10, s/nf.

21 *Ídem.*

22 *Ídem.*

23 Para darnos cuenta de la relación de la potestad escolástica con los justicias, véase APM, *Sección disciplinar*, Gobierno, vol. II, 1765-1959, caja 1, s/nf. Libro en que se recopilan los edictos episcopales y cédulas reales del tiempo del cura provincial de este partido de San Benito y Mocorito, Don Tomás Joaquín Félix Días, en el año de 1802.

[24] León Pinelo, Antonio de, *Recopilación..., op. cit.*, p. 140.
[25] *Ibíd.*, p. 141; véase en el mismo, pp. 236-237, donde se ordena a los prelados y jueces eclesiásticos concedan las absoluciones a los justicias llanamente.
[26] ARAG, *Ramo Criminal*, C. 175, E. 6, s/nf.
[27] Así lo manifestó el Subdelegado diciendo que "se ha originado en aquel partido (Mocorito) una popular conmoción; que dexandola fermentar podrá acarrear fatales consecuencias. Y últimamente la jurisdicción eclesiástica esta usurpando los derechos y potestades de la Real Ordinaria, esta se halla sin uno por que escolástico ha declarado no ejercerla el Subdelegado ni los súbditos obedecerla pena de ser incursos en la misma excomunión"(sic), ARAG, *Ramo Civil*, C. 224, E. 9, F. s/nf.
[28] Lic. don Alonso Tresierra y Cano, abogado de los Reales consejos, teniente letrado y asesor ordinario por vuestra majestad de la intendencia y gobierno de la provincia de Sonora y Sinaloa; comisionado para llevar a cabo los autos de la competencia por motivos de la excomunión de los justicias –el subdelegado de Sinaloa y su teniente de Mocorito– encargados por el gobernador intendente de Sonora y Sinaloa.
[29] El vocablo "indio" fue un término tanto jurídico como social aplicado durante el período colonial en la América española a los súbditos reales descendientes de los grupos indígenas. Taylor, William B., "¿Eran campesinos los indios? El viaje de un norteamericano por la historia colonial mesoamericana", en *Relaciones,* nº 78, primavera, 1999, vol. XX, p. 81.
[30] Véase, APM, *Sección disciplinar*, Fabrica, Vol. 9, 1700-1948, Caja 1.
[31] ARAG, *Ramo Civil*, C. 171, E. 15, s/nf.
[32] *Ídem*, s/nf.
[33] *Ídem*, s/nf.
[34] *Ídem*. s/nf.
[35] *Ídem*. s/nf.
[36] Río, Ignacio del, *La aplicación regional de las reformas borbónicas en Nueva España. Sonora y Sinaloa, 1768-1787*, México, UNAM/IIH, 1995, p. 9.
[37] A decir de Serio Ortega, las reformas políticas, administrativas y económicas fueron promovidas desde el exterior de la región, pero no provenían de la ciudad de México, sino de la Metrópoli principalmente. Aunque el fenómeno reformador afectó a todas las provincias coloniales, al incidir sobre la sociedad del Noroeste adquirió una expresión propia, ya que su estructura no era igual a la de otras regiones. Es decir, el impacto de las reformas borbónicas imprimió peculiaridades en el proceso histórico del Noroeste, respecto a los procesos de las otras regiones de la Nueva España, [puesto que] el Noroeste novohispano era una región periférica de la Nueva España, es decir, con menor integración al sistema colonial que otras provincias novohispanas. Ortega Noriega, Sergio, *Un ensayo de historia regional. El noroeste de México, 1530-1880*, México, UNAM/IIH, 1993, p. 97.
[38] Un ejemplo que nos ilustra lo anterior, es el de la historia de la Compañía de Jesús en la Nueva España durante el siglo XVIII, más concretamente en la documentación que se generó a raíz de la ocupación de los bienes de los jesuitas, en donde se mencionaba que el Colegio de San Francisco Javier de Tepotzotlán había pasado a ser un seminario y cárcel para los clérigos seculares. González M., Jorge René y Ordóñez A., María Magdalena, *Colegio seminario de Tepotzotlán para la instrucción, retiro voluntario y corrección de clérigos seculares*, México, INAH, 1993, p. 7.
[39] Taylor, *Ministros*...(t. II), *op. cit.*, p. 513.
[40] Justicia. Se le llamaba así a los alcaldes mayores, subdelegados y tenientes.

Anexo I

Mapa en donde se muestra la ubicación geográfica de Mocorito, San Benito y Capirato. Por orden, en el primero se ubica el problema de la violación a la inmunidad de la casa cural; en el segundo, es el otro lugar -junto con Mocorito- en donde se alega que sólo una iglesia o casa cural puede tener inmunidad y puede acoger en su interior a prófugos de la justicia, y en el tercero -tan sólo como un contexto de menor importancia-, es el lugar de donde era originaria la mujer india llamada Serafina (mujer que ocasionó la disputa).

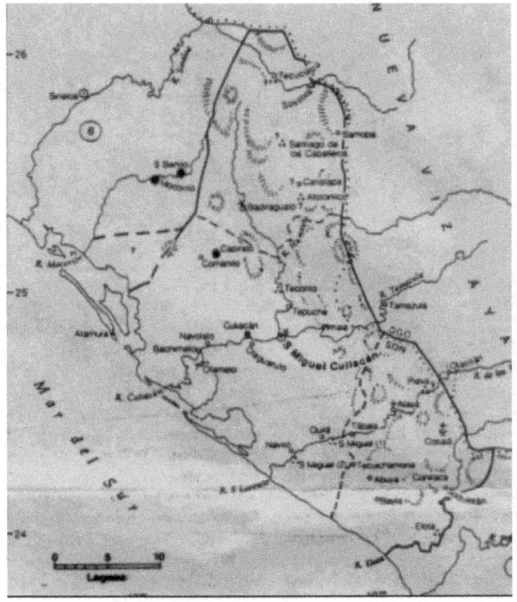

Fuente: Peter Gerhard, *La frontera norte de la Nueva España*, México, UNAM, 1996, p. 319.

Los dominicos en América, según los frailes de San Esteban de Salamanca

Guillermo Nievas Ocampo - Ana Mónica Gonzalez Fasani
Universidad Nacional del Sur
Bahía Blanca, Argentina

A principios del siglo XVIII los religiosos del poderoso convento de San Esteban de Salamanca, frente al temor de ver aminorada su influencia social, elevan al rey un *Memorial histórico de los Servicios del Convento de San Esteban de Salamanca a la Iglesia y a la Patria en el Nuevo Mundo*, completado por otro documento que lleva el título de *Insinuación de los que algunos religiosos dominicos hijos del convento de San Esteban de Salamanca han servido a la Iglesia y al Rey de España en las Indias y en la Europa.*[1] Ya sea en el *Memorial* como en la *Insinuación*, se presenta la versión biográfico-apologética de aquellos frailes afiliados al cenobio salmantino que habían participado en la gesta indiana.

Sin embargo, la composición de ambos documentos era el fruto de un largo proceso, la reforma, que se había iniciado a fines del siglo XV y que había posibilitado la refundición y consolidación de una representación social del fraile y de la comunidad dominica castellana a mediados del siglo XVI. El continuo aumento en el reclutamiento de religiosos en el convento de San Esteban durante los siglos XVI-XVII pone de manifiesto la adhesión social hacia la fórmula irradiada por la comunidad observante salmantina, que se mantendría casi inalterable hasta la exclaustración.[2]

El modelo regular de la observancia

Ahora bien, ¿cuáles eran esos rasgos caracterizantes impuestos por la observancia a las comunidades dominicas que resultaban tan atractivos para la sociedad castellana?

Ante todo hay que precisar que nos encontramos ante un proceso de redefinición de la comunidad y del religioso según unas fórmulas eminentemente monásticas. En efecto, a estos frailes que tenían una particular dispensa por motivos de estudio o predicación se les obligó a asistir al coro, como estrategia para forzarlos a la vida comunitaria. Las comidas, todos juntos en refectorio, harían parte también de esta nueva modalidad,[3] porque la vida comunitaria fue considerada una escuela para el aprendizaje de las virtudes y para la vigilancia de los pecados, así como para su punición.[4]

La oración cotidiana, la confesión periódica de los pecados y la comunión sacramental frecuente fueron exigidas por los superiores a todas las comunidades observantes. Sin embargo, no eran suficientes para satisfacer a los frailes reformados. La práctica de las virtudes y la observancia de los votos hacían de estos individuos los depositarios de la plenitud de la gracia que, mediante su actividad apostólica, se derramaba sobre toda la humanidad.[5]

En consecuencia, la profesión religiosa fue concebida por los observantes como una vida de continua penitencia. La búsqueda de la anulación pasaba por las privaciones alimentarias, temporales o perpetuas, por las privaciones sexuales y la mortificación del cuerpo. La oración litúrgica con los maitines a media noche, el régimen de comidas y vestido mortificante, el silencio y la vigilancia escrutadora de los superiores fueron algunos de los medios para hacer penitencia en todos los claustros dominicos.[6]

Todos los observantes creían en la utilidad de la mediación de los frailes. Mantener la observancia o reformar una comunidad era, por lo tanto, una acción dirigida a mejorar la calidad de esa intercesión. El fraile que no observaba los preceptos de la vida religiosa cargaba su conciencia ya que contravenía la caridad de Cristo.[7] Imitando a Jesucristo, en su rol de víctima redentora, estos religiosos eran los intercesores más eficaces en el momento de la muerte. Por ende, los observantes no disociaron jamás la reforma de la propia Orden de la reforma de la sociedad a través de la predicación.

En su actividad apostólica los frailes debían ser ante todo *"varones religiosos y amadores de las almas,* [que] *procurarán difundir la palabra de Dios por todas partes con su palabra y con sus ejemplo; soportarán gozosos los trabajos por el nombre de Cristo, para que no, por la falta de predicación, caigan las almas en el lazo y en la tentación del diablo, y por ello esperarán de Dios la máxima recompensa".*[8] De este modo se habría acuñado una fórmula que conocería un futuro brillante en la Orden.

Varones santos y apostólicos

Los estereotipos funcionan como *justificaciones ideológicas* de las asimetrías de estatus y de poder en las relaciones intra o intergrupales, o como *modos operacionales* socialmente transmitidos que definen los roles y las funciones sociales de los miembros de grupos estereotipados.[9]

La remodelación de la comunidad salmantina en el siglo XVI estuvo condicionada por la actuación de toda una generación de reformadores que tenía en fray Juan Hurtado de Mendoza su expresión más acabada. Este fraile reunió en su persona un gran número de atributos y de facetas que pasaron a ser rasgos identitarios exclusivos del dominico de la observancia. Decía fray Juan que *"no había en el mundo estado a quien tanto importase vivir rigurosamente y con gran aspereza en sus personas como a los predicadores del evangelio".* Para ello debían los frailes meditar e imitar los misterios de la encarnación y vida de Jesucristo, como proverbialmente él mismo lo hacía. Entre los aspectos que destaca la figura de este religioso llama particularmente la atención la del predicador incansable: *"Era elocuentísimo, y aunque pequeño de cuerpo, y flaco, y de pocas barbas [...] tenía en el púlpito tan grande autoridad y majestad, y una voz tan viva y alta, que penetraba los corazones".*[10]

La lista de émulos del reformador es muy amplia y en general sus historias repiten el esquema indicado por el maestro: un fuerte apego a una vida profundamente ascética y un trabajo incansable en pos de la moralización de la sociedad y de la defensa de la justicia. La existencia de frailes que fueron ejemplares en su oficio de predicador, cocinero, reformador, intelectual o prelado, sirvió para definir antiguos y nuevos roles de los dominicos.

El mismo proceso se repite cuando se hace referencia a los dominicos que actuaron en América, caracterizados por las crónicas conventuales como "mártires y varones apostólicos".[11] Según el *Memorial* y la *Insinuación* se trata de hombres como fray Domingo de Betanzos que, "dejando la codicia, se hacían pobres por Cristo", peregrinando por "mar y tierra desabrigado y descalzo", en aras de la conversión de los indígenas a la fe, previa fundación de convento o provincia "en el rigor primitivo de la Regla de su Orden".[12]

Esos frailes eran también doctos. Como fray Juan de Lorenzana, "grave y compuesto en sus costumbres y muy celoso de la regular observancia", que entre otras prendas intelectuales o de gobierno le tocó dirigir y confesar a Santa Rosa "a la que confesó siempre, hasta la hora de la muerte, dirigiendo aquel espíritu, primer fruto de las Indias, y criado a sus pechos con su ejemplo y su doctrina".[13]

Un dominico en Indias no podía olvidar que su profesión religiosa le comprometía en una tarea apostólica signada por el trinomio predicación, conversión y confesión. Como fray Pedro de Ágreda que, ordenado sacerdote en San Esteban en 1538, "examinado para confesor, fue incansable y solícita su aplicación al confesionario, donde todo pecador encontraba modo de limpiar su alma en las aguas de la penitencia. En el púlpito era continuo, allí explicaba la doctrina cristiana, reprendía vicios y amonestaba virtudes, pero con edificación tan fervorosa que atraía a todos con la dulzura y eficacia de su apostólico celo. La visita de enfermos, la asistencia a los moribundos, el consuelo de los afligidos y la pacificación de los enemistados eran las delicias de fray Pedro".[14]

Igualmente, se trataba de individuos que a través de la labor intelectual eran capaces de aculturar el mensaje cristiano en la lengua de los nativos, como lo hizo fray Domingo de Ara, "siendo tan perito en la lengua de los indios, que se dudó con razón si era más príncipe en ella que Cicerón en la latina". Logrando, de ese modo, que los indios le "miraran con el mismo amor y respeto con que miraban a un ángel que les llevaba el remedio".[15]

En fin, "no es ponderable la pobreza y religión con que hacían el viaje estos nuevos misioneros [...] Iban a pie, y muchos trechos descalzos, pidiendo limosna por los pueblos, a los que en generosa usura enriquecían con su predicación, consejos y aun milagros. Observaban a la letra los ayunos y constituciones de su Orden, [...] era tal la santidad de estos peregrinos, que hacían de las plazas oratorios, de los campos iglesias y de los mesones casas de Religión más austera, derramando recetas de salud para los pueblos por donde caminaban", aseguraba el *Memorial*.[16]

Hasta aquí los aspectos principales del modelo regular dominante en el imaginario conventual del Antiguo Régimen hispánico.

Indisciplina o nuevas orientaciones

En 1724 fue creada finalmente la provincia dominica de San Agustín, con sede en Buenos Aires. Las actas capitulares de esa jurisdicción denuncian desde su fundación una serie de irregularidades que por su magnitud y reiteración pone de manifiesto una crisis del modelo regular antedicho, para esa época sumamente consolidado, que trasciende la simple indisciplina.

En el año 1747 los padres capitulares de la Provincia de San Agustín denunciaban con gran preocupación que:

> ... los frailes difaman a sus hermanos con la mayor facilidad ante los seglares, refiriéndoles los defectos, castigos y correcciones, y otras cosas que pasan en los conventos [...] de lo cual síguense graves daños, escándalos y desprecio para todos los religiosos.[17]

Admonición que se repetiría más adelante. La gravedad de tal conducta se desprende del rol funcional que se adjudicaba a los religiosos en las sociedades del Antiguo Régimen. Para los superiores europeos los frailes debían antes que nada exhibir su perfección. Anhelaban que, a través de su ejemplo, pudieran contribuir eficazmente a mejorar la sociedad.[18] Por otro lado, esa ejemplaridad implicaba visibilidad y publicidad. Por lo tanto, cuando los frailes dejaban la clausura, actuaban en "representación" del convento.[19] El hábito regular, en consecuencia, debía ser sobrio, limpio y pobre, reflejo de la decencia y de la pobreza monástica. Sin embargo, fueron numerosas las denuncias sobre los frailes que no cumplían lo enunciado. En 1725, el Capítulo Provincial establecía que:

> Por cuanto debemos manifestar que somos religiosos hasta en el vestuario, causas y demás cosas de nuestro uso: ordenamos y mandamos que se excusen profanidades en nuestro hábito y capas, que nuestros interiores sean simpliciter blancos [...] y en nuestras camas totalmente no usemos sábanas de lienzo sino cuando la enfermedad, edad o grave necesidad lo pidiere; que cuando salgamos de casa afuera vamos con compañero y no llevemos sombrero, sino cuando urgiere la necesidad de mucho sol o de agua [...].[20]

Las mismas amonestaciones se continúan de manera similar hasta acabar el siglo.[21]

Paso grave, cabeza baja, propósitos mesurados, rechazo de participar en juegos, de frecuentar romerías y tabernas, eran algunas de las actitudes que debía adoptar el religioso fuera del claustro con el fin de indicar que era un hombre piadoso y de reprobar tácitamente ciertas posturas y ciertos lugares de sociabilidad. No obstante los frailes de la provincia de San Agustín eran reprendidos por ir a fiestas y practicar "el juego de naipes".[22]

La observancia de la regla y de las constituciones de la Orden implicaba, para quien entraba en religión, un momento de fractura, de subordinación de cualquier rol social mundano al deseo subjetivo de proximidad a Dios expresado a través de la búsqueda interior y la progresiva liberación de todo lo que puede distraer de ella. No obstante esto, parecería que la tentación de salir del claustro, divertirse fuera o simplemente afirmar con ello la propia individualidad estaba siempre presente.[23] En 1764, el Maestro General Boxadors los amonestaba de esta manera:

> Debemos deciros que esa facultad de vivir, o lo que es más grave, vagar fuera del claustro, ni los priores conventuales ni aun el Provincial pueden darla [Si algún religioso] usare dicha licencia para vivir fuera del claustro, aplíquesele las penas contra los vagos y fugitivos.[24]

Por otra parte, la vida en común era una exigencia de la observancia religiosa. Para los frailes de esta provincia la vida en comunidad no era nada fácil de ser vivida[25] tal como se expresa en 1787:

> ya que no es muy fácil establecer en todos los conventos la vida común, en toda la perfección, se esfuercen los prelados provinciales y locales a irla introduciendo, si no es posible desde luego a lo menos poco a poco... uniformando y prescribiendo el vestuario y demás necesario a los religiosos...que nos acerquemos con la mayor inmediación a este género de vida tan útil, tan preciso al estado religioso cuanto es indudable que, conservada en su vigor, se halla el arte de formar de cada uno un santo.[26]

Por último, los capítulos generales denunciaban la falta de dedicación a los estudios y, del mismo modo, condenaban la prohibición el ejercicio de cualquier tipo de comercio.[27] Asimismo, reprendían a los Superiores de los conventos quienes, sin duda, practicaban la venta, enajenación o empeño de los bienes conventuales.[28]

A pesar de la distancia que parece separar a los frailes rioplatenses del modelo regular observante –garante de la prosperidad y del prestigio de conventos como el de San Esteban de Salamanca– la población de los conventos dominicos de la provincia de San Agustín creció a lo largo del siglo XVIII.[29] Por lo tanto, la vida religiosa en sus claustros resultaba indudablemente atractiva, quizá no porque allí se fraguase la santidad del barroco, tan necesaria en los siglos anteriores para las sociedades hispánicas, sino porque allí se forjaban nuevos vínculos de sociabilidad y de alteridad más acordes con las exigencias de una sociedad periférica y en expansión como fue la rioplatense de entonces.

Como fuera, en los últimos lustros del siglo XVIII, pertenecer al clero significaba –como lo venía significando desde siglos atrás– formar parte de una minoría privilegiada y selecta, minoría en la que el clero regular constituía la mitad aproximadamente. En conjunto estamos ante una pequeña porción de la sociedad hispano-colonial, que sin embargo no era percibida como tal, ya que los relatos de viajeros y los escritos de los agentes de la administración nos hablan de una omnipresencia total del clero en la vida de aquellos años, percepción que recientemente se tiende a explicar no tanto por la abundancia de clérigos y religiosos, sino por la inserción total del personal eclesiástico entre su feligresía laica, lo que le daba una gran ascendencia y una jefatura moral que, en momentos críticos, podía trascender del meramente religioso a otros ámbitos, como puede ser el político.[30]

Notas

1 *Memorial histórico de los Servicios del Convento de San Esteban de Salamanca a la Iglesia y a la Patria en el Nuevo Mundo.*

2 Hay que tener en cuenta que el éxito de una comunidad religiosa se mide por el interés que ésa genera en la sociedad externa. Su atractivo está ligado al grado de competencia y de credibilidad que sus posibles miembros le donen, y éste, a su vez,

a su consistencia. Introducido por C. Faucheux y S. Moscovici en el contexto de las investigaciones sobre influencia de las minorías, el concepto de consistencia es el principal factor para determinar una de las modalidades de influencia social y de innovación. Según esos autores, la consistencia del comportamiento de un individuo o de un subgrupo es percibida como un índice de certitud. Expresa una actitud muy firme en las circunstancias en que las opiniones dominantes son habitualmente menos seguras, y presenta una solución de recambio admisible al de las opiniones dominantes. De este modo, por ejemplo, la innovación se introduce por el estilo consistente de comportamiento de la minoría, y no por el grado de dependencia de un grupo sobre otro debido por ejemplo a que un grupo es mayor que el otro, o tiene más poder, etc. Las mayorías no siempre son más influyentes que las minorías. Cfr. Doms, M., Moscovici, S., "Innovación e influencia de las minorías", en Moscovici, S. (comp.), *Psicología Social,* I, 1984, pp. 71-116.

[3] de León, Pablo, O. P., *Guia del cielo*, V. Beltrán de Heredia (ed.), 1963, p. 346.

[4] Cruz, Juan de la, O. P., "Dialogo sobre la necesidad de la oración vocal", en V. Beltrán de Heredia (ed.), *Tratados espirituales*, 1962, p. 498.

[5] "La perfección del religioso consiste en la guarda de los tres votos substanciales de pobreza, obediencia y castidad", Cruz, J. de la, *Diálogo*..., p. 438.

[6] Las disciplinas se debían dar después de las Completas. Hernández, R., "Actas de la congregación de la reforma", *Archivo Dominicano,* I, Salamanca, 1980, p. 63.

[7] de León, P. *Guía del Cielo*, pp. 191-192.

[8] Hernández, R., "Actas de los capítulos provinciales de la Provincia de España del siglo XVI", *A. D.,* VII (1086), p. 36.

[9] Cfr. Oakes, P.; Haslam, S. A.; Turner, J. C., *Stereotyping and Social Reality*, Oxford, 1994

[10] Sobre la aplicación del programa de reforma de Juan Hurtado de Mendoza en el convento de San Esteban por sus sucesores véase V. Beltrán de Heredia, "Las corrientes de espiritualidad entre los dominicos de Castilla durante la primera mitad del siglo XVI", *Miscelánea Beltrán de Heredia,* III, p. 538 y ss.

[11] *Historiadores*..., III, p. 508

[12] *Historiadores*..., III, pp. 534-535.

[13] *Historiadores*..., III, p. 563

[14] *Historiadores*..., III, p. 557.

[15] *Historiadores*..., III, pp. 540-541.

[16] *Historiadores*..., III, p. 505.

[17] Carrasco, Francisco, *Ensayo Histórico*, p. 249.

[18] *"Deben los seglares conocer la diferencia de estados que Dios quiso que hubiese en su Iglesia, para que con la diversidad estuviesen más apacible a sus ojos, como jardín con diferentes flores, y para que tuviese mayor majestad, como la casa del rey Salomón, de cuya composición y orden de servidores se maravillaba la reina de Etiopía. Y deben reverenciar la excelencia que un estado tiene a otro, como en el cielo reconoce superioridad una jerarquía de ángeles a otra más alta; y honrar a los que el Señor quiere que sean honrados, y a los que El mismo honrará el día del juicio, haciendo que se sienten par de su tribunal y juzguen todas las otras gentes [...] Lo cual no se ha de entender ser dicho a solo los Apóstoles, mas a todos los que por imitación de su apostólica vida renunciaron por voto y profesión determinada todas las cosas por seguir a Cristo".* De la Cruz, J., *Diálogo de la necesidad de la oración vocal,* p. 282.

[19] *"Ni escogieron notable vestido los religiosos por ambición ni por engañar a los simples, sino por más edificarlos y aprovecharlos con sus ejemplos y palabras, mostrando la autoridad y santidad de su religión en el vestido",* Cruz, J. De la, *Diálogo de la necesidad de la oración vocal,* p. 465.

[20] Carrasco, Francisco, *Ensayo Histórico*, p. 162.
[21] Carrasco, Francisco, *Ensayo Histórico*, pp. 190-191.
[22] Carrasco, Francisco, *Ensayo Histórico*, p. 505.
[23] "Por cuanto la frecuencia de los religiosos en salir a comer fuera de casa que en otras Provincias de Indias se ha usado es tan contra el decoro de nuestro estado que el saberlo ha atormentado los oídos de nuestro Revmo. P. General [...], y de la misma suerte el abuso de los Prelados de comer en sus celdas y no asistir al Refectorio sin legítima causa: ordenamos y mandamos [...] no falten de la secuela del refectorio sin legítima causa; y de la misma suerte, [...] los religiosos, así los sacerdotes como los que no lo son, no pueden comer fuera de casa [...] para que de esta manera se ataje el paso a que en nuestra santa y nueva Provincia se introduzcan abusos que la destruyan y acaben, cuando necesita para crecer de tantos reparos en la observancia [...] Porque es incomportable peso y muy embarazoso para nuestros estudios y observancias regulares la frecuente asistencia a fiestas y también a conclusiones, principalmente en nuestro convento en Córdoba: ordenamos [...] que sólo asistan a una fiesta en el año a cada convento, que será el día de los Patronos", *Ídem*, pp. 162-163
[24] Carrasco, Francisco, *Ensayo Histórico*, p. 330.
[25] Carlos Mayo denuncia que una situación similar se vivía en todo el clero rioplatense y en el hispanoamericano. "Los síntomas más agudos de esa crisis se reflejan en cuatro actitudes que afectaban cimientos mismos de la vida conventual: una creciente indisciplina, un franco desapego por la vida monástica, reiteradas violaciones al voto de pobreza y una tendencia, muy marcada en ciertos casos, al goce de la vida y los placeres urbanos". Mayo, Carlos Alberto, *Los betlemitas en Buenos Aires: Convento, economía y sociedad (1748-1822)*, Exma. Diputación Provincial de Sevilla, 1991, p. 58 y ss.
[26] Carrasco, Francisco, *Ensayo Histórico*, p. 475.
[27] Carrasco, Francisco, *Ensayo Histórico*, p. 512.
[28] Carrasco, Francisco, *Ensayo Histórico*, pp. 334, 372, 384.
[29] Las actas de la provincia dominicana también permiten seguir con cierto detalle la composició del clero de la orden entre 1725 y 1811. En el convento de Buenos Aires entre 1725 y 1763 se mantuvo un promedio de 23 sacerdotes, que sumentó a 33 3ntre 1767 y 1779, número que se acrecentó luego a 49, en Maeder, Ernesto, "La Iglesia Diocesana: el clero secular y las órdenes religiosas", *Nueva Historia de la Argentina,* 2, Academia Nacional de la Historia, Planeta, 1999, p. 423. Otros datos indican que la orden de Santo Domingo contaba hacia 1795 con 217 religiosos distribuidos en todo el virreinato, 66 estaban en Buenos Aires, en Mayo, Carlos Alberto, *Los betlemitas en Buenos Aires*, p. 51.
[30] Cfr. Martínez Ruiz, E. (dir.), *El peso de la Iglesia. Cuatro siglos de las Órdenes Religiosas en España*, Madrid, 2004, p. 585 y ss.

La influencia cultural de las misiones jesuíticas en el Continente Americano

Adela Repetto Álvarez
Universidad Nacional del Sur
Bahía Blanca, Argentina

Es muy difícil resumir en unas pocas páginas el más de siglo y medio de las misiones jesuíticas en América, ya que hay que tener en cuenta no sólo el aspecto religioso sino también el cultural, a lo que hay que sumar las tareas agrícolas, la construcción de iglesias y colegios, trazado de rutas, amén de los proyectos varios que quedaron inconclusos y otras actividades de menor relieve.

Lo que quedó fue grandioso y lo que se fue perdiendo con el tiempo por la mano del hombre lo fue aún más. Si hemos de tomar como referencia sólo un aspecto de esto, el inventario de una parte de los bienes correspondiente a la ganadería es una buena prueba de lo que la Misión Paraguaya de San Ignacio Mini poseía en 1768.

33.000	vacas
1.400	caballos
3.570	mulas
7.760	ovejas

Debe entenderse que esto es solamente de uno de los 30 pueblos. Si se lo multiplicara daría una cantidad verdaderamente asombrosa. Teniendo en cuenta que es una parte del total de los bienes, queda por señalar las construcciones, ya se trate de templos o escuelas, capillas o colegios, los objetos de culto, las bien surtidas bibliotecas, los instrumentos de labranza, los muy extensos y ricos cultivos, y otros aspectos que en este momento escapan a mi memoria.

Esto es el Alfa y el Omega que se inició a principios del siglo XVII y que se fue desarrollando, ampliando, floreciendo y dando frutos en una superficie aproximada de 100.000 km² en donde se fue ubicando una población de alrededor de 100.000 almas y que durante el siglo XVIII por razones ajenas a la Orden fue entrando en un cono de sombras hasta que el sol se puso en 1768 con la orden de extrañamiento a manos de Carlos III.

Bueno es que veamos cómo fue evolucionando este hito de la Historia Religiosa de América. Por empezar, habrá que decir que una vez descubierto, una de las primeras inquietudes que demuestran los RR.CC. es la evangelización del indio, "pues las gentes que se hallaron en ellas eran muy aparejadas para convertirse a nuestra Santa Fe Cristiana, por no tener ninguna ley ni secta".

Al amparo de la Bula Eximiae Devotionis del 3 de mayo de 1493, a 18 meses del descubrimiento ya se habla de enviar misioneros a las nuevas tierras de América, alegando el Romano Pontífice el derecho de soberanía, siempre y cuando se ocuparan de la conversión del indio. Ésta es la premisa fundamental de lo que sucederá en las nuevas tierras a partir de este momento.

Es un hecho que el primer sacerdote que lo pisa acompañando a Colon en su segundo viaje es un monje benedictino del Monasterio de Monserrat de nombre Fernando Boil. A partir de ella se inicia el envío de las distintas órdenes religiosas con la finalidad antes citada. Mercedarios, agustinos y franciscanos abren el camino y aunque hacen su labor el fruto es escaso. Recelo del indio, desconocimiento de las lenguas, arrogancia de unos o rencor de otros hace que los fracasos se sumen.

Hay que tener en cuenta que la Iglesia de Castilla hace poco tiempo que ha salido de una gran derrota al no haber logrado ganar al moro para la fe de Cristo. Entre que éstos no entendían el dogma y entre que la Iglesia no sabía presentarlos adecuadamente se abría un abismo difícil de atravesar. Incomprensible resultaba para el moro la Misa que consideraban creación de los papas, desconfiaban de la confesión, no entendían la Trinidad y menos la virginidad de María. Y no toquemos el tema de la Biblia, en donde no encontraban ninguna referencia a la liturgia.

No tengo en este momento datos de los primeros contactos con el indio en este aspecto puntual, pero es de sospechar que no fueron muy venturosos, si una carta Anua de 1600 procedente del Perú en que los jesuitas relatan sus logros en relación con este tema y en donde es dable sospechar que fue escrita en medio de una gran euforia pues nos parece que el fruto se cosechó demasiado pronto.

He hablado anteriormente de las tres primeras órdenes religiosas que llegaron a Indias y del escaso beneficio que lograron. Hacia principios del siglo XVII una nueva agrupación se va a instalar en estas nuevas tierras. Ésta es la Compañía de Jesús. Medio siglo antes, San Ignacio había recibido una carta de un miembro del Consejo de Indias demandándole el envió de misioneros a América. Pero en esos momentos carece de candidatos y se excusa en la autoridad papal para evitar un no rotundo. Pero por las mismas fechas, 12 de enero de 1549, dispone que se envíen a México algunos miembros de la Orden, lo pidan o no.

En 1555 dos jesuitas deberían de haber acompañado al Perú al Virrey Ceñete pero por razones desconocidas el hecho no se concretó. Para Brasil tengo la fecha de entrada en 1549 en donde no sólo tienen que tratar con indios feroces con el fin de convertirlos y educarlos, sino también enfrentarse con los piratas, especialmente holandeses y franceses de tendencia luterana, que pretenden avanzar sobre las tierras de Indias, especialmente en el siglo XVII cuando ambos vienen en procura de la sal, elemento vital para la salazón de sus pesquerías.

Pero el gran salto para la Orden va a tener lugar alrededor del 1600, sin olvidar que en 1567 sale la primera expedición con destino al Perú, un poco después que lo hiciera otra rumbo a la Florida. A partir de ese momento sucesivas oleadas de jesuitas van llegando a las playas de América. Entre 1565 y 1576 se destinan 5 expediciones al Perú cuyos componentes se dispersan por las distintas zonas de Bolivia y Chile.

En lo que se relaciona con el Paraguay habrá que decir que con anterioridad a la llegada de los jesuitas se había intentado misionar a los guaraníes y otras tribus a través de diversas órdenes religiosas sin que se llegara a buen puerto. Un experimento con los encomenderos españoles también resultó fallido, lo que lleva a las ordenanzas de Alfaro de 1611, que dispone de acuerdo con las cédulas reales, que no se admitiera entre los indígenas a españoles y mestizos en razón de la brutalidad de sus actos. Con esto se cierra un capítulo negativo y se va en procura de encontrar una nueva experiencia más acorde con el ideal cristiano.

Los Jesuitas habían mostrado interés por una zona que comprendía el actual Paraguay más toda la región circundante en una extensión aproximada de unos 100.000 Km^2 que recibía el nombre del Guairá por contar con todas las características requeridas para la labor misional, pues aparte de ser un punto estratégico, camino al rico Perú y próximo al Océano Atlántico, la abundancia de sus bosques, lo dilatado de sus selvas y ríos, y la cantidad de pájaros, peces y flores, permitía instalar allí una más que respetable población que en los tiempos de mayor esplendor llegó a contar con unas 100.000 almas distribuidas en los famosos 30 pueblos.

Pero hay que conocer un poco los antecedentes del tema. En un principio, los españoles respaldaron a los guaraníes en sus luchas contra otras tribus que a su vez contaban con el apoyo de los portugueses. Pero las relaciones se tensaron cuando se descubre el valor comercial de la yerba mate. A partir de ese momento los guaraníes bloquearon las vías fluviales y defendieron con más vigor sus tierras. A esto hay que agregar la ambición de los portugueses que buscaban extender sus dominios por el Alto Paraná y Uruguay hasta alcanzar el Río de la Plata para luego enfilar hacia el Alto Perú.

Buscando una solución, el gobierno de la colonia en unión con los representantes del clero que no estaban en condiciones para llevar adelante una lucha armada, solicitaron a la Corona se confiara la colonización de la región a las órdenes religiosas que hubieran mostrado mayor capacidad para la tarea evangélica con todas las actividades que ella comprendía.

La fecha inicial para tal fin sería 1585, cuando a instancias del obispo de Tucumán, el dominico Francisco de Vitoria, dos miembros de la Compañía de Jesús salen de Perú con destino al Paraguay, a los que en 1587 se les unen tres más provenientes del Brasil. Conforman el grupo dos españoles, un portugués, un catalán y un irlandés, contando todos ellos con el apoyo de la Corona en su Real Patronato a la espera de una relativa paz en la zona en cuestión.

Asentados en el lugar, lo primero que hacen es abrir un colegio, al tiempo que inician su labor misionera que en principio fue itinerante o volante, con miras a acercarse a una mayor cantidad de almas, hablándoles en su lengua y comprometiéndose a no imponerles ninguna carga o servicio, amén de no obligarlos al pago de ningún tributo. Contra todo lo que se esperaba, esta primera experiencia se la consideró satisfactoria.

Pero a pesar de todo, las relaciones con los españoles distaron de ser cordiales al oponerse los Jesuitas al sistema de encomiendas y exigir la observancia de las leyes protectoras de los indios. El punto culminante de esta disputa motiva la retirada de los misioneros dejando solo el Colegio de Asunción en manos del jesuita irlandés.

En realidad es una retirada con miras a un futuro retorno a la espera que se den las condiciones necesarias. Esto se va a concretar con la creación de una nueva provincia jesuítica totalmente independiente del Perú y Brasil y que comprendería el actual territorio de la Argentina, Chile, Uruguay con parte de Bolivia y algo del Brasil.

Acompaña todo esto un momento político favorable por diversas disposiciones dictadas al calor del ideal misionero, que entre otras cosas preocupaciones tenía en cuenta las condiciones ambientales más aptas para la fundación de las Reducciones o Pueblos destinados a resguardar el núcleo familiar con miras a proteger a los guaraníes del abuso de los españoles.

Todo esto con la promesa de que dependerían del Patronato Real que se haría cargo de todos los gastos y con todas las garantías y privilegios para con los indios convertidos y con vida sedentaria y pacífica.

Cualquier actitud que violara estas disposiciones seria considerado delito de Lesa Maiestatis, a lo que se sumaba la dispensa del pago de ningún tributo por el término de 10 años, garantizando todo lo acordado el fuerte carácter de Arias Saavedra.

Bueno es aclarar que todo lo otorgado a los Jesuitas y por extensión a los guaraníes estaba comprendido dentro de las leyes vigentes. No hubo beneficios extras, que sí lo fueron para la Corona y que estaban estipulados en los siguientes términos:

1°.- Aumento del territorio y control de éste sin presencia militar.
2°.- Aumento de la población a la que se intentaría convertir, lo que significaba la primera labor misionera.
3°.- Guaraníes abonarían un tributo después de 10 años de gracia que se destinaría a las Cajas Reales.

Acordes con estas condiciones los Jesuitas se dispusieron a avanzar sobre la región del Guairá, avalados por el Decreto Real del 4 de junio de 1609 y las Instrucciones de Roma de mano de Acquaviva de 10 de junio de 1608, que contemplaba los siguientes aspectos: instrucción religiosa, alfabetización de los aborígenes invitándolos a transformarse en sedentarios. Todo esto conformaba un núcleo permanente, único e inseparable, fiel calco de lo que desde sus inicios fue la Compañía de Jesús. Pero el 26 de noviembre de 1609 puede considerarse la fecha clave del nacimiento de las misiones al dictarse una ordenanza por la que se prohibía a los españoles entrar en la zona del Guairá y reclutar indios para su servicio personal, con lo que toda la región queda en manos exclusivas de los Jesuitas, medida ésta que se fue haciendo extensiva conforme se fue ampliando el área de las Reducciones o Pueblos.

De aquí en más la labor misionera de los hijos de San Ignacio empieza a cobrar vuelo. Tres primeros grupos recorren diversas zonas en procura del indio dispuesto a aceptar los postulados básicos de su accionar, cosa que logran con cierta rapidez ya que el 29 de diciembre de 1609 fundan la primera Reducción a la que dieron el nombre de San Ignacio y lentamente se fueron agregando otras hasta llegar a los 30 pueblos y 100.000 almas en los tiempos de la expulsión.

Hemos hecho una buena puesta a punto. Resta ahora ir mostrando la labor misionera. Se les conoce con el nombre de Misiones, Reducciones o Pueblos Guaraníticos, a lo que habría que añadir el de Colmenas Jesuíticas, de acuerdo con el criterio de quien escriba. Pero sea la nominación que se les quiera dar nunca debe considerarse de otra manera una población estable de más de 100.000 o más almas que en los momentos de mayor esplendor pudo llegar a 150.000, nucleados en 30 pueblos.

La distribución es la siguiente: 8 Reducciones o Pueblos estaban situados en lo que es hoy territorios del Paraguay, 15 se encontraban dentro de los límites de la Argentina y 7 al este del Río Uruguay, a lo que hay que sumar 10 estancias y dos vaquerías. Todo esto estaba organizado, regido y controlado por la Compañía de Jesús, poniendo atención a los siguientes aspectos:

1°- Fundaciones alejadas de los centros poblados con el fin de evitar la entrada del español buscador siempre de algún beneficio. "No dejar entrar a nadie en los obrajes pues siempre ven y siempre piden", de acuerdo por orden de Roma.

2°- Ubicación seleccionada por los Jesuitas a tenor de las actividades de los españoles, considerando la cercanía de tierras cultivables, agua, caminos aceptables y ambiente grato. "El pueblo que se trace al modo de los del Perú o como mas guste a los indios."

3°- Esquema fijo de la planta urbana, con las siguientes características:

a- Una gran plaza de 130 metros de largo por unos 100 de ancho con una gran cruz central. A ambos lados una imagen del santo patrono del pueblo y una de la Santísima Virgen. Este ámbito se destinaba a congregar a la población.

b- Rodeando esta plaza se ubicaba la iglesia, la escuela, las viviendas de los Jesuitas, el asilo de huérfanos, viudas o ancianos y otros edificios públicos. Algo más distante se encontraba el cementerio.

c- En otro sector se ubicaban los obrajes, los talleres, los molinos, la panadería, carnicería para finalmente ir constituyendo un pequeño barrio en donde se encontraban las casas de los guaraníes que lindaban con los huertos y los sembradíos varios.

La construcción varió con el correr del tiempo, precaria al principio fue mejorando a medida que el poblado lograba estabilidad al amparo del crecimiento económico. Sólo la Iglesia y lo relacionado con el culto tenía atención preferencial. A partir de 1640 el esquema adquiere una estructura más centrada y definida y se emplean materiales más resistentes. Finalmente en el último periodo el estilo es más rebuscado y grandioso, y también más ornamentado. Piedra y madera juegan su parte en estas edificaciones en donde ya los arquitectos van dejando su impronta. Los tallistas se dejan llevar por la imaginación y los pintores coronan la obra. Dependiendo de la zona donde se encuentre oro y plata los metales preciosos también tienen un lugar en la ornamentación de las iglesias y templos.

Resta hablar de las viviendas de los guaraníes que los obligaba a pasar de las cabañas habitadas por varias familias en un ambiente promiscuo y falto de higiene, a una vivienda unifamiliar. Con ello se lograba evitar la poligamia y la sodomía, se afianzaban los lazos familiares, se obtenía mayor orden y se iba constituyendo lentamente un poblado.

Todo esto tenía una base económica importante con la que se buscaba desligarse del mundo colonial y mantenerse con su propio esfuerzo. Los cultivos eran fundamentales. El maíz, la mandioca, la papa y la caña de azúcar ocupaban los primeros esfuerzos. A esto hay que agregar diversas variedades de legumbres y con el correr del tiempo se fueron introduciendo algunos frutales. La viña sembrada en Yapeyú no rindió el fruto esperado, pero en cambio parece que las higueras daban bien en Buenos Aires, mientras que en las márgenes del río Uruguay distintas variedades de frutales crecían libremente.

El cultivo del algodón se destinaba a los telares que estaban en manos de las indias. Su producción se destinaba a la confección de prendas. Con los cueros que no se exportaban a Europa se fabricaban hojotas que en ciertos casos se enviaban al Perú.

Capítulo aparte merece la yerba mate, cultivo por excelencia. En un primer momento crecía en estado salvaje y ya los guaraníes la utilizaban como medicina o para bebida. De muy buena calidad cuando se desarrollaba libremente luego decayó su valor cuando los cultivos se trasladaron a zonas más cercanas a las Misiones. Al descubrirse el valor comercial, la rivalidad entre los portugueses y los españoles alcanzó aristas filosas. Finalmente la comercialización va a quedar en manos de los Jesuitas que logran que llegue hasta el Río de la Plata como paso previo para introducirla en el continente europeo. En los momentos de la expulsión quedó sin ser enviado un importante cargamento que estaba listo para embarcar.

Aparte de esta actividad comercial, lo mismo que el de otros productos entre ellos los cueros, todo estaba controlado por una especie de procurador establecido a la altura de Cayastá que fijaba los precios de acuerdo a cómo se presentaban en el mercado europeo. Con los beneficios que se obtenían, se compraban las herramientas necesarias para las labores de las misiones y que era imposible fabricarlas en ellas. Instrumentos musicales, semillas, telas, agujas y otros rubros también se incluían en esas compras.

Capítulo aparte son las estancias y las vaquerías. He dicho anteriormente que había 10 estancias en la zona de las Misiones y 2 vaquerías que se encontraban vinculadas a ellas. Quedan de lado las estancias que pertenecían a los colegios de Córdoba y de otras partes del territorio de nuestro país. Las vaquerías del Mar y de Los Pinares ubicadas en la zona de Yapeyú era una de las más grandes y llegaron a extenderse hasta la costa de mar. La cantidad de cabezas de ganado era enorme llegándose a faenar 5.000 animales diariamente para repartir carne dos veces por semana entre las 100.000 almas de los 30 pueblos. La leche se destinaba para los niños y los ancianos, aunque el guaraní era poco afecto a la labor de ordeñe, mostrando poco interés en el resto de los animales y solo se dedicaba a la cría de gallinas y alguna que otra ave.

En principio, los jesuitas que llegaban a América en calidad de misioneros debían reunir ciertos requisitos previos. Aparte de su deseo de convertir almas, una premisa fundamental para la Orden era la educación, que aunque en principio se orientaba hacia el elemento indígena, luego se fue haciendo extensiva hacia la sociedad española. Es por ello que una vez instalada una misión, reducción o pueblo, como se le quiera llamar, lo primero que se levantaba era la Iglesia y a continuación la escuela. Tanto para la acción pastoral como para la enseñanza, el misionero debía tener una preparación especial para el buen desempeño de su tarea, máxime cuando ésta tenía lugar en los grandes colegios de Buenos Aires o Lima.

Un primer mandato de San Ignacio: "Que se manden jesuitas a las indias lo pidan o no", pronto fue dejado de lado y aunque en principio podían solicitarlo, la selección era rigurosa y demoraba su buen tiempo, llegando algunos a esperarla toda una vida. Logrado el primer paso había que adentrarse en la preparación especifica que también llevaba su buen tiempo. La buena salud y el tener avanzados estudios eclesiásticos y un buen concepto de sus superiores, eran la clave para la ocasión. A continuación venía el estudio de las lenguas que algunos llegaron a dominar y otros no tanto, ciertos conocimientos de botánica, algunos de enfermería, manejo de herramientas en artes y oficios hasta llegar a destacarse como arquitectos, de lo que ha quedado buenas muestras en la zona de las misiones, amén de la astronomía que captó el interés de los misioneros jesuitas.

Pero la tarea que atrajo mayor cantidad de interesados fue la música. Dejándonos llevar por el relato de Sepp, sabemos que estudió viola, trova, flauta, trompeta, chirimía, órgano, clavicordio, algunos de los cuales trae a América dándose por descontado el ser poseedor de una buena voz.

Fue la música el vínculo ideal para acercarse al indio en busca de su alma. Al parecer había ciertas condiciones natas en estos seres que sólo conocían el canto de los pájaros, pero no tardaron mucho en demostrarlo al surgir los coros que acompañaban las ceremonias de culto. Un culto que con el correr del tiempo se fue haciendo cada vez más solemne al amparo de los bellos templos que se fueron levantando en los pueblos guaraníticos y en otros puntos del continente americano cuando ya algunos de ellos tienen conocimientos de arquitectura. Tiepolo es un buen ejemplo de ello.

Aparte de esto, el indio fue introducido en el manejo del metal y en consecuencia la orfebrería cobra un relieve especial en los objetos de culto de los que quedan buenos ejemplares, y la madera también es trabajada por su mano sobre la base de diseños de neto corte europeo. En los obrajes, donde está vedada la entrada al español, "porque todos ven y todos quieren y piden", se fabrica todo lo humanamente posible, desde una cajita de madera labrada con una esmeralda en la tapa que se destinó a abrir puertas en Madrid cuando se tramitaba la Cédula Grande de 1743, hasta órganos en donde se desgranaban las mejores partituras.

Toda esta obra se lleva adelante gracias a los miembros de la Compañía de Jesús en acuerdo con las disposiciones legales vigentes encabezada por la Corona, con la aprobación de los consejos respectivos y con el apoyo del Patronato Real, sin apartarse para nada de lo establecido de acuerdo con éstas. Todo en beneficio del indio, repartiéndose las ganancias entre la Corona, las necesidades de las misiones y otro apartado más. Los gastos de los misioneros estaban comprendidos en el vestuario, el viaje de traslado y una especie de viático por el tiempo de espera hasta encontrar el navío que los trajera a las Indias. En contrapartida, cuando se decreta la expulsión sólo se los autoriza a llevar el atillo y el Breviario más algo de tabaco.

En el concepto del momento la tierra es de Dios, por extensión de la Corona sobre la base de las bulas papales que hablan de donación y de ahí pasan a las manos del indio. En ningún momento se habla de propiedad de la Orden, como tampoco se habla para los otros religiosos que vinieron con el mismo ideal. Sí se los declara Protectores de los Guaraníes en la persona del Provincial en 1636 por la Real Audiencia de Charcas, lo que se vuelve a repetir en 1743 en la Cédula Grande. El mismo título lo había tenido Las Casas en los primeros tiempos de la conquista, con la salvedad que para darle mayor poder se lo había consagrado Obispo de Chiapas, algo que los jesuitas no lograron en todo el tiempo que duraron las misiones.

Los hijos de San Ignacio clavaron la cruz en la tierra roja del Guairá, el arado abrió el surco, el indio metió sus manos en ella para que rindiera su fruto en esa misma tierra que era de Dios y era del indio hasta que una disposición incomprensible permitiera que se silenciara el canto de los indios y el trino de los pájaros llenándose todo de silencio, mientras un manto verde fue cubriendo lentamente aquello que la Fe y el hombre habían ido edificando AMDG.

Bibliografía

ARMANI, Alberto, *La ciudad de Dios y la cuidad del Sol, El Estado Jesuita de los Guaraníes, 1609-1768,* México, Fondo de Cultura Económica, 1977.

BAUDOT, Georges, *La vida cotidiana en la América española en los tiempos dé Felipe II, Siglo XVI*, México, Fondo de Cultura Económica, 1983.

BRABO, Francisco Javier, *Colección de documentos relativos a la expulsión de los Jesuitas de la República Argentina y el Paraguay*. Madrid, 1872. *Inventario de los bienes hallados a la expulsión de los Jesuitas y ocupación de las temporalidades por decreto de Carlos III en los pueblos de las Misiones*, Madrid, 1872.

COLIN, Michelle, *Le Cuzco a la fin du XVII et au debut du XVIII siecle,* Publications de la Faculté des Lettres et Sciences Humaines de L' Université de Caen, 1966.

CORONA, Carlos Enrique, *Sobre el Conde de Aranda y la expulsión de los Jesuitas*. Valencia, 1975.

CORONA GONZÁLEZ, Sergio, *Ilustración y Derecho, Los Fiscales de Castilla en el Siglo XVIII*, Ministerio para las Administraciones Publicas, Madrid, 1992.

DOMÍNGUEZ ORTIZ, Aníbal, *Hechos y figuras del Siglo XVIII español*, Madrid, Siglo XXI, 1980.

DÍAZ, José Simón, *Historia del Colegio Imperial de Madrid*, Madrid, 1959.

EGIDO, Teófanes, *Las causas gravísimas y secretas de la expulsión de los Jesuitas por Carlos III*, Madrid, Fundación Universitaria Española, 1994.

FERREL BENIMELI, José, *La Masonería española en el Siglo XVIII*, Madrid, Siglo XXI, 1974.

HERR, Richard, *España y la revolución del Siglo XVIII*, Aguilar, Madrid, 1979

HELMAN, Edith, *Jovellanos y Goya*, Madrid, Taurus, 1970.

JOVELLANOS, Gaspar Mario, *Diarios*, Madrid, Alianza, 1970.

JANKE, Peter, *Mendizabal y la instauración de la Monarquía Constitucional en España (1790-1853),* Madrid, Siglo XXI, 1974.

JORDÁN DE URRIES, Raúl, *Cartas entre Campomanes y Jovellanos*, Madrid, Fundación Universitaria Española, 1975.

LUGONES, Leopoldo, *El Imperio Jesuítico, Ensayo histórico*, Buenos Aires , Publicación de la Comisión Argentina de Fomento Interamericano.

MARTÍNEZ CAMPOS, Claudio, *España Bélica. Siglo XVIII*, Madrid, Aguilar, 1965.

MILLE, Andrés, *Derrotero de la Compañía de Jesús en la conquista del Perú, Tucumán y Paraguay y sus iglesias del antiguo Buenos Aires 1567-1768*, Buenos Aires, Emecé, 1968. MORNES, Magnus, *Actividades polí-*

ticas y económicas de los Jesuitas en el Río de la Plata, Buenos Aires, Hispamérica, Paidós, 1986.

OLAECHEA ALBITUR, Ramón, *El Cardenal Lorenzana en Italia,* León, 1980.

PALOP RAMOS, José, *Hambre y lucha antifeudal, La crisis de la subsistencia en Valencia,* Madrid, Siglo XXI, 1977.

RODA PINEDO, Isidoro Manuel de, *Su pensamiento regalista*, Zaragoza, 1984.

RODRÍGUEZ CAMPOMANES, Pedro, *Dictamen Fiscal de la expulsión de los Jesuitas de España (1766-1767)*, Madrid, Fundación Universitaria Española, 1977.

RODRÍGUEZ CASADO, Víctor, *La política y los políticos en los tiempos de Carlos III*, Madrid, 1962.

RODRÍGUEZ DÍAZ, Luis, *Reforma e ilustración en la España del Siglo XVIII*, Pedro Rodríguez Campomanes Fundación Universitaria Española, Madrid, 1975.

SANTOS HERNÁNDEZ, Ángel, *Los Jesuitas en América*, Mapfre, 1992.

SARRAILH, José, *La España ilustrada de la segunda mitad del siglo XVIII*, México-España, Fondo de Cultura Económica, 1974.

SEPP, Antonio, *Relación de viaje a las Misiones Jesuíticas,* Buenos Aires, Universitaria de 1971.

TAPIA, Enrique de, *Carlos III y su época*, Madrid, Aguilar, 1962.

TOMÁS Y VALIENTE, Francisco, *El marco político de la desamortización en España*, Barcelona, Ariel, 1972.

TOMSICH, María Guadalupe, *El Jansenismo en España, Estudios sobre las ideas religiosas en la segunda mitad del Siglo XVIII*, Madrid, Siglo XXI, 1972.

Armas y alas. Los ángeles arcabuceros. El ejército de los extirpadores de idolatrías.

Matías Balbastro - Ana Florencia Santucci
ISFD Nº 8 La Plata
Universidad Nacional de La Plata
La Plata, Argentina

Breve introducción al tema y primeras hipótesis

Los ángeles arcabuceros conforman una clase muy particular dentro de la iconografía angélica que se ubica en el marco del arte sacro colonial andino. Se trata de ángeles armados, vestidos con los uniformes militares de gala de los guardias del Virrey, preparándose para el combate. Sus poses se inspiran en imágenes tomadas de un libro de ejercicios militares (Gyhn, *El ejercicio de las armas*, 1607). Muestran rostros apacibles y delicados, las manos cargando el arcabuz, calibrando la mira, portando una bandera multicolor o tocando una orden militar en el tambor o la trompeta. Finos encajes, moños de seda en los zapatos, estas figuras nos resultaron ambiguas, amenazadoras, violentas incluso bajo los brocados y las plumas: vimos soldados autoritarios y crueles disimulados tras sus caras ambiguas, portando en esas manos lánguidas las armas que pretendían sembrar el terror y la sumisión.

Estas primeras impresiones que nos causaron las obras, viéndolas por primera vez dispuestas en las naves de pequeñas iglesias, rodeándonos, y las reflexiones sobre su ubicación original derivaron en nuestra primera hipótesis: los ángeles arcabuceros habrían formado parte de las estrategias de dominación europea, ejerciendo una función persuasiva por contener una amenaza implícita, una suerte de propaganda del poderío militar y religioso de los conquistadores. Es por esta razón que fueron instalados en pequeñas poblaciones indígenas, potenciales focos de rebelión, y distantes de los centros urbanos donde sí se contaba con una fuerte presencia militar real.

Objetivos, bases teóricas, fuentes y metodología

(El arte como producto sociohistórico y político)

Definimos como indispensable contextualizar el campo artístico, nuestro foco de interés, a través de un análisis básico de la estructura socioeconómica del área andina a fines del siglo XVII, contemplando los diferentes modos de producción existentes, sus interacciones, las dinámicas de la circulación de bienes y saberes, para comenzar a complejizar nuestra comprensión del tema, y ser así capaces de construir problemáticas sobre la producción, el consumo y las funciones del arte religioso.

Desde este punto de partida materialista, tendríamos que hablar de un imaginario estético-religioso íntimamente vinculado en el plano de las representaciones.

Estamos frente a un proceso de interacción cultural en el que la metabolización de las importaciones españolas se produce siguiendo un criterio de *absorción selectiva*, favoreciendo el desarrollo de aquellos aspectos que se identifican con las tendencias de la visión local. Creemos que la explicación de los fenómenos plásticos está en su historia y en su uso, en qué significaban las imágenes para quienes las hacían y las empleaban, y esperamos hacer comprensible de qué modo se inserta el arte popular en el conjunto de las prácticas sociales y cómo se corresponde con el sistema de valores e ideas vigente. (González, 1998, p. 9).

Los datos que consideramos como relevantes para nuestro análisis son los relativos a las instituciones y los actores sociales -en sus practicas y representaciones- que se han encontrado involucrados en la producción, normalización, distribución y adquisición de las obras. Buscamos estos datos en obras de historiadores, críticos de arte, arquitectos y antropólogos, quienes usan como fuentes contratos comerciales, inventarios, cartas y otros documentos de la época. Además encaramos la lectura de documentos coloniales de misioneros, funcionarios, viajeros y cronistas que escriben sobre las actividades de indígenas y españoles, concentrándonos en dilucidar las relaciones entre las etnias y las clases, los procesos conflictivos, las negociaciones, las imposiciones, los aparentes acuerdos o sumisiones.

Tuvimos en cuenta que existieron distintas posturas y estrategias dentro de los grupos colonizadores que buscaban lograr la conversión a la religión católica, la imposición del nuevo orden jerárquico, de las nuevas formas de explotación de la fuerza de trabajo, considerando que entre los funcionarios y colonos existieron diferentes perfiles ideológicos que configuran discursos y practicas distintivas. En los asuntos que conciernen a la represión y extirpación de idolatrías se debe tomar en cuenta el contenido del conocimiento religioso del pensamiento en

Europa y especialmente en el mundo ibérico. Tratando de comprender el mosaico cultural y social que formaban los españoles que conquistaron y se instalaron en América, comprender la lucha efectuada contra las idolatrías desde mediados del siglo XVI y durante todo el siglo XVII. El siglo XVII es decisivo para la institucionalización de la Iglesia peruana. Paralelamente al período de extirpación de idolatrías se instalan las autoridades eclesiásticas, el clero religioso, los monasterios y conventos, los cuales ocupan lugares estratégicos a través de los Andes y cuya importancia política y económica crece con la expansión y el desarrollo de la población eclesiástica. (Celestino, 1998).

La producción artística del Virreinato. Influencias y centros de producción.

La producción artística en el Perú, durante los siglos XVI y XVII, está influenciada casi exclusivamente por la escuela Sevillana, en particular por el círculo de Zurbarán y por pinturas y grabados que llegaban desde Amberes, Flandes al Virreinato vía la Casa de Contrataciones de Sevilla.

La presencia del maestro jesuita Bernardo Bitti, pintor manierista que, llegado de Italia en 1575, además de trabajar en las grandes ciudades como Cusco o Lima, recorrió las misiones de la Orden a orillas del lago Titicaca, fue determinante para la formación de pintores en el Collao. La zona del lago Titicaca es la que creemos más importante para nuestra investigación, dado que en los talleres artísticos que se asentaron a sus márgenes, vinculados a las misiones jesuitas de este centro neurálgico de evangelización, es donde se producen muchas de las series de ángeles arcabuceros que hoy conocemos.

La información documental más antigua de la que se dispone con respecto a las series de ángeles peruanas –que no especifica si éstos eran arcabuceros– está contenida en un contrato firmado por el pintor indio Basilio de Santa Cruz en 1661, por el cual este último se compromete a realizar doce ángeles y doce vírgenes. Este dato es importante no, solo por la fecha, que permite situar cronológicamente el inicio del auge de las series angélicas, sino también porque identifica al pintor, de quien conocemos su adscripción étnica. Tanto el origen como el status social de los artistas fue una pregunta recurrente e importante durante la investigación, dado que quisimos incorporar la dimensión étnica al análisis de los roles y disputas en el seno del campo artístico.

Podemos hallar en *El lazarillo de los ciegos caminantes* pasajes realmente útiles para acercarnos a las ideas y juicios valorativos de los europeos de la época sobre los artistas indios, y para captar las posiciones respectivas en la escala social. En esta obra firmada por *don Calixto Bustamante Carlos Inga, alias Concolorcorvo*, quien acompañó a don Alonso Carrió de la Vandera, comisionado por la Corte para el arreglo de Correos y Estafetas, situación y ajuste de Postas desde Montevideo, en su recorrido desde esta cuidad hasta Lima, este viajero escribe en un tono altamente hilarante y de una exquisita prosa acerca de los oficios que preferían los indios en su crónica del viaje que realizó por el Perú en los años 1772 y 1773: "Los indios comunes se inclinan regularmente a aquellas artes en que trabaja poco el cuerpo, y así, para un herrero, por ejemplo, se encuentran veinte pintores, y para un cantero, veinte bordadores de seda, plata y oro. Esta multitud de oficiales que hay en esta ciudad para estos ejercicios, el de tejedores de pasamanería, cordoneros y demás, ataja el progreso de la perfección, porque el indio no estima más que el trabajo material, y así le parece que le es más útil sujetarse a la pintura un día por dos reales, en que comen y beben a su satisfacción. Que ganar cuatro reales en el rudo trabajo de la sierra, el martillo y en todo lo que corresponde a un oficial de albañil o cantero, en que verdaderamente procedieran con juicio si estuvieran seguros de hallar en qué ejercitarse hasta los últimos instantes de su vida y no tuvieran otras obligaciones que las de mantener su cuerpo con frugalidad; pero este error no nace de su entendimiento, sino de su desidia y pusilanimidad... Si su servicio es útil al español, ya le viste y calza, y los dos meses es un mestizo en el nombre. Si el amo es hombre de probidad y se contenta con un corto servicio, le pregunta si quiere aprender algún oficio, y que elija el que fuere de su agrado, y como los indios, según llevo dicho, jamás se aplican voluntariamente a las obras de trabajo corporal, eligen la pintura, la escultura y todo lo que corresponde a pasamanería. Los dos primeros ejercicios, de pintor y escultor, son para los paisanos de Ud. los más socorridos, porque no falta gente de mal gusto que se aplique a lo más barato. Los pintores tienen un socorro pronto, como asimismo los escultores, que unos y otros se aplican a las imágenes de religiones. Sabiendo formar bien un cerquillo y una corona, con otros signos muy apetecibles y claros, como su ropaje talar, sacan a poca costa a la plaza a todos los patriarcas y santos de las religiones, poniéndoles al pie sus nombres y apellidos. Su mayor dificultad es el retrato de los vivientes, tanto racionales como irracionales, pero en pintando al gran turco y algún animal de la India, cumplen con los ignorantes, con ponerle su nombre al margen, en lugar de linterna. Entre tanta multitud de pinta monos, no faltan algunos razonables copistas de muy buena idea, pero son tan estrafalarios que en cogiendo un corto socorro de tres o cuatro pesos, no dan pincelada en ocho días, y suelen venir diciendo que les robaron tabla, pincel y pinturas, para tomar nuevo empréstito. Fiados en estas trampas, no reparan en hacer unos ajustes tan bajos que parecen increíbles, por lo que algunos caballeros de esta ciudad, para lograr algunas pinturas de gusto, encierran en sus casas a estos estrafalarios, pero si se descuidan con ellos un instante, se hacen invisibles, para aparecerse en algún pueblo de la comarca en que haya alguna fiesta".

Concolorcorvo admite en esta crónica que: "No se les puede negar una habilidad más que ordinaria para todas las artes, y aún para las ciencias". Bartolomé Arzans de Orsúa y Vela coincide en este sentido al anotar en sus reflexiones de 1710, *El Mundo desde Potosí,* la siguiente observación: "Y comúnmente los de este peruano reino son de muy rara habilidad, claro entendimiento y general aplicación, pues se experimenta (con gran sentimiento de los españoles) el que los indios se hayan alzado con el ejercicio de todos los oficios, no sólo los mecánicos mas también los de arte, causando no poca admiración ver formar uno de estos naturales un retablo, una portada, una torre y todo un edificio perfecto y maravilloso sin tener conocimiento de la geometría ni aritmética, y lo que es más, sin saber leer ni escribir, formar guarismos, caracteres y labores, como también hermosas figuras con el pico y el pincel, solamente con ver el dibujo; y como se ha experimentado su buena capacidad e inclinación, han alcanzado una real cédula para que los buenos hijos de los caciques y gobernadores y los demás nobles indios puedan (estudiando facultades y teología) ser ordenados hasta de presbíteros, la cual cédula les dio y remitió nuestro rey y señor don Carlos II, de gloriosa memoria".

La influencia jesuita en la iconografía angélica

Es en gran parte debido a los jesuitas que los ángeles cobran singular impulso como uno de los temas mas recurrentes en el arte virreinal. En la relación que encontramos entre el auge de los ángeles arcabuceros y los de la Compañía de Jesús, el lugar de origen y principal centro de producción es uno de los puntos que los ligan. Según lo que investigó Teresa Gisbert, la iconografía angélica arcabucera más antigua documentalmente, junto con el contrato firmado por el pintor indio Basilio de Santa Cruz, está presente en las postrimerías que pintó López de los Ríos, en 1684, para el cura Arellano de Carabuco, población a orillas del lago Titicaca.

En noviembre de 1577, por orden del virrey Toledo en medio de una fuerte pugna de poder, las misiones dominicas de la zona pasaron a la Compañía de Jesús. Joseph Acosta se hace cargo de la doctrina de Juli, situada en la región del Collao, comprendía el pueblo de Juli y un centenar de aldeas, con una población aproximada de 30.000

habitantes. Ahí funda la casa de 3ª Probación de la Provincia del Perú. Joseph Acosta cuenta de los primeros miembros de la Compañía destinados en Juli en el *Annua de la provincia del Pirú del año 1578:* "Y no se ocupan solamente en el pueblo de Juli los Padres, sino de allí salen a misiones por todas aquellas provincias, que tienen suma necesidad, y han cobrado gran opinión de los nuestros con lo que oyen decir de Juli". La creación de esta casa de 3ª probación, término jesuítico que se refiere a la última etapa de la formación del jesuita, una especie de segundo noviciado previo a la labor pastoral, de más o menos un año de duración, logra con el tiempo reunir una gran cantidad de religiosos, ordenados o en su último año, alrededor del lago y sus misiones. En este contexto fue como artistas pertenecientes a la orden, como Bernardo Bitti y mas tarde Diego de la Puente, recorrieron las misiones abocados a formar a los pintores locales.

Decididamente perteneciente a la escuela del Collao, la serie de Calamarca adjudicada a López de los Ríos es la mas influyente del Virreinato. Los ángeles de Casabindo se encuentran entre los que copian su iconografía. Leonardo Flores, otro de los artistas que trabaja también en los talleres del Collao, es el autor de los ángeles de Peñas.

Podemos decir que las obras no sólo decoraron iglesias, sino que fueron usadas como "soporte visual" en los procesos de enseñanza o imposición del Evangelio. En el capitulo XXXIII de la *Conquista Espiritual hecha por los Religiosos de la Compañía de Jesús, en las Provincias del Paraguay, Paraná, Uruguay y Tapé* (Madrid, 1639), Ruiz de Montoya relata: "No desespere yo de la victoria, los consejos que me daban, que desistiese de aquella empresa absolutamente imposible, me encendían mayor ánimo a su conquista [...]. Invoque yo el auxilio de los Siete Arcángeles, Príncipes de la Milicia Celeste, a cuyo valor dedique la primera población que hiciese. *Tenia yo una imagen de pincel, de vara y medio de alto de estos Príncipes,* pusela en su marco, y llevándola en procesión aquellos tres días que dije había andado hasta aquel campo, de donde me echaron[...]". Esta abnegación misionera de la que Montoya es un perfecto exponente puede insertarse en el marco del clima ideológico y psicológico de esta época, según Olinda Celestino: "La acción misionera desarrolló una verdadera campaña de persecución y represión, generando una especie de psicosis obsesiva, tanto en los civiles como en los religiosos españoles de los siglos XVI y XVII, y entre los indígenas que tenían el constante temor de ser denunciados con o sin razón".

Las imágenes como portadoras de discursos. Los evangelizadores y sus ideas sobre los ángeles.

Si bien en un principio encaramos un análisis bastante materialista respecto a la producción y distribución de las obras de arte, abordándolas como cualquier otro producto manufacturado, buscábamos con esto llegar a distinguir qué actores estaban involucrados y *cuáles detentaban poder como para restringir o propiciar la actividad artística o artesanal, comercializar las obras, y a nivel del consumo, encargarlas, pagarlas y emplazarlas.* En otro nivel de análisis nos interesó caracterizar los mecanismos de control sobre los temas, su representación y convenciones iconográficas (como por ejemplo las disposiciones respecto al culto a los ángeles y la iconografía apropiada para representarlos generadas en el Concilio de Trento).

Pero más que nada, nos interesó reflexionar acerca de las pinturas como *portadoras de imágenes.* Serge Gruzinski centra el foco en las *funciones de la imagen*, que abordamos como un tipo particular de discurso: "Por razones espirituales (los imperativos de la evangelización), lingüísticas (los obstáculos multiplicados por las lenguas indígenas), técnicas (la difusión de la imprenta y el auge del grabado), la imagen ejerció, un papel notable en el descubrimiento, la conquista y la colonización del Nuevo Mundo. Como la imagen constituye, con la escritura, uno de los principales instrumentos de la cultura europea, la gigantesca empresa de occidentalización que se abatió sobre el continente americano adopto –al menos en parte– la forma de una guerra de imágenes que se perpetuó durante siglos" (Gruzinski, 1995, p. 13).

Sostenemos que las series de ángeles militares, a la vez que servían como propaganda del poderío bélico europeo, en pueblos de indios alejados de las grandes ciudades españolas, cumplían la función de *extirpadores de idolatrías.* El culto a los ángeles y los soldados eran el antídoto contra ellas. Difundidas principalmente por La Compañía de Jesús, las imágenes de los ángeles conformaron un ejército para luchar en la guerra contra la idolatría. Se pensaba que la idolatría era una peste causada por la ignorancia de los indígenas (Arriaga, Pablo J., 1621) y por la negligencia de los curas; por ese motivo se pone en marcha el movimiento de la "extirpación de idolatrías" utilizando todos los medios posibles: denuncia, obligación de confesión, educación de los niños, destrucción de todo objeto idolátrico, disuasión, *reelaboración de las creencias con el fin de cortar las raíces de cualquier identificación y veneración religiosa.* Dentro de estos últimos medios para combatir idolatrías, que intentaban implantar ideas y prácticas, y destacándose por sus propiedades y ventajas particulares, nosotros ubicamos las obras de arte sacro, portadoras de los dogmas católicos. "Los métodos de represión fueron precedidos por los de control y éstos se llevaron a cabo fundamentalmente a través del procedimiento de las reducciones de los pueblos indígenas, de la superintendencia de la moralidad pública y de la confesión" (Celestino, 1998).

La existencia de manuales que apuntan a lograr confesiones exhaustivas de parte de los indios, y la masividad y frecuencia con que los curas recurrieron a la confesión nos decide a posicionarla como una de las estrategias centrales para la recolección de información operativa a la administración colonial y la dominación de las poblaciones nativas. El ejemplo mas trágico de la circulación y uso de los datos confesionales, que los sacerdotes iniciaban al romper el nominal secreto de confesión, es el del aplastamiento de la revuelta indígena de 1750, que se vio frustrada antes de desatarse. Fue delatada ante las autoridades por un cura que recibió noticia de lo que se avecinaba a través de la confesión de un devoto indígena.

Pero es fundamental recordar que en el seno de la Iglesia colonial existieron diferentes posturas, algunas completamente opuestas, acerca de la naturaleza de la idolatría y los métodos para extirparla: mientras que el jesuita Andrés Serrano decía: "El camino más real para matar una mala devoción es buscar su otra opuesta, que le exceda mucho en bondad y en atractivo. Quando el ojepto es por muchos títulos mas amable, y de mas excelente calidades, es suyo capaz de un amor mas subido, que con empeño destierre la afición del otro ojepto, donde los motivos de amabilidad son menores, o mas groseros" (Serrano,1699, ed. 1, p. 96), el obispo Alonso de la Peña Montenegro declara en su *Itinerario para Párrocos de Indios* (Madrid, 1688) que "apenas he de haber rumor, sospecha o fama de idolatría, cuando se han de disponer las hileras de soldados, descolgarse las banderas, marchar los ejércitos haciendo alardes públicos del celo del cultivo del verdadero Dios".

Es en esta lucha donde los ángeles arcabuceros cumplen su función de mensajeros y ejecutores de la voluntad divina. La idea de los ángeles como la milicia celeste es tomada por los misioneros jesuitas, que además se ven a ellos mismos como el Ejercito de Dios. Es el padre Acosta, fundador de la misiones de Juli, quien caracteriza de este modo a los misioneros en *Predicación del Evangelio en las Indias* (Capítulo XXI): "Pero hubo, además, otro género de ministros en la Iglesia que no tenían asiento fijo, sino, según la necesidad de los hermanos, corrían varias Iglesias, se detenían el tiempo que era preciso, ayudaban a los propios pastores, fortalecían a los débiles, a los fuertes los perfeccionaban, y de todas maneras promovían la obra de Cristo. Porque *como en un ejército bien ordenado*, además de las tropas colocadas en sitio fijo, cuyo cuidado ha de consistir en no abandonar su puesto, porque va en ello la victoria, y antes se han de dejar matar que echar pie atrás; hay también tropas auxiliares y caballos de armadura ligera, cuyo oficio es, por el contrario, discurrir de una parte a otra, donde asome el peligro acudir al punto, socorrer al que va de vencida, recibir el ataque del enemigo que se desmanda, estar en todas partes, a cuya fidelidad y cuidado se debe muchas veces la victoria; de la misma manera *en la milicia cristiana terrible como ejército puesto en orden, hay dos suertes de personas, unos que combaten en lugar cierto, otros que combaten por todas partes para llevar a todos socorro.* El cual género de milicia se ha tenido en tanto en la Iglesia, que vemos a *nuestros supremos capitanes, los apóstoles,* tomarlo para sí. Porque, ¿qué otra cosa decían Pablo y Bernabé cuando se decían: 'Volvámonos y visitemos todas las Iglesias en que hemos predicado'?" (Acosta, 1577).

El padre Andrés Serrano desarrolla en *Los Siete Príncipes de los Ángeles, Validos del Rey del Cielo. Misioneros y Protectores de la Tierra, con la Practica de Su Devoción*: "Tienen [...] los misioneros y predicadores en los siete Príncipes un vivo dechado, en cuya imitación aseguran el fruto de su predicación, y una copiosa cosecha de almas para el Cielo [...] Misionero nace de la palabra latina: *Missus,* que es enviado, y así lo debe ser de sus superiores el que se dedica a este Apostólico ministerio, como lo son de Dios todos los ángeles [...]" (Serrano,1707, ed. 2, pp. 122-123).

Según Serrano, la "semejanza" mas evidente entre los guerreros celestiales y los jesuitas esta en su hermandad y ministerio. Los ejércitos angélicos eran considerados los antecesores de las órdenes medievales de caballería, y la Compañía de Jesús era la sucesora temporal y espiritual de ambas (Mujica Pinilla, 1998, p. 174). "Todos pertenecen a una familia: los unos y los otros son de la Compañía de Jesús el oficio de los jesuitas, ojos y soldados [...] El oficio de los jesuitas es andar por el mundo y dilatar la Gloria de Dios entre las más bárbaras naciones. El de los siete espíritus es llevar el nombre de Jesús por toda la tierra como una triaca general contra el veneno de la culpa [...]" (Serrano, 1707, ed. 2, p. 204).

Decía Joseph Acosta también en su *Predicación del Evangelio en las Indias* (capítulo IV, Libro I), citando al apóstol Pablo: "El ejemplo de Cristo nuestro Salvador debería bastarnos: pero añadamos aún estímulo a nuestra pereza y acuciémosla con el ejemplo de los santos. Contemplamos los trofeos que ganaron los apóstoles, admiramos a los que victoriosos del mundo llevaron el signo de la cruz más allá de las águilas romanas, y si nos fuera dado, quisiéramos imitar hazañas tan gloriosas. Mas detengamos nuestro pensamiento a considerar los sudores que pasaron, los peligros, los combates, las dificultades de los tiempos y la pujanza de los enemigos, y entenderemos, sin duda, que les costó más cara la victoria de lo que fácilmente se puede creer". "Las armas de nuestra milicia no son carnales, sino muy poderosas en Dios para derrocar fortalezas, destruyendo los designios humanos y toda altanería que se engríe contra la ciencia de Dios", dice el apóstol; el cual, en otra parte, conmemora que "propagó el evangelio desde Jerusalén al mar lírico y regiones que lo rodean, cuya extensión y grandeza quien las considere se espantará de que pudiera un hombre conocerlas tan solo, cuánto más henchirlas con la doctrina evangélica".

Ángeles en la Puna.
Un caso particular: la encomienda de Yavi y el Marquesado de Tojo.

La estancias establecidas en Yavi fueron el asiento de encomenderos responsables de las poblaciones de Cochinoca y Casabindo. Estas localidades se dispusieron en los principios de la colonización española como asientos de minas. A la llegada de los extranjeros a la zona, ambas comunidades participaban de una confederación o liga militar supeditada al cacique Quipildor, líder de los omaguacas. Aun así sus indios fueron asignados a varias encomiendas tempranamente, alrededor de 1540. Para fines del siglo XVI, cuando un nuevo otorgamiento de encomienda unifica las dos unidades bajo el control español, los indios *estaban huidos*. La efectivización de su reducción sólo fue posible a lo largo del siglo XVII, especialmente luego de recibir Pablo Fernández de Obando el otorgamiento de la encomienda (González, 1993, pp. 21-34).

Había cura asignado desde 1593, al igual que en Humahuaca, donde se nombra un corregidor de españoles para la misma fecha. Así, en la ultima década del siglo XVI y las primeras del XVII se fue estructurando el panorama de ocupación hispánica de la Puna, reduciendo grupos indígenas hasta entonces independientes y belicosos (se consigna en una de las concesiones de la encomienda que *casabindos, cochinocas y omaguacas impiden el paso como gente de guerra y que estaban alzados*).

La efectivización de la encomienda no fue consolidada mientras el eje productivo giro en torno a la explotación minera, pero cuando en 1645 ésta pasó a manos de Obando, se impone una nueva dirección hacia la actividad agropecuaria, lo que implica disponer de una cantidad de mano de obra organizada. Desde sus comienzos, la empresa estuvo ligada al abasto de alimentos al Alto Perú, en particular las provincias de los lípez y chichas y la Villa Imperial de Potosí, y llego a alcanzar importantes proporciones.

Obando era tarijeño, y su padre, Gutiérrez Velázquez de Obando, acompañó al virrey Toledo en su inspección al territorio chiriguano, en su calidad de maestre de Campo. Luego fue nombrado alcalde de Tarija, ciudad de la que fue fundador, colaborando con oro, *4 arcabuces*, caballos, ovejas, cabras, bueyes, harina, pertrechos, etc.

La mano de obra que la encomienda proporcionaba no era "totalmente dócil", pese a que no se habían registrado conflictos serios desde comienzos de siglo. Pero en ocasión del alzamiento calchaquí los indios de Casabindo y Cochinoca apoyaron la insurrección y muy posiblemente hubieran enfrentado a su encomendero de no mediar un buen manejo político por parte de Obando y su primo, el sacerdote Pedro Ortiz de Zárate. Este movimiento se dio en el año 1657, cuando el falso inca Pedro Bohórquez fue nombrado gobernador de Calchaquí y se puso al frente de la revuelta indígena, buscando inmediatamente acuerdo con las tribus omaguacas y puneñas, con el fin de cortar la articulación entre Perú y Tucumán. Esta alianza era amenazadora para el poder español en la zona, y produjo respuestas rápidas en el obispado y la gobernación para desarticularla. El recién ordenado Zárate fue designado por el obispo Maldonado y Saavedra con la misión diplomática de apaciguar a las tribus de la región. El cura organizó un cuartel que al parecer fue importante para impedir el avance de la rebelión en la zona, como también lo fue el manejo político y militar de la situación a cargo de su primo, quien fue designado por el gobernador de Tucumán para reconquistar los valles rebeldes. La campaña fue exitosa, y Obando entregó en la frontera de la provincia el falso Inca al oidor de La Plata (actual Sucre). Esta participación y 30 años de servicio fundamentaron el nombramiento del capitán Obando como sargento mayor, luego maestre de Campo y finalmente teniente general del Ejercito de la provincia de Tucumán.

Naturalmente, los encomenderos tenían intereses particulares en estas cuestiones, principalmente económicos, mas allá de los deberes propios de su rol. Algunos de los indios de la encomienda de Obando, que iban a cumplir la mita en Jujuy, huyeron con intenciones de sumarse a la rebelión bajo el mando del cacique Juan Quipildor. Obando entonces utilizó una estrategia recurrente en la dinámica política de la época: acudió a un indio principal proespañol, enfrentado con el curaca rebelde, quien suministro información valiosa y utilizó su influencia sobre sus subordinados, convirtiéndose "en el principal instrumento para que los indios no hubiesen acabado de alzarse".

Este cacique "se le opuso a todos los de su sequito [de Quipildor] como persona capaz y originario por línea recta de los caciques principales que fueron de dichos pueblos". Esta actitud y el papel desempeñado por este personaje en relación con el control español de la situación dejan a la vista un *modus operandi* clásico en las relaciones interétnicas coloniales, consistente en manipular las comunidades por medio de los caciques adeptos, a favor de los intereses españoles.

La revuelta fue así finalmente sofocada, constituyendo el último intento de franca rebelión de los casabindos y cochinocas, al menos hasta la segunda mitad del siglo XIX (González, 1993, p. 25). Se cierra así la larga y disputada etapa del establecimiento que había durado mas de 120 años. Para 1675 se produce la muerte de Obando, quien deja un legado de estancias y haciendas, minas y el uso de la mano de obra de la encomienda en segunda vida. Entre las instalaciones edilicias de sus dominios se cuentan algunos edificios modestos destinados a satisfacer el culto cristiano, tanto particulares como los que sirven a las necesidades para el adoctrinamiento indígena, como parte de sus obligaciones de encomendero. Sin embargo, los remanentes de sus emprendimientos, que son atractivos hoy, se configuraron posteriormente, y en relación con innovaciones inscriptas mas bien en el plano simbólico: la "creación de un universo plástico en el páramo" (González, 1993, p. 31), por parte de su sucesor, don Juan Fernández Campero. En la casa de este encomendero en Yavi, lujosa y cargada de adornos en su interior, se recibía a los transeúntes que llevaban rumbo a Potosí el ganado, la yerba y el charqui, y a Chuquisaca pleitos y trámites de gobierno, y a los que volvían camino abajo con tejidos, dineros, copias de Autos, disposiciones legales e *imágenes*. Las que llegaban a Yavi habían sido compradas en parte en Potosí y en parte en el Cusco, siendo traídas a lomo de mula por los circuitos comerciales en uso. Las adquisiciones de Campero significaron un aporte cualitativamente distinto a los precedentes en cuanto al equipamiento para las sencillas iglesias de barro de la Puna. Anteriormente sólo los instrumentos litúrgicos y alguna imagen constituían el aparato devocional y ritual. A la iglesia de Yavi fueron destinadas una abundante cantidad de suntuosas obras: retablos, esculturas de bulto, pinturas, ornamentos varios, todos de excelente calidad y alto precio, producidas en el Perú o importadas. El inventario de las obras que cubrían los muros de la iglesia de Yavi, en 1718, describe la cantidad, tamaño y disposición de las obras, en el que hallamos un total de 26 lienzos de ángeles arcabuceros de diferentes medidas. El inventario de las imágenes de la iglesia de Casabindo, nuestro foco de interés, descubre en 1798 un total de 11 lienzos chicos y 23 grandes, "todos muy viejos", entre los cuales encontramos 10 ángeles militares. La ubicación de éstos nos parece remarcable: no están en el altar, como las demás, sino en las paredes de la nave, rodeando a los feligreses. Es por todo lo anterior que tomamos este pueblo como ejemplo paradigmático para confrontar nuestras hipótesis: Repasando lo expuesto, los primeros encomenderos de la zona se referían a los pobladores originarios como "indios de guerra que estaban huidos" a comienzos del siglo XVII. Esta situación inicial debe ser tomada en cuenta a la hora de considerar el proceso global que se da a partir de la organización de la encomienda que encara Obando, y su sucesor, Campero, responsable de la selección de las imágenes para pertrechar las iglesias. Conferimos especial relevancia a los procesos de oposición al dominio europeo porque encarnan nuestras primeras suposiciones sobre el carácter de las poblaciones donde los colonizadores decidieron instalar ángeles arcabuceros en las iglesias. Los ángeles se prefieren en lugar de otras imágenes con diferente connotación, fueron elegidas figuras armadas, que integran compañías completas de guerreros listos para la acción, en lugar de representaciones de vírgenes o santos. Hay que considerar cuál fue el espectro completo de los temas preferidos de la pintura del siglo XVII, y su contenido simbólico. Así, las escenas con santos muestran ejemplos de vida, las postrimerías y otras escenas bíblicas instruyen sobre el dogma cristiano y proveen premisas morales, así como los vicios y virtudes. También encontramos carros triunfales que exaltan las distintas órdenes religiosas, y son muy abundantes y populares las vírgenes que encarnan los valores cristianos como piedad, dulzura o amor maternal. Nos hemos planteado que, asimismo, a cada uno de estos temas podría sometérselo a un análisis similar al que trazamos sobre los ángeles, ya que sostenemos que todas estas obras artísticas no son de ninguna manera nada más que ornamentaciones de las viviendas o los lugares de culto.

En el curso de estas reflexiones, nos guiamos con las ideas que Serge Gruzinski vertió en La Guerra de las Imágenes, y aquí nos gustaría compartirlas: "El contacto con la imagen se desarrolló habitualmente en un marco de liturgia o de catequesis. Se seguía a las imágenes que comentaba el sacerdote o se rezaba ante ellas. La imagen servía de soporte a la enseñanza moral, a la cual sustituía a veces [...]. Ese marco es, a la vez, el de un aprendizaje y de una conversión: doble inversión personal centrada sobre la instauración de una comunicación con nuevas fuerzas, el Dios cristiano y lo sobrenatural asociado a Él; la educación del ojo indígena –tal como la practican los religiosos– pasó por la inculcación de los rudimentos del catecismo y la estimulación de una actitud de adhesión mantenida por las celebraciones litúrgicas. La explicación de la formas y de los procedimientos quedó reservada a los artesanos que colaboraban con los religiosos, cuando no eran impulsados a copiar mecánicamente lo que veían y esa explicación se limitaba a lo que los religiosos juzgaban indispensable transmitir. El aprendizaje parecía más complejo cuanto que el conjunto de esas manifestaciones plásticas también ponían en juego valores y principios menos explícitos que los del catecismo: los de un orden visual y de un imaginario cuya interiorización tenían que trastornar profundamente el imaginario autóctono. [...] al descubrir la imagen pintada o grabada, los indios no podían dejar de tropezar con un conjunto exótico y hermético de convenciones iconográficas. [...] Así como manifiestan un desconocimiento muy natural de las figuras cristianas, de las connotaciones y de los contextos su reacción supone también una concepción polimorfa de la divinidad, muy alejada del cristianismo" (Gruzinski, 1995: 83).

Discusión. Consideraciones finales

> Chayqa "maytaq chay yanaykiri?" nisqa mamitan. Chayqa "iskaparuwanmi" nisqa maqt'a. Chayqa "rillawaqtaq?" nisqa mamitanqa maqt'ata. Chayqa "manaña riymanchu" nisqa maqt'aqa. Ch'aska siluman siqarapullasqataq. Chayqa ch'aska silupi tiyapun. Chayllapi tukupun.
>
> Jesús Quispe Cruz, 1998

Tenemos muchas otras ideas y material que quedaron fuera de este trabajo y mucho interés en continuar viajando a través de este tema de investigación, recorriendo otros ejes que fueron apareciendo a medida que avanzábamos. Sabemos que el caso analizado en profundidad, el de los Ángeles del Marquesado de Tojo, es muy particular, y que seguramente nos encontraremos frente a situaciones diferentes en otros contextos que requieran reformular hipótesis y ensayar nuevas explicaciones. También queremos ser honestos, dado que creemos esta actitud esencial para validar nuestros discursos, en este caso "científicos".

Invertimos mayor cantidad de tiempo en Casabindo, y tenemos un registro fílmico bastante completo de su iglesia. Al encarar la búsqueda bibliográfica hallamos abundantes datos e interesantes abordajes sobre esta región, y casi nada, o material muy pobre, sobre las otras localidades que nos interesan. Por supuesto, sólo es cuestión de tiempo, algo de maña dar con ellos, y vamos a continuar la búsqueda.

Sobre todo, queremos decir que fuimos durante todo este proceso conscientes de que la dimensión indígena de esta problemática es compleja, de difícil abordaje y, por ello, un desafío fuerte y muy interesante, tanto desde el punto de vista teórico como del metodológico, porque los discursos indígenas de siglos pasados nos han llegado de manera indirecta, diluidos y distorsionados. La percepción actual que manejamos sobre esta cuestión tiene que ver con los procesos de apropiación y resignificación del imaginario religioso cristiano, en una complejo entramado donde se cruzan, confrontan y funden los antiguos valores, referentes sagrados, símbolos e imágenes con aquellos implantados por la conquista. Pensamos iniciar este recorrido en investigaciones venideras...

Bibliografía

ACARETTE, S., *Relación de un viaje al Río de la Plata y de ahí por Tierra al Perú,* Londres, 1698.

ACOSTA, José de, *Historia natural y Moral de las Indias*, Sevilla, 1590. *Escritos Menores*, Sevilla, 1569. *Predicación del Evangelio en las Indias*, Lima, 1577.

ACHILLI, Elena L., *Investigar en Antropología Social. Los desafíos de transmitir un oficio,* Rosario, Laborde, 2005.

ARRIAGA, Pablo de, *Extirpación de la idolatría del Perú*, 1621.

ASSADOURIAN, Carlos, *El sistema de la economía colonial,* Lima, Instituto de Estudios Peruanos, 1982.

AYALA, Iterian de, *El pintor cristiano y erudito o tratado de los errores que suelen cometerse frecuentemente en pintar y esculpir las imágenes sagradas*, Madrid, 1782.

CELESTINO, Olinda, *Transformaciones religiosas en los Andes peruanos 2, Laboratoire d'Anthropologie Sociale*, París, CNRS, 1998.

CONCOLORCORVO, *El Lazarillo de Ciegos Caminantes*, Gijón, 1773.

ENRÍQUEZ DE GUZMÁN, Alonso, *Libro de la vida y costumbres de Alonso Enríquez de Guzmán,* Milán, 1547.

GONZÁLEZ, Ricardo, *Imágenes de dos mundos*, Buenos Aires, Fundación Espigas, 2003

GRUZINSKI, Serge, *La guerra de las imágenes,* Distrito Federal, Fondo de Cultura Económica, 1990.

GUAMAN POMA DE AYALA, Felipe, *El Primer Nueva Crónica y Buen Gobierno,* 1980.

GUMUCIO, Mariano B., *El mundo desde Potosí, vida y reflexiones de Bartolomé Arzans de Orsúa y Vela,* www.cervantesvirtual.com.

MESA, José; GISBERT, Teresa, *Historia de la pintura cuzqueña*, Buenos Aires, IAA, Universidad de Buenos Aires, 1962.

MEYER, Enrique, "Los atributos del hogar: economía doméstica y la encomienda en el Perú virreynal", en *Revista Andina 2*, Cuzco, 1984.

MÚJICA PINILLA, Ramón, *Ángeles apócrifos en América virreynal*, México, Fondo de Cultura Económica, 1996.

OUTES COLL, Diego M.; MADRID, Liliana, *Ángeles Andinos de Jujuy a Cuzco*, Salta, Catalogo de la exposición, 2001.

QUISPE CRUZ, Jesús, *La estrella y el joven.* www.cervantesvirtual.com, 1998.

RAMOS, G., *Política eclesiástica y extirpación de idolatrías: discursos y silencios en torno al Taqui Onqoy*, Cuzco, Centro Bartolomé de las Casas, 1993.

RUIZ DE MONTOYA, Antonio, *Conquista Espiritual hecha por los religiosos de la compañía de Jesús, en las provincias del Paraguay, Paraná, Uruguay, y Tape*, Madrid, 1639.

SCHENONE, Hector H., *Salvando alas y halos*, Buenos Aires, Museo nacional de Bellas Artes, 1989.

"Con el confesionario dentro: la confesión de religiosas en los siglos coloniales"[1]

Bernarda Urrejola
Universidad de Chile
Santiago de Chile, Chile

> Si iniquitates observaveris, Domine: Domine, quis sustinebit?
> Quia apud te propitiatio est: et propter legem team sustinui te, Domine.[2]

¿Qué es la confesión? En términos de su definición, se trata de un procedimiento orientado hacia la reparación de una falta por medio de su enunciación frente a un representante masculino de la divinidad, quien calibra el peso del error cometido y determina la pena mediante la cual el penitente podrá recuperar la gracia. Para ello, primero es necesario que el sujeto se *arrepienta* sinceramente de haberla cometido, reconociendo su culpa frente a Dios, luego debe proponerse no reiterarla jamás, y por último dar las satisfacciones necesarias para purgarla. Todo este proceso se resume, así, en tres etapas: *contrición*, *confesión* y *satisfacción* o reparación.

La contrición parecía sencilla cuando se instauró como etapa previa a la confesión, pero pronto se descubrió que era casi imposible saber si los sujetos se arrepentían sinceramente de los errores cometidos, renegando de ellos, o si sólo lo hacían por miedo a los castigos ultraterrenos, en cuyo caso la confesión podría incluso ser invalidada. Este dilema nunca pudo ser resuelto, pues en definidas cuentas la intimidad de la conciencia de los sujetos era insondable, y pese a que el dispositivo confesional apuntaba a indagar en esa conciencia y controlarla, la contrición apareció más como un quebradero de cabeza para los teólogos que como una contribución efectiva al proceso. Pero pasemos al siguiente paso: la confesión de las faltas, y olvidemos por un rato si el arrepentimiento de los penitentes lograba ser sincero o no, cosa que nunca sabremos.

Confesar implicará participar en un ritual en el que, en palabras de Foucault, "la sola enunciación, independientemente de sus consecuencias externas, produce en el que la articula modificaciones intrínsecas: lo torna inocente, lo redime, lo purifica, lo descarga de sus faltas, lo libera, le promete la salvación".[3] Es, desde este punto de vista, que la confesión se constituye en una situación de enunciación performativa, pues luego de que el sujeto diga "confieso" y el sacerdote le responda "te perdono", se produce un cambio de estatuto en el penitente, quien puede incluso, volver a visualizar la posibilidad de recuperar su lugar dentro del cuerpo místico, lo que equivale a reinsertarse en el espacio social después de haber delinquido.

Ahora bien. Esto parece sencillo, pero no lo es tanto si consideramos que previo a ser perdonado, el sujeto debe hacer públicas sus faltas ante un otro que lo escucha atentamente, pero no como cualquier confidente amigo que pudiera comprender, sino como un factor de crítica que puede sancionar lo dicho por el penitente con un juicio a su favor o en su contra. Entonces es cuando el sujeto tiene que decidir ante sí mismo: "¿Digo toda la verdad, exponiéndome quizás a un castigo, o la modifico para que aparezca minimizada, corriendo el riesgo de estar ocultando la verdad?". Si para un laico común y corriente esta pregunta pudiera ser de fácil respuesta, según su ética personal, para una religiosa implica un drama espantoso, pues si bien está en sus manos decir o no toda la verdad al sacerdote, ella sabe por un lado que a la divinidad no se le puede ocultar nada, y por otro, que si ella miente la confesión misma será un pecado más a añadir en la lista, y en este caso de tipo mortal. Desde esta perspectiva, ¿qué estrategias utilizar para que la confesión sea verdadera, pero que al mismo tiempo no sea motivo de un castigo demasiado severo? En el caso de las religiosas que trabajo, cuyos textos responden en mayor o menor medida al dispositivo confesional, pues los guías espirituales de cada una les han mandado contar sus vidas por escrito –lo que equivale a hacer confesión general–, la instancia de tener que poner en un texto los contenidos de la propia vivencia supone un control aun mayor de lo dicho, pues ello podía ser leído por muchas personas además del confesor a quien se dirigían. De hecho, a menudo ese era el propósito de la tarea que se les encomendaba: tener un documento que pudiera ser revisado y evaluado ante un comité eclesiástico para determinar el grado de ortodoxia de las vivencias narradas. Las monjas sabían esto, por ello se comprende el pavor y repulsión que podía causarles la escritura, y que en general prefirieran hacer confesión auricular –frente a frente–, porque no es lo mismo decir una barbaridad en un confesionario, donde se puede corregir o matizar lo dicho incluso con tonalidades de voz, que dejar esas barbaridades transcritas de modo que cualquiera pueda leerlas. De ahí que, por ejemplo, sor Josefa de los Dolores Peñailillo, monja chilena del siglo XVIII se quejara de tener que escribir, diciendo: "Mucho trabajo es, padre, fiar a la letra lo más íntimo de la conciencia". O la también chilena Úrsula Suárez,[4] quien señala que si no fuera por las órdenes de su confesor, no escribiría:

> En el nombre de Dios Todopoderoso, cuya misericordia y auxilio invoco [...]; para que yo cumpla con la obediencia de vuestra paternidad, y vensa tanta dificultad y resistencia como tiene mi miseria en referir las cosas que tantos años han estado en mí sin quererlas decir, por ser mi confusión tanta y con tan suma vergüenza que me acobarda; mas, atenta que será esta la divina voluntad ordenada por la de vuestra paternidad, con lágrimas referiré toda mi vida pasada, que anegada en el mar de mis lágrimas no sé cómo principiar (pp. 89-90).

Si bien en estricto rigor no se podía absolver a una persona por escrito, sí se la podía convocar a juicio por el contenido del texto, y las religiosas bien lo sabían, de modo que se preocupaban por encontrar argumentos y resquicios retóricos para que las experiencias extrañas, obscenas, visionarias o místicas fueran consideradas lo menos subversivas posibles. Los relatos confesionales de vida de distintas religiosas presentan en general lugares comunes, como una infancia enfermiza, múltiples dificultades que han encontrado en su camino espiritual o incomprensión de sus semejantes, pero lo interesante es reparar en que, si por un lado deben manifestar humildad y autohumillación frente a la divinidad y ante la orden de escribir que en general les es impuesta,[5] el hecho de contar que han superado las tentaciones y obstáculos puede funcionar como estrategia subrepticia para contribuir a crear una imagen de buenas hijas de Dios, incluso de afortunadas por merecer tantas pruebas, porque, evidentemente, no cualquiera vive para contar que ha superado una tentación como la de despertarse una noche en su celda con un mulato encima, como hace la colombiana Madre Castillo.[6] Esta misma religiosa, al terminar su autobiografía, dice, aparentemente muy confundida y esperando que el confesor le aclare lo que ha oído:

> Mi Padre San Ignacio, me ha amparado mucho; y en un día de estos, me parecía oír unas palabras, que decían: "Esta es un alma muy favorecida del gran Patriarca San Ignacio". [...] Avíseme en todo esto ¿qué será? O cómo lo debo recibir o creer (p. 214).

Al final de este texto, aparece un añadido de un tal Diego de Moya, al parecer obispo, quien señala que fue testigo ocular de que, un año después de su muerte, el cuerpo de esta monja permanecía incorrupto. De este modo, se echa a correr el rumor de la posible santidad de la implicada y el relato puede pasar a formar parte del panteón de hagiografías o protohagiografías católicas que sirven de ejemplo a otras religiosas y a cualquier buen cristiano. Por su parte, Dolores contará en una de sus cartas cómo "resonó" una voz muy poderosa desde lo alto, que la instó a escribir diciéndole: "[...] hija mía, prosigue escribiendo y da cuenta de lo que te pasa, y no temas, no temas, no temas". (Carta 35) Este recurso a las "hablas" o "voces" resultaría de gran efecto como argumento de autoridad para afirmar la idea de que Dios las acompañaba en su camino, por muy oscuro que apareciera ante los limitados ojos humanos. Sor Úrsula Suárez también hará mención a la incomprensión humana al manifestarle a su confesor, en una muestra innegable de soberbia, lo siguiente: "Y bien puedo desir, padre, que a mis puños debo el estado que tengo, y a Dios, que me ayudó, porque en ninguno de mis trabajos en persona humana jamás he tenido alivio". (p. 128)

La pregunta que cabe hacer es: ¿quién debe considerar buena hija de Dios a la religiosa? ¿El sacerdote? ¿Dios? Recordemos que Dios todo lo sabe, de modo que no habría manera de convencerlo de que cambie de opinión si la monja no se ha portado bien en su vida. No; a la religiosa que confiesa le importa en primer lugar ser bien considerada *por los demás:* una confesión exitosa será aquella capaz de demostrar argumentalmente cómo la sujeto que enuncia ha perseverado en su tortuoso camino espiritual pese a todo lo que se le presentaba en contra (y encima) y, al final de su vida, puede alzarse como ejemplo de virtud, incluso podría enrostrarles su éxito si quisiera a todas aquellas compañeras que durante sus pruebas la consideraron excéntrica o endemoniada. De este modo, la confesión de las monjas tendrá una doble cara: retóricamente se dirige a la divinidad como testigo y Supremo Juez, pero en el fondo lo dicho está dirigido a otros seres humanos; de ahí que la argumentación deba ser lo suficientemente sólida como para obtener juicio favorable en el tribunal terreno. Vamos un poco más allá ahora. Decíamos que la instancia de confesarse por escrito no es agradable para las religiosas; sor Úrsula Suárez dice: "Ganas de escrebir no me quiere dar a mí" (p. 155). Por un lado, recordar un pasado que desprecian las hace angustiarse, y por otro, tienen miedo de que lo que escriban sea considerado pecaminoso u obsceno. Pero hay un elemento adicional, que señalaba antes: en el caso de la confesión auricular, para que esta sea efectiva en cuanto acto de habla, requiere de una situación particular, dada por un *yo* que se-dice a un *tú* en un *lugar,* un *tiempo* y un *modo* determinados: es un *yo* que tiene la *intención* de poner el lenguaje en funcionamiento frente a un *tú*, con quien establece un *pacto de verdad* que hace al receptor esperar que lo dicho sea una presentación fidedigna de los hechos. Ahora bien; como es evidente, la puesta en discurso de la experiencia vivida no será más que una mera *traducción* del contenido de la vivencia, sin lograr nunca recrearla completamente, y la transcripción por escrito de todo ello estará más alejada aun de lograrlo.

Lo que a mí me interesa subrayar, es que, pese a todo lo que afirmaba antes, acerca de la importancia y gravedad del receptor del acto confesional, en definidas cuentas pareciera ser que la finalidad de la confesión religiosa no es confesarse ante un otro. Revisemos la situación: dijimos que en términos generales, toda confesión religiosa va dirigida retóricamente al Supremo Juez, pero, en la medida en que Dios lo sabe todo, por lo que no sería necesario enterarlo de nada, ello nos indica que lo que interesa finalmente no es la verdad de lo que ocurrió, que Dios y el implicado conocen, sino la enunciación que hace el sujeto ante otro ser humano, esto es, la puesta en funcionamiento de la lengua en el acto de hacer público el interior de la conciencia. Pero como sabemos que la unión de significantes, significados y referentes es pocas veces armónica, la decisión que haga el sujeto que confiesa respecto de *qué* decir y sobre todo *cómo* decirlo, es crucial. En otras palabras, el confesor solo sancionará lo que escuche o lea, no lo que le parezca ni sospeche, de modo que, si bien sería pecado ocultar o desvirtuar la información dada al sacerdote, esto se puede hacer de todas maneras, y nadie se enteraría de ello (salvo Dios, claro, que gracias a sus poderes de omnisciencia ya sabía que el ruin sujeto iba a mentir). En efecto, muchas religiosas callan ante confesores que no les agradan, que las recriminan demasiado o que se burlan de ellas, como sor Josefa de los Dolores, quien dice respecto de un nuevo confesor que no le cae bien: "[él] me hase preguntas y repreguntas, mas yo safo, a Dios misericordia, a fuerza de rodeos", o sor Úrsula Suárez, que confiesa molesta: "Yo al padre nada le contaba desto, ni le desía si mal o bien me iba; solo en lo que me paresía pecado se lo contaba o me confesaba; si alguna duda tenía, se la desía y a veses se reía; especialmente de una aflisión se rió" (188).

Entonces, si se oculta información al confesar, ¿quién podrá ser el censor definitivo de lo dicho, el que finalmente sabrá si el sujeto eligió ocultar información, pudiendo haber optado por decir la verdad? ¿Qué ser humano puede saber si el sujeto dijo o no la verdad? Por último, ¿a quién pertenecerá el dedo incansable que lo señale como mentiroso si ha hecho una confesión trunca, violando el pacto de verdad de la confesión, y recibiendo un perdón que no corresponde a lo verdaderamente ocurrido? Está claro: el censor definitivo de lo dicho es el mismo sujeto que confiesa: él deberá ser su propio juez, en la medida en que, si oculta información durante la confesión, deberá arreglárselas con la voz de su conciencia y con la posible mirada crítica que Dios le va a dirigir desde las alturas, por toda la eternidad, escóndase donde se esconda. Resulta claro, entonces, que el acto de decirse ante otro importará no tanto por lo dicho sino por lo que se calla.

Lo que quiero señalar es que la confesión religiosa es un dispositivo de dominio simbólico propio de la modernidad (incluso, y quizá con mayor razón propio de nuestra discutida modernidad colonial), que colabora con el aparato de adoctrinamiento en la configuración de sujetos autorregulados, siempre despiertos y que reproducen en el interior de sus conciencias al censor que aparece metaforizado en el sacerdote que escucha la confesión. Es así como la confesión establece un doble vínculo con el sujeto: le promete alivio de sus pecados, pero le exige decirlos primero, presentarlos en palabras aun sabiendo que será sancionado por ello. Y si el temor al castigo terreno lo intimidó para hablar, guardar silencio será aun peor, pues el castigo puede ser eterno. Es el mismo procedimiento que usaba la Inquisición, en que se establecía como pecado mortal no acusar a alguien de quien se tenían sospechas de herejía. Delatar se imponía como obligación, y el silencio era condenado bajo pena de excomunión. Sor Dolores expresa con claridad este dilema: "[...] si callaba esto me esponía a engaños, si lo desía como el confesor me lo mandaba, resultaban de aquí nuevos temores y ahogos para mi alma[...]".

En otros términos, no es de extrañar el lugar preponderante que podía llegar a tener una escritura por mandato, autobiográfica y confesional como la de las monjas, dentro de este dispositivo de control de las conciencias. El ejercicio escritural obligaba a las sujetos a inclinarse sobre un pedazo de papel, quizá con escasa luz y pese a padecer muchas veces grandes dolores físicos y emocionales. Estaban obligadas a mirarse en el doble espejo de la confesión y de la propia escritura, de manera que la condición autorreferencial de sus escritos (autobiografías, cartas íntimas) replicaba en soledad lo que ocurría en el confesionario, pues cada intento por transcribir a la letra "lo más íntimo de la conciencia", como decía sor Dolores, era observado críticamente por ellas mismas, quienes eran las primeras en lamentarse por considerar que no habían logrado expresarse bien o que las palabras no alcanzaban para explicar lo sucedido. Como señala Úrsula Suárez: "No sé si sabré referir esto, porque no [lo] he entendido: menos sabré escribirlo"(p. 167), o la misma sor Dolores: "Todo no se puede fiar a la pluma". Por otro lado, tampoco dejaba de ser apremiante el temor que les provocaba pensar en las posibles interpretaciones que los confesores podían hacer de lo dicho, como sor Dolores dice en otra parte: "Esto es lo que más me atormenta: el no saber si en esto hay alguna trasa o engaño del enemigo". También sucedía que ellas eran más duras consigo mismas que cualquier confesor, pues mediante el análisis de sus experiencias llegaban a la conclusión pesimista y aterradora de que tal vez toda su vida no había sido sino un conjunto de pecados horrorosos, como dice la Madre Castillo:

> Veo todo el tiempo pasado de mi vida, tan lleno de culpas, y tan descaminado, que ojos me faltaran para llorar en esta región, tan lejos de vivir como verdadera hija de mi Padre Dios; y así solo quisiera sustentarme de lágrimas: ¿y cuáles fueran bastantes [par]a borrar tanta inmundicia? (p. 215).

O sor Dolores, quien no dice todo lo que debiera decir a los confesores, lo que le provoca temor:

> ...y estando en esto [confesándose en términos muy generales], se me ofresió que no desía mi mala vida con tan buenos deseos y que podía ser esto una gran tentasión para haser comuniones sacrílegas, y que por mis muchas pasiones no había conosido lo que yo era, y sin este conosimiento quería estar resibiendo a nuestro Señor con tan mala conciencia" (Carta 2).

La misma Dolores manifiesta en otra de sus cartas dirigidas a su guía espiritual:

> [...] padesco muchos temores para las comuniones, porque me parese nunca haberme confesado bien de ellas, y que así estoy hasiendo confesiones y comuniones sacríligas, porque me hasen algunas preguntas los confesores que no las entiendo: si respondo que no, me parese que miento; si respondo que sí, también tengo duda de que sea sierto; los confesores me entran en varios temores con sus preguntas, y cuando digo cómo me pasa, paresiéndome que con la grasia de Dios he resistido, me disen que hable con verdad sin ocultar cosa, que peor será que en el infierno, con castigos eternos, me hagan cargo destas malas confesiones, y que allí no tendrá remedio el que ahora tiene, si me declaro sin vergüenza. Por aquí infiero que Dios les da a conocer lo que yo por mi suma malisia y mucha ignorancia oculto; de aquí resulta el que no tenga libertad para comulgar, porque no me persuado a que los señores saserdotes yerren, sino es que, deseosos de mi bien, me advierten lo que se puede reparar con tiempo; a mí me parese que, si digo que consiento con advertencia y plena libertad en mi voluntad, miento; si disminuyo en lo contrario, también temo; y así, de todos modos, me parese que no están bien hechas las confesiones, y que, deste modo, no puedo llegar a resebir a nuestro Señor; los temores que padesco para las comuniones son muchos y por varios caminos, que a veses se me hisiera más fásil quemarme viva en el fuego más vorás que llegar a resebir a este gran Señor; si atropello por estos temores, temo si hay tentasión o no (Carta 30).

En síntesis: la efectividad última de la confesión religiosa no está dada por el resultado directo de los mecanismos pragmáticos de explicitación de la información, sino por la réplica que resuena silenciosa al interior de las religiosas cada vez que tienen que decir o callar; lo que produce en ellas una continua y tortuosa autoconfesión que las transforma en censoras de sí mismas, como jueces y parte en un juicio sin público, que deviene una forma de inquisición doméstica que posibilita el logro del principal cometido del aparato ideológico –especialmente contrarreformista–: llegar a lo más hondo de cada sujeto, incluso hasta aquellos lugares inexpugnables del aparato psíquico, allí donde la penitente en soledad no puede dejar de mirarse al espejo insomne de su propia conciencia. Desde ahí, el pequeño inquisidor que habita en esa conciencia como un alienígena siempre despierto, hará, de modo mucho más eficiente que cualquier confesor humano, la tarea de reprender o incluso torturar a la religiosa, recordándole su falta y amenazándola constantemente, si no dice lo que oculta, con la carga de una mentira que nunca podrá esconder realmente a Dios ni a sí misma. Recién entonces se inicia el verdadero calvario, más allá de cualquier penitencia imaginable, pues el mismo sujeto es juez, parte y testigo en su propia causa judicial.

Notas

1 Una versión preliminar de este texto se presentó en el *I Congreso Regional del Instituto Internacional de Literatura Iberoamericana*, Rosario, Argentina (2005): *"Mucho trabajo es, padre, fiar a la letra lo más íntimo de la conciencia*: el decir-se en textos confesionales coloniales". Este trabajo forma parte de las investigaciones derivadas del proyecto Fondecyt 1040964 en el cual participo como tesista de Magíster: "El epistolario de una monja chilena del siglo XVIII: un indicio del proceso de construcción del individuo moderno en la sociedad colonial chilena", de la Universidad de Chile. Las cartas de sor Josefa de los Dolores fueron fijadas por el equipo que participa de este proyecto y están en proceso de publicación, por eso no puedo citarlas con números de página. Conservo, además, la ortografía original. Adicionalmente, esta investigación forma parte de los estudios provenientes del proyecto de investigación DI SOC 05/23-2: "Una modernidad enclaustrada. Manifestaciones de un sujeto moderno en textos conventuales de monjas de los siglos coloniales en Hispanoamérica", de la Vicerrectoría de Investigación de la Universidad de Chile, del cual soy investigadora responsable.

2 "Si te pones, señor, a examinar nuestras maldades: ¿quién podrá, Señor, subsistir? Mas en ti mora la clemencia; por el testimonio de tu Ley confío en ti, Señor.", en *Oficio Parvo de la Santísima Virgen y Oficio de Difuntos*, Bélgica, Editores Pontificios, 1905.

3 Foucault, Michel, *Historia de la sexualidad*, Buenos Aires, Siglo XXI, 2003, pp. 76-77.

4 Suárez, Úrsula, *Relación autobiográfica*, Santiago, Universitaria, 1984.

5 Hay que señalar que en el caso de Dolores Peñailillo la confesión por escrito no se da como una obligación propiamente tal, sino motivada por la lejanía física entre la monja y el confesor. De todas formas la escritura será para Dolores una pena más.

6 de Castillo, Josefa, *Mi Vida*, Bogotá, Biblioteca popular de cultura colombiana, 1942, p. 1.

ARQUITECTURA Y URBANISMO

Vistas de Buenos Aires de los pintores viajeros. Estrategias representativas y control territorial

Noemí Mónica Zabaljauregui
Escuela Normal Superior N° 4
Escuela de Comercio N° 8
Escuela de Comercio N° 29
Buenos Aires, Argentina

Si tenemos en cuenta el lugar histórico y la importancia que ha tenido la ciudad de Buenos Aires durante la transicion entre la Colonia y las nuevas repúblicas, podría decirse que, en proporción, no son numerosas las vistas que se conservan de su fisonomía. No obstante, varios artistas han plasmado en sus lienzos vistas de esta ciudad durante el siglo XIX.

Los testimonios que nos dejaron los observadores que depositaron su mirada no sólo en Buenos Aires,sino en la América del siglo XIX constituyen una importante fuente para vislumbrar, quizás, el desprecio, sorpresa, entusiasmo y afecto que muchos de ellos proyectaban sobre el continente. Dejaron así un nutrido imaginario no sólo de "su propio punto de vista", sino también de la "visión del otro" (del ajeno a estos territorios), con que vislumbran o interpretan (a veces, agudamente, y otras, en forma parcial) las complejas realidades culturales americanas.

Las vistas de Buenos Aires, que resultan muy interesantes por diversos aspectos, no han sido hasta el momento objeto de una gran variedad de reflexiones teóricas sobre ellas.

Autores como Bonifacio Del Carril[1], Aníbal Aguirre Saravia[2] y Guillermo H. Moores[3] se ocuparon de relevar las primeras imágenes que conforman un registro de esas primeras miradas realizadas sobre nuestras latitudes, tanto desde lo edilicio como desde lo sociocultural.

Guillermo H. Moores recopila, casi en forma de inventario, numerosas ilustraciones del antiguo Buenos Aires a partir del año 1599, y afirma que de los primeros doscientos años a contar de entonces, no se conocen más que diez láminas.

Hasta 1820 se conocían, casi solamente, vistas panorámicas de Buenos Aires, en su mayoría tomadas desde el río; en las acuarelas de Emeric Essex Vidal, que se publicaron en Londres en 1820 con el titulo *Picturesque illustrations of Buenos Ayres and Montevideo*, puede verse a Buenos Aires desde el interior de la ciudad.

Con las litografías de Juan León Pallière, de los años 1864 y 1865, se cerraría el ciclo de las publicaciones iconográficas de Buenos Aires, que inició Vidal en 1820 y que continuaron Bacle, Pellegrini, Morel, Isola y Albert. Empezaba, de este modo, la decadencia del daguerrotipo e iniciaba la fotografía su era de esplendor como valor documental.

Es importante la obra de Fernando Brambila (artista italiano llegado al Río de La Plata en 1794 como dibujante, junto a Giovanni Revenet, de la expedición de Alejandro Malaspina) quien ejecutó vistas de Buenos Aires y Montevideo, y alcanzó prestigio como pintor de Cámara de los reyes Carlos IV y Fernando VII en España.

Si nos concentramos en el trabajo de los viajeros que arribaron al Río de La Plata en el siglo XIX, merece especial atención el nombre del inglés Emeric Essex Vidal (1791-1861) que había llegado a Buenos Aires en 1816 como contador de la nave S. N. B. Haycinth.

Essex Vidal ejecutó numerosas aguafuertes sobre paisajes y costumbres argentinas. De sus realizaciones, entre 1816 y 1817, se destacan las vistas de la ciudad de Buenos Aires, con imágenes de la sociedad y de los trabajos urbanos, y luego gran cantidad de evocaciones del gaucho, sus vestimentas y hábitos.

En su aguatinta *Fort*, Vidal nos muestra una vista del fuerte de la ciudad de Buenos Aires y la percepción que tenía desde allí de la masa arquitectónica que se elevaba por detrás (que, aunque guardan poca relación con la realidad de la escala arquitectónica, de alguna manera nos muestra cuáles son los edificios pregnantes entre los "volúmenes" que presentaba la ciudad).

César Hipólito Bacle, suizo de origen francés, quien se establece en Buenos Aires en noviembre de 1828, con su taller de litografía y pintura (tras la desaparición de Jean Bautista Douville, que había llegado en 1826 y que fue el introductor de la técnica litográfica en el país) homologó la ciudad porteña a las más avanzadas de Europa. En su taller, el ingeniero Carlos Enrique Pellegrini (que recientemente había llegado al país, contratado en París por Juan Larrea, comisionado por Rivadavia, para proyectar y dirigir la construcción del servicio de aguas corrientes) hace sus primeros ensayos.

Pellegrini realizó, entre otras, una gran serie de vistas de la ciudad y de la plaza Victoria de Buenos Aires (1829). Sus obras constituyen un interesante e importante documento gráfico de la época.

Como se expresa más arriba, con la aparición de las litografías del álbum Pallière, que resume casi todas las escenas del desierto, las faenas del campo y hasta los secretos domésticos de la choza, en los años

1864-1865, se cerraría el ciclo de las publicaciones iconográficas de Buenos Aires, que había iniciado Vidal en 1820 y que luego continuaron Bacle, Pellegrini, Morel, Ísola y Albert.

Para este trabajo se tienen en cuenta, también, realizaciones de artistas menos nombrados (como Bourdelin, Lebretón, Del Dublín, y otras cuya autoría es incierta), en las que se considera que pueden apreciarse características particulares que serán tratadas en esta exposición.

Aunque inicialmente los artistas viajeros estuvieron vinculados a las múltiples expediciones científicas organizadas por diversos países europeos, rápidamente los naturalistas se integraron a una visión más amplia que la mera documentación de las especies de la flora y la fauna americanas.

Estos artistas nos proporcionaron así un testimonio que nos permite acercarnos, a partir de su propia mirada, a los modos de vida en América en los años de la transición de la colonia a las nuevas repúblicas. Uno de los asuntos preferidos de los pintores viajeros era "La Vista Panorámica de Ciudades". Se trata de un trabajo del que podría decirse que trasciende siempre su función documental.

La actividad "inventarial" de los artistas viajeros se corresponde con la nueva normativa que formaba parte de ese deseo de autenticidad de la ilustración europea. Lo que llamamos "lo típico", que con el tiempo conduciría a lo que es el "costumbrismo" en Latinoamérica.

A pesar del interés por estas representaciones visuales, casi todos estos viajeros carecían de fama como artistas, razón por la cual resulta difícil decir que vinieron con la específica intención de instalarse en un país determinado o de dirigir los gustos estéticos de éstos, aun cuando algunos lo hayan intentado e incluso logrado. Quienes se radicaron, en general, gustaban de un arte ligado al academicismo y desde estos principios prestaron sus servicios a las europeizadas clientelas. Rugendas, artista de oficio, no tenía demasiada relación con los viajeros que únicamente deseaban satisfacer su afición por descubrir las manifestaciones del mundo americano, y que llenaban carpetas con imágenes de costumbres, indumentarias, vistas de ciudades y paisajes.

No puede ignorarse, además, que la nutrida producción gráfica de los viajeros fue impresa en Europa (sobre todo en Francia) debido al interés de que gozaban allí estas obras, y que su difusión en América fue prácticamente inexistente. Debido a esto, resulta difícil referirse a ella como una realidad precursora de las artes plásticas americanas.

No obstante, en la Argentina en particular, los viajeros-cronistas dominaron el escenario posterior a la independencia durante los gobiernos de Rosas, como residentes, y tuvieron dos generaciones de seguidores locales: Carlos Morel con sus retratos y escenas de batalla, García del Molino con sus retratos introspectivos, Cándido López con las panorámicas de las formaciones militares en la guerra del Paraguay y Prilidiano Pueyrredón con sus retratos y paisajes de la pampa.[4]

Aun así, en términos generales, Buenos Aires no parece haber sido un foco de demasiado interés para estos viajeros si lo comparamos con la cuantiosa cantidad de ellos que se dirigió a otras latitudes americanas. Diner Ojeda, en su libro *Rugendas: América de punta a cabo*, nos da un indicio del interés que tenían en nuestro Buenos Aires de 1828, a través del relato del consejo que Alexander von Humboldt le brinda a Rugendas cuando planeaba su segundo viaje a América:

> "[...] le sugiere que vaya sobre todo a México y a la región de los Andes entre los 10° de latitud norte y 15° de latitud sur, o sea, la región cordillerana de Colombia, Ecuador, Perú y Bolivia. Lo anima a continuar trabajando allí en la pintura de paisaje, insiste en que un artista como él ha de buscar lo grande, los bosques de palmeras, las regiones de vegetación abundante, las montañas nevadas y los volcanes. Y de paso le advierte que Chile y Argentina tienen muy poco que ofrecerle [...]".[5]

Sobre el trasfondo de la apertura del mundo conocido que resultó de la expansión ibérica, los monarcas y responsables político-administrativos del resto de los estados absolutistas de Europa pensaron su propia geografía metropolitana y comenzaron a delinear proyectos de expansión territorial en geografías reales e imaginarias.

Progresivamente, los datos sobre el mundo más allá de los horizontes europeos conocidos fueron atrayendo la atención de grandes naciones navegantes y la consiguiente búsqueda de la información fiable para comerciar con la riqueza. Se buscaban también ventajas geopolíticas y, por lo tanto, controles estratégicos.

Con la paz de Utrecht, los Borbones españoles habían perdido la mayoría de sus posesiones en Europa; por lo tanto, se preocuparon especialmente por sus territorios americanos. Tomó gran impulso la idea de que el porvenir de España dependía de las Indias y de su explotación comercial. A partir del siglo XVII se consolidó el pacto colonial: la necesidad de contar con posesiones ultramarinas para obtener de ellas materias primas y vender allí los productos manufacturados de la metrópoli. Fue un proceso en el que se comprometieron la mayor parte de los Estados europeos occidentales: la búsqueda de territorios ultramarinos para establecer esta relación colonial. Las reformas que aplicaron los Borbones en sus territorios americanos tendían a mejorar la explotación económica de las regiones, pero también a protegerlos de la intromisión de las demás potencias europeas.

Para esto precisaron, progresivamente, medios con los cuales representar su propia geografía, tanto en el plano de la legitimación social de sus dominios como en el plano del inventario de sus recursos naturales, sociales y humanos, y de la construcción de instituciones jurisdiccionales con las cuales viabilizar el gobierno y la administración estatal. El conjunto de imágenes pictórico-cartográficas que decoraban palacios y edificios oficiales, así como los mapas y cartas del territorio estatal servían a los monarcas para dar cuenta de la extensión de su comercio ultramarino y de su dominio efectivo. La identidad del estado y su figura geográfica precisaban de objetos de representación donde los elementos que formaban parte del reino se plasmaran en una imagen visualizable.[6]

La pintura descriptiva, al igual que la representación cartográfica, comprendían una mirada común sobre la realidad que presentaban, una diferencia entre la superficie de registro de información cartográfica o codificada y la ilustración figurativa de escenas locales y exóticas. Quizá la verdadera distinción entre las imágenes cartográficas y las pictóricas, sería que las primeras entregan las medidas y relaciones cuantificables, y las segundas evocan cualidades e impresiones.[7]

Se necesitaron, entonces, artistas que representaran objetivamente, de manera fidedigna y con detallada exactitud. Ernst Gombrich, en su libro *La imagen y el ojo*, afirma:

> "[...] Los mapas nos proporcionan información selectiva sobre el mundo físico; los cuadros, como los espejos, nos presentan la apariencia de un aspecto de ese mundo, variable en función de las condiciones de iluminación, y por tanto puede decirse que dan información sobre el mundo óptico [...]".[8]

En una época en que aún los medios mecánicos de captación de imágenes se encontraban en un desarrollo incipiente, el aporte de la pintura a la construcción de una iconografía de lo cotidiano, no puede dejar de tenerse presente ni debería subestimarse. Al analizar las imágenes de las "Vistas de Buenos Aires", pueden tenerse en cuenta las situaciones que determinaron las características de la pintura de género holandesa del siglo XVII; circunstancias semejantes determinaron su influencia en los realizadores de las vistas en cuestión: son producto de la convención artística y de la observación en un momento de crecimiento de la población urbana en situación de beneficiarse de la iniciativa e inteligencia de los "emigrantes", en un momento de acontecimientos, contemporáneos a las vistas, signado por la reciente Independencia y el orgullo del lugar. Su gran auge se debió al crecimiento del gusto por obras de estas características en las clases burguesas. En cuanto a lo formal, puede verse también que hay características, tanto en las vistas de Buenos Aires como en las producciones holandesas, que resultan similares: la literalidad casi fotográfica, las líneas de altos horizontes y detalles de los paisajes panorámicos, y la recesión no tanto diagonal como perpendicular, así como un trío manierista de colores en sus perspectivas: zonas horizontales que desde el marrón retroceden hacia el verde y el azul en las escenas portuarias.[9]

Asimismo, también hay elementos que en ambas producciones pueden observarse, y que en el caso de los artistas holandeses habían sido tomados de la cultura italiana, como por ejemplo:

- paisajes con ruinas y monumentos (evocadores de la existencia de un pasado);
- perfil de la ciudad recortado sobre el horizonte con vista sesgada de la costa cercana, donde puede apreciarse el espacio y las producciones arquitectónicas inmersas en él, conectando al espectador con la inmensidad del territorio;
- carencia de elementos laterales enmarcantes;
- vistas de costas y playas con barcos;
- temas sencillos con composiciones diagonales unificadas, paleta restringida con paisajes casi monocromáticos;
- subordinación de una multiplicidad de motivos individuales y el color a una estructura unificada y tonalidad de conjunto;
- escenas de la vida cotidiana y rural;
- escenarios paisajísticos minuciosamente ejecutados (orilla de un río con árboles que retroceden suavemente hacia el crepúsculo);
- escenas animadas por un movimiento diagonal en el interior del espacio que dirigen la mirada del espectador hacia la distancia;
- iluminación solar clásica capaz de alumbrar enteramente el paisaje y su arquitectura.

De este modo, los holandeses habrían inaugurado una apariencia de realidad preexistente a nuestra contemplación. Y el artificio con el que lo lograron fue la ausencia de un enmarcamiento previo, de forma que la imagen que ocupa el cuadro parece ser un fragmento suelto de una realidad que se continúa por fuera del lienzo. El otro rasgo de su invención sería que las representaciones se presentan como si los fenómenos visuales estuvieran captados y presentados sin la intervención de un artífice humano. Esto es lo que justifica su asociación con el ojo o con su equivalente, la cámara oscura.[10]

Los artistas que realizaron las vistas de Buenos Aires, quizás en forma similar a lo que ocurrió en el arte holandés, utilizaron artilugios de este tipo para construir visualmente su realidad: dejaron sin definir el marco y nuestra posición como observadores. Podría plantearse que así como los pintores holandeses, desconfiando de la perspectiva natural italiana, parecerían haber buscado representar la realidad por otro medio, conscientes de que hay muchas más cosas en el mundo de las que la imaginación proyecta. Esto no implica, por otra parte, la idea de desacreditarlas como engañosas, sino por el contrario, revalorizarlas como intentos de neutralizar las limitaciones de nuestra visión. En su libro *Modos de Ver*, John Berger, refiriéndose al tema de "lo visible" asevera:

> "[...] Lo visible no existe en ninguna parte. No sabemos de ningún reino de lo visible que mantenga por sí mismo el dominio de su soberanía. Tal vez la realidad, tantas veces confundida con lo visible, exista de forma autónoma, aunque éste ha sido siempre un tema muy controvertido. Lo visible no es más que el conjunto de imágenes que el ojo crea al mirar. La realidad se hace visible al ser percibida. Y una vez atrapada, tal vez no pueda renunciar jamás a esa forma de existencia que adquiere en la conciencia de aquél que ha reparado en ella. Lo visible puede permanecer alternativamente iluminado u oculto, pero una vez aprehendido forma parte sustancial de nuestro medio de vida. Lo visible es un invento. Sin duda, uno de los inventos más formidables de los humanos. De ahí el afán por multiplicar los instrumentos de visión y ensanchar así, sus limites[...]".[11]

1. **J. Boilly.** "Vue du Fort de Buenos Ayres" (Grabado en acero, coloreado a mano).

2. **Emeric Essex Vidal.** *"Fort"* (1820. Aguatinta coloreada a mano).

3. **Obra atribuida a Carlos Pellegrini.** *"Vista de Buenos Aires"* (1839. Litografía recuadrada por dos filetes dobles).

4. **Bourdelin.** *"Vue de Buenos Ayres, prise de la place de la Douane. D'apres une photographie de m. Noel, communiquee par M. Le charge d'affaires"* (1858. Reproducción parcial. Grabado en madera).

5. **Lebreton.** *"Buenos Ayres"* (1860. Litografía coloreada, con retoques a mano, de época).

6. **D. Dulin Del.** *"Buenos Ayres / A vista de pájaro"* (1864. Litografía impresa en colores y realzada en la época).

Notas

1 Del Carril, Bonifacio, *Monumenta Iconographica. Paisajes, ciudades, tipos y costumbres de la Argentina, 1536-1860,* Buenos Aires, Emecé, 1964.

2 Aguirre Saravia, Aníbal G., *Iconografía de Buenos Aires. La ciudad de Garay hasta 1852,* Buenos Aires, Municipalidad de la Ciudad de Buenos Aires, 1 v., in. 4°, Buenos Aires, Emecé, 1982.

3 Moores, Guillermo, *Estampas y vistas de la Ciudad de Buenos Aires (1599-1895),* Buenos Aires, MCBA, 1945, p. 9.

4 "[...] Cada artista tenía su propio modo de representar tanto los aspectos pintorescos como los menos pintorescos de la vida porteña, con sus carretas de ruedas grotescamente altas, sus tipos rudos de gauchos y soldados, sus bazares de tenderetes, su elegante vida social de fiestas teatrales, rivalidades femeninas por vestidos y peinetas, sus meriendas campestres, carreras de caballos y cacerías de avestruz, sus rodeos de ganado y mataderos de corral al aire libre. Estas formas de percepción y expresión se mantuvieron en Argentina hasta la segunda mitad del siglo XIX, influyendo en la calidad de observación y el nuevo sentido patrio de las generaciones oriundas del lugar. Estas descripciones de la vida cotidiana, vistas con ojos de europeos recién llegados originaron los primeros ejemplos de arte nacional argentino netamente diferenciado[...]", Stanton, L. Catlin, "El artista viajero-cronista y la tradición empírica del arte latinoamericano posterior a la independencia", en *Arte en Iberoamérica, 1820-1980.* Dawn Ades y otros. Comité organizador, Ministerio de Cultura. Centro de Arte Reina Sofía. Quinto Centenario. Turner, editor, 1989, España, p. 55.

5 Diner Ojeda, Pablo, *Rugendas: América de punta a cabo,* Santiago de Chile, Aldea, 1992, p. 26.

6 "[...] Representar, describir e interpretar el mundo, no eran acciones separadas entre sí; la realidad geográfica del planeta se descubría y se dominaba rompiendo con las imágenes legadas por la antigüedad e incorporando las figuras que la imaginación y el relevamiento empírico aportaban masivamente. Pictografía, técnicas cartográficas y ciencia conformaban un único campo intelectual ligado a la elaboración sistemática de los escenarios internos y externos donde el poder central de la monarquía planearía y ejercería su soberanía territorial. Sin embargo, la tecnología de representación cartográfica nunca pudo conseguir el ideal renacentista de una imagen completa. Una imagen que incluyese toda la información disponible y que sirviese para todos los propósitos [...]", Escolar, Marcelo, "Exploración, cartografía y modernización del poder estatal", en *Revista Internacional de Ciencias Sociales,* número 151, Blackwell Publischers, UNESCO, Oxford, marzo de 1997, p. 62.

7 En relación con esto, Svletana Alpers expresa: "[...] Hoy, sin embargo, se está adquiriendo una nueva conciencia de la estructura de los mapas y sus fundamentos cognoscitivos. Un destacado geógrafo expresó el cambio de esta manera: mientras antes se decía que no hay geografía que no pueda ser cartografiada, ahora se piensa que la geografía de la tierra es, en última instancia, geografía de la mente[...]", Alpers, Svletana, *El Arte de Describir: El arte holandés en el siglo XVII,* Madrid, Hermann Blume, 1987, pp. 178-188.

8 Gombrich, Ernst, *El espejo y el mapa: teorías de la representación pictórica.* En *La imagen y el ojo.* Madrid, Alianza, 1993, p. 163.

9 Véase, a modo de ejemplo, las imágenes n° 1 a 6.

[10] "[…] El propósito de los pintores holandeses fue recoger sobre la superficie, una amplia gama de conocimientos y de informaciones sobre la realidad […]". Alpers, Svletana, *El Arte...*, p. 180.

[11] Berger, John, *Modos de Ver,* Barcelona, Gustavo Gili, 2000, p. 7.

Las "esquinas" del dieciocho y los modos de habitar en el Buenos Aires virreinal

Gisella Milazzo
Instituto de Historia del Arte Argentino y Americano
Facultad de Bellas Artes, Universidad Nacional de La Plata
Facultad de Arquitectura Diseño y Urbanismo
Universidad de Buenos Aires

Introducción

En 1821, Bernardino Rivadavia, por entonces ministro de Martín Rodríguez, dispuso que el Departamento Topográfico hiciese observar en todas las reedificaciones el corte de las esquinas según un triángulo isósceles de tres varas de lado.[1] Esta normativa, además de institucionalizar el uso de la ochava, constituyó el acta de defunción de la tipología edilicia que había ocupado la mayoría de las esquinas porteñas hasta ese momento.[2]

Buenos Aires había sido trazada por Juan de Garay respondiendo a un modelo urbano ya arraigado en Hispanoamérica, que se basaba en la conformación de una retícula de manzanas cuadradas cuyo centro, un módulo vacío, cumplía la función de plaza. En la urbe porteña (como en otras de similar localización) ese modelo "desplazó" su centro para adaptarse a la presencia del río. La cuadrícula se extendió, asimismo, hasta los límites naturales dados por dos arroyos estacionales: el Tercero del Sur y el Tercero del Medio.

En la primitiva ciudad, la calle y la traza eran una abstracción. Dado que no hubo una reglamentación que indicase cómo debían implantarse las viviendas, éstas se ubicaron en el centro de los cuartos del solar, dejando espacio libre en el frente y en los fondos, en los que había quintas de hortalizas y corrales. Este tipo de implantación hizo que los límites de las manzanas se desdibujaran y que la gente caminara por senderos improvisados entre las viviendas.

A partir de 1740 la ciudad comenzó a crecer económicamente y experimentó un gran aumento de población.[3] Si bien ese incremento fue en parte vegetativo, fundamentalmente estuvo dado por la gran cantidad de nuevos habitantes que se incorporaron a raíz del crecimiento económico. Como consecuencia de este proceso, la mancha urbana se extendió, se valorizaron los lotes y los baldíos se fueron llenando con nuevas construcciones. Las autoridades comenzaron, entonces, a preocuparse por regularizar la situación edilicia y obligaron a los vecinos a delimitar y cercar sus terrenos para tomar la línea municipa.l[4] A esta iniciativa se sumó la posibilidad de obtención de recursos extraordinarios por parte de los propietarios, los que vieron la oportunidad de albergar en locales de renta a los nuevos habitantes.

Así, lentamente, empezó a consolidarse la trama original, la que, hasta entonces, había sido totalmente virtual. Se construyeron numerosos cuartos de alquiler y la edificación, primitivamente situada en el centro del solar, llegó hasta el frente del terreno, con lo que se generó, finalmente, una línea de construcción corrida. La tipología basada en crujías alrededor de patios fue completando las manzanas y progresivamente se fraccionaron los solares originales. Paulatinamente, entonces, se fue configurando un nuevo paisaje urbano como resultado de la materialización de la entelequia primigenia que había concebido Juan de Garay.

Una vez consolidada la cuadrícula, los edificios situados en el cruce de las calles adquirieron una particular fisonomía e importancia. Por ser lugares de intersección eran propicios para el encuentro y se constituyeron en sitios lógicos para el intercambio. La actividad comercial, que se había localizado hasta entonces de manera excluyente en la plaza, se extendió a las calles aledañas y el abasto diario se ubicó a menudo en las intersecciones.[5] Efectivamente, el proceso de consolidación de la trama urbana incluyó la construcción de numerosos edificios en los ángulos de las manzanas que fueron llamados "esquinas".[6] En esos comercios primitivos, aún no especializados, se vendían los productos de abastecimiento cotidiano a los que se denominaba "efectos de pulpería". Desde el punto de vista de la arquitectura, estos edificios permitieron generar un nuevo tipo de espacio en la ciudad: el espacio semipúblico. En efecto, las fachadas de las esquinas se hicieron permeables y permitieron la integración de los edificios con la calle.

La "pulpería", entonces, puso a disposición de los habitantes un nuevo ámbito de encuentro en el que se dieran relaciones interpersonales diferentes de las planteadas en el resto de la ciudad. Así se desarrolló en ella un sentido de pertenencia y una apropiación del espacio cotidiano; allí conversaban los vecinos y se compartían experiencias. En ella, seguramente, se conocía personalmente al comerciante, el que, por otra parte, sabía perfectamente lo que se esperaba de él.[7]

Estas construcciones fueron, entonces, la expresión primitiva de un particular modo de habitar la ciudad y, por otra parte, su muerte material no implicó para la cultura rioplatense el deceso de ese modo de habitarla. En efecto, si bien las "esquinas" han desaparecido en cuanto a su conformación física material, desde la perspectiva sociocultural, los valores implicados en su ubicación relativa dentro de la trama cuadricular han pervivido. Con esta tipología se habría iniciado, por lo tanto, un proceso de larga duración relativo a los modos de habitar la ciudad regular, que la cultura urbana porteña aún tiene.

Este trabajo se basa, entonces, en el supuesto de que habitar en una ciudad regular produce diferencias respecto de los modos de habitar en las ciudades de otro tipo de planta. En otras palabras, el hecho de vivir en ciudades trazadas a cordel necesariamente incide en el modo de habitarlas que la cultura urbana tiene. En efecto, la esquina, el cruce ortogonal de dos dimensiones, pone de manifiesto la trama urbana cuadricular, y sólo a partir de su existencia el habitante percibe la traza en damero de la ciudad. En la esquina, por lo tanto, se hacen evidentes los modos de habitar propios de la ortogonalidad.

Desde el punto de vista metodológico, el trabajo se propone construir un modelo abstracto que englobe este tipo de edificaciones. En un estudio anterior, y para evitar que las generalizaciones hicieran perder de vista la complejidad del objeto de investigación, se ha indagado un caso particular basado en a la "descripción densa", propuesta por la antropología interpretativa y tomada de esa disciplina por la microhistoria.[8] En esta ocasión se intentará formular un modelo tipológico a partir del estudio comparativo de todos los ejemplos relevados y del análisis de diversas fuentes documentales.[9]

La "esquina" virreinal: ¿un tipo arquitectónico?

Los modos de vivir tienen consecuencias formales en los espacios habitados, por lo que siempre hay, entre otras, justificaciones funcionales para una determinada configuración. En ese sentido, en los ejemplos analizados, se pone en evidencia una repetida similitud "proyectual" que hace propicio un estudio de éstos desde el concepto de "tipo" arquitectónico[10].

Un tipo arquitectónico es una idea general de la forma del edificio que permite diversas posibilidades de variación dentro del esquema general del mismo. Esta idea general se precisa según una definición espacial relacionada con la distribución de los elementos arquitectónicos. A su vez, esta definición espacial se ve afectada por una determinada concepción cultural del espacio y una tipología de la función, en la que la relación de las formas con su uso conjuga el aspecto práctico y simbólico en una misma categoría.

Ahora bien, estos tipos arquitectónicos pueden ser generados de manera consciente, o de forma espontánea, irreflexiva e inconsciente. En efecto, el proceso creativo (por el cual se halla una solución particular a un problema particular de manera racional y reflexiva) suele desaparecer cuando un problema es recurrente a lo largo del tiempo. En ese caso, también es reiterada la solución al problema, la que, elaborada por el colectivo a lo largo del tiempo, es visible en las construcciones existentes, cuya forma y disposición siguen las pautas que la tradición ha impuesto. En la producción de estos tipos no hay reflexión teórica respecto del proceso generativo que les da origen. Éstos se apoyan en una creación colectiva que se ha instaurado luego de un largo proceso de prueba y error que la tradición ha modelado y normado. Diseñar y construir se funden, entonces, en una misma etapa sin diferenciaciones y el modelo aparece como una forma a priori indiscutible, con tendencia a permanecer inmutable en el imaginario.[11]

Por otra parte, estos modelos no son sólo respuestas directas a necesidades meramente materiales. Frecuentemente, la resistencia a la innovación tiene una explicación en el carácter simbólico de las construcciones. Desde el momento en que las obras representan la cosmovisión de una sociedad, fuertemente relacionada con su identidad cultural, sus formas no pueden ser alteradas caprichosamente sin alterar su función simbólica. Así, el tipo generado por la tradición informal y anónima adquiere un gran valor significativo para la comunidad que lo ha generado y lo habita. Dice Amos Rapoport:

> Hay una imagen de la vida compartida por todos, una jerarquía aceptada y, en consecuencia, un patrón de asentamiento aceptado. Esta imagen compartida y aceptada funciona siempre que la tradición esté viva; si la tradición muere, cambia el panorama.[12]

Ahora bien, los edificios que nos ocupan, pertenecientes al ámbito de la arquitectura privada, no fueron construidos por profesionales sino, en el mejor de los casos, mediante la participación de alarifes o artesanos de escasa o ninguna formación disciplinar. Al respecto, Luis María Torres indica:

> Eran [las casas] de aspecto harto sencillo, y tendían más a resolver las necesidades de una vida de campo que una demostración de urbanización pretenciosa. Muy lejos estuvieron aquellos alarifes de pretender la factura de réplicas ni imitaciones de los estilos florecientes por entonces en España y extendidos a otras ciudades americanas, en la distribución, ornamento y colorido.[13]

La falta de constructores medianamente formados hizo de esta arquitectura, entonces, una expresión popular que se habría trasmitido, de manera muy lenta, reelaborando y capitalizando las experiencias anteriores del grupo social. Afirma Ramón Gutiérrez que:

> De modo consciente el hombre construyó sus espacios contenedores con materiales del entorno próximo. Buenos Aires era una aldea en la frontera, en el desierto y en ese contexto sin piedra, sin madera, sin fuertes desniveles que incidiera en la concepción espacial del trazado de la villa se generó en sus orígenes una arquitectura simple, con materiales muy etéreos y transitorios.[14]

En este sentido, la construcción de tapia que había predominado en Buenos Aires durante los siglos XVI y XVII, había comenzado a transformarse a partir de 1606, fecha en que el Cabildo autorizó la fabricación de ladrillos y tejas. Si bien, a partir de 1612, ingresaron desde Europa y el actual territorio brasileño pequeñas cantidades de otros insumos (como hierro en barras, cerraduras, aldabas, goznes, ventanas, vidrios y espejos), dadas las características de periferia de la ciudad, los ladrillos y las tejas "sobre cañas", y la madera "de la tierra" o del Brasil, fueron los componentes básicos de la edificación. Asimismo, hacia fines del siglo XVIII, ya en el período virreinal, se comenzó a utilizar la azotea accesible, de conformación plana.[15]

En efecto, en todos los casos estudiados, son éstos los materiales con los que aquella sociedad elaboró las construcciones esquineras que se proponen como tipo arquitectónico. De los ejemplos relevados, lo que surge en primera instancia es que esos edificios tuvieron una portada particular: un poste en el ángulo sostenía dos dinteles a noventa grados bajo los que sendas puertas abrían hacia cada pared interna. La composición señalaba de esa manera la esquina como un hito, idea que a su vez se reforzaba con la colocación de un farol.[16] En la vereda, habitualmente de ladrillos, se localizaban múltiples postes a intervalos regulares y, en algunos casos, una palma entre ellos en sentido horizontal cumplía la función de "palenque".[17]

El local principal, que alojaba la actividad comercial propiamente dicha, era de muy pequeñas dimensiones y se denominaba "esquina" o "tienda". En él se encontraba el mostrador fijo con patas, con su pequeña "rejilla" y su "cajón para plata". Se situaba allí también el "armazón de pulpería" que consistía en una estructura de tirantes verticales y tablones horizontales que contenía una o más "bidrieras" con cajones, incluyendo el de "miniestras". En algunos ejemplos se agregaba, además, un mostrador "de saca y pon".[18] El sitio, muy reducido, no podía albergar a los parroquianos que, la iconografía devela, se instalaban por lo tanto en la vereda.

Completaba el "tipo" básico una "trastienda" que siempre se conectaba con el exterior mediante una puerta a la calle y hacia el interior con la "esquina" y la vivienda (en los casos en que el edificio incorporaba esta función). De dimensiones habitualmente mayores que la esquina, es difícil determinar su uso. Este local se torna en un espacio mucho más "opaco" a la mirada actual, ya que los documentos no permiten saber exactamente cuál era su verdadera función dado que no es reflejado por la iconografía y no se puede determinar dónde estaba ubicado el mobiliario que se releva en los inventarios. Es probable que en ella se hayan alojado los "ebrios", "jugadores de truques" y "malentretenidos" recurrentemente asociados a la pulpería por los cronistas y viajeros del siglo XIX.

A partir de esa estructura básica hubo múltiples variantes tipológicas. Así, en cuanto a las características constructivas, se puede establecer una mayor calidad en los materiales para aquellos locales cercanos al centro de la ciudad y un descenso de ésta en aquellas pulperías que por su ubicación "de borde" se pueden considerar como un subtipo "suburbano" o "barrial".[19] Asimismo. parecería que la variante funcional tipológica "tienda" correspondió a un subtipo "urbano céntrico", mientras que la variante "pulpería" se ubicaba en cualquier punto de la trama y aún fuera de ella.

Dadas las particulares características del ámbito del Río de la Plata, prácticamente no pueden hacerse diferenciaciones en variantes de tipo estilístico, ya que recién a partir de 1820 aparecerían, en principio tímidamente, elementos ornamentales de origen europeo. Por otra parte, los testamentos no dan cuenta de estas características y la iconografía existente es posterior. La única documentación gráfica al respecto está constituida por los planos adjuntos a los pedidos de licencia para construir (obligatorios a partir de 1784) los que, si bien no poseen mayor grado de detalle, demuestran características compositivas muy sencillas.

Por otra parte, en muchos casos se agregó a la función comercial la de la casa habitación, ya sea porque el propietario era el pulpero o porque esto aumentaba considerablemente la renta del local. Esta variante tipológica incluía una sala, uno o dos aposentos, una cocina, un común y un patio o corral, incorporándose a veces un zaguán como espacio de transición entre la vivienda y la calle.[20] En estos casos el comercio, a través de la trastienda, conectaba directamente con la sala.

En los ejemplos más cercanos al fin del virreinato se constata, por un lado, la aparición de un altillo o "sobrado" sobre el local de esquina, y, por otro, la adopción de la cubierta de azotea en ese sector. En general el resto del edificio mantiene la tradicional cubierta de tejas sobre cañas.

Finalmente, el relevamiento realizado permite reconstruir una nítida y precisa imagen de los productos que en él se despachaban. Asimismo, tanto a partir de los libros de deudas como por los objetos ofrecidos y la asociación con sus potenciales compradores, se puede inferir cuál era la clientela del lugar. Esa clientela incluía a morenos, indios, artesanos, frailes, navegantes y, por interpósita persona, a "gente decente" de tal rango que consumía papel "en quartillos".

A modo de conclusión

Dice Amos Rapoport que hay "modos prescritos para hacer o dejar de hacer cosas" ,y agrega que "ciertas formas se dan por sentadas y resisten fuertemente los cambios, porque las sociedades [...] tienden a estar muy orientadas hacia las tradiciones.[21]

En efecto, frente a un contexto prácticamente siempre igual a sí mismo, cuya problemática se torna repetitiva, el uso de tipos arquitectónicos ha resultado siempre económico y eficaz. Producto de un proceso lineal que relaciona necesidades biológicas y culturales con determinadas soluciones, la modelización efectuada por la tradición proporciona una imagen originaria con la que plantarse frente al problema. Esta imagen es el resultado de un largo proceso de prueba y error por el cual se logra un delicado equilibrio entre la satisfacción de las necesidades, los recursos disponibles y las exigencias del contexto cultural.

Sostiene Ramón Gutiérrez que:

> Quizá donde con más nitidez puede apreciarse el fenómeno de síntesis cultural americana es justamente en la arquitectura popular, aquella que los propios usuarios realizan pragmáticamente aprovechando las potencialidades que les brinda el medio y sus propias capacidades tecnológicas y creativas [...] Podrá quizás aducirse que el condicionamiento de la trama urbana, el damero y el reparto de cuartos de manzana condicionó una estructura tipológica planificada sin antecedentes en la península y que explica la variación de los partidos arquitectónicos.[22]

En ese sentido, "la esquina" se constituyó en un tipo arquitectónico, en una producción "seriada" de un modelo coherente y persistente que se diseñó *ex novo* en América y con particularidades propias en la urbe porteña. Evidentemente el problema de resolución de los ángulos de la manzana en la ciudad regular era un nuevo desafío y la cultura encontró para éste una solución eficiente. Cuando un cambio grande y fundamental se impuso desde el estado, al determinar la aparición de la ochava, este modelo persistió en el tiempo probablemente porque las necesidades culturales que le dieron origen seguían intactas.

Sin embargo, aún después de agotado el tipo en su aspecto material, los valores culturales implicados en su situación respecto de la trama, pervivieron. En efecto, también para nuestra cultura la esquina tiene una relación funcional significativa dentro de la configuración urbana. En este sentido, son las constantes culturales las que permiten rastrear diferencias y similitudes en el tiempo, a efectos de lograr una mejor comprensión del complejo fenómeno del habitar.

Finalmente quedan por responder algunas preguntas:

¿Cuándo y cómo se generó este tipo arquitectónico en esta parte del continente y particularmente en Buenos Aires?; ¿en qué modelo se basaron sus autores si en España éste no hubiera existido?; ¿cuál fue el proceso cultural por el que se consideró ese sitio como el más propicio para la actividad comercial y el encuentro?; ¿cómo fue el proceso posterior por el que, aún hoy, la esquina es un referente para determinados colectivos sociales, fundamentalmente en la escala barrial?

Las respuestas a estas preguntas, de una resolución no tan sencilla, son, en definitiva, el objetivo final de la investigación en curso.

Ilustraciones

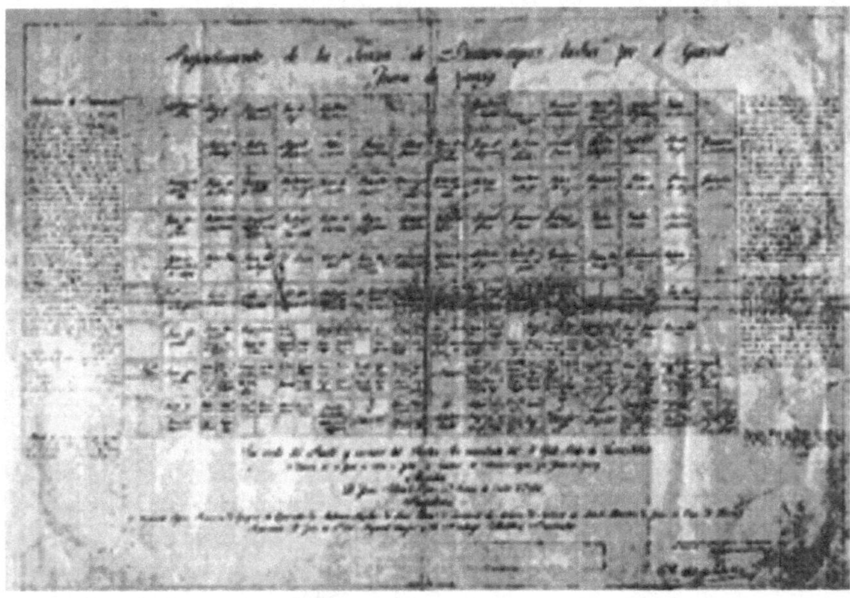

Figura 1. "Plano que manifiesta el reparto de Solares que hizo el Gral. Juan de Garay a los Fundads. de Buenos Aires", año de 1583 (Difrieri, H. A., *Atlas de Buenos Aires*, tomo II, *Mapas y Planos*, Buenos Aires, Municipalidad de la Ciudad de Buenos Aires, Secretaría de Cultura, 1981).

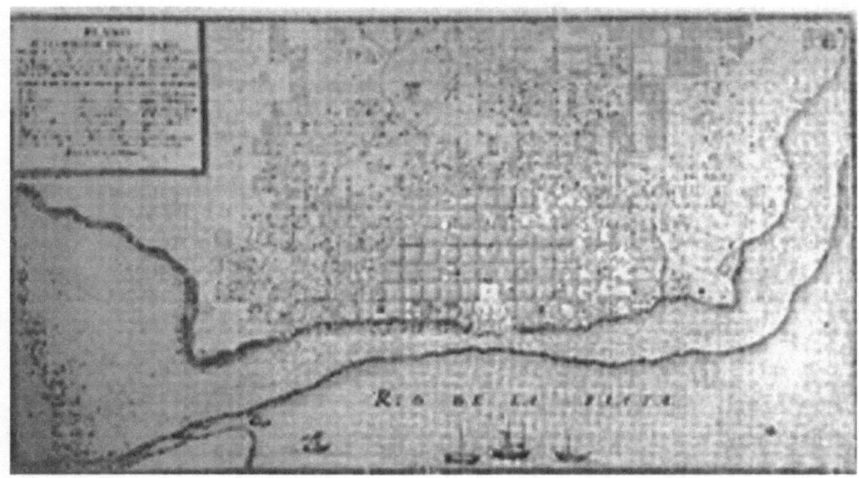

Figura 2. "Plano de la ciudad de Buenos-Ayres, situada en la margen meridional del río de la Plata..." (ca. 1750) (Difrieri, *Atlas de Buenos Aires*, tomo II).

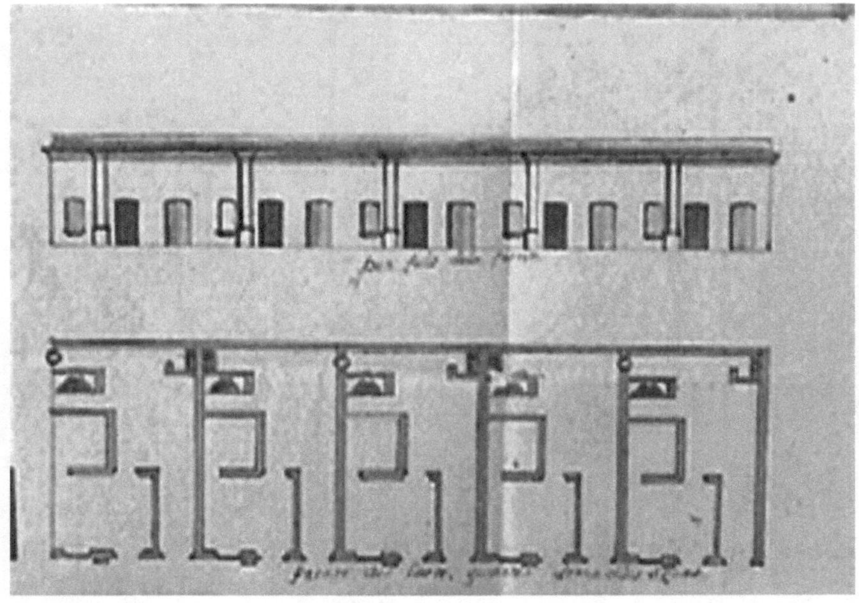

Figura 3. Plano adjunto a la solicitud de licencia para construir Cuartos de media agua de Juan Francisco Pereda, 1784 a febrero 1785 (Archivo General de la Nación, División Colonia, Departamento Documentos Escritos, Sala IX, sin catalogar).

Figura 4. "Pulpería", Carlos E. Pellegrini, acuarela de 1830 (Del Carril, B.; Aguirre Saravia, A., *Iconografía de Buenos Aires. La ciudad de Garay hasta 1852*, Buenos Aires, Municipalidad de la Ciudad de Buenos Aires, 1982).

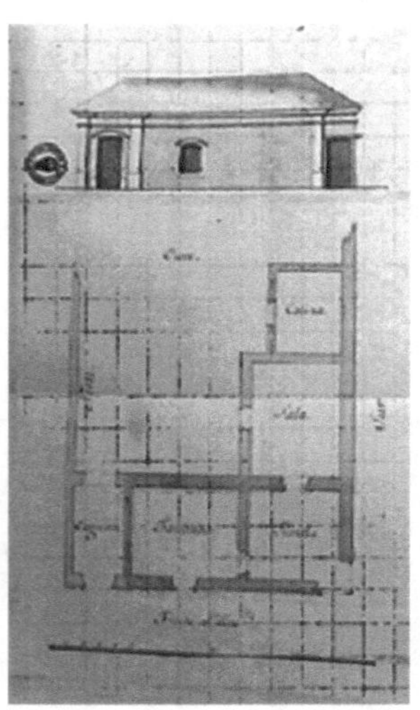

Figura 5. (izq.) Plano adjunto a la solicitud de Ildefonso Faramiñan, 1784 a febrero 1785. El color rojo indica la tienda y trastienda existentes y el amarillo la ampliación solicitada que incorpora el uso como vivienda. (Archivo General de la Nación, División Colonia, Departamento Documentos Escritos, Sala IX, sin catalogar).

Figura 6. (der.) "Pulpería en la calle Potosí", Albérico Isola, litografía coloreada, 1844 (Del Carril, *Iconografía*...).

Figura 7. "La Plaza de Monserrat", Albérico Isola, litografía coloreada, 1844 (Del Carril, B., *Monumenta Iconográfica*, Emecé, 1964).

Figura 8. "Interior de una pulpería", César H. Bacle, 1834, litografía coloreada (Bacle, C. H., *Trajes y costumbres de Buenos Aires*, edición facsimilar, Buenos Aires, Vian, 1947).

Figura 9. Esquina de Corrientes y Cerrito. La misma se mantuvo en pie hasta el siglo XX (Torre Revello, J., "La vivienda en el Buenos Aires antiguo. Desde los orígenes hasta los comienzos del siglo XIX", *Anales del Instituto de Arte Americano e Investigaciones Estéticas*, Nº 10, 1957, pp. 84-125).

Bibliografía

BOSSIO, J. A., *Historia de las pulperías*, Plus Ultra, 1972.

BUSANICHE, J. L., *Estampas del Pasado. Lecturas de Historia Argentina*, Buenos Aires, Hachette, 1959.

CONCOLORCORVO (seudónimo de Alonso Carrió de la Vandera), *El lazarillo de ciegos caminantes desde Buenos Aires hasta Lima con sus itinerarios según la más puntual observación con algunas noticias útiles a los nuevos comerciantes que tratan con mulas; y otras históricas* [1772], Buenos Aires, Solar, 1942.

DEVOTO, F. y MADERO, M. (dir.), *Historia de la vida privada en la Argentina,* tomo I, *País antiguo. De la colonia a 1870*, Buenos Aires, Aguilar, Altea, Taurus, Alfaguara, 1999.

DIFRIERI, H. A., *Atlas de Buenos Aires*, tomo I, *Textos*, Buenos Aires, Municipalidad de la Ciudad de Buenos Aires, Secretaría de Cultura, 1981.

DOBERTI, R., *Lineamientos para una teoría del habitar*, Buenos Aires, Eudeba, 1999.

FONDEBRIDER, J. (comp.), *La Buenos Aires Ajena. Testimonios de extranjeros de 1536 hasta hoy*, Buenos Aires, Emecé, 2001.

FURLONG, G. S. J., *Historia Social y Cultural del Río de la Plata*. 1536-1810, tomo II, *El Transplante Cultural: Arte*, Buenos Aires, Tea, 1969.

GARCÍA, J. A., *La ciudad indiana (Buenos Aires desde 1600 hasta mediados del siglo XVIII)*, Buenos Aires, Talleres Gráficos Argentinos L. J. Rosso, 1933.

GONZÁLEZ BERNALDO DE QUIRÓS, P., *Civilidad y política en los orígenes de la Nación Argentina. Las sociabilidades en Buenos Aires, 1829-1862*, Buenos Aires, Fondo de Cultura Económica, 2001.

GUÉRIN, M. A., "Semántica de la calle. El espacio social", en *Revista de Arquitectura* N° 202 (2001), pp. 50-53.

GUÉRIN, M. A., "Los comercios de Buenos Aires. Sus orígenes y su incidencia en la urbanización", en *Summa-temática* n° 34-35 (1990), pp. 70-77.

GUTIÉRREZ, R., *Arquitectura y Urbanismo en Iberoamérica*, Madrid, Ediciones Cátedra, 1992.

ISABELLE, A., *Viaje a la Argentina, Uruguay y Brasil 1830-1834*, Buenos Aires, Emecé Editores, 2000.

LAFUENTE MACHAIN, R. de, *Buenos Aires en el Siglo XVIII*, [Emecé, 1944[1]], Colección IV Centenario, Buenos Aires, Secretaría de Cultura de la Municipalidad de Buenos Aires, 1980.

LEVENE, R., *Historia de la Nación Argentina*, Buenos Aires, El Ateneo, 1936.

MAYO, C. (dir.), *Pulperos y pulperías de Buenos Aires* (1740-1830), Buenos Aires, Editorial Biblos, 2000.

MILAZZO, G., "Las esquinas de Buenos Aires (1750-1850). Una mirada desde la microhistoria", en *Actas III Jornadas sobre Arte y Arquitectura en Argentina*, La Plata, Instituto de Historia del Arte Argentino y Americano, Facultad de Bellas Artes; Instituto de Estudios del Habitat, Facultad de Arquitectura y Urbanismo, Universidad Nacional de La Plata, 2005.

MILLAU, F., *Descripción de la Provincia del Río de la Plata* [1772[1]], Buenos Aires, Espasa-Calpe, 1947.

MORENO, C., *Del mercado a la pulpería, Los lugares para el comercio,* tomo I, Buenos Aires, Fundación Tecnología y Humanismo, 2005.

MORENO, C., *Depósitos, almacenes y tiendas, Los lugares para el comercio,* tomo II, Buenos Aires, Fundación Tecnología y Humanismo, 2005.

OTERO, O., "Los materiales, la tecnología y el valor simbólico de la vivienda en la época del virreinato", en Videla, H. A.; Giudice, C. (comp.), *Jornadas Científico Tecnológicas sobre Protección y Prevención del Patrimonio Cultural Iberoamericano*, La Plata, CYTED Cooperación Iberoamericana, 2001, pp. 149-170.

PARRAS, Fray P. J. de, *Diario y derrotero de sus viajes: 1749-1753. España-Río de la Plata-Córdoba-Paraguay*, Buenos Aires, Solar, 1953.

RAPOPORT, A., *Vivienda y Cultura*, Barcelona, Gustavo Gili, 1972.

RODRÍGUEZ, Molas, R., "Las pulperías", en *La vida de nuestro pueblo. Una historia de hombres, cosas, trabajos, lugares*, Nº 42 (1982), Buenos Aires, Centro Editor de América Latina.

ROMERO J. L.; ROMERO, L. A., (dir.), *Buenos Aires. Historia de cuatro siglos*, Buenos Aires, Abril, 1983.

RUDOFSKY, B., *Arquitectura sin arquitectos*, Buenos Aires, Eudeba, 1973.

SCHÁVELZON, D., *Arqueología de Buenos Aires. Una ciudad en el fin del mundo 1580-1880*, Buenos Aires, Emecé Editores, 1999.

TORRE REVELLO, J., *Crónicas del Buenos Aires colonial*, Buenos Aires, Taurus, 2004.

TORRE REVELLO, J., "La vivienda en el Buenos Aires antiguo. Desde los orígenes hasta los comienzos del siglo XIX", en *Anales del Instituto de Arte Americano e Investigaciones Estéticas* Nº 10 (1957), pp. 84-125.

UN INGLÉS, *Cinco años en Buenos Aires (1820-1825)*, Buenos Aires, Solar-Hachette, 1942.

VIDAL, E. E., *Ilustraciones pintorescas de Buenos Aires y Montevideo*, [Londres, Ackerman, 1820], en Facultad de Filosofía y Letras, *Colección de viajeros Memorias Geográficas*, tomo I, Buenos Aires, Peuser, 1923.

WILDE, J. A., *Buenos Aires desde setenta años atrás (1810-1880)*, Buenos Aires, Eudeba, 1960.

Fuentes éditas

BACLE, C. H., *Trajes y costumbres de Buenos Aires*, Buenos Aires, Vian, ed. facsimilar, 1947.

DEL CARRIL, B.; AGUIRRE SARAVIA, A., *Iconografía de Buenos Aires. La ciudad de Garay hasta 1852,* Buenos Aires, Municipalidad de la Ciudad de Buenos Aires, 1982.

DEL CARRIL, B., *Monumenta Iconográfica*, Buenos Aires, Emecé, 1964.

DIFRIERI, H. A., *Atlas de Buenos Aires*, tomo II, *Mapas y Planos*, Buenos Aires, Municipalidad de la Ciudad de Buenos Aires, Secretaría de Cultura, 1981.

FACULTAD DE FILOSOFÍA Y LETRAS, *Documentos para la Historia del Virreinato del Río de La Plata*, Buenos Aires, Compañía Sud-Americana de Billetes de Banco, 1912.

MOREL, C., *Usos y Costumbres del Río de la Plata*, Buenos Aires, Litografía de las Artes, 1845.

PEÑA, E. (comp.), *Documentos y planos relativos al período edilicio colonial de la Ciudad de Buenos Aires,* tomo II, *Oficios, Obras Públicas, Casa Capitular y Cárcel, Régimen Policial,* Buenos Aires, Municipalidad de la Capital, Peuser, 1910.

Radaelli, S. A. (comp.), *Memorias de los virreyes del Río de la Plata*, Buenos Aires, Bajel, 1945.

Fuentes manuscritas

Archivo General de la Nación, División Colonia, Departamento Documentos Escritos, Sala IX:
Sucesiones 3866, Testamentaria de Pedro Rodríguez de Arévalo, 1789.
Sucesiones 3920, Testamentaria de Micaela Berois, 1796.
Sucesiones 3920, Testamentaria de Nicolás Bazán, 1816.
Sucesiones 4843, Testamentaria de Andrés Cascaravilla, 1818.
Sucesiones 5688, Testamentaria de Antonio Fernández, 1807.
Sucesiones 6775, Testamentaria de Don Marcos Migues, 1805.
Sucesiones 7702, Testamentaria de Juan Matheo Pérez, 1740.
Sucesiones 7706, Testamentaria de Juan Antonio Patrón, 1789.
Sucesiones 7707, "D.ª Dolores Salgado rinde cuentas de la Tutela de sus hijos en la Test.ª de D. Juan Ant.º Patron su marido", 1795.
Sucesiones 7707, Testamentaria de Baltasar de Pasos, 1791.
Sucesiones 7712, "El Defensor General de Menores contra María Dolores Salgado: sobre tutoria y curatela de sus hijos que quedaron por muerte de Don Juan Ant.º Patron", 1793.
Sucesiones 7779, Testamentaria de Diego Ramírez, 1807.
Sucesiones 7779, Testamentaria de María Josefa Ruiz de Gaona y José Santos.
Inchaúrregui, 1809.
Sucesiones 7780, Testamentaria de María Lucía Rodríguez de Mauriño, 1809.
Sucesiones 7781, Testamentaria de Fernando Rodríguez, 1815.
Sucesiones 7781, Testamentaria de Juan Rico, 1817.
Sucesiones 7782, Testamentaria de Cristóbal Rodríguez, 1817.
Sucesiones 8140, Testamentaria de Domingo Suárez y María Villoldo, 1805.
Sucesiones 8144, Testamentaria de Cayetano Soto, 1821.

Notas

1 Difrieri, H. A., *Atlas de Buenos Aires*, tomo I, *Textos* , Buenos Aires, Municipalidad de la Ciudad de Buenos Aires, Secretaría de Cultura, 1981, p.199.

2 Cabe aclarar que este proceso se desarrolló muy lentamente, ya que la normativa sólo era obligatoria para casos de reedificación. Por otra parte, muchas veces esa

reglamentación no se respetó y esto permitió que algunos edificios sobrevivieran en el tiempo, encontrándose a mediados del siglo XX algunos ejemplos todavía en pie.

3 La urbe de los orígenes estaba casi fuera de la red hispánica y, conectada con la metrópoli a través de Lima, sobrevivía gracias al contrabando. En el siglo XVIII España redireccionó su sistema urbano, ya debilitado por la penetración de otras potencias, y Buenos Aires comenzó a vincularse con Chile y con Sevilla o Cádiz. Mientras tanto, el puerto se iba convirtiendo en un centro de la red que estructuraba Inglaterra para sustentar su revolución industrial.

4 Al respecto, explica Daniel Schávelzon: "En 1784 el Cabildo hizo pública una Real Ordenanza por la cual los vecinos debían cerrar los frentes de sus terrenos, cercar el perímetro y los planos sólo podrían ser dibujados por alarifes reconocidos y previamente aprobados por la autoridad. Esta ordenanza, que sintetizaba un cuerpo de iniciativas ilustradas que se venían discutiendo hacía tiempo en España y en América, tuvo como resultado materializar un cambio importante en la disposición y forma de las viviendas urbanas, las que debieron desde entonces apoyarse sobre el frente de los lotes, sobre la línea de la vereda" (Schávelzon, D., *Arqueología de Buenos Aires. Una ciudad en el fin del mundo 1580-1880*, Buenos Aires, Emecé Editores, 1999, p. 219).

5 En el originario Buenos Aires, la plaza era el lugar de abasto público de alimentos perecederos y algunos elementos de "menudeo". Ésta se llenaba diariamente de vendedores de carne, pescado, hortalizas y mercaderes de "bandola" cuyos productos se mostraban en un exhibidor portátil consistente en una bandeja sostenida por caballetes.

6 Los documentos de la época designan con este vocablo no sólo el encuentro de las calles, sino también al tipo edilicio ubicado allí. Así, durante el siglo XVIII y la primera mitad del XIX, poseer una "esquina" implicaba ser propietario de un local comercial.

7 La abundancia y la homogeneidad de esta tipología en toda la ciudad permiten suponer que su clientela incluía, además del transeúnte ocasional, las relaciones de vecindad.

8 La "descripción densa" es una metodología de estudio planteada por la antropología interpretativa de Cliford Geertz y retomada en algunos aspectos por la corriente historiográfica perteneciente a la *nouvelle histoire* denominada "microhistoria" entre cuyos precursores se encuentran Carlo Guizburg y Giovanni Levi (Cf. Milazzo, G., "Las esquinas de Buenos Aires (1750-1850). Una mirada desde la microhistoria", en *Actas III Jornadas sobre Arte y Arquitectura en Argentina*, La Plata, Instituto de Historia del Arte Argentino y Americano, Facultad de Bellas Artes; Instituto de Estudios del Habitat, Facultad de Arquitectura y Urbanismo, Universidad Nacional de La Plata, 2005).

9 En esta investigación se han relevado diversos tipos de fuentes. En primer lugar, se setudió la primera iconografía porteña, la que, si bien es posterior al momento virreinal, refleja una imagen de la ciudad prácticamente idéntica a la de esa época, dado que la urbe no había sufrido grandes cambios en su arquitectura. Por otra parte, se han analizado los relatos de viajeros de fines del siglo XVIII y principios del XIX, las memorias y bandos de los distintos virreyes, los censos y los pedidos de licencia para construir con sus correspondientes planos. Asimismo, se ha generado un corpus documental, a partir de la indagación en la testamentería del período, que comprende treinta ejemplos de edificios en esquina.

10 El encodillado del término "proyectual" señala un uso distinto al convencional del mismo. Como se verá, estos casos pertenecen al campo de la disciplina que Bernardo

Rudofsky denominó "arquitectura sin arquitectos". Por ser de carácter espontáneo, vernáculo o no profesional, el "proyectista" de los mismos no es un individuo particular sino el colectivo social. En éstos no existe una teoría explícita sobre el acto de diseñar ni sobre el objeto del diseño, ni hay ninguna especulación relativa al quehacer arquitectónico. Todo el proceso se resuelve con operaciones de carácter práctico, sin revisión sistemática, teniendo como guía unos pocos principios, normas y modelos con una fuerte tendencia a la inmutabilidad (Cf. Rudofsky, B., *Arquitectura sin arquitectos*, Buenos Aires, Eudeba, 1973).

[11] Amos Rapoport sostiene que en la arquitectura "vernácula" se admiten variables en cada obra en particular sin alterar el modelo (Cf. Rapoport, A., *Vivienda y Cultura*, Barcelona, Gustavo Gili, 1972).

[12] Rapoport, *Vivienda y Cultura...*, p. 16.

[13] Citado por Torre Revello, J., "La vivienda en el Buenos Aires antiguo. Desde los orígenes hasta los comienzos del siglo XIX", en *Anales del Instituto de Arte Americano e Investigaciones Estéticas* N° 10 (1957), p. 104. También Guillermo Furlong se preocupa por identificar a los constructores coloniales, dado que no ha habido arquitectos en los primeros tiempos y manifiesta que "desgraciadamente ni los nombres de aquellos primeros constructores o alarifes se ha podido conocer" (Cf. Furlong, G. S. J., *Historia Social y Cultural del Río de la Plata. 1536-1810*, tomo II, *El Transplante Cultural: Arte*, Tea, Buenos Aires, 1969, p. 462).

[14] Gutiérrez, R., *Arquitectura y Urbanismo en Iberoamérica*, Madrid, Ediciones Cátedra, 1992, p. 351.

[15] Cf. Otero, O., "Los materiales, la tecnología y el valor simbólico de la vivienda en la época del virreinato", en Videla, H. A.; Giudice, C. (comp.), *Jornadas Científico Tecnológicas sobre Protección y Prevención del Patrimonio Cultural Iberoamericano*, La Plata, CYTED Cooperación Iberoamericana, 2001.

[16] Este elemento importantísimo fue incorporado en las esquinas como obligatorio a partir de disposiciones gubernamentales tendientes a lograr la iluminación urbana nocturna (Cf. Radaelli, S. A. (comp.), *Memorias de los virreyes del Río de la Plata*, Buenos Aires, Bajel, 1945).

[17] Estos postes que bordeaban las esquinas fueron implementados en tiempos del Virreinato a efectos de proteger las fachadas de las casas. Los profundos lodazales que se formaban en días de lluvia hacían que se conformara una huella que los carros trataban de evitar acercándose para ello a la línea de vereda y rompiendo con sus ruedas la edificación (Cf. Difrieri, *Atlas de Buenos Aires,* tomo I...).

[18] Cabe consignar que en los casos relevados sólo se encontró este equipamiento en aquellos testamentos correspondientes a personas que eran propietarias no sólo del edificio sino del "fondo de comercio", el que siempre aparece consignado como pulpería. Se han encontrado algunas "esquinas" cuya función era la de "tienda" pero, en estos casos, no hay detalle del mobiliario. Por otra parte, hay otros casos muy ambiguos ya que, bajo la denominación de "tienda" albergan "efectos de pulpería".

[19] Esta diferencia cualitativa se conjuga con la distribución jerárquica que en la ciudad indiana se hacia de los solares. Ésta comprendía un esquema en el que el rango de los propietarios iba bajando hacia las afueras de la ciudad y cuyo "epicentro" era la Plaza Mayor.

[20] Bajo la denominación de "común" se designaba al local que funcionaba como letrina.

[21] Rapoport, *Vivienda y Cultura...*

[22] Gutiérrez, R., *Arquitectura y Urbanismo en Iberoamérica*, Madrid, Ediciones Cátedra, 1992, p. 352.

HÁBITOS Y COSTUMBRES DE LA SOCIEDAD COLONIAL EN SANTIAGO, 1690-1750. UNA MIRADA DESDE SU CULTURA MATERIAL[1]

Javiera Ruiz Valdés
Universidad de Chile
Santiago de Chile, Chile

La historia de la sociedad colonial en Santiago entre los años 1690 a 1750 que constituye el objeto de esta presentación es una historia de los hábitos y costumbres cotidianas que los sujetos mantenían con su propio cuerpo y con los de los demás, analizadas a través de los objetos que para ello se crearon. Es, por lo tanto, una historia de los comportamientos corporales vista desde objetos materiales de diversa índole que existieron en este período, dentro de ámbito teórico de lo que se ha denominado Historia de la Cultura Material.[2]

Estos objetos y bienes analizados se encuentran presentes en diversos documentos notariales de la época, como testamentos, inventarios y dotes, en los cuales los sujetos –hombres y mujeres, españoles e indios, mulatos o criollos– constataron su realidad material con el fin de asegurar sus bienes entre sus seres queridos cuando sentían que la muerte estaba cerca, en el caso de los testamentos e inventarios, o de constatar los bienes con que se comenzaba la vida matrimonial, en el caso de dotes de mujeres. Los bienes mencionados en estos documentos han sido clasificados y cuantificados con el fin de observar permanencias o cambios en el período estudiado.

La pregunta central que guió esta investigación fue dar cuenta de las transformaciones a nivel de la vida cotidiana que posiblemente se podrían estar produciendo a partir de las transformaciones en las estructuras económicas y sociales, con el paso de de una sociedad que a poco de terminar el siglo XVII (es decir, desde 1680-1690) comienza lentamente a incorporarse dentro de las relaciones comerciales mundiales, tanto por un contacto mayor y más directo con las naciones exportadores de productos manufacturados como España, Francia, Inglaterra y Holanda, como por el inicio de las grandes exportaciones de trigo desde el mercado local hacia Perú. Este mayor movimiento económico significó en el interior de Chile la articulación de tres grandes mercados locales (La Serena, Santiago y Concepción); la conformación de unidades productivas características del Valle Central como lo fue el latifundio rural; y una nueva organización de la estructura social, en la cual paulatinamente comienzan a incorporarse en la cúspide social grandes mercaderes o comerciantes que se añaden a la nobleza tradicional local por medio de matrimonios y uniones familiares.[3]

Diversos trabajos hechos para el caso de la economía chilena han dado cuenta de los profundos cambios que, tanto en los volúmenes comercializados como en la disposición de los comerciantes criollos, ocurrieron desde la década de 1680, ya en pleno auge para la década de 1750. Pero poco se ha dicho sobre los cambios en los hábitos cotidianos de los sujetos que vivieron en el día a día esas transformaciones: ¿de qué forma se alteran los hábitos de consumo frente a una mayor riqueza?, ¿en qué se gasta?, ¿por qué?, ¿qué prácticas y con ello qué objetos cambian, se incorporan o permanecen en estos años?

Las muestras obtenidas a través de la cuantificación de los datos obtenidos desde los documentos notariales expuestos, revelan que mientras bienes de producción muebles como herramientas, ganado, tierras, casas, cuartos de dormitorio, chacras, haciendas, esclavos (negros, mulatos e indios) se mantienen inalterados a los largo del periodo estudiado; otros varían notoriamente, aumentando su presencia en cantidad desde 1730 en adelante. A continuación se expondrán detalles de los objetos y bienes que mostraron una significativa variación dentro del periodo.

La mesa

No es lo mismo comer con la mano que utilizar un tenedor; beber desde la fuente de agua misma o desde una botella de vino que usar un vaso o tembladera; tampoco comer de pie o en el suelo que sentado en una silla frente a una mesa. La presentación "controlada" de uno mismo significó ritualizar muchas de las conductas cotidianas. Un ejemplo de ello es la mesa, que "*se convierte entonces en pretexto de un ritual complejo y, al mismo tiempo, en objeto de una demostración sociable*".[4]

Elementos como tenedores, cuchillos, cucharas, saleros, platos, platillos y fuentes –todos ellos de plata labrada– muestran una importante presencia hacia fines del periodo estudiado. En ello existen variadas lecturas, pues "*manifiesta no sólo una obsesión por la limpieza, sino un progreso del individualismo: efectivamente el plato, el vaso, el cuchillo, la cuchara y el tenedor individuales levantan invisibles tabiques entre los comensales*", dentro de nuevas y mayores exigencias en el comportamiento social, pues "*no sólo se busca la distinción de manera más sistemática [...], sino que se obtiene de manera más cómoda mediante la adopción de utensilios a los que difícilmente tenían acceso las personas humildes. De manera que los nuevos modos de comportarse en la mesa sin duda abrieron aún más el abismo entre las elites sociales y las masas populares[...]*".[5] Es decir, desde los nuevos comportamientos que se incorporaron a la mesa, existieron cambios en distintos sentidos: nuevos hábitos higiénicos, progreso del individualismo y distinción a través de los comportamientos.

La necesidad de comer de una manera determinada, en un espacio con muebles y elementos especialmente destinados para el ornato de la mesa son incorporados con mayor frecuencia entre los bienes de los testadores: sillas, mesas, manteles para decorar y servilletas aumentan notoriamente desde la segunda mitad del siglo XVIII.

La forma de beber alimentos también tiene instrumentos con los cuales realizar esta acción tan cotidiana: vasos, tembladeras o vasos anchos con dos asas a los lados y un pequeño asiento, tachos de cobre o de plata son más recurrentes hacia mediados del siglo XVIII. Además de haber un mayor número de objetos, se observa una mayor diversificación en el material de que están compuestos, como es el uso del cristal y la loza fina de China.

Muebles

Recomponer el escenario interior de las viviendas coloniales a través de los datos que nos aportan los testamentos, nos da una idea de cómo se desarrollaba la vida cotidiana del momento y nos señalan las transformaciones a lo largo del periodo estudiado. Hacia fines del siglo XVII las viviendas, en general, se caracterizan por un mobiliario bastante escaso y austero, ante todo utilitario, reducido a lo meramente esencial, sin ninguna concesión a las comodidades ni al lujo. El mobiliario de cocina y del resto de las dependencias de las casas era de una enorme sobriedad, reduciéndose a una mesa (cuando existía) y algunos cuantos bancos sencillos (los llamados "escaños" o bancos con respaldos para varias personas), y algunas veces una artesa en la cocina, una caja, un lecho o tarima para dormir en los cuartos.

Pero a partir de la segunda mitad del siglo XVIII tiene lugar una mayor diversificación del mobiliario y menaje de casa.

Destaca el número de escritorios que están dentro del espacio doméstico: ¿muestra de un ligero avance de la escritura? Lo cierto es que su número aumenta, lo que posiblemente indica un aumento de esta práctica. En este mismo sentido, se debe señalar que los libros experimentan un aumento tanto en su número total como en la cantidad de personas que los poseen hacia mediados del setecientos, pues *"en la segunda mitad del siglo XVIII, el libro va adquiriendo una significativa presencia dentro de la vida cultural chilena, fenómeno ampliado por la discusión de ideas y conocimientos [...]*".[6] El aumento del número de libros nos puede indicar un creciente interés por la lectura, presentes por lo general en hombres que formaban parte de las instituciones civiles y religiosas de la época, pero también por los criollos más privilegiados que vieron en los libros una forma de ir adquiriendo conocimientos para acercarse a las cúspides administrativas como la audiencia, asesorías, secretarías, oficinas de gobierno o las altas esferas de jerarquías eclesiásticas y militares. A través de los libros es que también se fueron constituyendo nuevas formas de sociabilidad constituidas en torno a la lectura en voz alta, las cuales serán una forma habitual de reunión en las casas del siglo XIX.

Muebles de variado uso muestran un fuerte incremento: estrados en los cuales las señoras recibían a sus invitados, escaparates, escaños, bufetes, tarimas y taburetes hablan de un mayor arreglo en el interior de los hogares, los cuales se adecuan para que sus habitantes gocen de mayor comodidad y distinción al momento de recibir a sus visitas.

De los muebles que estaban presentes en la mayoría de los bienes de los sujetos se pueden señalar las cajas de madera descritas en los documentos como cajas de "Patagua", de "Chiloé" o de "Panamá", refiriéndose al lugar de donde provienen, y dando especial acento a sus dimensiones (media, una o más varas) y si tenían o no su respectiva cerradura y llave. En efecto, las ansias de mantener ciertos bienes lejos de la mirada de otros o de tenerlos resguardados por la seguridad de una llave se manifestaron a lo largo del período estudiado, especialmente hacia mediados del siglo XVIII, quizás como "*una voluntad afirmada de poner a buen recaudo, para uso propio exclusivo, determinados bienes móviles por naturaleza, de economizar, y de lograr así hacerse menos dependientes de sus familias*".[7] Esto también se manifiesta en el acento que se puso en describir las mesas y escritorios con su respectiva cantidad de cajones, cerraduras y llaves, como lo hace el capitán Álvaro Gómez quien menciona entre sus bienes: "*Un escritorio pequeño de Chiloé con su cerradura y llave; una mesa llana de vara y tercia de largo; una caxa de Panamá grande con cerradura y llave; una caxa de Chiloe con poco mas de una bara con su zerradura y llave*".[8]

Los espejos muestran un fuerte incremento en número. Se debe destacar que algunos de los espejos se mencionan dentro de una especie de escenario: "*Dos espejitos de a dos tapas y lunas de aterna que acompañan ambos lados de la ventana de la cuadra*".[9] Fueron objetos de bastante aprecio, por lo que se destinaba a personas queridas: "*[...]que se le den a las monjas carmelitas una alfombra de mi estrado y cuatro espejitos que tengo* [...]".[10] Durante el siglo XVII los espejos casi no eran mencionados en los documentos, por lo que destaca su repetida presencia en los testamentos de mediados del siglo XVIII: "*Santiago recién comenzaba a mirarse en los espejos*".[11] Este hecho no es menor, pues su presencia en aumento se presta a una lectura acerca de las costumbres cada vez más detallistas en la presentación personal y en los cuidados diarios de aseo e higiene. Este hecho coincide con una preocupación cada vez mayor por el vestuario y el ornato personal. El espejo proclama el imperio de la imagen, de las apariencias y de una incipiente manifestación del individualismo.

También se observa una paulatina presencia de objetos relacionados con la calefacción e iluminación del hogar tales como braseros, calentadores, candeleros, velones, etc., que hacen más confortables las viviendas. Los braceros que se mencionan son todos de plata. Representan un mayor refinamiento en la calefacción del hogar, otorgando lujo y gusto al entorno doméstico, por lo que se convierte en el elemento principal en torno al cual se realizan las reuniones sociales, almuerzos familiares, tertulias y conversaciones ordinarias. Junto con los candeleros proporcionan el ambiente adecuado en una habitación, otorgando luz, calor al ambiente y la temperatura adecuada para mantener el agua caliente necesaria para compartir un mate.

Cama

Como señala Georges Duby en Historia de la vida privada, *"no bastaba con que una casa estuviese bien construida, era necesario también que estuviera bien amueblada*",[12] y la cama se constituyó como uno de los muebles de casa favoritos de los habitantes de Santiago colonial.

El uso de camas personales comenzó a incrementarse fuertemente a fines de la primera mitad del siglo XVIII, y los documentos dan muestra de la incorporación de nuevas telas como el algodón en sobrecamas, sábanas y fundas. La cama es un bien de gran prestigio y como tal, se legó a los seres más queridos y cercanos como hijos o parientes. Un testamento de 1698 en el cual María Inés de Quevedo asigna sus bienes dice: "*Mando que la cama que tengo que se compone de colchón, un par de sábanas, almohadas, sobrecama, frazadas y cuxa se le den a Joseph Bernal, mi ahijado*".[13] Así también doña Josefa Osorio de la Fuente también manda en su testamento que "*la cama de mi uso con todos sus aderentes se le de a Joseph de Zúñiga mi sobrino muchacho de dies y ocho años por el mucho amor que le tengo y la otra cama que esta en la chacra que era de mi hermana doña María difunta me encargo la susodicha se la diese a Diego de Zúñiga muchacho de dies y sies años mi sobrino, mando que asi se execute*".[14] Doña Úrsula de Toledo menciona por sus bienes un colchón que da a Jerónima Flores, niña huérfana que ha criado por al amor que le tiene y otro colchón que tiene a su hermana Ana de Toledo con su sobrecama.[15]

Las camas estaban presentes especialmente en las dotes, documentos en los cuales se les describía con muchos detalles que se hacen cada vez más minuciosos conforme avanza el siglo XVIII: doña María Mercedes Andonaegui llevó por "*una cama con todos sus aderentes y colgaduras blancas con puntas y sus cortinas de seda con pares de savanas colchones colcha y almoadas con guarnicion de puntas en siento y ochenta pesos... un dosel de la cama de pequin con su franjita de oro un santo Xpto una lamina del señor San Joseph con marco de xptal y su pileta de plata tasado todo ello en sincuenta y seis pesos... un espaldar de angaripola clavado con sus cintas en tres pesos [...]*".[16]

En efecto, existe una especie de jerarquía de camas, sobre todo, en función de sus dimensiones y de la naturaleza del colchón, del número y calidad de las sábanas y las sobrecamas, de la presencia o no de almohadas y fundas. La razón es que las camas pueden constituir una especie de ornamentación para el conjunto doméstico, señalando dentro de este mismo espacio la jerarquía y poder de quien ocupa esa cama. Si bien la existencia de una cama no nos puede asegurar la completa individuación del sueño y el descanso, ya que pudo haber sido ocupada por dos o más personas de la familia y no estaba asegurado un espacio o pieza especial para ésta, sí podemos hablar de un creciente interés que se dibuja como un deseo de evitar esa promiscuidad, sobre todo, por efectos de una sociedad tan religiosa que pretende evitar el contacto físico de los individuos.

La cama era también un lugar simbólico en tanto fue en ella donde se esperaba la muerte: "*El lecho tenía entonces una connotación simbólica como el lugar de reposo, del amor, de la enfermedad y de la muerte [...] durante la época barroca la cama era una especie de altar en donde se inmolaba la vida del moribundo*".[17]

Higiene

El destacado aumento experimentado a partir del siglo XVII, y principalmente a partir del siglo XVIII en la posesión de camisas, pieza de gran importancia en la concepción de la época de limpieza seca, ha sido interpretado como un indicativo de la transformación en los conceptos de la higiene individual de la época.[18]

Pocas referencias se tienen de cómo y dónde defecaban u orinaban los sujetos coloniales, sin embargo son bastante nombradas en los testamentos las bacinicas, las que estaban hechas de finos materiales como la plata. Los datos aquí obtenidos indican que se comienza a incorporar la costumbre de usar las bacinicas para defecar u orinar, gran muestra del avance de la higiene y el pudor en esta sociedad.

Por otra parte, la presencia de "estuches de barba" y navajas de cortar barba nos muestra que durante todo el periodo se usó la costumbre de recortar los bigotes y barba en los hombres, pues era parte de la moda masculina bajo los patrones estéticos de Felipe II. Los anteojos no estuvieron ausentes en la indumentaria masculina y femenina de la época y, aunque siguen siendo un bien bastante escaso, presentan un aumento desde mediados del siglo XVIII como una forma de crear una apariencia sobria y grave.

Conclusiones

La sociedad colonial de Santiago, vista desde su propia cultura material, experimenta transformaciones que se expresan en el aumento de utensilios de cocina y mesa, muebles y adornos del interior doméstico, los cuales nos hablan de la incorporación de nuevos ideales sociales que rigen los comportamientos de un sujeto.

A través de los objetos se observa que un nuevo trato entre los individuos y su propio cuerpo se incorporaba lentamente: la civilidad se impone y la comodidad se transforma en un indicativo de superioridad y status que se expresa en objetos tales como la cama individual y en variados muebles que se disponen en el interior doméstico. En otras palabras, los objetos que he encontrado en los documentos notariales analizados nos remiten a la transformación dentro del proceso de privatización y modernidad visto desde las costumbres y prácticas sociales. En este sentido, se observa que los objetos que presentan un aumento hacia fines del periodo estudiado están directamente relacionados con estas exigencias corporales.

Las transformaciones de los hábitos en la mesa se hacen presentes en los siglos XVII y XVIII en las sociedades occidentales (hablando del caso europeo especialmente), formando parte de un esfuerzo por normar los comportamientos en sociedad con el objetivo de crear un trato uniforme y "afable", moderando el ánimo y las pasiones, así como los gestos, posturas y la presentación vestida del cuerpo. El cuerpo y sus expresiones se codifican, se transforman en una serie de símbolos que hablan sobre el "autocontrol" de cada persona, intentando normar su "exterior físico. Al conjunto de estas normas que rigen los comportamientos cotidianos las llamaremos "civilidad", la cual nace como vínculo social y medio de asumir funciones respecto del adiestramiento de los individuos.

Se debe destacar que estos cambios son perceptibles con mayor claridad en aquellos grupos que clasifiqué como "criollos". Existe en ello una lectura más profunda que nos remite a la exigencia dentro de este grupo de un trato y un comportamiento que los diferenciara del resto de la sociedad. A este nuevo trato y comportamientos se le ha definido como "civilidad", y al proceso mediante el cual se van adoptando estos comportamientos como "proceso de civilización",[19] lo cual nos acerca a los conceptos con los cuales se autopercibían los grupos más poderosos, en que la capacidad de gobernar el cuerpo y de mantenerlo bajo control hasta en los aspectos más cotidianos reflejaba una rectitud y superioridad moral que los señalaba como superiores, pues, "*el dominio de la mente sobre el cuerpo era la capacidad del aristócrata para mantener bajo control su propia corporeidad: no gesticular exageradamente, la pausa, mantener la calma. En este sentido, la urbanidad o las reglas de buen comportamiento reflejaban las máximas morales que el cuerpo debía hacer concretas: la rectitud moral era también la rectitud del cuerpo en sus posturas*".[20]

La historia de la cultura material de los grupos menos favorecidos, de aquellos que pidieron en sus testamentos ser "*enterrados de limosna*" o ser "*pobres de solemnidad*", o que mencionaron no poseer más que "*mi honra y decencia personal*" debe ser complementada con otras fuentes o testimonios, pues quizás lo más probable es que ellos construyeran su identidad a partir de lo que los tratados de urbanidad y civilidad pretendían dominar: el cuerpo.

Notas

1 Este trabajo es parte del trabajo de tesina realizado para optar al grado de licenciada en Historia en la Universidad de Chile, y contó con el apoyo del Proyecto de Investigación Fondecyt Nº 1040964.

2 Sobre historia de la Cultura material, véase Bauer, Arnold J., *Somos lo que compramos. Historia de la Cultura Material en América Latina*, 2002; Burke, Peter, *Formas de hacer historia*, dirigido por Peter Burke, Madrid, Alianza editorial, 1993; Roche, Daniel, "La cultura material a través de la historia de la indumentaria", en *Historiografía francesa. Corrientes y metodologías recientes*, México, Instituto Mora/Universidad Iberoamericana, 1996, pp. 77-88; Sobrado Correa, Hortensio, "Los inventarios post-mortem como fuente privilegiada para el estudio de la cultura material en la edad moderna", en Revista *Hispania*, LXIII/3, nº 215, 2003, pp. 825-861.

3 Véase Villalobos, Sergio, *Historia del pueblo chileno*, tomo IV, Santiago, editorial Universitaria, 2000; Bethell, Leslie (editor), *Historia de América Latina*, tomo II: *América Latina colonial: Europa y América en los siglos XVI, XVII, XVIII*, Barcelona, Crítica, 1990; Carmagnani, Marcelo, *Los mecanismos de la vida económica en una sociedad colonial. Chile, 1680-1830*, Santiago, Centro de Investigaciones Barros Arana, DIBAM, 2001; Cavieres, Eduardo, *El comercio chileno en la economía-mundo colonial*, Universidad Católica de Valparaíso, 1996.

4 Ariès, Philippe; Duby, Georges (dirección), *Historia de la vida privada*, editorial Taurus, Madrid, 1990, volumen 5: "El proceso de cambio en la sociedad del siglo XVI a la sociedad del siglo XVIII", p. 185.

[5] Ariès-Duby, *op. cit.*, tomo V, p. 268.

[6] Cavieres, Eduardo, "Del comercio y de un comerciante del siglo XVIII. Los finos límites entre la privacidad y la sociabilidad", en *Historia de la vida privada en Chile. El Chile tradicional de la Conquista a 1840*, Santiago, Taurus, 2005, pp. 335-353.

[7] Ariès, Philippe; Duby, Georges (dirección), *Historia de la vida privada*, Madrid, Taurus, 1990, volumen 4: "El individuo en la Europa feudal", p. 204.

[8] Testamento del capitán Álvaro Gómez: Archivo Nacional. Archivo Escribanos de Santiago (en adelante AN. AES), v. 398, f, 7, 1694.

[9] Testamento de don Luis Silvestre de la Rocca, AN. AES, v. 562, f. 76, 1750.

[10] Cruz de Amenabar, Isabel, *Los juegos de la apariencia: El traje, transformaciones de una segunda piel*, Santiago, Universidad Católica de Chile, 1996, p. 68.

[11] Ariès-Duby, *op. cit.*, tomo IV, p. 183.

[12] Testamento de doña María Inés de Quevedo, AN. AES, v.417, f. 191, 1698.

[13] Testamento de doña Josefa Osorio de la Fuente, AN. AES, v. 496, f. 68, 1733.

[14] Testamento de doña Úrsula de Toledo, AN. AES, v. 396, f. 162, 1691.

[15] Recibo de dote de doña María Mercedes Andonaegui, AN. AES, v. 555, f. 16, 1746.

[16] Cruz de Amenábar, Isabel, *La muerte. Transfiguración de la vida*, Santiago, Ediciones de la Pontificia Universidad Católica de Chile, 1998, p. 122.

[17] Vigarello, Georges, *Lo limpio y lo sucio: la higiene del cuerpo desde la Edad Media,* Madrid, Alianza editorial, 1991, p. 81-120.

[18] Testamento de doña Juana de Riberos y Cárdenas: AN. AES, v. 474, f. 27, 1713.

[19] Elias, Norbert, *El proceso de la civilización. Investigaciones sociogenéticas y psicogenéticas*, México, Fondo de Cultura Económica, 1997.

[20] Araya Espinoza, Alejandra, *Gestos, actitudes e instrumentos de la dominación. Elites y subordinados. Santiago de Chile 1750-1850*, tesis para optar al grado de magíster en Historia con mención en Historia de América, Santiago, Universidad de Chile, 1999, p. 104.

Fronteiras no período colonial: arquitetura, urbanismo e cultura nas Missões Jesuíticas do Paraguai

Ricardo Hernán Medrano
Faculdade de Arquitetura e Urbanismo
Universidade Presbiteriana Mackenzie
San Pablo, Brasil

Introdução

A história do urbanismo na América colonial possui uma riqueza enorme e se destaca na produção espacial e social do período. Os espanhóis, por um lado, desde o final do século XV, e em pouco tempo, ocuparam um vasto território, muito maior que o país de onde vinham, e fundaram dezenas de cidades. Realizaram um urbanismo, oficializado em 1573 nas "Ordenanças de Descobrimento e População" de Felipe II, que chamou a atenção pela utilização de um modelo em quadrícula que foi repetido pelas mais diversas regiões do continente (Figura 1)[1].

Por outro lado, a política urbana portuguesa variou de acordo com as condições existentes[2]. Nos séculos XVI e XVII, pelo fato de não haver riquezas como as encontradas pelos espanhóis, procuraram fortalecer o território e explorar a produção de açúcar. Mesmo durante a União das Coroas (1580-1640) ou durante a dominação holandesa no nordeste (1631-1654) não houve atitudes diferentes (Figura 2).

A maior mudança ocorre com a descoberta de ouro em Minas Gerais (1693), que provoca uma interiorização da ocupação, e o início de uma política mais centralizadora por parte de Portugal com o objetivo de proteger o ouro, taxá-lo e enviá-lo à Europa (Figura 3). Esta política atingirá seu auge no período pombalino (1750-1777). Esta faceta do urbanismo português é menos conhecida, mas gerou uma série de vilas e cidades pelo interior do pais, nas regiões de definição de fronteiras, a maioria com traçado absolutamente ortogonal e regular (Figura 4).

Uma das maiores preocupações dos pesquisadores latino-americanos nos anos 1960 era encontrar modelos teóricos que fossem adequados à realidade local, já que aplicação direta de modelos europeus não produzia resultados satisfatórios, pois referidos a outras sociedades e a relações espaciais em outra escala[3].

Uma inovação na época foi a conceituação da urbanização como um processo, ou seja, a de procurar entender os mecanismos de mudança, que era uma das maiores preocupações naqueles anos, de intensa migração rural-urbana, para o qual os mais difundidos modelos, como o de Weber[4], eram estáticos e não respondiam àquela dinâmica[5].

No caso das Missões Jesuíticas do Paraguai, embora as reduções tenham se consolidado com um traçado característico e bastante conhecido, são na verdade o resultado de um processo bastante diferente daqueles. Os espanhóis impuseram seu traçado ao das civilizações que encontraram, particularmente em Cusco e Cidade do México. Os portugueses não encontraram civilizações desenvolvidas mas da mesma forma impuseram o seu padrão. Nas Missões Jesuítas uma política urbana centrada na imposição direta de um determinado urbanismo, como a realizada por portugueses e espanhóis, provavelmente não teria produzido bons resultados, já que o sistema social era bastante diferente, inclusive porque apenas dois jesuítas deveriam estabelecer uma relação de poder com milhares de guaranis. Neste sentido, aqui o processo adquire muito maior importância, do qual não pode ser deixada de lado a questão da relação entre a cultura dos jesuítas e a dos guaranis. É o que vamos procurar fazer neste trabalho.

I

Analisemos agora as reduções a partir de uma abordagem comum na literatura sobre o assunto, que é a busca de referenciais europeus.

Vejamos, em primeiro lugar, a questão da repetição de unidades semelhantes, ou seja, do modelo. Encontramos de fato que o esquema geral é o mesmo em todas as reduções, ou seja, a praça quadrada, a igreja, as casas em volta da praça e à frente da igreja, o esquema quadriculado, ruas retas enfocando a praça, etc. (Figura 5). Temos portanto a idéia do modelo, do fato de que uma análise da realidade leva a determinadas soluções, que se repetem, como nos acampamentos romanos ou nas cidades do Renascimento.

A este respeito devemos porém considerar que esta "planta missioneira" normalmente descrita pertence a uma fase posterior às primeiras missões permanentes, compostas inicialmente de uma igreja rudimentar e algumas casas em volta. Ou seja, este modelo, entendido como forma racional, somente vêm após uma etapa inicial de experiências.

Susnik cita o caso por exemplo do núcleo Loreto-São Inácio, onde os jesuítas estabeleceram primeiro "colônias" provisórias nas terras dos caciques rivais, enquanto tentavam persuadi-los de diversas formas no sentido de reuni-los numa só, que assim formaram as reduções de Loreto e São Inácio[6].

Ou seja, muito mais do que uma imposição, este urbanismo é o resultado de um longo processo de diálogo entre duas culturas, enquanto que a repetição do modelo é um reflexo de um sistema de poder centralizado, esta uma característica dos jesuítas.

II

Até que ponto porém se pode dizer que estas reduções podiam realmente crescer indefinidamente? Qual o motivo que levava à subdivisão das reduções que cresciam muito, como São Miguel, por exemplo?

Encontramos em obras gerais sobre urbanismo referência às Missões Jesuíticas, por exemplo em Benévolo e Sica[7]. Este último autor justifica a subdivisão (citando Haubert) em função da distância que ficariam os campos, o que traria como conseqüência *"graves danos temporais e espirituais"*.

Também esta questão está presente em trabalhos mais específicos, como por exemplo Susnik[8], que aponta ser a necessidade de se manter o controle sobre toda aquela população a causa da subdivisão, ou ainda em fontes primárias, como o Pe. Sepp, justificando a divisão de São Miguel para fundar São João Batista:

> Reunidos os índios principais, expus-lhe o pensamento do R. Pe. Provincial: a saber, que se devia dividir a povoação por causa do grande número de habitantes, os quais já nem a igreja comportava; nem dois padres poderíam instruir convenientemente o povo na doutrina cristã, quanto menos um só; não podiam governá-los por mais tempo com facilidade; além disso, começavam a faltar nos arredores os campos para o cultivo, pois tornavam-se estéreis com o contínuo amanho de tão longos anos; mesmo a maior parte deles estava tomado pelas formigas que devastavam tudo, não eram bem adequados para as sementeiras, etc.. Emigrassem, portanto, de suas vivendas e barracas...[9]

Essas subdivisões eram planejadas, como no caso da subdivisão de São Miguel para formar São João Batista: durante um ano foi sendo construída pelos homens a nova redução, plantadas suas sementeiras, criado o gado, etc., e somente após esta etapa é que mulheres e crianças para lá se mudaram[10].

Sabemos que as atividades participativas, festas, procissões, etc., tiveram um papel fundamental neste processo de dominação. Ora, os espaços utilizados devem permitir potencializar essas realizações.

Consideremos, por exemplo, uma praça como as missioneiras, de 130 metros de lado. Consideremos ainda que se descontarmos grosso modo áreas de circulação, espaços residuais, etc., teremos um quadrado de 100 metros de lado. Se nessa praça houver uma concentração de 1hab/m2, teremos um total de aproximadamente 10.000 pessoas. As reduções chegaram a ter (embora este número tenha variado muito no tempo, e por redução) até quase 8.000 habitantes.

Estas considerações nos permitem acrescentar mais uma razão para estas subdivisões: o urbanismo. De fato, de forma muito mais exacerbada do que a praticada por portugueses e espanhóis, nesta organização espacial o fator simbólico e a monumentalidade jogam um papel fundamental no processo de cooptação necessário à manutenção daquele sistema político. Assim, o grande centro, que era a praça, devia continuar existindo, pois manifestava essas relações de poder, e um crescimento da redução podia levar à sua diluição através de novas formas de organização sem o caráter persuasivo (ou barroco) procurado pelos jesuítas. Uma redução vista *in loco* confirma a força espacial da praça e da igreja, única, caráter realçado pela semelhança formal existente no restante das edificações, ou seja, as casas (Figura 6).

III

Vamos discutir agora uma série de questões, relacionando arquitetura e organização espacial, em função das colocações até agora formuladas.

Viviam os Guarani em grandes casas comunais, configuradas em função das relações familiares (Figura 7). Dentro destas casas, a própria estrutura de sustentação formava subdivisões através dos esteios. Desta forma se localizava em cada subdivisão uma família nuclear com seu fogo. É interessante notar que este sistema era extremamente flexível, quanto à sua capacidade de abrigar diferentes configurações familiares. A uma mesma largura, devido ao tamanho das madeiras, podiam-se construir diferentes comprimentos que permitia assim adequar a habitação ao tamanho da família grande.

As fontes primárias nos indicam, por outro lado, e se atêm bastante a este assunto, que um dos aspectos mais difíceis de impor foi o da monogamia. Foi necessário processar uma gradual separação em ambientes para cada família nuclear, através de elementos como couro, por exemplo, até que se conseguiu a divisão pretendida[11].

Isto evidencia que os jesuítas teriam partido da grande casa comunal, a partir da qual, e gradualmente, teria sido possível impor a "casa pequena", assim como a família nuclear. A importância essencial deste fato é de poder estabelecer uma relação no sentido de que a configuração espacial das reduções, com seus solares ao invés de quarteirões como nas cidades espanholas e portuguesas, nada mais seria do que grandes casas comunais, subdivididas. De ser correta esta hipótese teríamos um dado bastante significativo, já que evidenciaria ser este "urbanismo" fruto também de elementos de origem Guarani.

Isto poderia explicar o fato de que em outras etnias, como no Tarumã por exemplo, que possuíam aldeias com configurações diferentes que os Guarani, os resultados também tenham sido outros[12]. Mas como explicar as evidências de que o processo se deu rapidamente em alguns lugares e demorou mais de um século em outros[13]? Uma possível explicação seria em função das próprias características da cultura Guarani. Explicando: os aspectos religiosos e místicos tem grande preponderância na vida dos Guarani. Estudiosos observaram então que, desde esse ponto de vista, ou seja, o religioso, é notável a coerência existente entre os diversos grupos Guarani, mesmo que os contatos entre eles seja poucos, enquanto o mesmo não se dá nas manifestações sociais, verificando-se grandes diferenças em suas atividades. Schaden, por exemplo, explica que:

> ...há fixidez e uniformidade notáveis no conjunto das doutrinas secretas, privativas dos sacerdotes, ao passo que as representações religiosas públicas estão sujeitas a grande variação[14].

Esta colocação mostra portanto que a complexidade da cultura Guarani é requisito essencial para se entender os resultados deste processo, que induz à hipótese de que se as manifestações sociais dos diferentes grupos variavam, então é provável que os meios e resultados também tenham variado.

IV

Uma outra questão extremamente importante, que deve ser sempre considerada no estudo da arquitetura, refere-se à mão-de-obra que vai executar as obras, pois isto nos permite entender melhor as soluções adotadas e resultados obtidos.

Dadas as características das Missões, sabemos que para qualquer construção a ser realizada era necessário a mão de obra Guarani. Portanto, ou se lhes ensinava novas técnicas ou aproveitava-se os conhecimentos que estes já possuíam.

Considerando que o processo inicial foi complicado, e que a técnica Guarani era adequada àquele meio (tanto em relação aos materiais como ao clima), é plausível a explicação de que, junto à disponibilidade do meio (no caso as madeiras), a atividade construtiva tenha se valido também da disponibilidade de uma mão de obra adequada às técnicas relativas àquele meio, da mesma forma como consta de algumas fontes primárias segundo as quais teriam os franceses sabido se aproveitar da técnica Tupi[15].

Embora a falta de cal, geralmente apontada como a causa da ausência de obras de pedra ou tijolo estrutural possa de fato ter contribuído para que se optasse pela arquitetura de madeira, acreditamos que não se possa necessariamente concluir que mesmo que esta existisse na região, se optasse por obras deste tipo, pelas razões apontadas acima. Talvez somente mais tarde, com a consolidação das Missões e já em presença de mão de obra qualificada é que teria sido possível o uso desta outra técnica, como em São Miguel.

Podemos também referir esta arquitetura de madeira a uma etapa de maior isolamento e comunicações difíceis, onde os jesuítas tinham que ser um pouco de tudo, até arquitetos[16]. Mais tarde, com o desenvolvimento da rede colonial, é possível a presença de arquitetos profissionais contribuindo para uma etapa de europeização da arquitetura. Podemos citar, entre estes arquitetos por exemplo, Prímoli, italiano, que tería projetado a igreja das reduções de São Miguel (há divergências) e a Catedral de Buenos Aires[17].

De qualquer maneira, é muito clara a superposição geográfica das Missões em relação ao território Guarani pré-colonial[18], evidenciando que junto ao aproveitamento das condições socioeconômicas existentes, também a técnica construtiva já desenvolvida para aquele meio também tenha sido aproveitada (Figura 8).

Um exemplo que mostra as formas de relacionamento existentes com o meio é esta descrição do Pe. Cardiel, mostrando em detalhes o processo construtivo com madeira das igrejas:

> El modo de fabricarlas es éste. Córtanse en los menguantes de invierno unos árboles muy altos y gruesos llamados Tajivos, u otros llamados Urundey, más fuertes que el roble de Europa, para pilares o horcones; y otros de cedro y sus espécies y de laurel, para tijeras y latas y tablas. Secos ya, se traen al pueblo cada horcón con 25 ó 30 pares de bueyes. Hácense en las naves de enmedio y en donde ha de ser la pared, unos hoyos de 9 pies de profundo y 12 ó 14 de círculo. Enlósanse bien, y con máquinas de arquitectura meten dentro los horcones labrados ya en forma de columna, o cuadrados para después aforrarlos con tablas de cedro pintadas y doradas. Los 9 pies que quedan dentro están sin labrar, y aún con parte de las raíces del árbol, para mayor fortaleza, y se quema esta parte para que más resista a la humedad. Metido ya el horcón, se endereza con 4 maromas, que cuelgan de lo más alto; y así derecho, le van echando alrededor piedras, y entre sus junturas, cascajos de teja, y alrededor de estas piedras tierra, hasta llenar bien el hoyo; y al mismo tiempo van con mazos apretando bien todo esto hasta arriba. De

esta manera las piedras y cascajo lo defienden de la humedad de la tierra, y se hacen incorruptibles. Encima de estos horcones se pone todo lo demás del maderaje y el tejado, como dije de las casas de los indios[19].

Este escrito mostra as sutilezas tecnológicas existentes por trás daquela arquitetura. Também Buschiazzo assinala semelhanças entre esta arquitetura com varandas e construções na mesma área, como em Santa Cruz de la Sierra, ou em Corrientes algum tempo atrás, ou o uso de técnicas similares na Venezuela e Panamá[20].

Em forma geral, segundo Lux Vidal:

> Nas terras baixas da América do Sul impõe-se uma constatação: o ambiente ecológico é bastante semelhante e o nível de tecnologia desenvolvido pelos diferentes povos indígenas apresenta uma certa homogeneidade. Porém, os meios de adaptação, tanto no nível ecológico como no social e no religioso, desenvolvidos por estes povos, oferecem uma grande diversidade. Cada grupo, entre as centenas que vivem nesta vasta área geográfica, apresenta um tipo de configuração global que o diferencia de maneira inequívoca de qualquer outro grupo. E isto se aplica também ao caso que aquí nos interessa, a casa indígena.
>
> Sem dúvida, nas terras baixas da América do Sul, o material usado para a construção de casas e abrigos varia pouco: a matéria prima é a madeira para esteios e travessões, as folhas de palmeiras para a cobertura e as tiras de embira para a amarração. Mesmo assim, podemos imediatamente reconhecer uma casa Wai-Wai e distingui-la de uma casa Xavante ou Kamayurá.

As colocações acima mostram que os Guarani possuíam uma técnica adequada à sua cultura e meio, e portanto a técnica usada nas Missões deve ser necessariamente relacionada também à etnia específica presente.

V

O entorno, território mais próximo da redução, também é outro espaço que permite estabelecer uma comparação com aspectos da cultura Guarani, através da procura de uma idéia do que poderia significar a redução na mente indígena (Figura 9).

Não podemos entender o urbanismo das Missões desconsiderando esse entorno. Nele se situavam as hortas individuais, os campos coletivos e as fazendas de gado, enquanto que na reduções temos apenas uma pequena horta, atrás da igreja (as primeiras instruções do Pe. Torres, de 1609, propunham hortas para cada família, dentro da redução. Isto porém não se cumpriu). Estes espaços se inter-relacionam de forma inseparável, e é conjuntamente que devem ser vistos.

Em vista dessas características há desta forma uma população que se deslocava permanentemente para esses campos, e que lá permanecia um determinado tempo. Devemos considerar também como atores esta população que se ausentava, e que também se refletia em algumas instituições, como a "casa das viúvas", por exemplo, que abrigava também aquelas cujos maridos que estavam na colheita. Existiam inclusive alguns Guarani fixados permanentemente fora das reduções, nas fazendas de gado, fato que existiu até a diminuição do gado, pelo ataques às fazendas.

Quando à época da colheita comunal todos eram convocados a fazê-la, existindo assim uma estreita relação com o "campo" e a redução, e que se refletia nas atividades e na vida diária desta.

Este deslocamento, em certo sentido, é similar ao que normalmente acontecia nas aldeias, e é o oposto das cidades coloniais espanholas, onde a oposição campo-cidade é mais definida, entendida a cidade como sede de uma classe dominante que não trabalha diretamente a terra, enquanto que o campo fornece parte de sua produção em troca de produtos da cidade ou de certos serviços reais ou imaginários (governo, segurança, religião, etc.).

Neste entorno situavam-se também diversas construções, como casas e pequenas capelas, que eram o ponto de apoio dessas atividades agrárias. Em geral desprezam-se estas construções, como sem valor, diante da imponência da redução. Acreditamos que estas podem de fato ter representado um importante papel, principalmente para os índios. Isto porque os Guarani tem uma visão do território muito diferente da nossa. Para eles é de fundamental importância o *Tekoha* (que significa "nosso território"), que é o lugar onde é possível o modo de vida guarani, o *ñande reko*, ou seja, o meio onde o Guarani consegue sobreviver (Figura 10). Assim, dentro da visão indígena, estas casas provisórias são tão significativas quanto a aldeia. A esse respeito podemos afirmar que enquanto o que nós percebemos é uma clareira com a mata em volta, para os Guarani o que existe é mata com uma clareira dentro.

Mesmo submetidos ao regime de reduções, esta noção espacial Guarani ainda era possível, principalmente pela segregação existente entre o território missioneiro e a rede ibero-americana, o que permitia a existência destes territórios sem a presença de espanhóis, o que era favorável tanto à manutenção do regime jesuítico, como também aos Guarani, e que pode ter assumido um papel fundamental na sobrevivência cultural destes, como podemos concluir da seguinte afirmação:

> ...El único incentivo para el Guarani misionero –en cuanto al "avá mbaé"– fué la oportunidad de vivir por un tiempo en sus chozas de sementera, lo que significaba cierta evasión de las rígidas casonas agrupadas alrededor de la plaza y una menor fiscalización de la vida diária, con una vivencia familiar algo más desahogada... Los Guaraníes buscaban silenciosamente "su choza", su libertad de vida diária; a esta causa se debe el gran apego a las simples chozas de "palos, cañas y barro", a simples "ranchos" en sus lotes-sementeras particulares; como

antiguamente, la "choza" y la "sementera" eran dos aspectos inseparables y la "única realidad" también para los Guaraníes aculturados de entónces[21].

Conclusão

Procuramos neste breve trabalho estudar alguns aspectos da cultura guarani, particularmente de sua arquitetura e sua visão de espaço, e mostrar que o urbanismo das Missões Jesuíticas não pode ser entendido apenas como a imposição de um padrão europeu, mas sim como o resultado de um diálogo entre duas culturas. Neste sentido comprovamos a importância de estudar a urbanização como um processo, ou seja, de entender os mecanismos de mudança e não trabalhar apenas com modelos estáticos. E que este caso em particular exige dos estudiosos da Arquitetura e do Urbanismo um conhecimento mais aprofundado da cultura guarani.

Figura 1: Cidade de Buenos Aires no último terço do século XVIII. Notar o traçado ortogonal, que antecede a ocupação.

Fonte: CEHOPU. *La ciudad Hispanoamericana. El sueño de un orden*, Madrid, Cehopu, s.d.

Figura 2: "Planta da Restutvição da Bahia" (ca. 1625)

Fonte: Reis Filho, Nestor Goulart, *Imagens das Vilas e Cidades do Brasil Colonial*, São Paulo, Edusp / Imprensa Oficial do Estado, 2000.

Figura 3: Ouro Preto (Minas Gerais), antiga Vila Rica, principal cidade do período de mineração no século XVIII.

Fonte: Foto do autor

Figura 4: A cidade de Villa Bella da Santíssima Trindade foi fundada em 1752, e foi capital do Mato Grosso. Suas ruínas hoje estão em lugar de difícil acesso. A planta acima é de 1789.

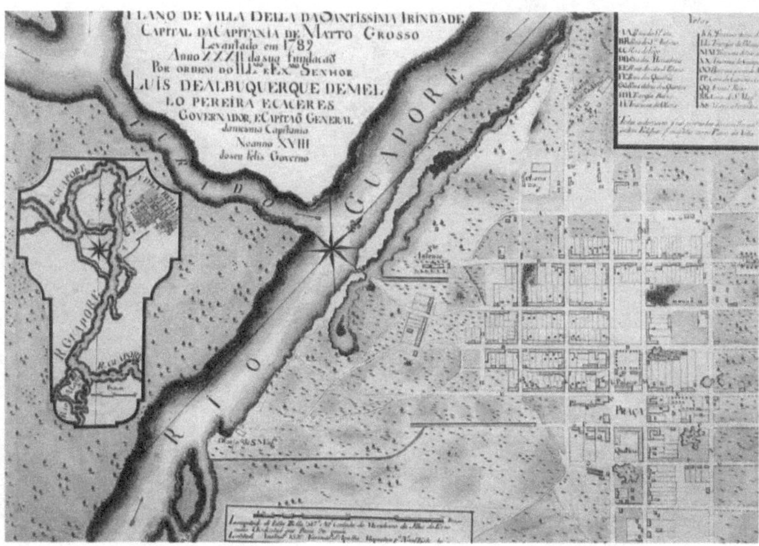

Fonte: Reis Filho, Nestor Goulart. *Imagens das Vilas e Cidades do Brasil Colonial.* São Paulo, Edusp/Imprensa Oficial do Estado, 2000.

Figura 5: Reconstituição da redução de São João Batista.

Fonte: Hernández, Pablo S.J., *Organización Social de las Doctrinas Guaraníes,* Barcelona, Gustavo Gili, 1913

Figura 6: Praça e igreja de São Miguel das Missões, no Rio Grande do Sul.

Fonte: Foto do autor

Figura 7: Casa e aldeia guarani na região de São Miguel das Missões.

Fonte: Foto do autor

Figura 8: Notar a coincidência entre o território guarani (em verde) e as reduções jesuíticas (em vermelho e laranja).

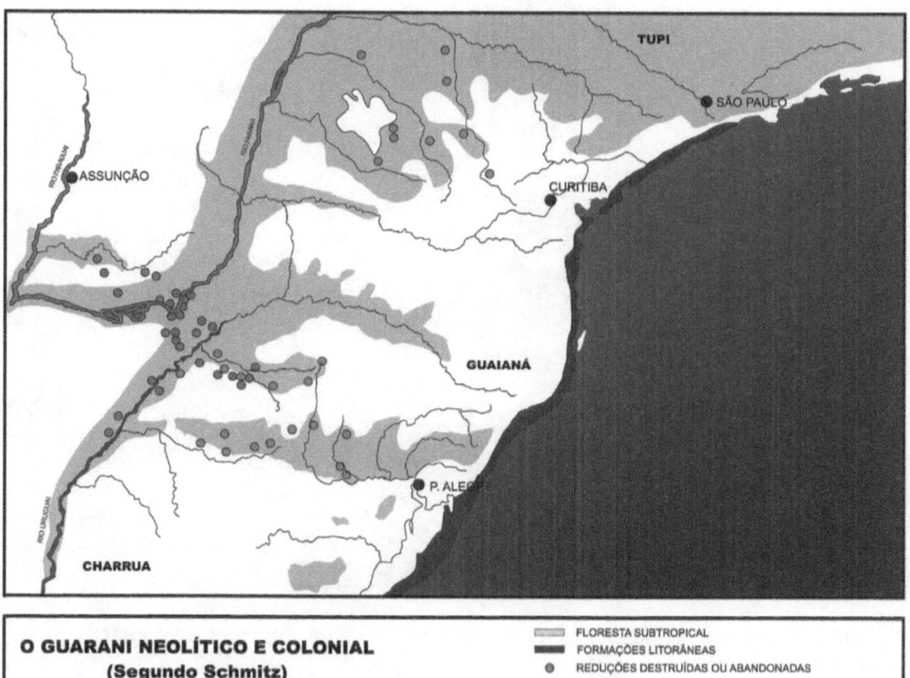

Fonte: Schmitz, Pedro I., "O Guarani no Rio Grande do Sul: a colonização do mato e as frentes de expansão", in *Anais do III Simpósio Nacional de Estudos Missioneiros*, Santa Rosa, 1979.

Figura 9: Área ocupada pelas Missões Jesuíticas no século XVIII.

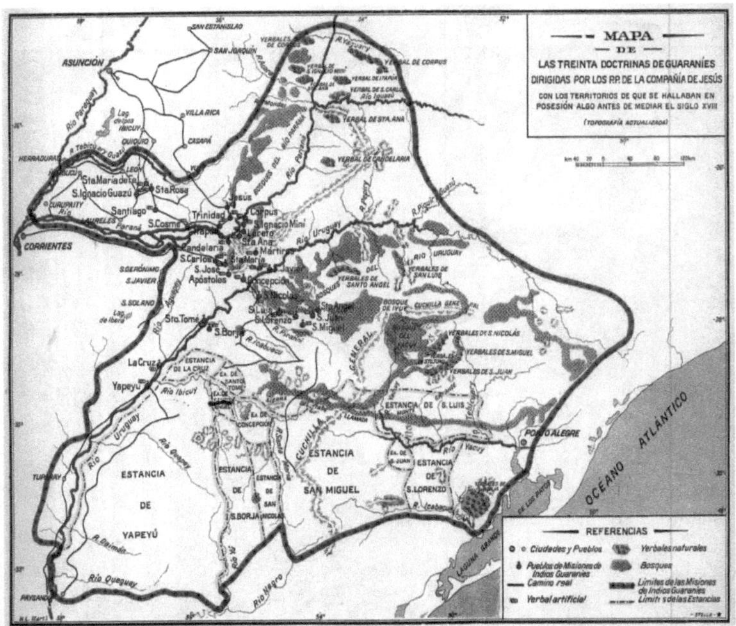

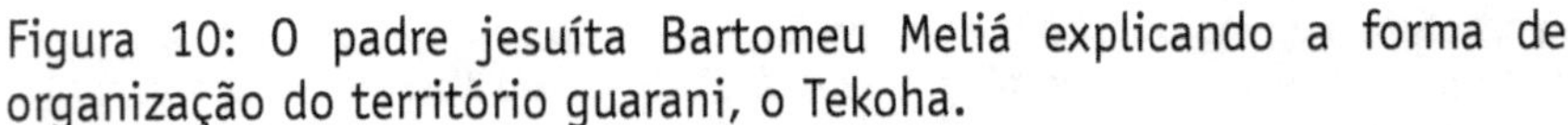
Fonte: Hernández, Pablo S.J., *Organización Social de las Doctrinas Guaraníes*, Barcelona, Gustavo Gili, 1913

Figura 10: O padre jesuíta Bartomeu Meliá explicando a forma de organização do território guarani, o Tekoha.

Fonte: Foto do autor

Bibliografia

ALOMAR, Gabriel (coord.), *De Teotihuacán a Brasília*. Madrid, Instituto de Estudios de Administración Local, 1987.

BUSCHIAZZO, Mario J., *Arquitectura en las Misiones de Mojos y Chiquitos*, La Paz, Universidad Mayor de San Andrés, 1972.

CEHOPU, *La ciudad Hispanoamericana. El sueño de un orden*, Madrid, Cehopu, s.d.

CHILDE, V. Gordon, *O que aconteceu na história*, Rio de Janeiro, Zahar, 1977.

COSTA, Carlos R. Zibel, *Habitação Guarani - Tradição construtiva e mitologia*. São Paulo, FAUUSP, 1989.

ESTERAS, Cristina e GUTIÉRREZ, Ramón, *La misión de Juli y su influencia en las Misiones de Paraguay*, Resistencia, Dana No. 17.

FÉNELON COSTA, Maria H. et alii, "Habitação indígena brasileira", in *Suma Etnológica Brasileira*, Petrópolis, Vozes/Finep, 1986.

FURLONG CARDIFF, Guillermo, S.J., *Misiones y sus Pueblos de Guaraníes*. Buenos Aires, 1962.

GADELHA, Regina Maria (ed.), *Missões Guarani. Impacto na sociedade contemporânea*, São Paulo, Educ, 1999.

GUTIÉRREZ, Ramón, *Estructura Socio-política, Sistema Productivo y Resultante Espacial en las Misiones Jesuíticas del Paraguay durante el Siglo XVIII*, Resistencia, UNNE, 1974.

HARDOY, Jorge E., *Ciudades Precolombinas*, Buenos Aires, Edic. Infinito, 1964.

HAUBERT, Maxime, *Índios e Jesuítas no tempo das Missões*, São Paulo, Companhia das Letras, 1990.

HERNÁNDEZ, Pablo S.J., *Organización Social de las Doctrinas Guaraníes*, Barcelona, Gustavo Gili, 1913.

KERN, Arno Alvarez, "Pesquisas Arqueológicas e Históricas nas Missões Jesuítico-Guaranis (1985-1995)", in Kern, Arno Alvarez (org). *Arqueologia Histórica Missioneira*, Porto Alegre, Edipucrs, 1998.

LEÓN, Antonio Ybot, *La Iglesia y los Eclesiásticos Españoles en la Empresa de Indias*, Barcelona, Salvat, 1954. 2 V.

LUGON, Clovis, *A República "Comunista" Cristã dos Guaranis*, Rio de Janeiro, Paz e Terra, 1977.

MARX, Karl, *Formações econômicas pré-capitalistas*, Rio de Janeiro, Paz e Terra, 1977.

MARX, Murillo, *Cidade Brasileira*, São Paulo, Melhoramentos/Edusp, 1980.

MEDRANO, Ricardo Hernán, *O projeto jesuítico e a organização do espaço nas Missões do Paraguai*, São Paulo, FAUUSP, 1992. [Trabalho de Graduação Interdisciplinar]. *Resumos das aulas do prof. Nestor Goulart*

Reis Filho na disciplina AUH 237 Urbanização e Urbanismo no Brasil I. Notas preparadas pelo arq. Ricardo Hernán Medrano, São Paulo, FAUUSP, maio-junho 1997. [Cadernos de Pesquisa do LAP 19].

MELIÁ, Bartolomeu S.J., *El "modo de ser" Guaraní en la primera documentación jesuítica (1594-1639)*, Revista de Antropologia, Vol. 24, 1981.

MÉTRAUX, Alfred, *La civilisation matérielle des tribus Tupi-Guarani*, París, Paul Geuthner, 1928.

NIMUENDAJÚ, Curt, *As lendas da criação e destruição do mundo como fundamento da religião dos Apapocúva-Guarani*, São Paulo, Hucitec/Edusp, 1987.

NOVAES, Sylvia Caiuby (org.), *Habitações indígenas*, São Paulo, Nobel/ Edusp, 1983.

Recopilación de Leyes de los Reynos de las Indias. Madrid, 1943 (edição de 1791).

REIS FILHO, Nestor Goulart, *Urbanização e Teoria*, São Paulo, Edição do autor, 1967.

RUIZ DE MONTOYA, Antônio S.J., *Conquista Espiritual*, Porto Alegre, Martins, 1985.

SCHADEN, Egon, *Aspectos Fundamentais da Cultura Guarani*, São Paulo, Difusão Européia do Livro, 1960.

SCHERER, Rebeca, *Notas sobre planejamento e método*, São Paulo, FAUUSP, 1996 [Cadernos de Pesquisa do LAP 10].

SCHMITZ, Pedro I. "O Guarani no Rio Grande do Sul: a colonização do mato e as frentes de expansão", in *Anais do III Simpósio Nacional de Estudos Missioneiros*, Santa Rosa, 1979.

SEPP, Antonio S.J., *Viagem às Missões Jesuíticas e Trabalhos Apostólicos*, São Paulo, Edusp, 1980.

SUSNICK, Branislava, *Los aborigenes del Paraguay*, Vol. 2: *Etnohistória de los Guaranis. Época Colonial*, Assunção, Museu Etnográfico "Andrés Barbero", 1979-1980.

Notas

1 Alomar, Gabriel (coord.), *De Teotihuacán a Brasília*, Madrid, Instituto de Estudios de Administración Local, 1987, Teotihuacan; CEHOPU. *La ciudad Hispanoamericana. El sueño de un orden*, Madrid, Cehopu, s.d.

2 Medrano, Ricardo Hernán, *Resumos das aula do prof. Nestor Goulart Reis Filho na disciplina AUH 237 Urbanização e Urbanismo no Brasil I. Notas preparadas pelo arq. Ricardo Hernán Medrano*, São Paulo, FAUUSP, maio-junho 1997. [Cadernos de Pesquisa do LAP 19].

3 Reis Filho, Nestor Goulart, *Contribuição ao estudo da evolução urbana do Brasil (1500-1720)*, São Paulo, Pioneira, 1968; Hardoy, Jorge Enrique, *Ciudades Precolombinas*, Buenos Aires, Ed. Infinito, 1964.

4 Weber, Max, *The city*, tradução e edição de Don Martindale e Gertrud Neuwirth, Glencoe III, Free Press, 1958.

[5] Scherer, Rebeca, *Notas sobre Planejamento e Método*. Cadernos de Pesquisa do LAP 10, São Paulo, FAUUSP, nov. dez. 1995; Filho, Nestor Goulart Reis, *Urbanização e Teoria*, São Paulo, Edição do autor, 1967; Reis, Nestor Goulart, *Notas sobre a evolução dos estudos de História da Urbanização e do Urbanismo no Brasil*, Cadernos do LAP 29, São Paulo, FAUUSP, jan. jun. 1999.

[6] Susnik, Branislava, *op. cit.*

[7] Benévolo, Leonardo, *Historia de la Arquitectura del Renacimiento*, vol. 1, Madrid, Taurus, 1972; Benévolo, Leonardo, *História da Cidade*, São Paulo, Perspectiva, 1983; Sica, Paolo, *Historia del Urbanismo*, Coleção dirigida por Sica, abrangendo desde o século XIV ao XX, Madrid, IEAL, 1981 a 1985.

[8] Susnik, Branislava, *op. cit.*

[9] Sepp, Antonio S.J., *Viagem às Missões Jesuíticas e Trabalhos Apostólicos*, São Paulo, Edusp, 1980. pág. 199.

[10] Idem.

[11] Gutierrez, Ramón, *Estructura Socio-política, Sistema Productivo y Resultante Espacial en las Misiones Jesuíticas del Paraguay durante el Siglo XVIII*, Resistencia, UNNE, 1974.

[12] Idem.

[13] Idem.

[14] Citado in Costa, Carlos R. Zibel, *Habitação Guarani - Tradição construtiva e mitologia*, São Paulo, FAUUSP, 1989. pág. 21.

[15] Costa, Carlos R. Z., *op. cit.*

[16] Sepp, Antônio S.J., *op. cit.*

[17] Gutierrez, Ramón, *Arquitectura y Urbanismo en Iberoamérica*, Madrid, Cátedra, 1983.

[18] Schmitz, Pedro I., "O Guarani no Rio Grande do Sul: a colonização do mato e as frentes de expansão", in *Anais do III Simpósio Nacional de Estudos Missioneiros*, Santa Rosa, 1979.

[19] Furlong Cardiff, *José Cardiel y su Carta-Relación (1747)*, Buenos Aires, Librería del Plata, 1953, p. 155.

[20] Buschiazzo, Mario J., *Arquitectura en las Misiones de Mojos y Chiquitos*, La Paz, Universidad Mayor de San Andrés, 1972.

[21] Ibidem, p. 248.

O Espaço Amazônico e a Demarcação dos Limites: A cidade de Belém na segunda metade do século XVIII

Yara Felicidade de Souza Reis
Coordenação de Aperfeiçoamento de Pessoal de Nível Superior
Faculdade de Arquitetura e Urbanismo
Universidade de São Paulo
San Pablo, Brasil

A ascensão do monarca D. José I (1750) é marcada pela dependência de Portugal em relação a Inglaterra, que usufruia as vantagens que lhe davam o Tratado de Methuen (1703) e ainda desfrutava de boa parte do ouro brasileiro. Suficiente para abastecer e enriquecer a colônia, a metrópole e a Inglaterra, a produção aurífera entra em decadência a partir de 1760, causando alterações significativas na política de colonização. Tais mudanças, implicariam, entre outras consequências, no processo que levaria a estagnação de regiões até então opulentas (Minas Gerais, Mato Grosso e Goiás) e na decorrente necessidade de se buscar um redirecionamento na forma de conduzir a política reservada a colônia

Ofuscando D. José I e o representando sob todos os aspectos, Sebastião José de Carvalho e Melo, homem de confiança do inexpressivo rei, o futuro Marquês de Pombal, intérprete do despotismo ilustrado em Portugal, assume o cargo de Secretário dos Negócios Estrangeiros. Sua autoridade no comando do reino português se eleva ainda mais após o terremoto de Lisboa, em 1755[1], quando administra todo planejamento de reconstrução da cidade.

O sinal para as mudanças que se esboçavam advém de uma necessidade que não estaria mais associada apenas ao caráter pragmático de um certo desbravamento do espaço colonizado, o qual vinha sendo feito até então. O reconhecimento efetivo do território deve ser executado seguindo alguns critérios mais abrangentes, onde caberiam além dos já tradicionais, ou seja, o político, o econômico e o estratégico, aqueles que configurariam um procedimento de ordem científico[2]; uma prática que é inaugurada ao tempo de Pombal.

Reestruturações na Colônia Ultramarina

As mudanças ocorridas no rumo da política portuguesa em relação as colônias do ultramar incluiram, como novo objeto de interesse as áreas setentrionais do Brasil. A região amazônica, embora excluída anteriormente do projeto mercantil, receberá uma atenção inédita dentro dessa "nova" perspectiva metropolitana, tornando-se peça importante para os desdobramentos da política colonial. A ampla política de ocupação e controle dos territórios do ultramar que começa a se delinear a partir da segunda metade de setecentos, insere a cidade de Belém num projeto de valorização regional com o objetivo de torná-la eficaz comercialmente, sendo que a medida mais contundente neste sentido ocorre com a transferência para Belém da sede do governo do então Estado do Maranhão e Grão Pará que a partir de então torna-se a capital do Estado do Grão Pará e Maranhão, posição anteriormente ocupada por São Luis.

No âmbito da economia, isto é, na reorganização das ações econômicas que começavam a vigorar na metrópole para as colônias ultramarinas, a prioridade era "reforçar os laços coloniais". Sobre essa questão, Faoro, entende que:

> O centro das mudanças se projetará na economia com agências e companhias de fomento. Nesse ponto, ao disputar a predominância inglesa, ao cuidar de incentivar a agricultura, a indústria e o comércio, reforçava o sistema colonial, com o enrijecimento do comando da metrópole[3]

A solução para os problemas criados com a falta do ouro, os colonos buscavam na agricultura e na criação de gado. As pequenas propriedades, que até então tinham com atividade única a extração aurífera, passaram a cultivar cana-de-açucar, o milho, o feijão, o arroz, o café e o algodão. "A volta à agricultura não se faz somente nas regiões das minas, mas também as antigas regiões tradicionalmente agrícola reflorescem."[4]

Sob as ordens de Pombal, implementa-se um programa de reformas para a norte do Brasil. Inúmeras medidas são adotadas: a criação da capitania de São José do Rio Negro, antiga aldeia de Mariuá, onde instalaram-se os membros da comissão demarcadora dos limites, a instituição do Diretório nas povoações indígenas do Grão Pará, o incentivo à economia agrícola e o desestímulo ao extrativismo jesuítico das "drogas do sertão". Ato contínuo, a incorporação do espaço geográfico implicou em estratégia ocupacional pragmática, através da fundação de expressivo número de vilas e lugares de economias suplementares às necessidades européias.

A execução do programa de reformas idealizadas pelo ministro de D. José I na Amazônia, não pode ser dissociada da influência exercida pelo Capitão - General Francisco Xavier de Mendonça Furtado, irmão de Pombal, e que entre 1751 e 1759 governou o Estado do Grão Pará e Maranhão, com sede em Belém, e a partir de 1753, com a chegada dos técnicos da Expedição Demarcadora de Limites, acumularia a função de governador com a de chefe da comissão do norte brasileiro.

Esse período foi inaugurado em Belém com a chegada de Francisco Xavier de Mendonça Furtado, recebido com festas e aclamações pelos moradores.

> A marcação festiva da chegada do novo governador encarna um simbolismo de 'rito de passagem' para a urbe, que é alçada da condição de cidade de província à capital do Estado. A simbólica das festas reforça com a sua linguagem teatral, a passagem do espaço urbano para um espaço outro da representação. A cidade transformara-se em sede do poder e também em cena, dos mecanismos de representação deste mesmo poder.[5]

Rituais semelhantes foram dispensados ao morgado de Mateus quando chegou em São Paulo como representante do Rei no governo da Capitania (1765-1775), numa clara e inequívoca demonstração do uso político de tais comemorações no sentido em que esclarece "a todos as categorias da hierarquia"[6].

A Demarcação dos Limites e a Cidade de Belém na segunda metade do século XVIII: aspectos culturais

A segunda metade de setecentos abre-se para o território sul americano com uma ação conjunta entre as coroas portuguesa e espanhola. A fixação das fronteiras, entre os dois países ibéricos, foi diplomaticamente acordada no Tratado de Madri de 1750. Esse acontecimento indubitavelmente vinculado às questões político-estratégicas estava inserido num plano maior onde vigoravam os interesses econômicos para as duas coroas. As negociações luso-espanholas estabeleceram de antemão duas incursões militares de prévio reconhecimento territorial: uma dirigida ao Norte e outra às porções meridionais da América. Essas "ações precursoras" instrumentalizaram ainda mais os diplomatas lusitanos no que diz respeito às convicções políticas e interesses da metrópole pombalina nas áreas limites da América portuguesa.

Um aspecto importante que precisa ser considerado diz respeito a presença, na Amazônia da comissão demarcadora dos limites, composta por capitães engenheiros, naturalistas, geógrafos, astrônomos, funcionários da coroa, que deixaria, enquanto difusora de um conhecimento cientificizado, um legado cultural balizado em procedimentos técnicos e científicos. A arquitetura, a rica iconografia, os diários e descrições de viagens que foram executados documentam esse "visar novo" sobre a antiga colônia.

Associando o projeto pombalino ao trabalho feito pelos engenheiros militares na Amazônia nessa segunda metade do século XVIII, Renata Araújo defende que:

> a terra medida e escrita pelos cartógrafos e engenheiros transforma-se-ia em outra terra (...). Do conhecimento do território, decodificado em mapas, cartas e plantas, adviria a real possibilidade de domínio e intervenção sobre estes. E é a partir desta noção que trabalha a idéia transformadora de Pombal na Amazônia. Assim os homens de expedição não pararam de fazer levantamentos cartográficos, de desenhar mapas de rios e de fazer relatos descritos de roteiros de navegação e de trajectos terrestres[7].

Com as novas responsabilidades do governo e o crescente peso político das questões referentes ao controle do território, instala-se em Belém uma "Aula de Arquitetura Militar". Sob a responsabilidade dos engenheiros Custódio Pereira e José Velho de Azevedo havia sido instalada no ano de 1699 uma Aula no Maranhão, contemporaneamente à da Bahia (1696), à do Rio de Janeiro (1698) e à de Recife (1701). Mais tarde, já com a nova divisão administrativa da região - no Estado do Grão Pará e Maranhão - ocorre a sua "recriação", em Belém, no ano de 1758, reativada pelo empenho de Mendonça Furtado no quadro das mudanças pombalinas. Como um braço do conjunto formativo da engenharia portuguesa, a Aula na Amazônia é responsável pela formação teórica e prática dos engenheiros na condução das ações de conhecimento e defesa do espaço colonizado[8].

Entre 1667 e 1706, durante o reinado de D. Pedro II, trabalhavam no Pará, incluindo Custódio Pereira e José Velho de Azevedo, 04 engenheiros. À época de D. João V (1706-1750) eram apenas dois. O quadro de engenheiros militares que atuou na região norte durante o reinado de D. José I é extenso. Somente no Pará, trabalharam em torno de 12 engenheiros, a maioria originária de Portugal e da Itália. Esse número cai para 09 durante o reinado de D. Maria I entre 1777 e 1816, sendo que entre 1816 e 1822, apenas Hugo Fournier de la Clair, engenheiro de origem francesa, esteve sediado no Pará[9].

O mais notável desses profissionais foi o arquiteto bolonhês Antônio Landi, que chegou ao Pará como membro da expedição para Demarcação dos Limites. Entre as obras públicas que desenhou estão a Planta do Armazém de Armas no Colégio dos Jesuítas (1761), o Palácio dos Governadores (1767-1771) e as Frontarias da casa da administração da Companhia Geral do Grão Pará (1773). Entretanto, sua contribuição profissional não parou aí, estendendo-se também aos edifícios religiosos e residências particulares[10].

Antônio Landi foi responsável pela maioria dos projetos realizados em Belém, desde sua chegada até sua morte em 1791. E mais do que a autoria de inúmeros projetos, suas intervenções cumpriram um papel de definição da imagem da cidade, como um espaço monumentalizado que representava o poder da nova capital[11].

Foram muitos os profissionais que passaram pelo Pará e que tiveram seus nomes ligados a projetos condizentes com os anseios da administração pombalina; projetos audaciosos, e que talvez até por isso, em alguns casos, nem chegaram a ser construídos. As intervenções urbanísticas realizadas na cidade de Belém comprovam o elevado estágio de capacitação técnica do quadro de engenheiros militares que foi posto a serviço da montagem do cenário urbanístico que englobava a cidade como um todo[12], numa representação da presença metropolitana no espaço colonizado, que nestes tempos se queria definir politicamente utilizando procedimentos de cunho científico mais objetivos. A passagem dos engenheiros militares, deixou um legado a cidade, tanto do ponto de vista da concretização dos projetos, como pelos registros fornecidos, através dos levantamentos, desenhos e plantas, onde foram registrados as sucessivas etapas de seu crescimento urbano.

Notas

1 Maxwell, Kenneth, *O Marquês de Pombal, Paradoxo do Iluminismo*, Rio de Janeiro, Paz e Terra, 1996, p. 4.

2 cf. Domingues, Ângela, "Viagens Científicas de Exploração à Amazônia de finais do século XVIII", en *Descobrimentos e Expansão*, Revista Ler História, Lisboa, Teorema, 1990, pp. 111-112.

3 Faoro, R, *Existe um pensamento político Brasileiro?*, São Paulo, Ática, 1994, p. 40.

4 Pinto, Virgílio Noya, "Balanço das Transformações Econômicas no Século XIX", en Mota, Carlos Guilherme (org.), *Brasil em Perspectiva*, 5ª, São Paulo, DIFEL, 1974, p. 128.

5 Araujo, Renata Malcher de, *As Cidades da Amazónia no século XVIII: Belém, Macapá e Mazagão*, Dissertação de mestrado, Lisboa, FCSH, UNL, 1992, p. 327.

6 Torrão Filho, Amílcar, "Festa e Espaço Simbólico: uma luzida corte na São Paulo do século XVIII", en *Desígnio: Revista de História da Arquitetura e do Urbanismo*, São Paulo, Annablume, 2005, no. 4, setembro de 2005, p. 14.

7 Araujo, Renata Malcher de, p. 192.

8 Araujo, Renata Malcher de, p. 141 e pp. 195-197.

9 Bueno, Beatriz S., *Desenho e Desígnio: o Brasil dos Engenheiros Militares*. Tese de doutorado, São Paulo, FAUUSP, 2001, 2v. Ver (volume 1) anexo I - Tabela dos engenheiros militares atuantes no Brasil entre 1500-1822, páginas s/ numeração. A autora contabilizou por Estado o número de engenheiros militares presentes no

Brasil colônia. A referência que fazemos ao local onde cada engenheiro ficou sediado, corresponde às informações contidas nessa Tabela.

Sobre os engenheiros militares que estiveram na região norte entre início do século XVII e fins do XVIII, consultar glossário detalhado sobre a atuação de cada um desses profissionais feito por Araujo, Renata Malcher de, *op. cit.*, pp. 455-496.

[10] Reis, Yara Felicidade de Souza, *Urbanismo em Belém na segunda metade do século XVIII,* Tese de doutorado, São Paulo, FAUUSP, p. 81.

[11] Araujo, Renata Malcher de, p. 350.

[12] Reis, Yara Felicidade de Souza, p. 81.

Inscripciones latinas en la iglesia de Santo Domingo

Gabriela Portantier
Facultad de Filosofía y Letras
Universidad de Buenos Aires
Buenos Aires, Argentina

Desde la Antigüedad, las inscripciones en diversos soportes han sido testigos directos, gracias a su carácter documental, de la historia viviente de una sociedad. Este trabajo, enmarcado en un proyecto de investigación más amplio, constituye un estudio de caso dentro de las manifestaciones de la epigrafía latina en nuestro medio. Con el objetivo de describir esos textos para una mejor comprensión y difusión a la comunidad del patrimonio cultural, trabajamos en la recolección, transcripción, análisis del contexto y traducción de las inscripciones latinas de la ciudad de Buenos Aires. Nuestro estudio de caso se centra para esta comunicación en un monumento religioso y significativo desde el punto de vista histórico para la ciudad: la iglesia de Santo Domingo.

Un poco de historia

El actual templo perteneciente a la orden de los Dominicos Predicadores comenzó a levantarse en 1751, reemplazando de este modo el anterior, que había sufrido una serie de derrumbes en 1673, 1720 y 1752. Se inauguró, aunque inconcluso, en 1773, y fue finalmente consagrado diez años después. En su construcción intervinieron el maestro alarife Francisco Álvarez y el arquitecto Antonio Masella (también responsable del edificio de la Catedral Metropolitana).

En 1909 le fue otorgada la jerarquía de Basílica Menor. Posteriormente, en 1922 la iglesia fue elevada a la categoría de Basílica Mayor bajo la advocación de Nuestra Señora del Rosario.[1] Para conmemorar ese acontecimiento se decidió embellecer el interior del recinto que hasta ese momento conservaba las líneas simples del estilo colonial neoclásico. En consecuencia, se procuró repetir en las paredes, originalmente lisas y monocromas, la suntuosidad barroca desplegada en los retablos del siglo XVIII.

Si bien las actividades de ornamentación barroca se vieron interrumpidas por la guerra en Europa (las obras de arte eran importadas de Italia), aún pueden observarse, por ejemplo, los mosaicos venecianos que decoran la nave central y los murales de tela fijados en el Camarín de la Virgen. Con respecto a este último, objeto principal de nuestra investigación, es necesario aclarar que:

> El techo del camarín fue destruido casi totalmente durante el incendio de 1955. Recién en 1980 se contrató al restaurador español Jesús Núñez Apel, quien dejó el fresco en las condiciones en las que se encuentra actualmente.[2]

Pese a la mencionada restauración, el estado de los frescos en tela es precario y apenas si podemos distinguir, entre ángeles borrosos y palmas, el nombre del artista italiano que lo realizó: M. Gagliati. Tampoco ha sido posible, al menos hasta el momento, recopilar más información sobre su factura puesto que, como resultado de los incendios de 1955, también se perdió gran cantidad de documentación del convento, lo que dificulta aún más nuestra tarea.

Los murales parietales

Deteriorados por la acción del tiempo, los murales del Camarín plantean un punto de partida para analizar la confluencia histórica de dos vertientes ideológicas -aparentemente irreconciliables- que dividían a los argentinos de aquel período: el afán por la modernidad y la imitación de modelos europeos por un lado, y la pervivencia del ideario criollo por el otro.

Así pues, la imaginería alegórica que interactúa con los textos contrasta no sólo con la arquitectura del edificio sino también con el contenido de las inscripciones. La relación, por tanto, entre imagen y discurso no es directo sino de carácter alusivo. Recordemos asimismo que la representación muralística, debido a la interdependencia que sustenta con su entorno arquitectónico y el espacio simbólico que ocupa, está determinada por el ángulo visual del destinatario y/o espectador de la composición (tanto gráfica como escrituraria). Esto, como ya veremos, implica la necesidad de planificar la obra, conjugando recursos compositivos y semióticos, a fin de conseguir el efecto deseado en la exégesis del público.

Dejando por el momento de lado la configuración de las imágenes, advertimos que la disposición de los epígrafes latinos en la capilla no es en absoluto fortuita ya que responde al sistema programático eclesiástico que se basa en la combinatoria iniciática de mensajes oscuros para los neófitos y evangelizadores para los fieles. Es decir, mensajes encriptados que sólo pueden ser leídos e interpretados por quienes han sido instruidos para ello. La experiencia estética conlleva, por ende, el requerimiento tanto de una competencia sociocultural (el conocimiento de la liturgia católica) como así también de una competencia lingüística (el latín) para ser completada en su totalidad y no quedar en la simple percepción de un enigma. Si leemos entonces las inscripciones de izquierda a derecha –de afuera hacia adentro y de adentro hacia fuera en movimiento circular– nos encontramos con una cita bíblica abreviada:

Missus est
Angelus a Deo /
In civitatem
Galilaeae /
Ad virginem
Desposatam viro /
Et nomen
Virginis Maria.

El texto al que remite, con pocas diferencias, pertenece al evangelio de San Lucas (1:26-27) "In mense autem sexto, *missus est angelus* Gabriel *a Deo in civitatem Galilææ*, cui nomen Nazareth, *ad virginem desponsatam viro*, cui nomen erat Joseph, de domo David : *et nomen virginis Maria*"[3] "Al sexto mes, fue enviado por Dios el ángel Gabriel a una ciudad de Galilea llamada Nazareth, a una virgen desposada con un hombre, cuyo nombre era José, de la casa de David: y el nombre de la virgen era María".

Este pasaje del Nuevo Testamento, fundamental para la tradición católica, ha sido frecuentemente trasladado al plano pictórico (y al escénico a partir del medioevo tardío) tal como lo demuestra la gran cantidad de versiones de la Anunciación con las que contamos hoy en día. Por eso resulta original, a nuestro entender, que el autor de este mural haya preferido dar cuenta de la Anunciación por medio de la palabra y no a través del código visual tal como era la costumbre preponderante.

Sabemos que el saludo del ángel se había popularizado especialmente entre las órdenes religiosas[4] a través de la liturgia de las horas y la oración tradicional del "Ángelus", por lo que no es extraño que en una ciudad que debe su nombre a María haya sido tan importante la devoción a su culto aun cuando eso significara contradecir los mandatos positivistas y, en especial, laicos provenientes de las naciones europeas a las que se intentaba emular. De este modo, nos hallamos ante la paradoja de que, si bien la reforma progresista, opositora de la herencia colonial, sería sinónimo de secularización, las renovaciones artísticas llevadas a cabo en la iglesia de Santo Domingo (entre otras iglesias de la ciudad de Buenos Aires) podrían asimilarse con una exacerbación barroca de lo religioso.[5]

Desde el punto de vista gráfico, comprobamos que esas inscripciones van acompañadas de *tetramorfos*; es decir, imágenes que, en conjunto, aluden tanto a los cuádruples rostros de los querubines (Ez. 1:10 y Ap. 4:7) como a los cuatro evangelistas. Esta asimilación que tiende puentes entre el Antiguo y el Nuevo Testamento surge ya en el paleocristianismo no como mera decoración artística sino como un modo de exposición didáctica de la doctrina cristiana. Para decirlo en las palabras de Albert Blaise:

> Sans doute, le goût de l' allégorie et l' habitude de chercher partout des symboles se constate déjà dans la littérature profane. Mais chez les auteurs chrétiens, le symbole prend une importante nouvelle: c'est qu'il avait un fondement exégétique, lorsqu' il s' agissait de montrer…dans tel personnage de l'Ancien Testament, une préfiguration de ce qui s'est réalisé dans le Nouveau, lorsqu' il s' agissait encore d' expliquer les paraboles évangéliques.[6]

Así pues, el primer epígrafe lleva la imagen de un león, emblema de la justicia y la realeza, y símbolo a su vez de S. Marcos. Esa dependencia figurativa nace, según la tradición, de la clara proclamación por parte de Marcos de la *Resurrección* de Cristo. El segundo texto se halla calificado por un hombre alado (o ángel) que representa a S. Mateo puesto que el evangelista comienza su relato con la genealogía de Jesús. De la misma manera que el león da cuenta de la *Resurrección* de Cristo, el hombre –metáfora del amor– revelaría su *Encarnación*. El tercer detalle, enfrentado al anterior según la disposición del Camarín, es un toro alado el cual, más allá de estar ligado a la fortaleza y la paciencia, está vinculado en el contexto cristiano a S. Lucas por su énfasis en el sacrificio y la *Redención* de Cristo. Por último, el cuarto epígrafe se encuentra complementado por un águila, antigua encarnación de la sabiduría, que luego sería relacionada con S. Juan, porque es quien confirma el *Ascenso* de Cristo y su divinidad.[7]

Tenemos, por ende, el siguiente cuadro pictográfico:

Resurrección	Ascenso
Justicia	Sabiduría
Encarnación	Redención
Amor	Sacrificio

Tal como lo advertimos, cada imagen posee una carga simbólica importante y un alto potencial de comunicación que no se limita a reforzar el pasaje bíblico –que de hecho no pareciera tener estrecha relación con el paradigma visual– sino que se presenta a sí misma como metáfora críptica de la enseñanza cristiana.

Si avanzamos ahora en la lectura de los epígrafes, hallamos, intercaladas entre los fragmentos de la cita, palabras referidas a las virtudes, las cuales, presumiblemente, estarían adjudicadas también a la figura dominante de la Virgen. Recordemos, asimismo, que el recorrido por este catálogo de virtudes ha de llevarse a cabo simbióticamente con el texto evangélico, como si estuvieran ilustrando las cualidades de la Virgen al momento de la Anunciación.

De izquierda a derecha vislumbramos:

Iustitia
Humilitas
Pietas

La justicia es, según la teología cristiana, una de las cuatro virtudes cardinales vinculadas a la moral (las otras son la prudencia, la fortaleza y la templanza). De ella, como principio que coadyuva lo humano con lo divino a partir de la equidad, nacen la humildad –que es una virtud moral además de fruto del Espíritu Santo (Gál. 5:22)– y la piedad –que es don del Espíritu Santo (Is. 11:2-3)–.

Ante la cuestión de la preponderancia de la justicia (ya que por su ubicación se convierte en la primera inscripción en ser leída) podemos acudir a Tomás de Aquino quien afirma "[...] que entre las tres virtudes que en sentido amplio reciben la denominación de morales [...] es la justicia la virtud suprema".[8]

La imagen[9] que acompaña el primer epígrafe se compone de una corona atravesada por una espada y hojas de acanto. Este centro visual se halla rodeado por seis estrellas de seis puntas cada una que, por simbolizar los seis días de la Creación, son llamadas las "estrellas del Creador". La justicia aparece así unida a la autoridad. De igual forma, podríamos emparentarla, desde el plano exegético, a la imagen contigua del león de S. Marcos.

A su vez, y personificando a la Justicia como un ángel orante (figura repetida en el altar), observamos por sobre la inscripción una grisalla, pintura común en el siglo XVI y, por lo tanto, propia del estilo barroco.[10] La humildad, por su parte, implica en lo teológico, un compromiso tanto con el otro como con la divinidad. Es por ello que se dice que sin humildad no puede existir la esperanza.[11] La alegoría de la humildad ya no finge un relieve como en el caso previo sino que se presenta pintada sobre fondo claro. La pintura que está bajo ella se encuentra en tan mal estado que es imposible descifrarla a simple vista. Afortunadamente, la lente de la cámara nos reveló a un cordero con un estandarte: el *Agnus Dei*, figura de Cristo triunfante de la muerte. De tal modo, ambas representaciones pictóricas (la corona y el cordero) estarían como atributos del texto inicial.

Por fin, la piedad –enmarcada entre los trofeos de la Reconquista igual que la esperanza– retoma la pintura en grisalla del ángel. La causa de esto (sin excluir el gusto por la circularidad, reflejo de perfección) puede advertirse en su definición teológica:

> La piedad implica asimismo la existencia de una deuda que excluye por naturaleza la posibilidad de su total satisfacción [...] sólo el justo [...] experimenta verdaderamente la imposibilidad de restituir [...] La piedad presupone la justicia como virtud.[12]

En imagen observamos dos palomas inclinadas sobre un cáliz que se apoya sobre hojas verdes y, como eje del planteo pictórico, el sol por encima del cáliz. Podemos aducir que se trata de una representación de la trinidad (sol: Padre, palomas: Espíritu Santo, cáliz: Hijo) que, a la luz de lo expuesto, estaría conectada con la *Encarnación*.

Luego, siguiendo el orden antes establecido para la lectura bíblica, observamos la mención de las tres virtudes teologales:

Spes
Fides
Charitas

Así pues, como en un díptico tenemos de un lado aquellas virtudes también llamadas *naturales* o *adquiridas* que están relacionadas con la experiencia humana, y por el otro, las virtudes *sobrenaturales* o *infusas* que sólo pueden ser concedidas por Dios.

No vamos a profundizar aquí sobre el valor pastoral en la tradición cristiana de las denominadas virtudes teologales. En cuanto a la imaginería que adjetiva a cada una de las virtudes vislumbramos de nuevo figuras en grisalla que enmarcan a un ángel pintado, esta vez sobre fondo oscuro.

La esperanza se halla en oxímoron con su imagen: un ancla (tipología de la cruz) circundada de rayos que alude a la esperanza en Dios. La fe, ubicada frente a la humildad, se ve ilustrada por la eucaristía (cáliz y ostia) también entre rayos dorados cuya vinculación con el *Agnus Dei* es obvia y no requiere de mayores explicaciones. Finalmente la caridad, aparece unida al Sagrado Corazón.

Resulta evidente que el artista recurrió a símbolos católicos cristalizados y unidireccionales para dar forma a estas virtudes infusas.

En vista de lo expuesto hasta ahora, notamos que el uso y abuso de imágenes alusivas y tipológicas que exceden el ámbito puramente estético muestran cómo la necesidad de traducir ideas teológicas convierte una simple pintura en un problema hermenéutico.

Las inscripciones en mármol

Más allá de los murales de telas pegadas a la pared, existen otros epígrafes aunque ya no pintados sino cincelados en mármol. Estos revestimientos marmóreos en los interiores del templo fueron realizados en coincidencia con las obras del Mausoleo de Belgrano y, por tanto, también pertenecen al siglo XX.

Un portal da ingreso al recinto donde se guardan las banderas enemigas que obtuviera Liniers como trofeos de guerra. Por sobre el arco izquierdo leemos:

Ad illam confugimus ut liberaret nos
("a ella acudimos para que nos libere")

La frase, al decodificarla, funciona de manera ecoica con una cita de Isaías: "[...] haec erat spes nostra, *ad quos confugimus* in auxilium *ut liberarent nos* a facie regis Assyriorum" (Is. 20:6)[13] ("Esto era nuestra esperanza, a quienes acudimos en busca de auxilio para que nos liberaran del rostro del rey de los asirios"). La vinculación con María en este pasaje está dada por el uso del pronombre "illa" el cual, a partir de una lectura hermenéutica del Génesis (3:15), ha sido identificado generalmente con la Virgen. Para decirlo en otras palabras:

La Vulgata tradicional que contiene el pasaje del Génesis con el pronombre femenino "ipsa" o "illa" ha sido usado por varios pontífices en sus documentos papales para referirse a María.[14]

Luego, por sobre el arco derecho hallamos la siguiente frase:

Et ipsa venit in adjuntorium nobis
("y ella misma viene en nuestra ayuda")

En la lectura conjunta de ambas inscripciones notamos la continuidad semántica y sintáctica de una única oración. Aquí, el "auxilium" del texto bíblico se ha convertido en "adjuntorium", pero la esencia permanece en lo que podríamos denominar la expansión y modificación de la cita original.

Advertimos que tanto los epígrafes, en soporte lapídeo, como aquellos en tela basan su recepción en el punto de vista de quien los observa y cómo los observa, puesto que, únicamente, una lectura integral de éstos permite acceder al significado completo del mensaje y sus connotaciones.

Ahora bien, si a ello le agregamos el repertorio iconográfico, es obvio que la configuración artística del Camarín del la Virgen del Rosario es mucho más compleja de lo que parece a simple vista.

Conclusión

La iglesia de Santo Domingo ha sido, sin duda, escenario privilegiado de momentos claves de la historia argentina. Este edificio es, por tanto, vivo testimonio de un pasado agonístico que se refleja en la variedad de estilos que configuran su arquitectura y decoración. Sin embargo, tal conjunto heteróclito no deja de ser armonioso. Un buen ejemplo es el Camarín de la Virgen que combina estandartes de guerra, placas recordatorias, pinturas al óleo de origen reciente, mármoles labrados y, por supuesto, frescos neobarrocos con profusión de símbolos.

La expresividad de los murales, con sus mensajes breves y escondidos (que recuerdan la época en que el latín no sólo era la lengua oficial de la Iglesia sino también una lengua de carácter sagrado), atestigua la utilización de uno de los instrumentos más comunes y antiguos en la difusión religiosa (registrado también en los cultos paganos) que es la interrelación de los códigos visuales y escritos. Cada uno plantea caminos distintos, caminos que, no obstante, culminan en un mismo fin referencial e interpretativo: la comunicación de una experiencia de fe.

Notas

1 La Coronación Pontificia de la imagen de la Virgen –también denominada la Antigua ya que desde 1586 ha precedido la Cofradía– se realizó específicamente el 9 de octubre de 1922. *El convento de Santo Domingo...abre sus puertas*, Buenos Aires, 1995. Publicación interna del Convento de Santo Domingo.

2 *El convento de Santo Domingo...* p. 28.

3 *Biblia Sacra Iuxta Vulgatam Clementinam*, Madrid, OP et Laurentio Turrado, 1946.

4 Este pasaje, constante en las enseñanzas de los Padres y Doctores de la Iglesia, ha sido comentado entre otros por San Bernardo (1091-1153).

5 Todas las imágenes que acompañan este trabajo han sido aportadas por el fotógrafo Hernán Álvarez.

6 Blaise, Albert, *Manuel du Latin Chrétien*, Strasbourg, 1955, p. 34.

7 Para los símbolos, Cf. Ferguson, George, *Signs & Symbols in Christian Art*, New York, Oxford University Press, 1954.

8 Pieper, Joseph, *Las virtudes fundamentales*, Madrid, Rialp, 2003, p. 113.

9 Cada una de estas imágenes circulares se halla rodeada por grutescos (elementos decorativos con seres fantásticos). Cf. Borrás Gualis, Gonzalo; Fatás Cabeza, Guillermo, *Diccionario de términos de arte y elementos de arqueología, heráldica y numismática*, Madrid, Alianza, 1980.

10 La grisalla o grisaille se trata de una pintura monocromática que produce un efecto tal como el de relieve creando la ilusión de un símil escultórico. Borrás Gualis, Gonzalo; Fatás Cabeza, Guillermo, *Diccionario de términos de arte...*

11 "La esperanza no sólo presupone la grandeza de ánimo sino también la humildad" Pieper, Joseph, *Las virtudes fundamentales...*, p. 402.

[12] Pieper, Joseph, *Las virtudes fundamentales...*, p. 166. Las negritas son nuestras.
[13] *Biblia Sacra Iuxta Vulgatam Clementinam...*
[14] Miravalle, Mark, *"Con Jesús": La historia de María corredentora*, USA, Queenship, 2003, pp. 30-31.

Artes, ciencias y letras en la América colonial es una obra colectiva, abierta e incompleta, al igual que la tarea de conformación de una auténtica comunidad cultural latinoamericana. Los presentes volúmenes, que recogen investigaciones presentadas en el simposio homónimo celebrado en Buenos Aires en 2005, recrean de un modo variopinto –que es también elocuente sobre la diversidad de enfoques disciplinarios posibles– la evolución de la cultura colonial latinoamericana y constituyen una importante herramienta para comprender las causas tanto de algunos aspectos erráticos del presente regional como de la riqueza sociocultural que hace de Latinoamérica uno de los espacios más promisorios del planeta.

www.ingramcontent.com/pod-product-compliance
Lightning Source LLC
Chambersburg PA
CBHW032001220426
43664CB00005B/100

* 9 7 8 9 8 7 1 3 5 4 4 2 9 *